编 委 会

国家出版基金项目
NATIONAL PUBLICATION FOUNDATION
国家“十二五”重点图书出版规划项目

吴艳红　姜永琳　著

明朝法律

南京出版传媒集团
南京出版社

图书在版编目(CIP)数据

明朝法律/吴艳红,姜永琳著. —南京：南京出版社,2016. 12

(明朝文化研究丛书)

ISBN 978－7－5533－1165－4

Ⅰ. ①明… Ⅱ. ①吴… ②姜… Ⅲ. ①明律-研究 Ⅳ. ①D929. 48

中国版本图书馆 CIP 数据核字(2015)第 295177 号

丛 书 名 **明朝文化研究丛书**
书　　名 **明朝法律**
作　　者 **吴艳红　姜永琳**
出版发行 南京出版传媒集团
　　　　　南 京 出 版 社

社址　南京市太平门街 53 号　　邮编　210016
网址　http://www.njcbs.cn　　电子信箱　njcbs1988@163.com
淘宝网店　http://njpress.taobao.com　　天猫网店　http://njcbcmjtts.tmall.com
联系电话　025－83283893、83283864(营销)　025－83112257(编务)

出 版 人 朱同芳
出 品 人 卢海鸣
责任编辑 鲍咏梅
装帧设计 周　勇
责任印制 杨福彬

排　　版 南京展望文化发展有限公司
印　　刷 南京工大印务有限公司
开　　本 787 毫米×1092 毫米　1/16
印　　张 20. 5
插　　页 2
字　　数 320 千字
版　　次 2016 年 12 月第 1 版
印　　次 2016 年 12 月第 1 次印刷
书　　号 ISBN 978－7－5533－1165－4
定　　价 66. 00 元

淘宝网店　天猫网店

营销分类：历史　文化

总　序

商　传

说起明朝的文化，我们首先想到的便是南京的那些保存至今的明朝遗迹，无论是深邃的南京故宫遗址，还是巍峨的南京古城墙，是古木苍翠的孝陵，还是喧闹的夫子庙街和灯红酒绿的秦淮河房……确实，这些我们现在还可以触摸到感受到的东西，无一不渗透了明朝文化的内涵。相比之下，原本作为明朝京师的北京，反倒多了些清文化的氛围。

那么，究竟什么是明文化？简言之，明文化就是明朝人生活劳作活动过程中产生的所有物质与非物质的成果。

明朝是中国历史上一个重要的朝代，自从太祖朱元璋建国，经历了 276 年的统一与稳定，它既没有发生像唐朝“安史之乱”那样的破坏，也没有发生像宋朝南迁那样的分裂，更没有像清朝鸦片战争那样的国难，而是基本上平平安安度过了 276 年，这在中国历史上是绝无而仅有的。在这 276 年间里也便打造出来了一种特定的明朝历史文化。

我们先来看看明朝的历史，一般来说，有明一代的历史，大致可以分为三个大的时段。首先一个时段是开国。这个时段本来应该只是从明太祖朱元璋建国开始，到他的继承人建文帝朱允炆继位改元就结束了。可是由于当时并未完成从开国到治国的转变，以燕王朱棣为代表的军事集团发动“靖难”之役，最终战胜以建文帝朱允炆为代表的文官集团，夺取了皇位，从而使明朝的开国延至仁宗、宣宗即位才得以完成，前后将近六十年时间。与历朝相比，明朝的开国也算得上是最长的了。

从仁、宣以后，明朝进入了治国时段，谷应泰《明史纪事本末》称之为“仁、宣致治”，其后虽然经过了正统年间的“土木之变”，其实明朝并没有发生什么变化。倘若再深一层观察这个时段的历史，我们便可知道，正统时对于江南赋税的减征，成就了江南文化的物质基础，待到成化以后，因为商品生产的发展，明朝社会的转型便有所萌动。只是其后的“弘治中兴”，又将这一隐然的变化暂时阻断。到了正德朝，因为武宗皇帝的嬉政，自上而下的社会风气有所变化，士大夫们中间出现了像唐寅、桑悦、祝枝山之类放浪不羁的人物，也出现了像王阳明那样的新儒家及其追随者们倡导的学说。王阳明的心学与当时讲学的风气互为表里，一时蔚然成风，重现了一个可与先秦诸子百家争鸣的时代。嘉靖皇帝以外藩入继皇位，在其即位之初便发起了一场“议礼”之争，他的胜利固然是他对于皇统继承的个人意志所致，同时却也反映出了历史发展变化的需要，明朝的传统至此已经不得不变了，以内阁为代表的文官体制至此也发展到了巅峰。但这一切还都只是为其后的社会转型及其相应的改革提供了思想与理论的基础。

明朝真正的社会变迁是从万历朝开始的。即明朝人所说：人人都感受到了的这种“万历后为之一变”的历史变化。从万历朝起，明朝进入了我们常说的晚明时期。这个时段可与唐代“安史之乱”以后和清代鸦片战争以后的历史时段相比，在中国历史上，只有这三个时段被人们习惯称之为“晚”，即“晚唐”、“晚明”与“晚清”。

当年我们在白寿彝先生指导下编写《中国通史》，白先生曾经提出过一个问题：为什么晚明时代政治那样的腐朽，但是经济、文化和社会生活却那样繁荣？现在我们编写“明朝文化研究丛书”，自然再次遇到这个无法回避的问题。不过这个问题在今天明史研究者当中已经有了一个共识，那便是晚明时期的社会转型。这大约可以算得上是中国第一次向近代社会变化的尝试。

明朝的文化，在有明一代也发生过与这三个时段基本同步的变化。明太祖朱元璋建立的明朝，本来是一个传统的专制皇权帝制国家。朱元璋吸取历朝的经验教训，想尽了办法建立起一套维系他们朱家天下的专制集权统治体制。与此同时，在文化方向，他推行的也是文化专制政策。这种政策决定了明朝中叶以前的文化特征。那么明代中叶以前的中国传统文化的终极究竟是什么呢？我认为这一时段的文化主体就是官文化。

明代的官文化主要包括两个部分。一部分是由官方倡导和组织完成的文化工程。成祖的永乐盛世是中国传统帝制时代最为辉煌的成果。此时的明朝，在政治、经济、军事、文化各个方面,无一不处于中国历史的巅峰,又无一不具有统一与专制的时代特点。成祖亲撰的《永乐大典》序文中说得十分明白:

昔者圣王治天下也,尽开物成务之道,极裁成辅相之宜。修礼乐而明教化,阐礼乐而宣人文。朕嗣承鸿基,勔思缵述,尚惟有大混一之时,必有一统之制作,所以齐政治而同风俗。①

所谓"一统之制作",其实就是官方的制作。从文化角度看,就是官文化,或称官方文化工程。不过《永乐大典》与《四库全书》有所不同,前者是为了保留文化而制作,后者则是为了禁毁文化而制作,这大约也是明清文化的差异。

除去这类国家文化工程外,还有由高层官员为主体而推动的带有官方背景的文化。伴随着永乐时期内阁制度的形成而逐渐形成的"台阁体"文化形态,成为这一部分官文化的代表形式。"台阁体"产生于永乐,到仁、宣后逐渐成为明文化的主体。当时虽然只有诗文与书法有"台阁体"之称,然其影响所及,则不仅限于文学、诗歌、书法等形式,实际上成为当时的时代文化精神体现。它影响到对后学者们的文化导向,并且通过科举等方式使之官方化。因此,虽然"台阁体"不是官方启动的文化工程,但是它同样应属官文化的范畴。

支撑官文化的政治基础是专制政治体制,经济基础则是国家税收控制下的高额岁入。官文化繁荣的时代,必定是政治集权、国富民穷的时代。民间文化繁荣,则需要专制体制相对宽松,社会经济发展繁荣,社会生活相对丰富,而且必然需要社会精英们,即士大夫们的倡导与推崇。

明朝中叶以后,随着经济的发展,社会生活发生了一定程度的变化。从正统以后对于江南地区的减税,为江南文化发展提供了经济基础。从这时候起,明朝的官文化逐渐失去主导地位。此种变化的标志是从李东阳倡导"茶陵诗派"开始的,其后经历了"前、后七子"、"唐宋派"等复古派的努力,"台阁体"一统天下的局面被打破。在思想方面,则是王阳明"心学"的兴起。这一切都为明中叶以后文化的多元与个性化的追求提供了理论基础。我们无论是从晚明的绘画,或者那些脍炙人口的"公安派"、"竟陵派"的小品,还有如"临川四梦"的戏

① 《明太宗实录》卷七三,"永乐五年十一月乙丑"条。

曲，以至市井中流传甚广的白话小说等等，无一不体现了这种明显的变化。

钱穆先生曾经说，中国文化发展的一个明显趋势是从宋朝以后，日益趋向于平民社会与日常人生。“这一趋势经历到清朝，先后几及一千年。中间发展最旺盛的有两个时期，一是在明代的万历，当西历十六、十七世纪之交；一则清代乾隆，当西历十八世纪之中晚。这是唐代开元天宝当西历八世纪之前半以后，中国史上国力最丰隆最畅旺的两时期，尤其以万历时期为甚。”①此谓之“丰隆畅旺”，即社会经济繁荣发展。

晚明文化是在商品生产空前发展的情况下产生的，它的社会表现是纵欲思潮的泛滥，它的经济表现是商品化，它的思想表现是自我意识即个性的抒张，它的政治表现，则是对于传统的批判。晚明发生这种变化，其根本原因还在于传统专制统治的松动。

万历二十六年(1598年)内阁首辅沈一贯在一份揭帖中道出了当时民众舆论的状况：

> 往时私议朝政者不过街头巷尾，口喃耳语而已。今则通衢闹市唱词说书之辈，公然编成套数，抵掌剧谈，略无顾忌。所言皆朝廷种种失政，人无不乐听者。启奸雄之心，开叛逆之路。此非一人口舌便能耸动，盖缘众怀怨愤喜于听闻耳。②

沈一贯这里所说的“众怀怨愤”，其实是晚明社会的一种较为普遍的社会心态。他所说的这种舆论波动的地方，还只是在都会城市之中，所谓“通衢闹市”者也。市民较之农民必定会更加关心政治。而这一切也都被有些学者解释为一种自我认同，也即个人价值观念。美国学者艾梅兰在总结了多位学者的观点后写出这样的一段文字：

> 明代中国有后王阳明(1472—1529年)时期被认为是一个日益对主体自我感兴趣的时期，这是一种对自我认同的内在结构的兴趣，与经典儒家基于外在

① 钱穆：《中国文化史导论》，商务印书馆1994年版，第201页。
② 沈一贯：《敬事草》卷三《请修明政事收拾人心的揭帖》。

的、可见的行为模式而设立的典型不一样。①

她继而说道：

> 甚至当明文人及有儒家抱负的精英继续按照《大学》中的格言修炼自己的意志和实践，使之符合礼的正统文本所阐释的那种理想的外在行为模式时，王阳明‘心学’的追随者们就已开始重视自主性的自我的独特潜能了。争论的中心是人性与情、欲之间的关系。多义词‘情’变成晚明再塑自我之身份认同的一个话语性的中心点。②

当然，这一观念的极端代表人物则是万历间的李卓吾。他的观念在明亡后遗民反思中，甚至被批评为亡国的祸因。这种自我价值观念的体现到清朝统治下，已荡然无存。当遗民的批评时过境迁之后，清朝的士大夫们则对此颇感疑惑不解，即称之为“横议”，“横议”者，胆大妄为之议论也。须知“横议”是须建立于民众掌握话语权基础之上的。此即先师祖梁任公所言：“凡有时代思潮，无不由‘继续的群众运动’而成。”③故其以全社会的僭越之风打破旧日等级，以民众之喜恶形成文化的导向，一定程度上改变了以往的政治价值观，谓之思潮与运动当不为过也！此种文化的变化，我们一般可视之为近代化的转型。

明代文化的另一个特点，是东西文化的交融。万历以后，西方传教士来华，开启了西方天主教与中国儒学的结合。尽管明朝的士大夫纳妾的旧传统与天主教义冲突，但是很多士大夫还是选择了受洗成为天主教徒。以至于崇祯帝曾有改奉天主教的打算。

但是无论是明朝自身的变化，还是西方文化的影响，都没有使晚明此种文化之变化完成我们期待的转型，故亦可称之为未曾完成的文化转型。当明朝灭亡的时刻，人们除去那种“天崩地坼”的感慨之外，只能对这曾经繁荣的晚明文

①② ［美］艾梅兰著，罗琳译：《竞争的话语》，江苏人民出版社 2005 年版，第 49 页。书中该段文字的注释说明其参考了吴百益《儒学的进步》第 116、143、163 页；浦安迪《四大奇书》第 19—20 页；狄百瑞为《理学的展开》一书所作的《导言》第 18 页，及狄氏为《自我与社会》所作的《导言》和《晚明思想中的个人主义与人道主义》第 12—14 页、145—148 页，以及文章的各处。

③ 梁启超：《清代学术概论》，上海古籍出版社 1998 年版，第 1 页。

化留下如同梦境一般的回忆。经历了那个时代的张宗子曾说道："因想余生平，繁华靡丽，过眼皆空，五十年来，总成一梦。昔有西陵脚夫为人担酒，失足破其瓮，念无所偿，痴坐伫想曰：'得是梦便好。'一寒士乡试中式，方赴鹿鸣宴，恍然犹意非真，自啮其臂曰：'莫是梦否？'一梦耳，惟恐其非梦，又惟恐其是梦，其为痴人则一也。"①

这大约就是我们常说的，历史就如同过眼的云烟，无论人们的愿望与否，一切已消逝在以往的岁月之中。然而历史文化却不同于历史的事件，它不会真正消逝，而会通过各种不同载体继承下来，所以我们今天往往会有一种能够触摸到它的感觉。张宗子的作品本身，不就是这种文化的传承吗？明朝文化虽然没有完成历史的转型，却开启了一次文化向近代转型的过程，因此它不同于历朝历代的文化。

这一次，由南京出版传媒集团·南京出版社出面，我们有幸请到在这个领域里卓有成就的学者们，共同完成一部"明朝文化研究丛书"。这部丛书共八本，分别是：

张天杰教授：《明朝思想》；何孝荣教授：《明朝宗教》；吴艳红教授、姜永琳教授：《明朝法律》；周群教授：《明朝文学》；吕凌峰教授：《明朝科技》；孟凡人教授：《明朝都城》；晁中辰教授：《明朝对外交流》；《明朝文化概论》由我承担撰写。

我们希望这部丛书能够真正再现明朝文化，当然也包括那个"丰隆畅旺"的晚明时代的文化，以飨广大读者。

（作者系中国明史学会会长、中国社会科学院历史研究所研究员、博士生导师）

① ［明］张岱：《琅嬛文集》卷一《梦忆序》，岳麓书社1985年版，第29页。

目　录

前言

一

明朝崇祯年间(1628—1644 年)的一天,南直隶徽州府歙县百姓潘季文到歙县公堂告状,状告村人潘德明偷盗,偷盗的东西包括黄麦二石、夏衣三件,以及蚕筐一只。同族潘仲元作为证人,证明潘季文所告为实。歙县知县傅岩对此案进行了审理。审理结果发现此案的核心只是一只蚕筐。该蚕筐本为潘季文母亲所有,潘季文的弟弟潘季圣不仅贫困,而且品行不正,之前私自将其母蚕筐取出,卖给了潘德明。因此,所谓潘德明偷盗实属诬告,黄麦、夏衣更是潘季文为了引起官司注意而故意添加的罪赃。傅岩审理清楚案情之后,对潘季文、潘仲元、潘德明分别进行了告诫:潘季文对贫困的兄弟不出手相助且不说,还妄图借诬告而获利;潘仲元明知蚕筐买卖实情,还协助潘季文诬告,同时,对于同族潘季圣也缺乏友爱之意;潘德明贪图小利。傅岩没有对潘季圣进行指责。①

潘季文一案并不是一个特殊的案例。傅岩于崇祯七年(1634 年)就职南直隶徽州府歙县知县,崇祯十二年(1639 年)离职,期间审理了很多案件。他收录在其《歙纪》的一百多个案例中,不乏类似潘季文的案例。稍早一些,万历年间,在南直隶松江府任推官的毛一鹭;崇祯初年,在北直隶大名府浚县任知县的张肯堂,在浙江宁波府任推官的李清,在广东广州府任推官的颜俊彦等,都处理过类似上述潘季文这样的案例。②

这一案件中,首先值得关注的是明代百姓告状以及官府受理的问题。蚕筐虽然是重要的农具,但是实际的价值可能不会太高,否则潘季文不会需要添加黄麦、夏衣等物,吸引官司的注意,以便让官府立案。潘季文为一个价值不高的蚕筐即可到县衙告状,反映了这一时期怎样的诉讼现实?

从百姓的角度看,县衙的公堂果真是一个便利的解决日常纠纷的场所,类似邻里口角、寻常失窃等事均可以诉诸官府?明代百姓告状,需要怎样的程序?潘季文告状,是否有状词?他和被告潘德明等是否需要缴纳诉讼费用?诉讼产

---

① ［明］傅岩:《歙纪》卷九《纪谳语》,黄山书社 2007 年版,第 144 页。

② ［明］毛一鹭:《云间谳略》,《历代判例判牍》第三册;［明］张肯堂:《䓤辞》,《历代判例判牍》第四册;［明］李清《折狱新语》,《历代判例判牍》第四册,中国社会科学出版社 2005 年版。［明］颜俊彦:《盟水斋存牍》,中国政法大学出版社 2002 年版。

生的费用是否会给百姓造成经济压力？按照傅岩的说法，潘季文告状主要为利益所驱使，这样的告状具有怎样的代表性？在怎样的情况下，这一时期的百姓会选择诉诸公堂这一方式来解决纠纷？

再从官府这方面来看，傅岩之所以准状，可能与潘季文状词中涉及偷盗和偷盗数量可观有关系，但是在他审理过程中发现案件的中心只是一只蚕筐时，他也并没有就此对潘季文等给予妄诉或者健讼的指责，在傅岩看来，如此简单的民间纠纷告状至衙门解决，似乎也是正常。傅岩这样的态度，在明代中后期基层的司法官员中具有怎样的代表性？司法实践中，明代中后期，基层官员是否感到词讼太多的压力？明代法律制度的设计中，对于百姓告状以及基层司法机构接受民间词状又给予了怎样的规定？是否所有的人都可以告状？是否所有递交官府的词状均需立案审理？

其次，傅岩记录的潘季文案，基本缺乏审理的过程和有关推理的信息。那么，知县傅岩在接受了潘季文的词状之后，是怎样进行审理的？潘季圣和蚕筐的拥有人潘母是否到堂？傅岩是如何发现潘季文诬告、潘仲元做伪证的？公堂上是否采用刑讯？蚕筐是潘德明购买所得，并非偷盗得来，潘德明又提供了怎样的证据？

再从潘季文案的处断来看，傅岩虽然明确指出潘季文有诬告的事实，但是在处断时，并没有根据《大明律》有关“诬告”的规定，对潘季文进行惩治。同样，族人潘仲元明显有作伪证的事实，知县傅岩也没有对其进行法律的追究。明代二百多年间，在法制建设方面多有努力。明初洪武时期即确定了国家基本法典《大明律》，日后条例的重要性日渐增加，律例并行，共同为司法提供依据。傅岩有关潘季文案件审理的记录中，既没有提到司法的程序，也没有提到律例，案件对相关违法行为也没有做出相应的惩治。这些该做怎样的解释？

马克斯·韦伯（Max Weber）将中国传统法律归入“卡迪审判”，认为中国传统的法律不注重司法的程序性，司法过程中依法定罪的落实程度较低。我国台湾学者林端等不同意韦伯的看法，认为中国法律传统自有对于“形式”的重视，而韦伯对于这方面的内容关注不够。① 那么，有明一代，朝廷对于司法的具体程

① 林端：《中国传统法律文化：“卡迪审判”或“第三领域”——韦伯与黄宗智的比较》，《中西法律传统》第六卷，北京大学出版社 2008 年版；《韦伯论中国传统法律：韦伯比较社会学的批评》，台湾三民书局 2003 年版。

序进行了怎样的规定？在基层的司法衙门，这些程序怎样得到落实？傅岩对潘季文一案的记录，如何在明代法律制度的框架下进行理解？

潘季文案中，傅岩作为知县，最后对潘季文、潘仲元以及潘德明等人进行了告诫，告诫的内容涉及法律和道德两个方面，他既指责潘季文、潘仲元等诬告和作证不实，同时也指责他们不友不睦。而在这一案件中，具有始作俑者角色的潘季圣虽然行为不端，私取其母蚕筐出卖，却没有受到傅岩直接的指责；甚至从傅岩对潘季文的告诫中，依稀看出对潘季圣的同情。明代中后期的基层司法中，情、理、法到底起到怎样的作用？如何认识明清时期司法审判中情、理、法的行用是法制史学界的大问题。美国黄宗智认为在民事审判中，明清的地方官也会以法律为依据进行裁判，而日本的滋贺秀三及其弟子寺田浩明则认为在这一类别的审判中，地方官主要依据情、理，而不是法律来进行裁判。[①] 潘季文案以及类似的案例又能为这样的学术争论提供怎样的佐证？

此外，潘季文案中，涉及的都是同乡百姓。如果与潘季文发生纠纷的是皇室宗族或者是朝廷官员，那么是否还会有这一案件的出现？如果出现，其司法程序和司法结果是否会发生变化？又，潘季文是汉人，本案涉及的也都是汉族人口。如果潘季文本人为非汉族人口，或者与潘季文发生纠纷的是非汉族人口，这一官司的处理又是否会有不同？

较好地理解潘季文案以及知县傅岩对这一案件审理以及审理记录，需要对有明一代的法律制度有一个比较全面的了解。

二

自明代以来，作为对明代历史研究的一部分，学界对明代法制的研究一直有所关注，并取得重要成果。[②] 特别是二十世纪八十年代以来，明代法制的发展

① 相关文章可参见日本滋贺秀三等《明清时期的民事审判与民间契约》（法律出版社 1998 年版），以及黄宗智《民事审判与民间调解：清代的表达与实践》（中国社会科学出版社 1998 年版）。

② 可参见南炳文《辉煌、曲折与启示：20 世纪中国明史研究回顾》（天津人民出版社 2001 年版），以及中国社会科学院历史研究所明史研究室编《百年明史论著目录》（安徽教育出版社 2012 年版）等著作。

得到更多学者的重视。崔瑞德(Denis Twitchett)和牟复礼(Frederick W. Mote)主编的《剑桥中国明代史(1368—1644)》(下卷)以专门的章节介绍和讨论明代的法律。① 在张显清和林金树主编的《明代政治史》等著作中,也有专门的篇章讨论明代的法律及其运作。② 以下以近三十年的成果为主,对明代法制已有的研究略作介绍。③

1. 明代的法律

比较而言,作为明朝基本法典的《大明律》得到学者最多的关注。对于《大明律》的早期研究主要集中在对这一法律文本的修订过程以及版本的考证方面。④ 之后,对《大明律》的研究开始注重其内容的分析。首先,有关《大明律》对于某一人群和某一罪行的专门规定及其实施的效果等,得到一些学者的关注。比如《大明律》中有关官吏出入人罪等一系列法律条文的规定⑤;《大明律》"私充牙行埠头"这一条目的创立与适用⑥;《大明律》及条例中有关少数民族和外国人的处罚规定⑦、关于雇工人的条目等⑧。其次,通过内容的比对,学者们对《大明律》与前代法律之间的关系,特别是与唐朝和元朝法律之间的关系进行了考察。与晚清薛允升等学者得出的结论相似,学者们认为《大明律》中有关"典礼及风俗教化"方面的用刑比唐律要轻,而在"贼、盗及有关帑项、钱粮"方面的用刑则

---

① [美] Langlois, John. 1998. "Ming Law", in Denis Twitchett & Frederick W. Mote, eds., *The Cambridge History of China*, Vol. 8, Cambridge University Press. pp. 172—213.

② 吴艳红:《明代的法律与运作》,张显清、林金树主编《明代政治史》,广西师范大学出版社2003年版,第661—745页。

③ 关于近三十年来明代法制史研究更完整的介绍,可参见吴艳红《近三十年来明代法制史研究述评》,中国史学会编《中国史学》2012年第22卷,第41—53页。

④ 黄彰健和杨一凡在这一方面用力较多。黄彰健:《明清史研究丛稿》,台湾商务印书馆1977年版。杨一凡:《洪武三十年〈大明律〉考》,《中国社会科学院研究生院学报》1981年第5期;《洪武法律典籍考证》,法律出版社1992年版。

⑤ 巨焕武:《明代律例有关官吏出入人罪的规定》,台湾《政大法学评论》1981年第23期;《明律上的费用受寄财罪》,台湾《大陆杂志》1984年第69卷第3期;《明律中的嘱托公事罪》,台湾《大陆杂志》1986年第72卷第5期。

⑥ 童光政:《明律"私充牙行埠头"条的创立及其适用》,《法学研究》2004年第2期。

⑦ 杨雪峰:《明律对蒙古色目人婚姻上的限制》,台湾《大陆杂志》1981年第4卷第3期;《明代化外人犯罪时适用的法律》,台湾《大陆杂志》1984年第45卷第4期。巨焕武:《明代律例有关化外人的犯罪规定》,台湾《思与言》1987年第14卷第2期。

⑧ 经君健:《关于明清法典中"雇工人"律例的一些问题——答罗仑先生等》(上、下),分见《中国经济史研究》2007年第4期、2008年第1期。

比唐律要重。而总体看来,《大明律》比唐律的处刑要重。通过对《大明律》与元朝相关法律条文的比对,学者认为《大明律》中的不少条文,是“直接吸取或稍加损益元代法律条文而来的”①。

《大明律》的制定,是明初法制建设的重要成果,是明初社会政治的产物,②也充分体现明太祖朱元璋及其统治集团的立法思想和宇宙观念③。美国学者范德(Edward Farmer)从朱元璋在继蒙元之后,重新建立汉文化秩序的努力这样的框架来理解明初的立法,认为从《大明律》以及洪武一朝制定的其他法律文本中,均可以看到朱元璋理想社会的模型④。姜永琳则认为《大明律》深刻反映了明初的宇宙观。在其 *The Mandate of Heaven and the Great Ming Code* 一书中,他对《大明律》做了深入的文本分析。通过对《大明律》中有关神灵世界的相关规定、与人类世界的相关规定、与官员群体的相关规定的分析,展示了天地人这样的宇宙秩序如何在《大明律》的结构和条文内容中得到表达,进而论证《大明律》是宇宙秩序的总结和体现,是弘扬天命的教材和途径。⑤

与《大明律》的研究相比较,有关明代条例的研究显得薄弱,成果相对有限。在对《问刑条例》的修订过程和修订原则有了基本的了解之后⑥,学者希望具体回答《问刑条例》如何与《大明律》并行,即《问刑条例》的“辅律而行”是如何在司法中得到落实的。以《问刑条例》中的充军条例为例,吴艳红在《明代充军研究》一书中具体展示了《问刑条例》是如何对《大明律》进行补充和调整的⑦。而日本的陶安和美国的蓝德彰(John Langlois)则分别通过对明代赎法的考察,对《大明律》与条例之间的关系进行了讨论。前者解释并展示了明代“依律科断”与

① 杨一凡:《洪武法律典籍考证》,法律出版社 1992 年版,第 30 页。

② 张显清:《〈大明律〉的形成及其反映的时代特点》,《中国史研究》1989 年第 4 期。

③ 林金树:《明太祖的法制思想:“止循〈律〉与〈大诰〉”》,《明史研究论丛》第六辑,黄山书社 2004 年版。

④ [美] Farmer, Edward. 1995. *Zhu Yuanzhang and Eearly Ming Legislation*. New York: E. J. Brill.

⑤ Jiang Yonglin. 2011. *The Mandate of Heaven and The Great Ming Code*. Seattle: The University of Washington Press.

⑥ 杨一凡、曲英杰:《明代〈问刑条例〉的修订》,《中外法学》1990 年第 4 期;《〈问刑条例〉与明代中后期统治集团的立法思想》,《学习与探索》1991 年第 5 期。

⑦ 吴艳红:《明代充军研究》,社会科学文献出版社 2003 年版;《明代的法律与运作》,载张显清、林金树主编《明代政治史》,广西师范大学出版社 2003 年版,第 661—745 页。

“依例发落”之间并行不悖的原因。[①] 后者则重在展示《问刑条例》出现的必然性，认为《问刑条例》的出台是解决成文法典的有限性以及丰富的现实生活之间矛盾的重要途径。[②]

在《大明律》与《问刑条例》之外，有明一代前后有不同形式的法律颁行，比如明初的《大明令》、《大诰》、榜文，以及各代均有颁行的诏令等，对于这些法令法规的修订、法律效力、法源、版本、与前代的关系，以及与《大明律》和《问刑条例》的关系等，学界均已有不同程度的研究。[③] 其中以《大诰》的研究成果最为丰富。[④]

在明代法律以及法律体系的研究中，学界讨论的重要话题是：《大明律》是一部什么性质的法律？是一部传统意义上的刑法典，还是属于“诸法合体”，即包含了刑法、民法、行政法等现代意义上多种部门法的一部综合法典？[⑤] 其次，明代其他法律形式是否可以和现代意义上的各部门法进行类比？比如是否可以认为《大明令》是以“行政类法律为主，包括有经济、民事、司法行政等法律规范在内的总全性法典”，而《教民榜文》是民事法律文献？[⑥] 《明会典》是否可以被

---

① ［日］陶安著，李力译：《律与例之间——通过明代赎法看中国古代法之一斑》(上、下)，分见《法律史论集》第 4 卷，法律出版社 2002 年版；《法律史论集》第 5 卷，法律出版社 2004 年版。

② ［美］Langlois, John. 1993. “The code and ad hoc legislation in Ming law.” *Asia Major* 6(2): 85—112.

③ ［日］内藤乾吉：《〈大明令〉解说》，刘俊文主编《日本学者研究中国史论著选译》第 8 卷，中华书局 1992 年版。范德：《〈大明令〉——明初社会立法的工具》，《明史研究论丛》第八辑，紫禁城出版社 2010 年版。张凡：《〈大明令〉与明代律令体系——明代“令”的作用与法律效力》，《殷都学刊》2009 年第 3 期；《略论明代法律形式的变革——以〈大明令〉为中心》，《宁夏社会科学》2009 年第 5 期。韩秀桃：《〈教民榜文〉所见明初基层里老人理讼制度》，《法学研究》2000 年第 3 期。万明：《明代诏令文书研究——以洪武朝为中心的初步考察》。陈时龙：《明代诏令的类型及举例》，《明史研究论丛》第八辑。

④ 杨一凡：《明大诰研究》，江苏人民出版社 1988 年版。陈高华：《从〈大诰〉看明初的专制政治》，《陈高华文集》，上海辞书出版社 2005 年版，第 433—450 页。张宪博：《从明〈大诰〉看朱元璋对人身依附关系的强化》，《明史研究》第 5 辑，黄山书社 1995 年版。

⑤ 比如童光政以明代留存的判牍和档案为主要资料，对其中户婚田土案件的审理进行了分析，书名《明代民事判牍研究》，其中序言也指出，作者“以明代民法为标本，以期揭示古代民法的本质特点及其现实借鉴意义”。见童光政《明代民事判牍研究》，广西师范大学出版社 1999 年版，“序”第 2 页。可见作者认为《大明律》中是含有民法的内容。姜永琳虽然同意童光政所强调的中华帝国的法律对权利的保护，但认为这种保护不是由“民事法律”执行的。《大明律》是刑法典，其中不存在民法。见姜永琳《从明代法律文化看中华帝国法律文化的刑事性》，《明清论丛》第六辑，紫禁城出版社 2005 年版，第 123—124 页。

⑥ 杨一凡：《对中华法系的再认识》，倪正茂主编《批判与重建——中国法律史研究反拨》，法律出版社 2002 年版，第 172、168—169 页。

认为是明代的行政法典?[①] 在对中国传统法律和法律体系进行解释和分析时,现代和西方的法学概念是否适用? 一些学者认为应该从明代特殊的法律文化背景中理解《大明律》以及明代的法律体系,而一部分学者则认为这些概念有利于对《大明律》以及当时的法律体系的分析和讨论。

2. 明代的司法制度与司法实践

在有关明代司法制度的研究中,杨雪峰《明代的审判制度》一书[②]是比较早对明代司法机构和司法程序做比较完整介绍和讨论的著作。在此基础上,尤韶华《明代司法初考》一书[③]对明代重要的司法机构,中央如刑部、大理寺和都察院,地方如按察司、都司断事司等进行介绍,以诉讼和执行为基本线索,对明代司法程序进行了论述。那思陆在其《明代中央司法审判制度》一书中则重点对明代中央的司法机构和司法程序进行了介绍和分析。除了刑部、都察院与大理寺三法司外,他将内阁、六部之其余五部、宗人府、五军都督府等部门都包括在中央司法审判机关之内。[④] 在明代的司法机构中,中央的三法司以及地方同时具有监察功能的按察司等衙门,得到学者的关注更多。陈宇赫《明代大理寺研究》是首次对明代大理寺做相对深入研究的重要著作,对大理寺的职掌、大理寺官员的选任以及大理寺的司法实践等进行了比较充分的考察。[⑤] 此外,高春平、刘双舟、张治安等对明代的按察司和都察院等机构均有不同程度的研究。[⑥]

近年来,作为明代司法的重要部分,狱政与刑罚方面也出现较多的研究成果。明代州县监狱的规制、监狱的主要管理人员[⑦]、狱囚的生存状态[⑧]等得到比

---

① 陈国平:《明代行政法研究》,法律出版社 1998 年版。苏亦工:《明清律典与条例》,中国政法大学出版社 2000 年版。

② 杨雪峰:《明代的审判制度》,台湾黎明文化事业公司 1978 年版。

③ 尤韶华:《明代司法初考》,厦门大学出版社 1998 年版。

④ 那思陆:《明代中央司法审判制度》,台湾正典出版文化有限公司 2002 年版。

⑤ 陈宇赫:《明代大理寺研究》,中华书局 2013 年版。

⑥ 高春平:《论明代的提刑按察使司》,《晋阳学刊》1992 年第 3 期。张治安:《明代监察制度研究》,台湾五南图书有限公司 2002 年版。刘双舟:《明代监察法制研究》,中国检察出版社 2004 年版。

⑦ 柏桦:《明清州县的监狱》,《中国史研究》2002 年第 4 期;《明清州县监狱的督查制度》,《政法论坛》2010 年第 3 期;《明清州县监狱的牢头》,《古代文明》2010 年第 2 期。

⑧ 柏桦:《明清州县的狱具与凌虐罪囚》,《北方法学》2010 年第 4 期;《明清州县狱囚反狱与劫狱》,《社会科学辑刊》2010 年第 3 期;《明清州县狱囚的脱逃与处置》,《西南大学学报》2010 年第 3 期;《明清州县的狱囚衣粮》,《贵州社会科学》2011 年第 8 期。

较充分的论述。连启元《明代的狱政管理》是研究明代狱政的专著，利用丰富的资料，从时间和地域的维度，对与狱政有关的人事、起居，狱囚的活动与反抗，监狱刑罚，以及与狱政相关的恤刑制度等进行了比较全面的考察。[①]

《大明律》规定，明代的刑罚体系仍为传统的"笞、杖、徒、流、死"五刑，但是这一制度在明朝的具体实施却发生很大的变化。赎刑的发展在这一变化中起到重要的作用。[②] 此外，五刑制度的变化也体现在流刑的废弃，以及充军等刑罚在明代逐步得到规范化的行用。[③] 在中国古代的惩治体系中，凌迟属于最为严酷的刑罚。由卜正民（Timothy Brook）、巩涛（Jerome Bourgon）和 Gregory Blue 合著的 *Death by a Thousand Cuts*[④] 从中西方文化对比的视角对凌迟进行了全新的解读。

在对明代历朝司法实践的研究中，明初洪武朝仍是热点。太祖朱元璋的严刑峻法、法外用刑以及对贪赃枉法官员的惩治得到众多学者的关注。[⑤] 此外，洪武朝大案频繁，学界对胡惟庸案、蓝玉案、空印案等的研究也殊为深入。[⑥] 朱元璋在洪武一朝的"重典"和"重刑"政策已经成为学者的共识，但是在《明太祖实录》中，太祖则以"轻刑""宽刑"的形象出现。对于其间的出入，杨一凡认为这是朱元璋的后代"为尊者讳"的结果。[⑦] 而姜永琳则认为《明太祖实录》中所体现的

---

① 连启元：《明代的狱政管理》，台湾花木兰文化出版社 2009 年版。

② 胡建中、江宪：《明代赎刑制度初探》，《学术月刊》1982 年第 7 期。姚旸：《明代赎刑考略——兼论赎刑的纳钞纳米之制》，《明史研究》2003 年第八辑。吴艳红：《明代武职立功考论——兼论赎刑在明代武职中的行用》，《史学辑刊》2002 年第 4 期。张光辉：《明代赎刑的运作》，《四川大学学报》2005 年第 3 期。

③ 吴艳红：《明代流刑考》，《历史研究》2000 年第 6 期；《明代充军研究》，社会科学文献出版社 2003 年版。

④ Cambridge: Harvard University Press. 2008.

⑤ 杨一凡：《明初重典考》，湖南人民出版社 1984 年版。怀效峰：《明初重惩官吏赃罪浅论》，《明清法制初探》，法律出版社 1998 年版。王世华：《朱元璋惩贪"剥皮实草"质疑》，《历史研究》1997 年第 2 期。陈学霖：《朱元璋惩贪"剥皮实草"酷刑重研》，《明史论丛》第二辑，兰州大学出版社 2003 年版。

⑥ 陈梧桐：《胡惟庸党案的真与假》，《文史知识》2008 年第 2 期；《胡惟庸党案再考》，《明清论丛》（第十辑），紫禁城出版社 2010 年版。赵晓耕：《胡惟庸谋反案》，《法律与生活》2006 年第 24 期。吕景琳：《蓝玉党案考》，《东岳论丛》1994 年第 5 期。刘长江：《蓝玉党案成因新析》，《西南师范大学学报》1995 年第 3 期；《从朱元璋建储看蓝玉党案》，《辽宁师范大学学报》2001 年第 6 期。陈梧桐：《明初空印案发生年代考》，《历史研究》1982 年第 3 期。刘孔伏：《明初空印案初探》，《贵州文史论丛》1991 年第 2 期。

⑦ 杨一凡：《洪武法律典籍考证》，法律出版社 1992 年版，第 168 页。

朱元璋的法哲学代表了建文和永乐统治集团的法律意识和规划，体现的是新一代统治者对朱元璋真正的法哲学的挑战。①

洪武朝之外，有关明代中后期司法实践的研究成果也相对较多，这与这一时期的司法材料得到较多的保留有密切关系。比如《钦明大狱录》等材料的保存与李福达狱等案件的研究。② 近年来，万历以后刊刻的比如《云间谳略》《沓辞》《折狱新语》《盟水斋存牍》等判牍得到整理和出版，使得明代中后期的户婚田土纠纷③，土地交易出现的诉讼④，妇女、雇工人和奴婢的法律地位⑤，这一时期国家与地方的关系⑥等问题均得到了较为深入的研究。

3. 明代的法律与社会

就法律的实施而言，明代的法律与社会之间存在怎样的互动？首先，明代法律的实施效力如何？通过对明代律例有关收继婚条目的规定与社会生活中收继婚实践的对比，通过对明清收养孤老律例落实情况的分析，一些学者认为相关法律条文实施的效果并不明显。⑦ 但是通过对户籍法、市廛律例等演变的研究，一些学者则认为明代法律适应人口分布与流动和社会经济的发展与变化，前者为当时的基层社会带来了稳定⑧，后者对建立有效的市场制度和促使经济发展具有相当重要的配合作用⑨。

---

① Jiang Yonglin. 2010. "In the Name of 'Taizu': The Construction of Zhu Yuanzhang's Legal Philosophy and the Chinese Cultural Identity in the *Veritable Records of Taizu*." *T'oung-pao* 96: 408—470.

② 胡吉勋：《明嘉靖李福达狱及相关历史评价考论》，《明史研究论丛》第七辑，紫禁城出版社2007年版。高寿仙：《冤案背后：嘉靖年间北京一桩杀母案的审理》，《故宫博物院院刊》2012年第1期。

③ 童光政：《明代民事判牍研究》，广西师范大学出版社1999年版。

④ Jiang Yonglin. 2009. "Haggling over Property: Land Sales Law Suits during Late Ming China." *Etudes Chinoises* 28: 21—50.

⑤ 吴艳红：《对明代卑幼人法律地位的考察》，万明主编《晚明社会变迁：问题与研究》，商务印书馆2005年版，第364—402页。

⑥ Jiang Yonglin. 2000. "Defending the Dynastic Order in a Local Society: Central-Local Relations as Seen in a Late-Ming Magistrate's Enforcement of Law." *Ming Studies* 43: 16—39.

⑦ 柏桦：《明代的律例与收继婚风俗》，《南开大学法政学院学术论丛(2001)》，天津人民出版社2001年版；《明清收养孤老律例与社会稳定》，《西南大学学报》2008年第6期。

⑧ 卞利：《明清时期婚姻立法的调整与基层社会的稳定》，《安徽大学学报》2005年第6期；《明代户籍法的调整与农村社会的稳定》，《江海学刊》2003年第5期。

⑨ 邱澎生：《当法律遇上经济：明清中国的商业法律》，台湾五南图书出版公司2008年版。

比较而言，对于社会及其变化对明代的法律与法律实施的影响，学者表达了更多相似的观点。邱澎生《当法律遇上经济：明清中国的商业法律》一书具体展示了明清时期社会经济变迁与法律和司法之间的互动。他认为明清时期法律领域中出现的变化，比如法律知识受到重视，讼师与幕友人数增加，法律成为赖以谋生、发财的手段与职业，法律批判和法律推理中出现新的因素等均与这一时期经济和商业的发展有关。卞利也认为明代中期以后，徽州地区争讼的习俗"愈演愈烈"的状态是这一时期徽州地区"经济繁荣、文化发达、山多田少、宗法牢固的社会和自然环境"下养成的。① 他在对明代徽州的民事纠纷与民事诉讼的分析中，也表达了类似的观点。②

明代，不同的群体占据不同的社会地位，承担不同的社会功能，他们在法律领域中的地位与状态与此有怎样的关系？比如，作为贵族的宗藩，其司法具有怎样的特征？研究显示，宗藩犯罪，从国家政策、犯罪原因、惩治方式等各方面均体现特殊性。③ 明代官吏的司法，也存在一定的特殊性。这与国家官僚制度的设计、官员的职务和级别均有密切的关系。④ 关于明代妇女的法律地位，目前的研究多从财产权入手。比如，陈宝良从民间私例、习惯法和法律三个方面一起来观察明代妇女的财产权和地位。⑤ 陈瑛珣从契约和法律关系出发，观察明

① 卞利：《明中叶以后徽州争讼和民俗健讼问题探讨》，《明史研究》第三辑，黄山书社1993年版，第75页。

② 卞利：《明代徽州的民事纠纷与民事诉讼》，《历史研究》2000年第1期。

③ 怀效锋：《明代宗藩的犯罪与处罚》，怀效锋《明清法制初探》，法律出版社1998年版。吴艳红：《明代宗藩司法管理中的分别议处》，《中国史研究》2014年第2期。雷炳炎：《关于明代中期宗室犯罪问题的思考》，《求索》2004年第10期；《明代宗禄问题与宗室犯罪》，《云南社会科学》2009年第3期；《试论明代官吏对宗室犯罪的影响》，《南华大学学报》2010年第11卷第3期；《王府官与明代宗室犯罪关系探论》，《湘潭大学学报》2010年第34卷第5期；《试论明代中后期亲郡王对中下层宗室犯罪的影响》，《云梦学刊》2010年第31卷第6期。周致元：《初探"高墙"》，《故宫博物院院刊》1997年第2期；《明代的宗室犯罪》，《安徽大学学报》1997年第5期。雷炳炎：《明代中期罪宗庶人管理问题初探》，《船山学刊》2003年第1期；《明代贬废罪宗及其家眷的给养问题》，《云南社会科学》2010年第4期；《明代罪宗的请复及其子女的袭封爵问题》，《西南大学学报》2010年第36卷第5期。

④ 柏桦：《明代州县官吏惩处规制刍议》，《明史研究》第四辑，黄山书社1994年版。丁玉翠：《明代监察官职务犯罪研究》，中国法制出版社2007年版。

⑤ 陈宝良：《从财产权看明代妇女之法律及社会地位》，《明史研究》第十一辑，黄山书社2010年版。

清妇女的社会经济活动，并进而讨论妇女的社会地位。① 阿风主要利用徽州文书，包括家族继承文书、土地买卖文书、卖身文书与婚姻文书，以及徽州以外的大量诉讼资料，比如巴县、淡新档案中的诉讼资料等，对明清时期妇女的权利与法律地位进行了深入的考察和探讨。② 而对明代商人群体与法律的考察，主要集中在商业与法律的关系。比如，张钧以明清晋商为考察主体，讨论这一时期的法律是如何调整商人关系和商事活动，而山西商人群体又是如何影响到传统法律文化的发展与演变的。③ 范金民《明清商事纠纷与商业诉讼》一书，则对明清时期的商业经营纠纷以及因此而起的诉讼进行了仔细的论述，通过对大量相关案件的分析，作者对明清商业诉讼处理的途径和程序、判案的依据和原则等进行了深入的探讨。④

在明代法律的研究中，比较集中的还有法律与社会其他规范即"习惯法"或者"民间法"，包括契约⑤、乡约⑥、族规、家法等等的连接与冲突。日本的寺田浩明认为"契约关系构成了明清时期法秩序的实体部分"，与"法律本身同等重要"。⑦ 卞利以徽州地区为例，讨论明清时期乡规民约与国家法之间的冲突与整合。他指出村规民约是国家法必要的补充和延伸，当两者发生冲突时，国家法会采取妥协和让步的方式寻求消弭冲突、进行整合的途径；乡规民约也会以主动邀请国家权力进入的方式，实现与国家法的整合。⑧

而从实践的层面看，国家司法和民间纠纷解决程序之间的合作可能更为频

① 陈瑛珣：《明清契约文书中的妇女经济活动》，台湾台明文化事业有限公司 2001 年版。

② 阿风：《明清时期徽州妇女在土地买卖中的权利与地位》，《历史研究》2000 年第 1 期；《明清时代妇女的地位与权利——以明清契约文书、诉讼档案为中心》，社会科学文献出版社 2009 年版。

③ 张钧：《明清晋商与传统法律文化》，法律出版社 2006 年版。

④ 范金民：《明清商事纠纷与商业诉讼》，南京大学出版社 2007 年版。

⑤ [日] 岸本美绪：《明清契约文书》，滋贺秀三等《明清时期的民事审判与民间契约》，法律出版社 1998 年版，第 280—326 页。

⑥ 陈柯云：《略论明清徽州的乡约》，《中国史研究》1990 年第 4 期。李雪梅：《明清碑刻中的"乡约"》，《法律史论集》第 5 卷，法律出版社 2004 年版。常建华：《乡约的推行与明朝对基层社会的治理》，《明清论丛》第四辑，紫禁城出版社 2003 年版；《明清山西碑刻里的乡约》，《中国史研究》2010 年第 3 期。

⑦ [日] 寺田浩明：《明清时期法秩序中"约"的性质》，滋贺秀三等《明清时期的民事审判与民间契约》，法律出版社 1998 年版，第 140—141 页。

⑧ 卞利：《明清徽州乡(村)规民约论纲》，《中国农史》2004 年第 4 期；《明清徽州村规民约和国家法之间的冲突与整合》，《华中师范大学学报》2006 年第 1 期。

繁。明代徽州司法文书为这一主题的讨论提供了比较充分的资料,相关研究也因此多以这一地域为考察对象。比如,周绍泉以徽州文书中的退契为主要材料,分析民间纠纷及其解决。他指出这种纠纷虽然大多由乡村裁判进行解决,但是国法的警示一直存在,乡村得不到解决的,之后诉诸公堂的途径也一直通畅。① 日本中岛乐章的研究则具体展示了在明代的前、中期,老人、里甲制是如何"发挥了官府审判与乡村社会之间连接点的作用"的;②而明代中期以后,乡约、保甲等机构开始出现,宗族、亲族、中间人及其当地有势力和有名望的民间人士如何和地方官府一起解决乡村纠纷。韩秀桃对明代徽州地区民间纠纷的研究虽然强调民间契约和家族的力量,以及"民间社会程序法"的独立,同时他也认为乡民对于通过王法来解决纠纷始终抱有极大的期待,而且民间纠纷解决机制所反映的价值取向在某种程度上也反映了官方的倡导和王法的追求。③

二十一世纪初,学者在总结前五十年法制史研究成果时,就曾经指出断代法史的研究成果"多集中在秦汉、隋唐、清与近代"。④ 明代法制史的研究相对薄弱。首先,类似《明代法制史》这样的专著仍然缺乏,对于有明一代的法制建设和司法实践,仍缺乏整体和相对全面的介绍。再者,与可利用的材料、研究的传统等有关,明代法制研究仍有明显的不均衡的状态。比如,各时段的研究不太均匀,大致洪武朝和明代后期的研究相对丰富,永乐以后至嘉靖之前的研究则相对缺乏。此外,在明代的少数民族地区,习惯法的力量相当强大,⑤但是目前针对明代法制的研究主要还是以汉法和中原地区为研究对象,对明朝的民族法制研究还是不足。还有,涉及明代法制的很多具体方面研究还不够深入。中央层面,明代的刑部和都察院是如何运转的,三法司之间又如何协作?地方机构中,类似布政司等衙门是否具有法律的职能?和以监察、法律为中心的按察司等机构之间存在怎样的司法上的分工?这些问题似乎都还没有得到很好的回答。

① 周绍泉:《退契与元明的乡村裁判》,《中国史研究》2002年第2期。

② [日]中岛乐章:《明代乡村纠纷与秩序》,江苏人民出版社2010年版,第140页。

③ 韩秀桃:《明清徽州的民间纠纷及其解决》,安徽大学出版社2004年版。

④ 刘海年、马小红:《五十年来的中国法制史研究》,《法律史论集》第3卷,法律出版社2001年版,第46页。

⑤ 杨文军:《明朝中后期贵州侗族基层自治组织执行习惯法的功能刍议——兼论该地区普遍存在的"乡公"制度》,《西北民族大学学报》2009年第1期。

三

在前人研究的基础上，本书试图对明代的法制进行相对全面的介绍，同时对明代法制最基本的一些问题进行讨论。书稿的基本框架如下：前言，介绍了明代法制研究的意义和已有的研究成果。书稿第一章和第二章的主题是明代的法律。其中第一章讨论的主要是明代最基本的法规，即《大明律》和《问刑条例》；第二章则对比如《大诰》《军政条例》等，或一时起到重要作用的、或针对特殊人群的明代法律法规进行介绍。书稿的第三章和第四章讨论明代的法律机构，包括皇帝和以皇帝为核心的立法和司法机构，以刑部、都察院、大理寺为核心的中央法律机构，以及省、府、县各级的地方法律机构。这一部分对中央与地方在法律事务上的关系也进行了讨论。第五章至第七章主要涉及的是明代的司法，其中第五章交代的是明代一般的司法程序，从诉讼开始到刑罚的落实。第六章则讨论了明代特殊身份人的司法，分别以贵族、官员、生员为权力集团的代表，以雇工人和贱民为权利被剥夺的阶层的代表，讨论这些群体的司法和一般司法之间的差别。第七章则是明朝具体司法案件举例，既包括重大的、具有广泛政治和社会影响力的案件，也包括具有日常性质的普通案件。和元朝、清朝一样，明朝也是一个法律多元的国家。本书的第八章讨论明朝的民族法律，包括朝廷对各民族的法律政策，以及以傣族和苗族为例的各民族本身制定的民族法。

本书试图以相对整体和动态的思路来考察和描述明朝的法律及其制度。首先，王天有先生分析明代国家机构，指出明朝国家机构的特点之一为“集权于上，分权于下”，如中央分相权于六部，设九卿分理行政、司法、监察；又分军权于兵部、五军都督府，用宦官分朝臣之权；地方都指挥使司、布政司和按察司分理军伍、行政和司法监察事务。[①] 那么，这样的特征是否体现在明代法律机构的设置中？在具体的司法中，各部门之间又是如何互动合作、制约和抗衡的？同时，法律制度与其他政治制度和政策之间，法律机构与其他国家机构之间又存在怎样相互维系的关系？其二，明朝作为帝制时期朝代更迭中的重要环节，在制度

① 王天有：《明代国家机构研究》“前言”，北京大学出版社1992年版，第7页。

的设计和实践中，既存在对前代相关制度和实践诸多有意的甚至标榜性的承继，也不乏一些悄然的、自然的接受。明代法律制度的设计和实践中如何体现这样的特征？此外，对于明代中后期社会出现的各方面变化，学界多有关注和研究。① 那么这一时期法律领域是否出现新的现象？其三，明代法律及其制度的设计和实践之间存在怎样的互动？法律条文如何在案件的审理中得到行用？法律制度的设计如何在司法实践中得到落实？另一方面，司法实践产生的经验又如何影响立法，如何对法律机构的完善起到促进的作用？这些都是本书试图回答的问题。

"明朝法律"是一个大课题。在以上本书包括的内容之外，还有诸多可以讨论的问题。比如明代的法律文化。在司法实践的过程中，逐渐形成法律文化，包括法律的知识、观念、思想等等。法律文化本是明代法制研究的重要方面，近年来学界在有关法律的书写以及话语的建构②，法律知识的生成与传播③，以及明代官方与民间对法律制度的不同认识等④，均有不同程度的研究。因为篇幅和时间的缘故，本书未能包括。此外，本书对明代司法实践的考察，也受到资料

① 可参见万明主编《晚明社会变迁：问题与研究》（商务印书馆 2005 年版）、张显清主编《明代后期社会转型研究》（中国社会科学出版社 2008 年版）、陈宝良《明代社会转型与文化变迁》（重庆大学出版社 2014 年版）等论著。

② Wu Yanhong & Jiang Yonglin. 2006. "Reputation Construction: Judge Guo in Early 17th Century China." *American Review of China Studies* 7.2: 21—35. ［美］Hegal, Robert & Katherine Carlitz eds. 2007. *Writing and Law in Late Imperial China: Crime, Conflict, and Judgment*. Seattle: University of Washington Press. 陈宝良：《从文学发现历史——明清文学中之诉讼社会》，《明清论丛》第十辑。

③ ［美］Macauley, Melissa Ann. 1998. *Social Power and Legal Culture: Litigation Masters in Late Imperial China*. Stanford: Stanford University Press. ［日］夫马进：《明清时代的讼师与诉讼制度》，滋贺秀三等《明清时期的民事审判与民间契约》，法律出版社 1998 年版。何勤华：《律学考》，商务印书馆 2004 年版。尤陈俊：《明清日用类书中的律学知识及其变迁》，《法律文化研究》第三辑，中国人民大学出版社 2007 年版，第 424—436 页。龚汝富：《明清时期司法官吏的法律教育》，《江西财经大学学报》2007 年第 5 期。邱澎生：《以法为名：讼师与幕友对明清法律秩序的冲击》，《中西法律传统》第六卷，北京大学出版社 2008 年版，第 222—277 页。龚汝富：《明清讼学研究》，商务印书馆 2009 年版。徐忠明：《明清国家的法律宣传：路径与意图》，《法制与社会发展》2010 年第 1 期。吴艳红：《国家政策与明代的律注实践》，《史学月刊》2013 年第 1 期，第 52—62 页；《选拔制度与明代官员的法律知识》，吴艳红主编《明代制度研究》，浙江大学出版社 2014 年版，第 150—181 页；《制度与明代推官的法律知识》，《浙江大学学报》2015 年第 1 期，第 33—47 页。

④ 徐忠明：《包公故事：一个考察中国法律文化的视角》，中国政法大学出版社 2002 年版；《众声喧哗：明清法律文化的复调叙事》，清华大学出版社 2007 年版。

的局限与影响。明代中后期，地方司法官员对判牍、律注的刊刻态度比较积极，在当时兴盛的出版业的配合下，这一时期反映司法实践的材料得到较多的集结、刊布和流传，留存至今的材料也因此比较丰富。比较而言，明前期的相关资料就比较缺乏。与这样的材料分布情况相关，在本书有关明代司法实践的讨论中，明代中后期的部分，内容更为具体。

本书内容对作者以往的研究成果多有借鉴，这些成果在其他书刊中多已经发表。此外，本书所引《大明律》律文，分别采用了高举《大明律集解附例》以及姚思仁《大明律附例注解》中所附的《大明律》律文。因为《大明律》的律条内容终明一代没有改变，所以两种律注中所包括《大明律》内容相同。采用两种律注中的律条，只是出于研究的方便。

本书的写作意在抛砖引玉。希望本书能引发大家对明代法律的兴趣，学界能够出现更多更好的有关明朝法律及其制度的论著。

第一章 明朝的法律(上)

本章介绍明朝最主要的法律《大明律》和《问刑条例》。《大明律》在明太祖洪武末年最后修订完成，一共460条，终明一代没有改变。《大明律》是明朝的根本大法。在《大明律》之外，则有《问刑条例》。弘治中期，在明朝立国一百多年之后，在司法中已经广泛行用的条例以《问刑条例》为名得到编撰，与《大明律》并行。《问刑条例》在嘉靖、万历年间重修，是为嘉靖《问刑条例》和万历《问刑条例》。

第一节　《大明律》

一、《大明律》的修订过程

明初统治者对《大明律》的修订给予了高度的重视。《大明律》的修订前后花费三十多年的时间，与明太祖洪武一朝相始终：从明朝立国之前就开始修订，直到洪武三十年(1397年)，即朱元璋去世前一年完成。清修《明史》，将这一修订过程归结如下："草创于吴元年(1367年)，更定于洪武六年(1373年)，整齐于二十二年(1389年)，至三十年始颁示天下。日久而虑精，一代法始定。"①

《大明律》在洪武朝的修订过程与洪武朝的政治形势密切相关，即丘濬所谓"实皆因时以定制，缘情以制刑"②。因此，洪武不同年份修成的《大明律》带有一定的时局的特色。比如，最初修订完成的洪武元年律，在明朝建国前后仓促修成，一共285条，内容比较粗糙简略，主要目的在于为新朝官员百姓提供一个基本的法律框架和行为准则。洪武中期，明太祖为强化君主权力，整顿社会秩序，大规模法外用刑，大案频仍，这种严刑峻法的实施在这一时期修订行用的《大明律》中也得到反映。③

但是，洪武朝修律，对立法技术有相当的讲求，《大明律》一修再修与朱元璋

---

① ［清］张廷玉：《明史》卷九三《刑法一》，中华书局1974年版，第2284页。

② ［明］丘濬：《大学衍义补》卷一〇三，林冠群、周济夫校点本，京华出版社1999年版，第885页。张显清等对《大明律》修订过程与洪武朝政治形势进行过分析，可参见张显清《〈大明律〉的形成及其反映的时代特点》(《中国史研究》1989年第4期，第87—98页)；柏桦、卢红妍《洪武年间〈大明律〉编纂与适用》(《现代法学》2012年第34卷第2期，第10—20页)等论著。

③ 关于洪武年间修律的具体情况以及关于洪武三十年各种律文版本的考订，可参见黄彰健《明洪武永乐朝的榜文峻令》《律解辩疑、大明律直解及明律集解附例三书所载明律之比较研究》，载《明清史研究丛稿》卷二，台湾商务印书馆1977年版，第237—286、208—236页；杨一凡《洪武法律典籍考证》，法律出版社1992年版，第1—22页；Jiang Yonglin. 2005. "Introduction: The Making of *The Great Ming Code*," in Jiang Yonglin, trans. *The Great Ming Code*. Seattle: Universtiy of Washington Press, pp. xl—lv. 等论著。

对《大明律》精益求精的要求密切相关。因此从某种程度上说，明初的统治者也有主动避免《大明律》内容过多受时代和政局影响的一面。太祖朱元璋明确表示《大明律》的修订不为当世，而是要将《大明律》修成一代大法，永垂后世。在朱元璋看来，为子孙后代修订一部可以长期使用的法律，是开国之君的责任。朱元璋曾经说过，开国之君和守成之君不同，开国之君"创业之初，备尝艰苦，阅人既多，历事亦熟"，而后代"生长深宫之主，未谙世故"，对世事的了解不足。① 只有具备丰富人生经历的开国君主和他的臣下，才能修订一部轻重适中、繁简相宜、足以垂法后世的《大明律》。在洪武元年律修订颁布仅仅半年之后，朱元璋就感到"律令尚有轻重失宜，有乖中典"。于是君臣开始学习唐律，并参照唐律的条目来修改明律，"命儒臣四人同刑部官讲唐律，日写二十条取进，止择其可者从之，其或轻重失宜，则亲为损益，务求至当"。② 希望通过对唐律的学习和参考，对明律进行完善。洪武九年(1376 年)，太祖又因为"今观律条，尤有议拟未当者"，命中书左丞相胡惟庸和御史大夫汪广洋详议更定，并要求所定之律"务合中正"。③ 法律务求精当，是洪武朝君臣共同的目标。明太祖朱元璋在这一过程中起到极为关键的作用，明初的大臣也极力予以配合。洪武二十二年(1389 年)对《大明律》的修订，实际上是由刑部提议，经太祖支持之后进行的。这一年，刑部上奏，指出"比年律条增损不一，在外理刑官及初入仕者不能尽知，致令断狱失当，请编类颁行，俾知所遵守"。④ 即《大明律》的内容和形式还需要进一步的完善。

洪武三十年(1397 年)五月，太祖在午门面谕群臣，宣布《大明律诰》修成，命令将该书"刊布中外，令天下知所遵守"。⑤ 这部以《大明律诰》为名的律法，内容包括《大明律》的正文 460 条，以及附录《钦定律诰》147 条。《钦定律诰》147 条主要从当时颁行的《大诰》条目摘选而来。这一年，朱元璋宣布取消洪武年间曾经实施的一切严刑酷法，并试图将《大诰》的部分条目附入《大明律》长期实施。但是，朱元璋的这一愿望并没有达成，《钦定律诰》以后渐不为人所知。洪武

---

① 《皇明祖训序》，《皇明祖训》，《明朝开国文献》第三册，台湾学生书局 1966 年版，第 1579 页。

② 《明太祖实录》卷三四，台湾"中央研究院"历史语言研究所 1962 年校勘本，第 616 页。

③ 《明太祖实录》卷一一〇，第 1822 页。

④ 《明太祖实录》卷一九七，第 2955—2956 页。

⑤ 《明太祖实录》卷二五三，第 3648 页。

三十年(1397年)确定的《大明律》正文460条成为最后修订的《大明律》,为洪武以后的历代皇帝所遵守,成为有明一代的根本大法。

二、《大明律》的主要结构和内容

洪武三十年修订的《大明律》首页收录《御制大明律序》。《御制大明律序》的内容与上述洪武三十年五月太祖颁布《大明律诰》时的谕文基本一致,主要说明朱元璋对于法律功能的认识,说明将《大诰》部分条目附录于《大明律》之后的原因。①尽管洪武三十年之后《钦定律诰》逐渐淡出人们的视野,但是终明一代,《御制大明律序》的内容保持不变,历代刊发《大明律》,首页均收入《御制大明律序》。

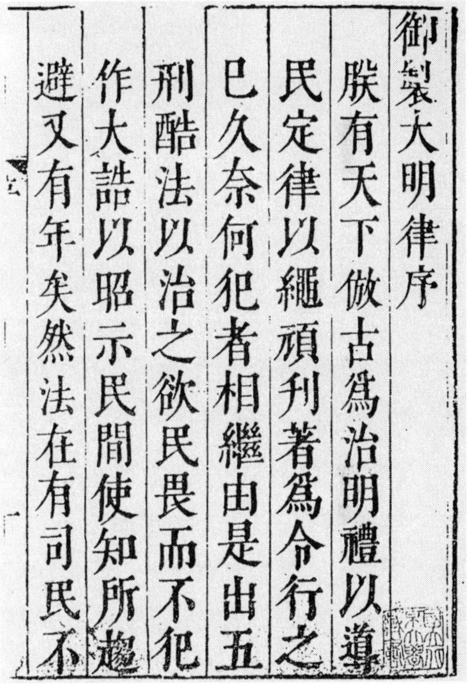
御製大明律序
朕有天下倣古為治明禮以導
民定律以繩頑刋著為令行之
已久奈何犯者相繼由是出五
刑酷法以治之欲民畏而不犯
作大誥以昭示民間使知所趨
避又有年矣然法在有司民不

《御制大明律序》

出处:姚思仁《大明律附例注解》,北京大学1993年影印万历刻本。

《大明律》主体部分共分《名例律》《吏律》《户律》《礼律》《兵律》《刑律》《工律》七个部分。其中《吏律》《户律》《礼律》《兵律》《刑律》《工律》下根据条目规范的具体领域还有分类。比如,《吏律》下分《职制》和《公式》,《户律》下分《户役》《田宅》《婚姻》《仓库》《课程》《钱债》《市廛》七个类目等等。《大明律》共计条目460条。与唐代律文颁布之时,同时颁布律文的解释,以《唐律疏议》的形式出现不同,《大明律》没有官方整体的"疏议",但是在一些具体的条目中,对一些特定的词汇进行注解,这样的律内注还是存在的。比如,具体归入《刑律》之中的"谋反""谋大逆""谋叛"等均属于十恶之罪。《大明律》律内注解:"谋反"主要是指设谋危害

① 《御制大明律序》,高举《大明律集解附例》,台湾学生书局1970年版,第1—3页。

国家社稷;“谋大逆”主要是指设谋毁害宗庙山陵宫阙;而“谋叛”主要是指叛国。[①]

《名例律》共收录47条条目,是《大明律》的总则,明确《大明律》中一些总体的原则性的规定。比如《名例律》首条规定明朝行用的五种刑罚:笞、杖、徒、流、死。其中笞、杖、徒均设五等,流分三等,死则分斩和绞两等。《名例律》次条规定最为严重的十种罪行:“谋反”、“谋大逆”、“谋叛”、“恶逆”、“不道”、“大不敬”、“不孝”、“不睦”、“不义”和“内乱”。《名例律》对一些特殊人群的犯罪进行总体的规定,比如“八议”之人,即犯罪之后,需要奏请皇帝商议决定的八种人,即所谓“议亲”、“议故”、“议功”、“议贤”、“议能”、“议勤”、“议贵”和“议宾”,比如老幼残疾之人,比如官员,比如再次犯罪之人,比如“化外人”。以老幼残疾之人为例,《名例律》“老小废疾收赎”条规定:“凡年七十以上十五以下及废疾,犯流罪以下,收赎;八十以上十岁以下及笃疾,犯杀人应死者,议拟奏闻,取自上裁。盗及伤人者亦收赎。……九十以上七岁以下,虽有死罪,不加刑。”[②]也就是说,老年人、幼童、残疾人,根据年龄和残疾的程度,可以赎免,甚至直接免除一部分罪责。

《名例律》之外,《大明律》其余六个部分与明朝主要行政官署吏、户、礼、兵、刑、工六部对应。

《吏律》共计33条,主要规范的对象是官吏,涉及的犯罪行为主要是官吏未能履行行政职能或者违反行政规定,处理官府文书不符合规定等。比如其中“官员赴任过限”条,要求官员按期到任,违者,按过期的期限予以惩治。再比如“讲读律令”条,规定官员要熟读《大明律》,按期接受考察,考察不合格的,也要接受不同程度的惩罚。而“上书奏事犯讳”、“官文书稽程”、“增减官文书”和“漏使印信”等条目,则均与官吏处理官文书不当有关。

《户律》共计95条,是《大明律》七个部分中条目数量比较多的。《户律》惩治的犯罪行为涉及国家赋役、税收、仓库、市场、民间钱债,以及家庭婚姻。目的

---

① 《大明律·刑律》“谋反大逆”“谋叛”,高举《大明律集解附例》卷一八,第1301、1308页。《大明律·名例律》“十恶”条下也有同样的律内注,高举《大明律集解附例》卷一,第178页。

② 《大明律·名例律》“老小废疾收赎”,高举《大明律集解附例》卷一,第283—284页。

在于保证人户在籍，差役均衡，市场平稳；保障税收和国库收入，稳定国家经济秩序；稳定家庭婚姻，维持基本社会秩序。以人户在籍、差役均衡论，因为官员有免除徭役的特权，《户律》下设立“隐蔽差役”一条，禁止豪民令子孙弟侄跟随官员隐蔽差役，违者，家长和官员均获罪。《户律》下同时设立“逃避差役”一条，禁止民户逃往邻境州县躲避差役。① 以稳定家庭婚姻关系论，因为社会中良贱有别，因此“良贱为婚姻”条规定，良人、贱民之间不得通婚，违者治罪。在家庭中，妻妾有序，《户律》下“妻妾失序”条，禁止以妻为妾，以及妻在而以妾为妻。本条目还规定，有妻而再娶妻的，杖九十，离异；四十以上没有子嗣才允许娶妾，违者，笞四十。②

《礼律》共计 26 条，惩治的犯罪行为主要与祭祀、宫廷仪式以及民间生活规制、习俗等有关。其中“祭享”“毁大祀丘坛”“致祭祀典神祇”等条目主要针对朝廷负责祭祀的各有关官吏，对于他们在国家重要祀典中出现的种种失误和犯罪予以惩治。而“奏对失叙”“丧葬”等条目则主要规范官员和民间百姓的礼仪规制。比如“丧葬”条规定，丧葬应该按照确定的丧礼进行，如果因为风水或者其他原因不及时安葬的，以“杖八十”予以惩治。③

《兵律》共计 75 条，主要规范的领域为宫室的防卫、军政，以及与军政相关的关津渡口、马政、递送公文的驿站等。宫室的防护包括“太庙门擅入”“宫殿门擅入”“宿卫守卫人私自代替”等条目，重点在于保护皇宫及相关地带以及皇帝出行之时的安全有序。军政部分规范战时状态下的官军行为。比如“从征违期”条惩治军官军人临当征讨，已有起程日期而稽留不进的行为；而“主将不固守”条则惩治守边将帅因为不行固守而失陷城池的罪行。④ 与军政相关的条目也维护军伍一般的秩序，比如禁止军官军人“私卖战马”“私卖军器”，以及“毁弃军器”等。《兵律》部分以军官军人以及其他护卫群体为主要规范对象，但是其中也有相当部分条目规范一般民众的行为。比如，明朝百姓需要文引路条才能

---

① 《大明律·户律》“隐蔽差役”“逃避差役”，高举《大明律集解附例》卷四，第 572—573、578—579 页。

② 《大明律·户律》“良贱为婚姻”“妻妾失序”，高举《大明律集解附例》卷六，第 704—705、655 页。

③ 《大明律·礼律》“丧葬”，高举《大明律集解附例》卷一二，第 989 页。

④ 《大明律·兵律》“从征违期”“主将不固守”，高举《大明律集解附例》卷一四，第 1093、1106—1107 页。

出行，《兵律》部分《关津》类下“私越冒度关津”等条目明确禁止民众在没有文引的情况下私度关口、渡口。①

《刑律》共计171条，占据了全部《大明律》条目40%的分量，是《大明律》各部分中内容最为丰富的。《刑律》条目惩治反对皇帝、朝廷的各类犯罪，惩治个人之间伤害人身、财产、尊严的犯罪，以《贼盗》《人命》《斗殴》《骂詈》《受赃》《诈伪》《犯奸》等主要类别对犯罪行为进行归类惩治。其中《贼盗》类下的罪行最为严重，因为“谋反大逆”以及“谋叛”等危害国家社稷的犯罪均归入这一类。此外不能完全概括的零散犯罪行为归入《杂犯》类下。比如《杂犯》类下“不应为”一条规定，“凡不应得为而为之者，笞四十；事理重者，杖八十”。② 明确起到拾遗补阙的作用。《刑律》中还包括了《诉讼》《捕亡》《断狱》等类目，其中收入的律条对诉讼和司法的程序进行规定。比如，《诉讼》类下“越诉”一条规定，军民词讼，必须自下而上进行，要在自己所辖官司告诉。如果越过本管官司，直接到上司处进行告诉的，就构成“越诉”罪，会受到“笞四十”的惩治。③ 司法官员接到词状之后，应该就所告内容进行审理。“依告状鞫狱”一条禁止司法官员在状词之外，故意牵连其他事情，将其他人等定罪。但是，如果该事该人与本案相关，则不在禁止之列。④

《工律》收录的律条最少，只有13条，包括“造作不如法”“修理仓库”在内的条目，惩治与“营造”有关系的犯罪行为；包括“盗决河防”等在内的条目，惩治破坏河防、街道等犯罪行为。比如，“侵占街道”一条规定，侵占街道而建造房屋或者花园菜圃的，杖六十，恢复原状。通过墙洞将污秽之物排放到街巷之上的，笞四十。⑤ 这一条主要针对的是普通民众。而“修理桥梁道路”一条，则主要针对官府，该律条要求府州县佐贰官在农隙之时，对所辖范围内的桥梁道路常加视察修理。失于修理以至影响通行的，主管官吏将受到“笞三十”的惩治。⑥

---

① 《大明律·兵律》“私越冒度关津”，高举《大明律集解附例》卷一五，第1175页。
② 《大明律·刑律》“不应为”，高举《大明律集解附例》卷二六，第1891页。
③ 《大明律·刑律》“越诉”，高举《大明律集解附例》卷二二，第1653页。
④ 《大明律·刑律》“依告状鞫狱”，高举《大明律集解附例》卷二八，第1983页。
⑤ 《大明律·工律》“侵占街道”，高举《大明律集解附例》卷三〇，第2066页。
⑥ 《大明律·工律》“修理桥梁道路”，高举《大明律集解附例》卷三〇，第2068页。

三、《大明律》的承继与创新

《大明律》是中国帝制时期重要的法律文本，从其结构和内容来看，既有历史的承继，也有当时的创新。

就历史承继而言，《大明律》与唐律和元朝的法律最为相关。唐律被认为是中国古代法律的典范，结构精当，内容完善，更重要的是，唐律是法律儒家化的代表，其条目充分体现了儒家的思想和理念。《大明律》修订之时，朱元璋大张旗鼓地强调要参照和学习唐律，不仅在于学习唐律的立法技术，更希望通过对唐律的继承，建设具有儒家传统的《大明律》，以此标榜明朝以祖述唐宋、继承和发扬汉族文化为任务，为明初的政权合法性建设服务。

从《大明律》内容来看，《大明律》对唐律的儒家化精神有明显的继承。儒家思想在法律中的贯彻体现在很多方面，其中等级制和家族制支撑了唐律的整个法律体系。① 《大明律》律文内容同样贯彻了等级制和家族制的原则。

上文提到《大明律》总则《名例律》规定十种最为严重的罪行。这十种罪行威胁到国家最为基本的等级秩序。其中"谋反""谋大逆""谋叛""大不敬"直接威胁到国家社稷以及君主统治，"不义"则威胁到官员对管辖地区的管理和控制；而"恶逆""不孝""不睦"以及"内乱"威胁的均为家族内的等级秩序。这十种罪行受到最为严厉的惩治。在明朝最为严酷的刑罚，即凌迟所惩治的 13 种罪名中，有 9 种是属于十恶罪范围的。而且犯了十恶之罪，不得因为各种原因赦免，不得享受其他各种因为身份、年龄以及性别而享有的司法特权。② 可以说，《大明律》对"十恶"的严厉惩治集中体现了国家对等级制和家族制的维护。

而《名例律》规定的"八议"则从另一个方面体现了国家对等级制和家族制的维护。"八议"中"议亲""议故""议功""议贤""议能""议勤""议贵""议宾"包括的对象，或是皇家的亲戚、故旧，或是帝国的功臣贤士，或是朝廷的忠臣干将。比如，"议贵"的对象明确是"爵一品及文武职事官三品以上，散官三品以上者"。③ "八议"是一种法律的特权，"八议"的对象犯罪，司法机构不能直接追捕

① 刘俊文：《唐律疏议笺解》，中华书局 1996 年版，第 36 页。

② Jiang Yonglin, "Introduction: The Making of The Great Ming Code." p. lxvi.

③ 《大明律·名例律》"八议"，高举《大明律集解附例》卷一，第 180—181 页。

究问，而要上报皇帝商议决定。商议的结果，多有优容。从“八议”对象的设定可以看出，《大明律》维护以皇帝以及重臣为中心的等级制的特征是很明显的。

《大明律》对于唐律确实有所继承，但是两者之间的差别也很大。清代律家薛允升专门比较《大明律》与唐律，著成《唐明律合编》一书。他指出，虽然明律有参照唐律的特征，但是首先在结构上，《大明律》以吏、户、礼、兵、刑、工六部分类，已经“大非唐律之本来面目矣”，与唐律差别已大；在内容上，更多修改，“增减者亦复不少”。① 对于风俗教化方面的犯罪，虽然关乎儒家道德，与唐律比较，《大明律》规定的惩治力度却明显地有所下降。比如，若父母与丈夫死，子女与妻子等匿丧不举哀，违犯儒家精神，唐律以流二千里进行惩治；②但是《大明律》对这一罪行的惩治则减轻至“杖六十，徒一年”。③ 再比如，若祖父母、父母年八十以上以及患有笃疾，家中别无成丁男子侍奉，而子孙弃亲上任做官；或者祖父母、父母或丈夫犯死罪被囚禁，而子孙妻子在家宴饮作乐，均属有违儒家孝道、有违妇道的行为，但是《大明律》只以“杖八十”予以惩治。④ 薛允升说，这一惩治比唐律要轻。他指出：“《明律》于侵贪等事则从重，而此等类则俱从轻。”⑤这是《明律》独具的特征。

明朝立国之后，对元朝的文化极力排斥，朱元璋称此为清理胡元的污染。对于元朝的法律，朱元璋更多指责。早在明朝建国之前，朱元璋总结元朝衰落的原因，即指出元朝“法度日弛，纪纲不振，至于土崩瓦解，卒不可救”，应该引以为戒。⑥ 也就是说，在名义上，朱元璋对于元朝的法律是明确予以排斥和否定的。

但实际上，朝代接续，《大明律》对于元朝法律的继承不可避免。通过比较《大明律》条目和元朝相应的法律条目，杨一凡认为“明律中的不少条文，是直接吸取或稍加损益元代法律条文而来”。⑦ 即便是在朱元璋及其统治者极力宣称

① ［清］薛允升：《唐明律合编序》，《唐明律合编》，中国书店 2010 年版，第 2 页。
② 刘俊文：《唐律疏议笺解》，第 799 页。
③ 《大明律・礼律》“匿父母夫丧”，高举《大明律集解附例》卷一二，第 981 页。
④ 《大明律・礼律》“弃亲之任”，高举《大明律集解附例》卷一二，第 987 页。
⑤ ［清］薛允升：《唐明律合编》卷九，第 83 页。另可参见吕丽、游津波《礼仪犯罪初探——以明律为中心的研究》，《法制与社会发展》2008 年第 3 期，第 57—69 页。
⑥ 《明太祖实录》卷一五，第 211 页。
⑦ 杨一凡：《洪武法律典籍考证》，法律出版社 1992 年版，第 30 页。

消除元朝影响的婚姻领域，除了涉及蒙古族群的婚姻，《大明律》中婚姻条目也多有继承元朝法律的痕迹。元朝设置的专门规范汉人行为的法律，包括婚姻，对《大明律》相关条目的影响十分明显。[①]

在继承的同时，《大明律》自然也有创新。与前代相关律法进行对比，《大明律》在以下几个方面具有明显的明朝特色。《大明律》重视对皇权与统治秩序的维护，将其放置在法律最重要的位置，对威胁皇权和国家统治的罪行予以重惩。比如直接威胁统治的“谋反大逆”罪，《大明律》量刑最重，规定“凡谋反及大逆，但共谋者，不分首从，皆凌迟处死。祖父、父、子、孙、兄弟及同居之人，不分异姓及叔伯父兄弟之子，不限籍之同异，年十六以上，不论笃疾废疾皆斩”。[②] 罪犯本身所受的刑罚是已跨越五刑之外的酷刑——凌迟。连坐的范围也十分宽泛。而唐律“谋反大逆”条规定，“诸谋反及大逆者，皆斩；父子年十六以上皆绞”，但“男夫年八十及笃疾”可以免除罪责。[③] 元朝律法也规定，“诸父谋反，子异籍不坐”。[④] 无论在罪犯本身的量刑，还是连坐的范围方面，《大明律》的惩治都明显较唐、元法律为重。

值得注意的是，《大明律》重刑打击的是直接威胁专制集权统治的实在的重罪，对于没有实迹的行为则不予惩治。这与唐律与元朝的相关法律形成鲜明的对比。唐律“口陈欲反之言”条规定，“诸口陈欲反之言，心无真实之计，而无状可寻者，流二千里”。[⑤] 即，即使没有犯罪实迹，甚至没有谋反的真实用心，就是口头一说，也需承担不轻的罪责。元代有关律法也有类似的特征：“诸无故议论谋逆，为倡者处死，和者流。”[⑥]《大明律》虽然加强了对诸如“谋反大逆”等罪行的惩治，但是对于未曾形成实迹的罪行却取消了相应的法律设定。再看宫殿防卫一条，也充分体现《大明律》以上的特点。宫殿为皇帝居所，擅入宫殿门，擅入御膳所、御在所，不仅有违礼制，对皇帝也形成了一种潜在的威胁，因此唐律、《大明律》均设立条目惩治这样的罪行。唐律规定，擅入宫城门即徒二年，入宫殿门

---

① Jiang Yonglin. *The Mandate of Heaven and The Great Ming Code*. pp. 138—139.
② 《大明律·刑律》“谋反大逆”“谋叛”，高举《大明律集解附例》卷一八，第 1301 页。
③ ［唐］长孙无忌等撰，刘俊文点校：《唐律疏议》卷一七，中华书局 1983 年版，第 321 页。
④ ［明］宋濂：《元史》卷一〇四《刑法三》，中华书局 1976 年版，第 2651 页。
⑤ ［唐］长孙无忌等撰，刘俊文点校：《唐律疏议》卷一七，第 325 页。
⑥ ［明］宋濂：《元史》卷一〇四《刑法三》，第 2651 页。

徒二年半，入禁苑者徒一年，入御膳所者流三千里。[①]《大明律》"宫殿门擅入"条规定："凡擅入皇城午门、东华、西华、玄武门及禁苑者，各杖一百。擅入宫殿门，杖六十，徒一年。擅入御膳所及御在所者绞。"[②]御膳所是为皇帝提供饮食之处，御在所是天子所在之处，进入御膳所和御在所直接威胁到皇帝的安全。对于这样的行为，《大明律》的惩治明显比唐律的相关规定要重。而擅自进入皇城，擅自进入宫殿、禁苑，对皇帝的直接威胁较小，违反的主要是皇家的尊严和礼仪，对于这样的罪行，《大明律》的惩治比唐律的相关规定要轻。

和前代法律进行比较，《大明律》对臣僚和贵族特权明显增加了限制。《大明律》较《唐律》新增死罪 27 条，其中很大一部分都在限制官僚的权力。如《大明律》之《吏律》中有关选官的条目，规定大臣不得专擅选用，大臣亲戚非奉特旨，不得擅自除授官职等，有意限制权臣在选官中左右局面的可能。又《吏律》相关条目以死刑惩治"奸党"和"交结近侍"的行为，明确禁止大臣之间互相勾结，以免威胁到皇帝的统治。[③] 还有，唐律中适用于官吏贵族的"议、请、减、赎、当、免"诸法，规定十分详细，保护官吏贵族在法律中的特权。相比较而言，《大明律》给予官吏贵族的法律特权明显减少。薛允升崇尚唐律，对明律多有诟病。他认为唐律厚遇大臣，"于名例之首，即列八议，议、请、减之后，又继以官当荫赎，其优恤臣工者，可谓无微不至矣"。但是这些规定在《大明律》中被删除不载。薛允升指责《大明律》设置的条目"是只知尊君而不知礼臣"。[④] 若与元代相关的法律进行比较，《大明律》对大臣犯罪惩治力度也有明显的增强。如"遗失印信"一事，元代律法的规定只是"随即寻获者，罚俸一月；追寻不获者，具申礼部别铸。元掌印官解职坐罪"。[⑤]《大明律》则要处以杖九十、徒二年半的重刑。[⑥] 杨一凡比对《大明律》和元代法律中涉及官吏犯罪的条目，包括"官吏枉法犯赃""官吏不枉法犯赃""泄漏军情大事""监守自盗"等十五条，其中十三条的

---

① ［唐］长孙无忌等撰，刘俊文点校：《唐律疏议》卷七，第 149—152 页。
② 《大明律·刑律》"宫殿门擅入"，高举《大明律集解附例》卷一三，第 998 页。
③ 张显清：《〈大明律〉的形成及其反映的时代特点》，《中国史研究》1989 年第 4 期，第 87—98 页。
④ ［清］薛允升：《唐明律合编》"后序"，第 314 页。
⑤ ［明］宋濂：《元史》卷一〇二《刑法一》，第 2611 页。
⑥ 《大明律·吏律》"弃毁制书印信"，高举《大明律集解附例》卷三，第 477 页。

比对结果,作者得出“明律为重”的结论。[①]

从《大明律》的有关条目看来,明代国家对地方控制似乎也比前代有所加强。上文提到的《大明律》较唐律新增死罪27条中,包括《礼律》“上书陈言”一条。该条目规定,“百工技艺之人应有可言之事,亦许直至御前奏闻……但有阻挡者,鞫问明白,斩”。又有《兵律》“邀取实封公文”一条规定,“凡在外大小各衙门官,但有入递进呈实封公文至御前,而上司官令人于中途急递铺邀截取回者……斩”。[②] 这都是《唐律》所没有的内容。类似条目的设置,对于保障地方百姓、官员及时向中央汇报情况,保证中央对地方状况的及时了解和加强控制具有重要的意义。

四、《大明律》:控制与教化

传统的理解,法律是统治阶级的工具。《大明律》作为有明一代的主要法律,显然具有社会控制的目标,确定并维护统治阶级和特权阶层的利益。但是作为有明一代的根本大法,《大明律》也承载了针对社会各阶层的教化功能。两者之间互相促进,密切相关。

以《大明律》对礼仪的规定为例。明初,在制定《大明律》等律法的同时,朱元璋和他的官员们还修订了比如《大明集礼》等礼仪典制,确定官方礼仪。明代国家官方礼仪的核心是对神灵的崇拜和祭祀。按照神灵在宇宙中不同的重要性,对他们的祭祀分为大祀(包括天地、皇帝的祖先和社稷)、中祀(包括日月、风雨、雷电、山川、江河、城隍、先王、孔子)、小祀(包括门、灶、井和厉鬼)。这一官方祭祀礼仪所展示的正是官方、正统的宇宙秩序。

《大明律》设置了细密的条目,保护这一官方祭祀礼仪的有序进行。首先,被祭祀的神灵与祭祀者之间有明确的对等关系,通过祭祀的礼仪,特定的神灵只能与特定的祭祀者进行沟通。《大明律》明确规定只有皇帝才可以祭天。作为天子,皇帝与天的交流具有独占性。《大明律》禁止私家以任何形式与天和天神的交流。《礼律》将民众私自拜天的行为确定为“亵渎神明”的犯罪行为,规定

① 杨一凡:《洪武法律典籍考证》,第35—36页。

② [明]姚思仁:《大明律附例注解》卷一二,第483—484页;卷一七,第606页。

“凡私家告天拜斗，焚烧夜香，燃点天灯、七灯，亵渎神明者”，要受到“杖八十”的惩治。[①] 这一条规定说明，虽然君主和天下民众都是上天所生，但是他们在宇宙中的地位与作用是不同的。与这一条目相关，《大明律》也禁止私家收藏观察天象的器物和书籍，禁止私习天文。[②] 在立法者看来，私家拥有这些器物和书籍，或者私自习练天文，就会具备与天和神沟通的力量，就会对官方和神灵世界的合法沟通造成干扰。因此，私习天文的人若被发现，官方对其进行惩治之后，会将其送至朝廷设置的钦天监充当天文生，保证朝廷对这些人的控制，保证习练的天文知识可以为官方所用。[③] 同样，钦天监的天文生如果“习业已成”，即已经掌握观天的能力，在犯徒罪、流罪的情况下，只杖一百，其余的罪行赎免，即仍把天文生保留在钦天监内，而不发往徒罪和流罪实施的外地。[④] 禁止私藏与观察天象有关系的器物和书籍以及禁止私习天文，一方面是稳定政治统治的需要，因为在明初的立法者看来，政治统治合法性的建立以及稳定的政治统治与天的护佑密切相关，私习天文会干扰这样的统治秩序；另一方面，国家通过《大明律》等规定确立礼仪秩序，并由此宣布官方的宇宙秩序，私习天文者可能会对这样的意识形态的控制和教化形成挑战。无论是哪一种情况，都是统治者不愿意看到的。

除了确定官方礼仪实施的等级秩序，《大明律》还有诸多的条目对官方礼仪的实施本身进行规定。比如在礼仪开始之前，《大明律》要求负责祭祀的太常寺和礼部官员按时向各衙门预告祭祀的日期，失误者治罪。得到祭祀的消息之后，参加祭祀的官员需要斋戒，以净化身体和心灵。斋戒开始之后，官员们不准吊丧、问疾、判署刑杀文书和参加宴会，违者被认定为“不敬”，要受到惩治。为了保证祭祀活动的纯净，有丧事在身以及有过失的人员不得出席。《大明律》同时规定祭祀用品必须洁净和完整。祭祀用的牲畜要依法喂养，不能瘦损。其他祭祀用品也需要符合规定的质量、数量和规格，显示对祭祀的诚心，表达对神灵的敬畏。[⑤]《大明律》严厉惩治破坏祭祀设施和物品的行为。比如毁损大祀丘坛

① 《大明律·礼律》“亵渎神明”，高举《大明律集解附例》卷一一，第931页。
② 《大明律·礼律》“收藏禁书私习天文”，高举《大明律集解附例》卷一二，第949—950页。
③ 姜永琳：《论中华帝国法律的宗教特征》，《明清论丛》第三辑，紫禁城出版社2002年版，第67页。
④ 《大明律·名例律》“工乐户及妇人犯罪”，高举《大明律集解附例》卷一，第266页。
⑤ 《大明律·礼律》“祭享”，高举《大明律集解附例》卷一一，第917—918页。

的行为,要予以“杖一百,流二千里”的重刑;弃毁大祀神御之物的要被杖一百,徒三年。[①] 而偷盗已经在祭祀处所为神祇享用的各种祭祀物品,罪行更为严重,《大明律》规定要处以斩罪。[②]

在中国流行已久的佛教和道教,具有各自独特的宇宙观和宇宙秩序,与《大明律》所展示的宇宙秩序显然不同。《大明律》所设定的官方礼仪因此没有将佛教和道教的相关礼仪包括在内,佛教和道教的神灵也没有进入《大明律》所设定的官方祭祀系统。但是,《大明律》按照官方的宇宙秩序改造了佛教和道教的教义。[③] 比如《大明律》“僧道拜父母”条规定,僧尼道士女冠,都应拜父母,祭祀祖先,丧服等第都与常人同;违者,杖一百,还俗。[④] 可见,《大明律》对于佛教和道教的宇宙观和宇宙秩序,对僧人道士的精神要求予以了压制,通过以儒家家庭礼仪要求僧人道士,也将官方的宇宙秩序强加给了佛教和道教。

至于异端礼仪,则与官方礼仪形成了对立。异端礼仪祭祀的神灵,其所代表的宇宙观和宇宙秩序是与正统的、官方的宇宙观相对立的。《大明律》对异端礼仪明确予以禁止和严厉惩治。《大明律》惩治各种巫术和邪教,严厉惩治比如造魇魅和符书诅咒以害人,比如妖言惑众等行为。《大明律》规定,烧香集众、夜聚晓散、佯修善事、煽惑人民之人,为首之人处以绞罪,为从者杖一百,流三千里。[⑤]

礼仪在社会生活中具有重要意义。礼仪不仅仅是一套特定的行为动作,这些行为是以特定的价值观和信仰为依托、为底蕴的;同时,礼仪直接担任了人类与神灵世界进行沟通的媒介。《大明律》确定官方礼仪,规定其操作的方式,确定并展示了明初立法者所信奉的正统的宇宙观和天命观,并试图将这样的宇宙观和天命观直接有效地灌输给天下民众,帮助民众建立正确的宇宙观。通过对佛教和道教礼仪的控制和改造,《大明律》保证这些民间宗教的宇宙观不仅不会干扰官方建立的宇宙秩序,而且可以为推进官方的宇宙观和天命观服务。而对异端礼仪的惩治则保证了国家官方的宇宙观和天命观不会受到威胁和挑战,清

① 《大明律·礼律》“毁大祀丘坛”,高举《大明律集解附例》卷一一,第 925 页。
② 《大明律·刑律》“盗大祀神御物”,高举《大明律集解附例》卷一八,第 1314 页。
③ 姜永琳:《论中华帝国法律的宗教特征》,第 72 页。
④ 《大明律·礼律》“僧道拜父母”,高举《大明律集解附例》卷一二,第 977 页。
⑤ 《大明律·礼律》“禁止师巫邪术”,高举《大明律集解附例》卷一一,第 934 页。

除异端礼仪，也保证了民众在有关宇宙观的建立上不会受到旁门左道的污染。从这个意义上来说，《大明律》承载的就不完全是惩治的功能，它也具有教化的功能；它不仅仅规范人们的具体行为，同时也以改造人们的意识和思想为目标。

洪武三十年(1397 年)，《大明律》再次修订完成，太祖朱元璋认为律文内容精当，刑罚适中，足以垂法后世。颁布之初明确规定，“群臣有稍议更改，即坐以变乱祖制之罪”。[①] 因此，有明一代两百多年间，《大明律》不仅一直得到行用，而且《大明律》的结构和内容也一直保持不变。作为明代的根本大法，《大明律》不仅深刻影响了明代法治的特征，也对明代的政治、社会生活带来重要的影响。

《大明律》作为中国帝制时期重要的法律文本，也对清朝法律和当时周边国家的法律建设影响深刻。清顺治初年，清朝第一部成文法典《大清律集解附例》颁布。顺治律被认为只是将《大明律》这一名称改成了《大清律》，而其内容则“原封不动地照搬明律”。[②] 同时，《大明律》在明朝就已经传到了周边的国家。从日本和朝鲜当时颁布和行用的法律来看，《大明律》的影响非常明显。在朝鲜的李朝，经过一定的注释和调整，《大明律》被推行到全国的范围，让百官和民众进行学习。日本和朝鲜的士大夫阅读《大明律》，并对《大明律》进行注释，在日本出现了《明律国字解》，在朝鲜产生了《大明律直解》等著名的《大明律》注释之作。[③]

第二节 《问刑条例》

一、条例与条例的行用

《大明律》规定，法官断罪，如无确定的法律条文为依据，可以引用与罪情最为相关的法律条文，以此律条为依据，再根据具体情况进行调整，由此对法律不

① ［清］张廷玉：《明史》卷九三《刑法一》，第 2279 页。
② 苏亦工：《明清律典与条例》，中国政法大学出版社 2000 年版，第 168 页。
③ 何勤华：《中国法学史》第二卷，法律出版社 2000 年版，第 407—415 页；文亨镇：《〈大明律〉传入朝鲜考》，《中央民族大学学报》2000 年第 5 期，第 35—38 页；高艳林：《〈大明律〉对朝鲜王朝法律制度的影响》，《求是学刊》2009 年第 36 卷第 4 期，第 123—128 页。

曾规定的罪行形成处罚意见。但法官不能擅自进行处断,而需要将罪行、引用的律文以及调整后的处理意见等上报刑部,刑部商议之后,再报皇帝批准。[①] 皇帝批准之后,这些针对律条之外的罪行的惩治规定即具有了法律的效力。这是条例形成的最一般的途径。当然,有明一代,皇帝直接颁布的、涉及特定罪行和惩治的圣旨也可以以条例的形式出现,在司法中得到遵行。

条例从太祖洪武时期就有大量的行用。洪武朝之后的各个时期,条例的颁布和行用更为频繁。《大明律》总共460条,虽然精当适中,总是律条有限,而天下罪情无穷。但太祖明令子孙后代不得修改《大明律》,又限制了《大明律》适时调整的可能性。这样,条例数量的逐渐增加,在司法中重要性的日渐增强,成为不可避免的态势。

条例的形成经过基层司法官员的仔细考虑,经过刑部的商议,经过皇帝的批准,因此,其严肃性和在司法中的重要性也得到明代大臣的承认。天顺年间,针对宗藩奏请无度的情况,相关条例开始形成并颁发各地藩府,尤其对郡王的无度奏请进行限制。除机密重情外,规定一般郡王的奏请应该交由亲王及王府属官先行参详,确定是否应该奏请,其中应该奏请的才遣使奏请。[②] 但是朝廷"笃念亲亲",尽管条例已经形成,但只要宗藩有所奏请,朝廷总是予以回应。弘治六年(1493年),刑部官员就此事上书提醒皇帝,指出如果长此以往,条例将名存实亡,即"法例具存,有名无实"。官员们强调条例的重要性,指出,"立法垂训,较若画一,上下相信,令出惟行",希望皇帝维护已定条例的权威和有效性,"庶得法有定体,人知遵信"。[③]

但是,与《大明律》这样的"常经"比较,条例仍具有因时定制的特征,被认为是应付一时需要的权宜之法。所以,洪武三十年(1397年)《大明律诰》颁布之时,太祖明令革去洪武年间颁行的一切榜文禁例,以表示之后国家执法用刑只以《大明律》为依据的决心。洪武以后,各代新帝即位之初,均有废除前代条例的命令[④],

---

① 《大明律·名例律》"断罪无正",高举《大明律集解附例》卷一,第370—371页。

② [明]戴金:《皇明条法事类纂》卷二,《中国珍稀法律典籍集成》乙编第四册,科学出版社1994年版,第70—71页。

③ 《皇明弘治六年条例》"七月",《中国珍稀法律典籍集成》乙编第二册,科学出版社1994年版,第177—178页。

④ 如成化元年令规定:"凡问囚犯,一依《大明律》科断,……所有条例并宜革去。"见李东阳、申时行等《大明会典》卷一七七"问拟刑名",江苏广陵古籍刻印社1989年版,第2442页。

既表达朝代更新的决心，也是新帝效法太祖、遵从祖制的见证。

虽然弘治以前，前代的条例均废除不用，但是朝代相应，不同朝代的条例在内容上其实都有继承。同时，因事起例，事无穷而例不断，条例的数量因此不断增长。《皇明条法事类纂》收集成化以及弘治初年的条例，已经多达一千二百多条。① 司法中不免出现一事而多例，或者各条例之间前后矛盾等问题。成化年间，就开始有大臣建议，对洪武以来的条例进行整理，选择其中符合《大明律》律意、适合时事的条目，分类编排，以便行用。② 但是成化一朝，这些建议并没有得到落实。

明孝宗即位，改变对于前代条例的政策，取消废除前代条例的命令，成化甚至更早时期的条例均得到了保留。这一举措给司法带来很大的影响。弘治初年，大量条例在司法中行用，轻重不一，内容混杂，整编条例的呼声由此日渐高涨。

二、从弘治《问刑条例》到嘉靖、万历《问刑条例》

从弘治初年开始，就不断地有大臣上书奏请，要求对现有条例进行整理。刑部何乔新、礼部丘濬、礼科给事中王伦、刑科给事中韩祐等大臣均曾上书，指出整编条例的必要性和重要性。③ 弘治五年(1492 年)，新任刑部尚书彭韶借鸿胪寺少卿李鐩上书整编条例的机会，再次提议整理现行的条例，编订《问刑条例》，得到孝宗皇帝的同意。④ 只是孝宗皇帝虽然同意对条例进行整理，基于祖宗法度，却迟迟没有发布诏令，直到弘治十一年(1498 年)十二月，在为清宁宫火灾下发的诏书中，孝宗皇帝才在条例修订的问题上做出决断。诏书指出条例行用存在的问题，即“法司问囚，近来条例太多，人难遵守”，为此，下令刑部、都察院和大理寺对现有条例进行“查议”，将其中经久可行的，“条陈定夺”，而那些冗

---

① 戴金《皇明条法事类纂》是明朝留下来的最早的条例汇编。关于《皇明条法事类纂》的内容和版本的介绍，可参见杨一凡、齐钧的“点校说明”，见《中国珍稀法律典籍集成》乙编第四册，科学出版社 1994 年版，第 1—9 页。

② 曲英杰、杨一凡：《明代〈问刑条例〉的修订》，《中外法学》1990 年第 4 期，第 39—45 页。

③ [明] 何乔新：《椒邱文集》卷三三，《文渊阁四库全书》，第 518 页；[明] 丘濬：《大学衍义补》卷一百三，第 881—882 页；《明孝宗实录》卷四六，第 939—940 页；《明孝宗实录》卷四八，第 979—980 页。

④ 《明孝宗实录》卷六五，第 1245 页。

杂难行的,一律革除。[①] 以此诏令为依据,《问刑条例》的修订工作正式开始。时任刑部尚书白昂率领刑部左右侍郎,会同都察院左右都御史、右副都御史,大理寺卿、左右少卿、左右寺丞首先对现行条例进行审核,删除其中冗杂不可用者,将其中情法适中、经久可行的条列上报皇帝。孝宗皇帝命令多官协同,对这些经过选择的条例再次进行讨论,于是三法司会同吏、户、礼、兵、工各部尚书和左右侍郎,通政司通政使以及左右通政、左右参议,对条例进行会议。会议停当,再次上报皇帝。孝宗皇帝显然对条例的修订非常关心,曾经对其中六条提出异议,要求再行讨论。弘治十三年(1500 年)三月,刑部将讨论结果上报,孝宗皇帝批复,“都照旧行”。[②]《问刑条例》正式颁行,这就是弘治《问刑条例》。

弘治《问刑条例》条例总数 279 条,单独成书刊行。条目顺序的编排基本遵循了《大明律》条目的编排方式,即起首条列与《名例律》相关的条例。比如《问刑条例》首条确定官吏军民人等犯笞杖徒流死等罪如何进行赎罪,显然与《大明律》首条“五刑”有关。之后的条例基本按照吏、户、礼、兵、刑、工六部编排。《问刑条例》最后一条专门针对河南一带盗决和故决堤防,显然也与《大明律》最后的条目之一“盗决河防”相关。

《问刑条例》的修订以情法适中、经久可行为目标,经过明代最高行政官署,即六部、都察院、大理寺和通政司的长官会议而成,与《大明律》一体颁行天下问刑衙门,永为遵守。《问刑条例》中的条例因此具有不同一般的法律地位。嘉靖帝即位,明文诏告天下,“凡问囚犯,今后一依《大明律》科断”,“除弘治十三年三月初二日以前曾经多官奉诏会议奏准通行条例照旧遵行外,以后新增者悉皆革去”。[③] 即弘治《问刑条例》中的条例在嘉靖朝仍得到遵从,而在《问刑条例》之外新增的条例则一律废除不用。

弘治《问刑条例》的修订和颁行不仅解决了此前积存的历代条例,也为后代解决条例问题开创了先例,确定了模式。弘治《问刑条例》修订以后,新的条例仍不断出现,到嘉靖初年,二十多年间,已经积累相当数量,因为未及整理,弘治初年《问刑条例》修订之前的司法弊端开始重演,比如,有的条例在京畿地区已

---

① 《明孝宗实录》卷一四五,第 2547—2548 页。

② [明]白昂等编:弘治《问刑条例》“卷首”,《皇明制书》卷一三,明刻本,《北京图书馆古籍珍本丛刊》第 46 册书目文献出版社 1998 年版,第 343 页。

③ 《明世宗实录》卷一,第 26—27 页。

经实施，而地方上并不知情；或者司法官员对条例缺乏深入的了解而随意引用，出现引用失当，导致“民多冤死”。① 在这种情况下，从嘉靖初年开始，大臣就开始上书请求汇编弘治《问刑条例》以来的新增条例，指出弘治十三年（1500 年）以后形成的条例中，也多具可垂法后世的内容，不应该一律予以废除。比如都御史王应鹏认为，即便是在政局混乱的正德朝，新增的条例也有可取之处，“新增问刑条例四十四款，皆深中情法，宜会官编入”。但是嘉靖皇帝态度坚决，针对王应鹏的上书，嘉靖皇帝重申即位诏中的相关规定，明确指出司法官按照《大明律》和弘治《问刑条例》问刑，条例汇编的事情不必再提。② 对大臣编辑条例的要求予以否决。

嘉靖二十八年（1549 年），刑部尚书喻茂坚再次提出重修《问刑条例》，并指出，弘治《问刑条例》的修订已过去五十多年，这五十多年间，“世变风移”，因时而定的条例数量很大，因为一直缺乏整编，条例行用混乱，危害无穷。一向持反对意见的嘉靖皇帝终于下令“会官备查各年问刑事例”，对弘治《问刑条例》进行重修。③ 嘉靖《问刑条例》的修订基本参照了弘治《问刑条例》的修订过程，即由三法司先对相关条例进行审核，条列其中经久可行的上呈皇帝，再经皇帝下发九卿衙门会议决定。嘉靖《问刑条例》以弘治《问刑条例》为基本内容，一方面新增嘉靖元年以来确定的新例，同时对弘治十三年以后直至嘉靖元年以前的条例通加检查，有议拟精当的，也择而收录。④ 重修工作在继任刑部尚书顾应祥的主持下进行，嘉靖二十九年（1550 年）重修工作完成。这一年的十二月，嘉靖皇帝下旨刊发重修《问刑条例》，要求内外衙门，一体遵守。⑤ 嘉靖三十四年（1555 年），时任刑部尚书何鳌等又“奏上律例九事”，经多官议准，续入重修《问刑条例》。⑥ 这个再次附入新增条例的重修《问刑条例》条例总数达 385 条。⑦ 这就

---

① ［明］顾应祥等：《重修〈问刑条例〉题稿》，陈省《大明律例附解》卷首，隆庆刻本，7 上。
② 《明世宗实录》卷九四，第 2179 页。
③ ［明］顾应祥等：《重修〈问刑条例〉题稿》，陈省《大明律例附解》卷首，6 下至 7 下。
④ 同上，9 上—10 下。
⑤ 同上，12 下。
⑥ 《明世宗实录》卷四一九，第 7273—7275 页。
⑦ 《明史·刑法志》记载，嘉靖二十九年修订的重修《问刑条例》为二百四十九条，加上嘉靖三十四年议定的九条，共计二百五十八条。实误。万历十三年舒化进万历《问刑条例》表文时，明言嘉靖重修《问刑条例》“共为三百八十五条”。参见明代姚思仁《大明律附例注解》卷首，北京大学出版社 1993 年影印本。

是嘉靖重修《问刑条例》。

自此以后，适时修订《问刑条例》成为共识。万历二年(1574 年)，刑科给事中乌昇等奏请续增条例，刑部立即表示赞同，认为条例自嘉靖重定以来未经补辑，合咨各衙门将嘉靖三十四年以后的相关条例予以汇集整理。① 万历四年(1576 年)，礼部主持开始重修《大明会典》，要求各部门将历年行用的条例整理归类送史馆备用，借此机会，刑部开始将嘉靖三十四年(1555 年)以后的诏令和新增条例详定编辑，万历《问刑条例》的修订工作其实就已经展开。经过三法司和各部门的努力，万历十三年(1585 年)四月万历《问刑条例》书成，收入条例共计 382 条。②

万历《问刑条例》一改弘治《问刑条例》和嘉靖重修《问刑条例》单本刊行的形式，而是与《大明律》合刊发行，即将《大明律》"逐条开载于前，各例附载于后"刊刻成书，颁布问刑衙门，永为遵守。③ 这样，《大明律》的内容虽然没有改变，但是《大明律》的面貌，则从洪武三十年(1397 年)以来首次出现了改变：《大明律》正文逐条之后附录万历《问刑条例》中的条例。这就是明代官方确定的《大明律附例》。④

需要指出的是，万历《问刑条例》修订之后，条例仍在形成之中。成书于万历十三年之后的一些《大明律》律注，将这样一些条例收入，附录在相关律条之后。比如，万历后期成书的姚思仁《大明律附例注解》，收入多条形成于万历十三年以后的条例。⑤ 但因为这一现象而将万历《问刑条例》的完成时间推迟至万历三十五年(1607 年)或以后是没有道理的。⑥

三、《问刑条例》的修订原则与内容特色

弘治《问刑条例》、嘉靖重修《问刑条例》和万历《问刑条例》虽然修订的时间相去很远，但是三者的修订背景和修订原则却基本相同。三者均是在条例大量存

① 《明神宗实录》卷二五，第 639—640 页。

② [明] 舒化等：《重修〈问刑条例〉题稿》，不注撰人《刑书据会》卷之首下，明刊本，1 上—6 上。

③ [明] 舒化等：《进新刻大明律附例题稿》，不注撰人《刑书据会》卷之首下，8 上。

④ 同上，8 上—8 下。

⑤ 比如明代姚思仁《大明律附例注解》卷一八，"常人盗仓库钱粮"条下收入万历二十年新题例；卷八"匿税"条下收入万历二十二年圣旨。分见该书第 649、443 页。

⑥ 王伟凯：《明万历〈问刑条例〉修订考辨》，《历史教学》2006 年第 6 期，第 25 页。

在，造成司法混乱的背景之下展开。比如，在描述万历重修《问刑条例》的背景时，刑部尚书舒化也同样指出，《问刑条例》在嘉靖三十四年（1555 年）修订之后，到万历十一年（1583 年）重修之前，过了近三十年的时间。这一期间，条例又大量形成，未经整理的条例使用混乱，极大地影响了司法的公正。《问刑条例》的再修因此而提上议事日程。① 在《问刑条例》重修和再修的过程中，弘治年间确定的修订原则，即情法适中、简切易晓，基本得到贯彻。刑部尚书顾应祥说明嘉靖重修《问刑条例》的原则为“皆务求文义简切而人俱易晓，情罪适均而法可久行”；②同样，刑部尚书舒化在解释万历重修《问刑条例》的原则时也明确表示“今臣等所议，必求经久可行，明白易晓，务祛苛纵之弊，以协情法之中”。③

“情法适中”保证罪刑相等，刑罚轻重相宜。各《问刑条例》都在大量旧例的基础上经多官会议而成，为体现“情法适中”的原则，《问刑条例》的修订中起码有以下几个特点是值得关注的：

首先，罪犯的身份特征得到了持续的关注。明代军、民、匠籍区别明确，他们各自承担不同的国家义务，身份特征多有不同。面对一些特殊的刑罚，只有根据身份特征予以区别对待，才有可能达到真正的情法适中。比如充军这一刑罚的落实。充军是将罪犯发入军伍充作军人，在明代军民分籍而治的背景下，充军对于军民产生的惩治强度也大有不同：军人发附近充军，实际上没有实质的惩罚内容，而若发民人至附近充军，则意味着民人将进入行伍，甚至民户将成为军户，世代承担军役，惩治差别很大。故而同罪之下，若处同等的充军，或同处以充军，实际导致了真正的罪刑不等。弘治《问刑条例》收入的充军条目中，属于军、民同罪异罚的条目共计 25 条。这些条目主要可分为两类：其一，同罪之下，属军卫者发边卫，属有司者发附近。即军、民同罪，但充军发配的远近距离不同。这样的条例共计有 12 条。其二，同罪之下，属军卫者发边卫充军，属有司者发口外为民。军民同罪，但军发充军，而民发口外为民。这样的条例共计有 13 条。④ 体现的是不同身份特征的人在充军刑实施中的情法适中。

---

① ［明］舒化等：《重修〈问刑条例〉题稿》，不注撰人《刑书据会》卷之首下，4 上—4 下。

② ［明］顾应祥等：《重修〈问刑条例〉题稿》，陈省《大明律例附解》卷首，9 下。

③ ［明］舒化等：《重修〈问刑条例〉题稿》，不注撰人《刑书据会》卷之首下，4 下。

④ 吴艳红：《〈明史·刑法志〉充军记述补正》，《中国法制史考证》第一卷，中国社会科学出版社 2003 年版，第 292—342 页。

其次，为体现“情法适中”的原则，各《问刑条例》根据具体罪情，在量刑上也做了更加细致的规定。[①] 比如偷盗、纳贿，则做了具体数量上的区别，即偷盗和纳贿的数量不同，惩治的程度也有相应的变化。再如抢劫、强奸等犯罪，则予以“已成”与“未成”的区别，并根据不同的伤害程度进行定罪。此外，“首犯”和“从犯”，“初犯、再犯、累犯”的区别量刑，在各《问刑条例》中也很明显。同种罪行之下，根据这些不同的犯罪性质，量刑上出现多个层次，以求“情法适中”。比如嘉靖重修《问刑条例》第二六九条规定，盗掘银矿，以及铜、锡、水银等项矿砂，如果在山洞捉获，曾经持杖拒捕者，不论人之多寡，矿之轻重，及聚众至三十人以上，分矿至三十斤以上者，俱不分初犯、再犯，问发边卫充军。若不及数，又不拒捕，初犯枷号三个月发落，再犯免其枷号，亦发边卫充军。[②] 罪行和量刑的区别已经比较具体。但是嘉靖末年，抚治郧阳都御史吴桂芳上言，指出《问刑条例》中的这一条目，对罪犯不分“首犯”和“从犯”，地方司法机关在引用这一条例时，经常出现混乱，并导致刑罚轻重不等，请求中央司法部门进行详议。万历《问刑条例》第二六四条吸收此详议的结果，条例按情节轻重分为三等，每等之间又按首、从做了惩治程度上的区别。凡盗掘金、银、铜、锡、水银等项矿砂，但系山洞捉获者，分为三等：持杖拒捕者为一等，不论人数、矿数多寡及初犯、再犯，不分首、从，俱发边远充军；其不曾拒捕若聚至三十人以上者为二等，不论矿数多寡及初犯、再犯，为首者发边远充军，为从者照罪发落；若不曾拒捕又人数不及三十名者为三等，为首者初犯枷号三个月发落，再犯亦发边远充军。[③]

“情法适中”之外，各《问刑条例》修订的另一条原则就是“简切易晓”。明太祖惩元之旧，在初定律法之时，就曾提出“法贵简当，使人易晓”，认为如果条绪繁多，贪官污吏可以因缘为奸。[④]《问刑条例》的修订或重修，都因为当时行用的条例过于“冗繁”，导致司法混乱而起。因此，各《问刑条例》的修订中，对于条例的“简切易晓”格外关注。

---

① 黄彰健《明代律例汇编》把明代主要条例分别汇编于相应的律文之下，可以方便地比较各相关条例“情法适中”“明白易晓”等特征的变化发展。见《“中央研究院”历史语言研究所专刊》之七十五，台湾“中央研究院”历史语言研究所 1979 年版。

② [明] 顾应祥等编：嘉靖重修《问刑条例》，《中国珍稀法律典籍集成》乙编第二册，科学出版社 1994 年版，第 487 页。

③ [明] 高举：《大明律集解附例》卷一八，第 1382—1383 页。

④ [清] 张廷玉：《明史》卷九三《刑法一》，第 2280 页。

各《问刑条例》对积累的旧例进行有机整合，大量重复的、量刑有出入的条目得到删改。比如，《皇明条法事类纂》收录成化以来到弘治初年形成的惩治“喇唬(虎)”条例七条。这些条例，或涉及地区不同，如成化十五年(1479年)议定的条例针对的是南北两京并通州附近的“喇唬(虎)”，成化二十年(1484年)条例把“喇唬(虎)”惩治的范围扩展到沿江一带；或针对的罪行不同，如成化二十二年(1486年)禁止喇唬光棍打抢人财及窝藏、淫妇、赌博、饮酒等，弘治元年(1488年)条例则惩治喇唬行凶并携带凶器伤人等。[①] 弘治《问刑条例》在这些条例的基础上，形成条例一条，惩治这类泼皮无赖的罪行。该条例规定：“凡号称喇虎等项名色，白昼在街撒泼，口称圣号及总甲、快手、应捕人等，指以巡捕勾摄为由，各殴打平人，抢夺财物者，除真犯死罪外，犯该徒罪以上，不分人多人少，若初犯一次，属军卫者，发边卫充军；属有司者，发口外为民。虽系初犯，若节次抢夺及再犯、累犯笞杖以上者，俱发原抢夺地方枷号一个月，照前发遣。若里老邻佑知而不举，所在官司纵容不问，各治以罪。”[②]从七条旧例整编为一条新例，简切是明显的；而从条例的内容看来，罪名明确，罪刑轻重等次分列井然，明白易晓这一特征也得到了较好的体现。

很多旧例，或语意未详，或拖沓琐屑、不尽精当，在《问刑条例》历次的重修和再修中日渐精确，达到简切易晓的效果。比如，弘治《问刑条例》第二五四条规定，“亲属犯奸至死罪者，不分成奸与未成奸，俱依本律科断，仍将未成缘由奏请定夺。”[③]成奸与未成奸均奏请定夺，有繁冗之嫌。更重要的是，尽管在司法实践中，亲属犯奸未成，奏请定夺的结果常常是降死罪一等，定发充军。[④] “奏请定夺”总带有随意性和不确定性，从而影响条例的严密性。嘉靖七年(1528年)闰十月，罪犯张义隆奸弟妇未成，刑部按照弘治《问刑条例》的规定，奏请皇帝定夺，奉圣旨，“以后亲属犯奸未成的，都依律问罪，发边卫充军，着为定例”。[⑤] 嘉

---

① [明]戴金：《皇明条法事类纂》卷三四，第352—363页。

② [明]白昂等编：弘治《问刑条例》，《皇明制书》，第369页。

③ 同上，第377页。

④ 嘉靖七年闰十月，定犯人张义隆强奸弟妇未成案时，法司提请“俱依强奸未成本律一体科断，或照崔兴事例，仍发边卫充军，止终本身”。圣旨准。可见当时有关此类案件的处理大致是定发充军的，只是没有明文的规定。参见张卤《嘉隆新例》“刑例”，载《中国珍稀法律典籍集成》乙编第二册，第692页。

⑤ [明]不著撰人：《大明律疏附例所载续例附考及新例》“刑例·亲属相奸”，《中国珍稀法律典籍集成》乙编第二册，科学出版社1994年版，第354—355页。

靖重修《问刑条例》,将弘治《问刑条例》中的二五四条进行修订。修订后的条例收入嘉靖重修《问刑条例》第三五三条。该条例规定,凡亲属犯奸至死罪者,若强奸未成,依律问罪,发边远充军。① 与弘治《问刑条例》中的条目比较,修订后的条例简单明确而且易于理解,便于法司的引用。

四、《问刑条例》与《大明律》

在《问刑条例》的修订中,《问刑条例》与《大明律》之间的关系非常明确,即《问刑条例》为辅助《大明律》而修订,而行用。弘治七年(1494 年),在《问刑条例》修订之前,南京礼科给事中提到条例的修订,就曾建议“见行条例有罪浮于情,违背律令者,删之;情罪相当,有补律令者,留之”。② 即根据《大明律》的律意和需要来修订《问刑条例》。同样,弘治十二年(1499 年),在《问刑条例》修订过程中,南京兵科给事中杨廉也指出“非深于经者不足以议律,非深于律者不足以议例”。③ 认为只有精通《大明律》的官员才能讨论条例的精当与否,即《问刑条例》的内容和原则应该以《大明律》为依归。

《问刑条例》的辅律特征首先体现在《问刑条例》适时补充了《大明律》条文的缺失。《大明律》最后修订于洪武三十年(1397 年),之后再没有修订的机会,社会发展,新的罪行不断出现,均是《大明律》所无法及时包括的。《问刑条例》的修订适应时代发展的需要,对《大明律》没有包括的罪行进行及时的惩治,是“辅律而行”的表现之一。比如,弘治《问刑条例》中对轮操官军为害的惩治。轮操,即地方官军轮番入京操备之事,永乐年间开始实行。轮操实施之后,就随之出现各种不法行为,如轮操官军沿途侵害百姓等。《大明律》缺乏对相关罪行的惩治条目。弘治《问刑条例》中,专门针对轮操官军沿途为害的惩治条例有效地对轮操官军的行为进行了规定。此条例规定,轮操军人军丁,沿途劫夺人财、杀伤人命、占夺车船、作践田禾等项,许被害之人赴所在官司具告,拿解兵部,转送法司究问,除真犯死罪外,徒罪以上,俱调发边卫充军。其管操指挥千百户等

---

① [明]顾应祥等编:嘉靖重修《问刑条例》,《中国珍稀法律典籍集成》乙编第二册,科学出版社 1994 年版,第 501 页。

② 《明孝宗实录》卷八四,第 1579 页。

③ 《明孝宗实录》卷一四九,第 2628 页。

官,往回不许与军相离,若不行钤束,并故纵劫夺杀人等项者,参问调卫。[①] 同样,嘉靖年间,朝廷对海防有所加强,嘉靖重修《问刑条例》中形成的海防海禁条例等,也都是《大明律》中缺乏的内容。[②] 即便是《大明律》中有所涉及的内容,随着社会的发展,也日渐不能满足司法的需要,而《问刑条例》相关内容的补充则有效地解决了这一问题。比如漕运之事,明人唐枢认为,明代漕运至嘉靖末年其弊已极。[③] 为整顿漕运,在《大明律》简单的规定之外,从嘉靖后期开始,与漕运相关的条例大量设定,万历再修《问刑条例》,去粗存精,将其中情法适中、行之有效的条例充分吸收,漕运事务从此得到较为详明的规范。条例的最大优势在于它可以根据时代的需要,不断地补充新的内容。弘治《问刑条例》、嘉靖重修《问刑条例》和万历《问刑条例》在内容上有一定的承继性,但每次重修,均根据时代的需要,增加新的条款,修订旧的条例。因此,各《问刑条例》在内容上均能充分地反映时代的特色。比如弘治《问刑条例》对宗藩权力的限制,对盐业和矿产管理方面立法的加强等;嘉靖重修《问刑条例》对边地沿海贸易管理的强化等,都是证明。[④] 具有不断更新能力的《问刑条例》对于《大明律》的辅助效果是至关重要的。

《问刑条例》对于《大明律》的辅助,还表现在根据时代发展的需要,《问刑条例》中的条例对《大明律》中已经包括的条目进行量刑方面的调整,及时解决《大明律》相关条目情重律轻以及情轻律重的弊端。比如《大明律·刑律》"杀子孙及奴婢图赖人"条规定,"凡祖父母、父母故杀子孙,及家长故杀奴婢图赖人者,杖七十,徒一年半"。[⑤] 行用中渐显出情重律轻的弊端。在弘治六年(1493 年)以前的司法实践中,即有将此罪改拟发遣充军的事例。弘治六年定议,"今后有犯故杀妻妾赖人者,照依前项故杀子孙图赖人事例",发遣充军。都察院等题请将此例通行内外,"如此则法令严明,人知警惧"。弘治七年,又以"情重法轻,无

---

① [明]白昂等编:弘治《问刑条例》,《皇明制书》,第 359 页。

② 一条针对海防武职,明令不得受贿枉法,贻害地方;二条禁约百姓,强调夷人贡船到岸报官盘验之前,不得先行接买,亦不得为夷人收买违禁货物。参见顾应祥等编嘉靖重修《问刑条例》二三七、二三八条,载《中国珍稀法律典籍集成》乙编第二册,第 481—482 页。

③ [明]唐枢:《木钟台集·法缀》,《中国律学文献》第一辑第四册,黑龙江人民出版社 2004 年版,第 696—697 页。

④ 曲英杰、杨一凡:《明代〈问刑条例〉的修订》,《中外法学》1990 年第 4 期,第 40—42 页。

⑤ [明]高举:《大明律集解附例》卷一九,第 1515 页。

以警戒将来”的原因,通行内外故杀弟侄子孙之妇图赖人者问拟充军事例,以求更有效地惩治罪犯。[1] 弘治《问刑条例》中,“故杀妾及弟侄子孙与子孙之妇,及故将妻妾男妇等项打伤堕胎图赖人者,发遣充军”一条,吸收了以上的成果,以更严密规范的形式,弥补《大明律》相应内容罪重刑轻的弊端。[2]《问刑条例》对《大明律》情轻律重弊端的解决,最明显地体现在对官员贪赃的处置上。早在正统初年,刑部等官就已经提出,洪武定律之时钞贵物贱,经过四十多年的发展,物价变化,已经出现钞贱物贵。为司法的轻重适宜,刑部官员提议,《大明律》规定的文职官吏人等受赃枉法,罪在绞刑的,应该改发北方边卫充军。[3] 弘治《问刑条例》中,对相应的犯罪在量刑上进行了调整,文职官吏人等受财枉法至满贯绞罪者,发附近充军。嘉靖重修《问刑条例》和万历《问刑条例》都予以继承[4],量刑明显较《大明律》减轻。

弘治初年,刑部曾经描述条例辅律的特征,指出:律者,百世之定法;例者,一时之权宜。例之所以能够辅律,在于人情变态不常,事例轻重不一。这样,罪情重而《大明律》所定刑罚轻的,条例可以进行调整;罪情轻而《大明律》所定刑罚重的,条例也可以调整。条例本身还可以不断调整变化,初议从重,后因民俗稍变而复议从轻;或初议从轻,后因人不知惧而复议从重。[5]《问刑条例》的修订,保留了条例以上灵活变动的特征,同时比一般条例更为严谨缜密。《问刑条例》修订中情法适中、简切易晓原则的贯彻,在一定程度上避免了一般条例“权宜”的特征,对辅助《大明律》起到更重要的作用。

弘治以后,《问刑条例》与《大明律》并行,《问刑条例》补充调整了《大明律》相当部分的内容,但是《大明律》仍在行用之中,对司法实践产生重要影响,其在司法中根本大法的地位并没有改变。

---

① [明]戴金:《皇明条法事类纂》卷三六,第418—435页。

② 该条目规定:“故杀妾及弟侄子孙与子孙之妇,及故将妻妾男妇等项打伤堕胎图赖人者,俱问罪,属军卫者发边卫,属有司者发附近,各充军。”见白昂等编弘治《问刑条例》,《皇明制书》第371页。

③《明英宗实录》卷七三,第1418页。

④ 分别参见白昂等编弘治《问刑条例》,《皇明制书》,第375页;顾应祥等编嘉靖重修《问刑条例》,《中国珍稀法律典籍集成》乙编第二册,第498页;万历《问刑条例》,姚思仁《大明律附例注解》卷二三,第819页。

⑤《明孝宗实录》卷四六,第939—940页。

第二章　明朝的法律(下)

除了《大明律》和《问刑条例》，在明朝的历史上，在不同时期，针对不同的人群，还曾经有其他的法律颁行。本章对《大明律》和《问刑条例》之外的明代其他法律文本及其法律效力进行论述，并对明朝法律的特点进行简单的总结。

第一节　《大明令》与《大诰》

明初是有明一代立法的重要时期，除了《大明律》的修订，洪武一朝制定的《大明令》和《大诰》，不仅在洪武朝的司法中扮演了举足轻重的角色，在洪武以后明朝法治的历史中，也曾留下痕迹。

一、《大明令》

吴元年(1367 年)冬十月，天下已定，新朝将立，各道按察司官将巡历州县，安抚百姓。朱元璋命左丞相李善长为律令总裁官，令参知政事杨宪、傅瓛，御史中丞刘基，翰林学士陶安等二十人为议律官，制订律令，以颁布天下，使内外遵守。当年十二月，《大明律》与《大明令》同时成书。其中《大明令》共计 145 条，于洪武元年(1368 年)正月正式颁行天下。①

《大明令》对明朝的各项规制作了初步的规定，然而只有条规，却没有设定触犯规定后的惩治，这就是明太祖说的“令教之于先”。现存《大明令》以吏、户、礼、兵、刑、工分类，其中，吏令 20 条，户令 24 条，礼令 17 条，兵令 11 条，刑令 71 条，工令 2 条。

《大明令》制订于明朝成立之前，其内容多具历史继承性。明朝开国之时，仿照元制设立中书省，中书省下初设四部，分掌钱谷、礼仪、刑名、营造之事，至洪武元年八月始置吏、户、礼、兵、刑、工六部。②《大明令》以吏、户、礼、兵、刑、工六类编排条目，显然比明朝分设六部的时间要早；而元朝的律法文书《元典章》与《经世大典》皆以六部分类，前者直接以吏、户、礼、兵、刑、工分目，后者则按治典、赋典、礼典、政典、宪典、工典编排。《大明令》以六部编排条令，虽然与太祖

① 关于《大明令》颁行的时间，可参见杨一凡《洪武法律典籍考证》，法律出版社 1992 年版，第 177 页。

② ［清］张廷玉：《明史》卷七二《职官一》，第 1738 页。

效仿《周礼》六官之制有关，元代法律之影响显然是重要的因素。[①] 在内容方面，日本学者内藤乾吉曾就《大明令》“礼令”中有关“公服”的条文、“户令”中有关“妄献山场”的条文等，与元《通制条格》和《元典章》中的相关规定作了对比，发现两者“酷似”。[②] 另一方面，在律法订立之初，朱元璋即有祖述唐宋、高举汉法的初衷，《大明令》内容中，也多有追述唐宋之制的成果。自隋唐确立笞、杖、徒、流、死五刑制以来，历代的刑罚体系都以此为本，同时又作适时的变通，元朝的五刑制中，笞杖刑和流刑颇具特色。《元史·刑法志》“五刑”下列笞刑六等，自七下至五十七下；杖刑五等，自六十七下至一百七下；流刑只列“辽阳、湖广、迤北”三处，不作传统的地理远近的区别。[③] 而《大明令》“刑令”下列的五刑制则尽去元朝的特色，与唐律的规定毫无二致，即笞刑五等，自一十至五十；杖刑五等，自六十至一百；流刑三等，二千里，二千五百里，三千里。[④]

《大明令》当然也有新创的内容。比如“刑令”下收入关于军官的两条规定，其中一条规定，“凡军官、军人犯罪，该徒、流、刺字者，止决合断杖数，并免徒、流、刺字，依旧充军”。又一条规定，“凡军官犯赃，杖罪者，依例降等，随即叙用；至徒、流者，充军，建立事功，依例擢用”。则既不出自唐律，也与元朝的相关规定有明显的差别，可以看作是《大明令》新创内容的代表。

《大明令》是一个权宜之法。其立法的目的在于，在国家创立之初，可以使天下有法可依。按其调整的社会关系与行为规范，范德（Edward Farmer）将《大明令》的内容归纳为六大类：审判和刑罚，政策和管理，仪式和礼制，资源和税收，家庭和婚姻，流动和安全。他认为，《大明令》虽然较《大明律》简单，但为后者乃至明朝后期的法律制定提供了基础。[⑤] 洪武一朝，与《大明令》同时颁布的《大明律》得到不断修改完善，并把《大明令》的部分内容也吸收进来，成为天下后世依据的根本大法。《大明令》则基本保持了原貌，也逐渐地失去了

---

① ［日］内藤乾吉：《大明令解说》，刘俊文主编《日本学者研究中国史论著选译》第八卷，中华书局 1992 年版，第 380—408 页。

② 同上，第 398 页。

③ ［明］宋濂：《元史》卷一〇二《刑法一》，第 2605 页。

④ 《大明令》，《皇明制书》卷一，第 21 页。

⑤ ［美］Farmer, Edward. 1993. “The Great Ming Commandment: An Inquiry into Early-Ming Social Legislation.” *Asia Major* 6(1): 181—199.

效用。[①]《明史》虽称,“其洪武元年(1368 年)之令,有律不载而具于令者,法司得援以为证,请于上而后行焉”。[②] 即认为《大明令》在之后的司法实践中仍起到作用。但实际上,正如清末律家薛允升所言,“中叶以后,部臣多言条例,罕言令者”[③],律所不载,尽以条例弥补。明初以后的《大明令》基本作为一个废弃的祖制存在,在以后有关司法的讨论中,它可能被提及,但是在现实的司法中,效用不大。

二、《大诰》

明《大诰》共计四编,即《御制大诰》《御制大诰续编》《御制大诰三编》《大诰武臣》,在洪武十八年(1385 年)十一月到洪武二十年(1387 年)十二月两年多的时间内集中颁行。[④] 前三编针对的是官吏百姓,《大诰武臣》则主要针对军官。

《御制大诰》的颁布与洪武十八年发生的郭桓案有直接的关系。郭桓,时任户部侍郎。洪武十八年有人告发,称郭桓与其他官员勾结,侵吞国家赋税,并借征收赋税之机巧立名目,中饱私囊。此事牵涉官员众多,贪污数量巨大。据朱元璋的估算,郭桓伙同大量的中央地方官吏,贪赃枉法,所费精粮达二千四百余万石。[⑤] 一时“天下诸司尽皆赃罪,系狱者数万,尽皆拟罪”。[⑥] 成为明初最大的一件贪污案。

郭桓案的发生迫使朱元璋对当时的官场作出重新的认识。太祖不断地表示自己感到震惊,他以“狂澜”与“疾风”来形容当时官场的积弊。他悲哀地指出自己“夙夜忧虑,思欲革故而更新”,但是这些努力似乎并没有得到成效,“其奸顽之徒,未尝肯格心向善,良民君子每被扰害,终无一岁优闲”。[⑦] 在这样新的认

① 丘濬:“方草创之初,未暇详其曲折,故明示以其意之所在,令是也。平定之后,既已备其制度,故详载其法之所存,律是也。”见丘濬《大学衍义补》卷一〇三,第 887 页。

② [清]张廷玉:《明史》卷九三《刑法一》,第 2284 页。

③ [清]薛允升:《读例存疑》“自序”,胡星桥、邓又天主编《读例存疑点注》,中国人民公安大学出版社 1994 年版,第 1 页。

④ 关于《大诰》四编颁布的时间,学界多有歧异,本文参照杨一凡在《明大诰研究》中的结论。参见杨一凡《明大诰研究》,江苏人民出版社 1988 年版,第 6—7 页。

⑤ 《御制大诰》“郭桓造罪第四十九”,杨一凡《明大诰研究》“附录”,第 233 页。

⑥ 《御制大诰》“朝臣优劣第二十六”,杨一凡《明大诰研究》“附录”,第 218 页。

⑦ 《明太祖实录》卷一七四,第 2647 页。

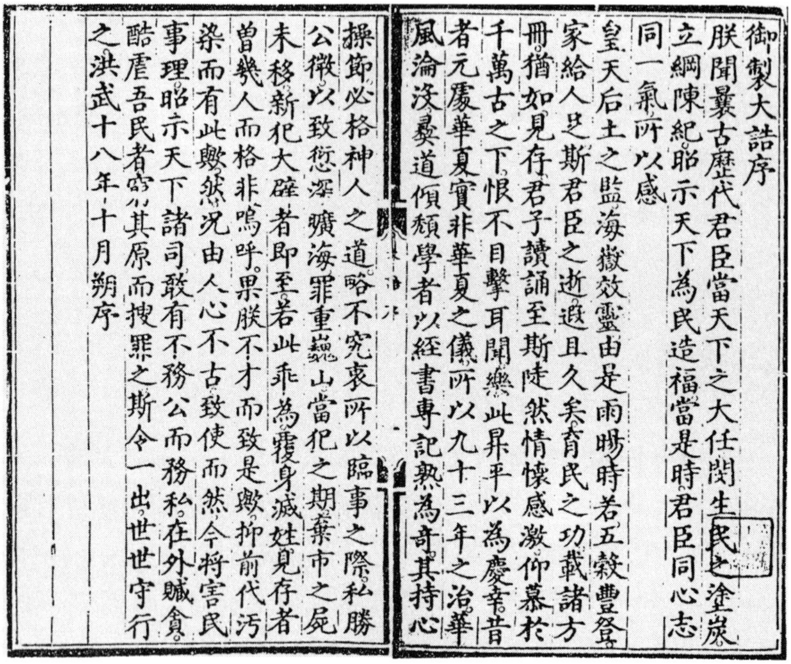

御製大誥序

朕聞曩古歷代君臣當天下之大任閔生民之塗炭立綱陳紀昭示天下為民造福當是時君臣同心志同一氣所以感

皇天后土之監海嶽效靈由是雨暘時若五穀豐登家給人足斯君臣之逝遐且久矣育民之功載諸方冊猶如見存君子讀誦至斯徒然情慷感激仰慕於千萬古之下恨不目擊耳聞樂此昇平以為慶幸昔者元處華夏實非華夏之儀所以九十三年之治華風淪沒彝道傾頹學者以經書專記熟為奇其持心操節必格神人之道略不究衷所以臨事之際私勝公微以致愆深曠海罪重巍山當犯之期棄市之屍未移新犯大辟者即至若此乖為覆身滅姓見存者曾幾人而格非嗚呼果朕不才而致是歟抑前代汚染而有此歟然況由人心不古致使而然今將害民事理昭示天下諸司敢有不務公而務私在外贓貪酷虐吾民者究其原而搜罪之斯令一出世世守行之洪武十八年十月朔序

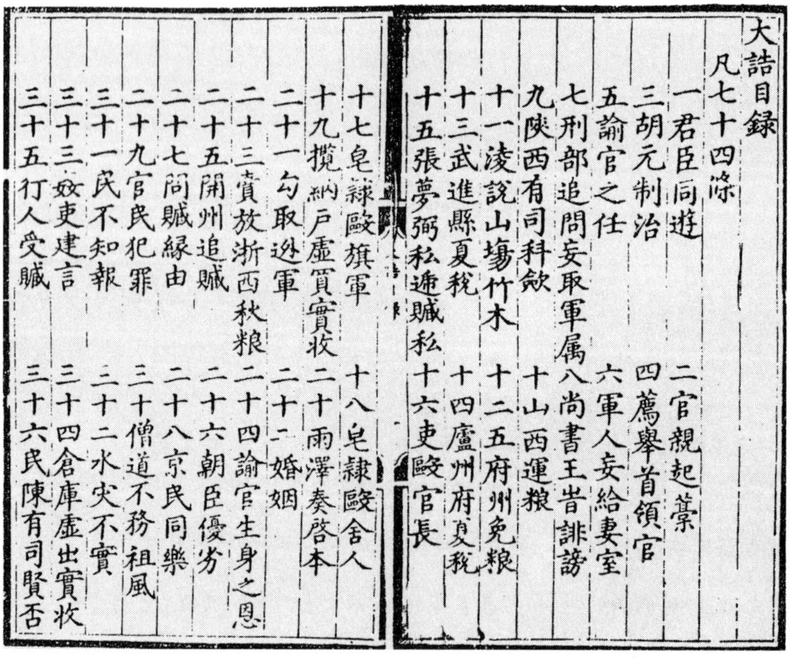

大誥目録

凡七十四條

《御制大诰》

出处：《续修四库全书》第862册，上海古籍出版社，2002年。

识下,洪武十八年(1385年)十一月,首出《御制大诰》,以示臣民。[①]《御制大诰》颁行天下,74条条文中,有十条明确提到了郭桓案,昭示天下贪赃枉法官吏的下场与朱元璋打击贪官污吏的决心。"今将害民事理,昭示天下诸司,敢有不务公而务私,在外赃贪,酷虐吾民者,穷其原而搜罪之。斯令一出,世世守行之。"[②]

重惩贪赃官吏因此成为《御制大诰》以及之后陆续颁布的《续编》《三编》和《大诰武臣》的重要主题,四编《大诰》中列举的官吏贪污案件,不下数千起。[③] 郭桓案是《御制大诰》颁布的导火索,但是惩治贪赃枉法的官吏则是朱元璋一贯的政策,也是明初政治生活的重要内容。洪武一朝不仅有《醒贪简要录》等书颁行,"重绳贪吏,置之严典"的实际举措也在郭桓案和《大诰》之外的很多方面得到体现。[④] 从这个意义上说,《御制大诰》及其对贪赃官吏的惩治比较好地体现了明初法治的现实。

而随着《御制大诰续编》等的颁布,《大诰》惩治的对象也不断有所扩展。《御制大诰续编》中,游民和不务生理者成为重要的惩治对象。在该编的序言中,朱元璋指出,自古以来,游手好闲而不祸害社会和百姓的人是少数。[⑤] 朱元璋的理想社会是有序的,即:"士农工商,皆专其业,所以国无游民,人安物阜,而致治雍熙也。"[⑥]《御制大诰续编》"互知丁业第三"条要求百姓安心四业,"市村绝不许有逸夫"。邻里之间要互相监督,对于"士人",要知道他们在哪里学习,从谁而学,进学的程度如何;对于"农业者",要朝出暮入,相互知道;对于手工业人,如果远出,要了解他的路引情况,如果在本地,要知道具体在什么地方;对于从商的人,要知道他货物的情况,行程的远近,以及归期如何,如果常年没有音信,两年没有回家,邻里要了解具体原因。地方有违法游民,邻里、亲戚诸人等拘拿送官。如果邻里坐视不管,游民逸夫为害地方,捕获到官,则"逸夫处死;里甲四邻,化外之迁,的不虚示"。[⑦] 与此同时,《续编》"辨验丁引"一条要求加强路途客舍的管理,从京城到地方,对住宿的客人,客店旅舍要辨认其职业,验明路

---

① 《御制大诰三编》"序",杨一凡《明大诰研究》"附录",第341页。
② 《御制大诰》"序",杨一凡《明大诰研究》"附录",第197—198页。
③ 陈高华:《从〈大诰〉看明初的专制政治》,《中国史研究》1981年第1期,第3—13页。
④ 《明史》卷二八一《循吏传》,第7185页。
⑤ 杨一凡:《明大诰研究》"附录",第257页。
⑥ 《明太祖实录》卷一七七,第2687页。
⑦ 杨一凡:《明大诰研究》"附录",第264—265页。

引身份。①

“不务生理”和“游食”者，不事生产，对经济不利，但是对朱元璋而言，这些人最大的危害是勾结官府，成为官府的帮闲，即“非帮闲在官，则于闲中为盗。帮闲在官，教唆官吏，残害于民，不然为贼乡里”②，危害地方秩序。所以，惩治游民也与惩治那些进入官府、危害一方的杂役密切相关。《续编》“松江逸民为害第二”说得明白：自明朝开国以来，两浙等地官员屡次发生贪赃枉法。官员本身自然存在问题，而吏卒和在闲不务生理之徒诱惑陷害也是事实。这样的情况在各地普遍存在。比如松江一府，游手好闲之徒在官府帮闲而陷害百姓的，有九百多人，勾结官员，配合吏卒，虐害良民。③

因此，在《御制大诰续编》总计 87 条的条目中，除了直接惩治游民和不务生理之徒的条目外，有将近一半的条目对官府吏卒的设置进行规定，对吏卒的各种犯罪进行惩治和昭示。比如该编“滥设吏卒”一条规定：“诸司衙门官吏、弓兵、皂隶、祗禁，已有定额，常律有规，滥设不许。”如果各地官司，故违法律，滥设吏卒；各地不务四业之逸民，勾结官府，当此吏卒的，“的当人、管干人、干办人，并有司官吏，族诛”。④

《御制大诰三编》继续对贪官、污吏、为害一方的豪强和顽民进行重惩。朱元璋认为前两编《大诰》起到了重要作用，但是臣民“虽暂革面，犹未格心”⑤，所以要继续对天下的官民进行告诫，展示其犯罪行为以及朝廷对他的惩治，以警其余。朱元璋曾经指出，君主的任务在于统治，统治的目标在于确定秩序，否则“则强者愈强，弱者愈弱，纷纭吞噬，乱无宁日矣”。⑥ 所以，登基以后，“于大姓兼并，贪吏渔取，深恶嫉之，犯者必置诸法”，⑦以此维护国家和统治的稳定。在朱元璋看来，只有这样才能保护良民和细民的利益。因此《大诰》前三编中，“锄强”的特征比较明显。

---

① 杨一凡：《明大诰研究》“附录”，第 266 页。
② 同上，第 267 页。
③ 同上，第 263—264 页。
④ 同上，第 275—276 页。
⑤ [明]刘三吾：《御制大诰三编》“后序”，杨一凡《明大诰研究》“附录”，第 420 页。
⑥ 《明太祖宝训》卷六《谕群臣》，台湾“中央研究院”历史语言研究所 1967 年版，第 442 页。
⑦ [明]邓士龙辑，许大龄、王天有点校：《国朝典故》卷一，北京大学出版社 1993 年版，第 11 页。

这种集中惩治官吏豪强的特征在《大诰武臣》中也体现得十分明白。《大诰武臣》三十二条主要针对军官的犯罪。朱元璋以军官所犯罪行为例，教育军官以国家为重，忠于职守，善待军人。比如《大诰武臣》"储杰旷职第六"，指出浙江都指挥储杰，结交地方官，日日饮酒作乐，不设海防，导致沿海百姓被劫，为此，储杰被贬官云南金齿。《大诰武臣》"打死军人第十四"条，豹韬卫百户王德甫等打死军人，事发之后偿命。朱元璋教导军官，"做军官的，务要抚恤得那小军好。抚恤得好呵，众军每感戴，神天也欢喜"。①

《大诰》四编包括具体的案例，也包括条规；是案例集，也是法律；具有劝诫、警示、教育的目的，也具有规范行为、惩治罪犯的功效。关于《大诰》的法律效力，《御制大诰三编》序言明确说明："奸顽敢有不钦遵者，凡有所犯，比《诰》所禁者治之。"②洪武二十八年(1395 年)六月，太祖朱元璋明令天下，"以后嗣君统理天下，止守《律》与《大诰》"。③ 洪武三十年，朱元璋再次强调"今后法司只依《律》与《大诰》议罪"。④ 特别是在洪武朝，《大诰》在国家司法中起到了举足轻重的作用。当然，惩治对象不同，《大诰》的法律效力恐怕也有所区别。在《大诰武臣》的序言中，朱元璋指出："……特将不才无藉、杀身亡家亡名之徒，条陈于后，仁者智者观之。管军人员，毋违我训，毋蹈前非，故敕序尔。"⑤与《大诰》前三编的相关内容比较，诫谕的色彩更浓。史称，朱元璋因为中外武臣多出自戎伍，不知法律，所以屡屡违法，为此，亲制大诰三十二篇以训之，使军官知道抚恤军士、建立功勋。⑥ 这也说明教育是《大诰武臣》的主要功能。

无论作为案例集，还是作为法律，《大诰》均具有法外用刑、法外定法的特征。洪武十八年(1385 年)到二十年(1387 年)，在四编《大诰》的颁布和行用时期，《大明律》经过多次修订，已经明确成为国家的根本大法。朱元璋在《大明律》之外，又颁布《大诰》，并明确宣布要"比《诰》所禁者治之"，使《大诰》成为独立于《大明律》的法律。《大诰》条目在罪行的规定上与《大明律》有出入，在量刑上两者的差异也很大。杨一凡比较《大诰》颁行时期的

---

① 杨一凡：《明大诰研究》"附录"，第 434、440—441 页。
② 同上，第 342 页。
③ 《明太祖实录》卷二三九，第 3477 页。
④ 《御制大明律》"序"，高举《大明律集解附例》卷首。
⑤ 《大诰武臣》"序"，杨一凡《明大诰研究》"附录"，第 427 页。
⑥ 《明太祖实录》卷一八七，第 2808—2809 页。

《大明律》与《大诰》相关条目，发现除了少数罪名《大诰》与明律量刑相同外，绝大多数案件都是加重处刑。比如《大明律》“滥设官吏”一条，罪止“杖一百，徒三年”；而《大诰续编》“有司滥设吏卒”一条，却以族诛治罪，量刑之悬殊由此可见一斑。①

《大诰》的重刑特征十分明显。不仅同样罪行的量刑《大诰》比《大明律》要重，而且还包括了大量《大明律》所没有规定或谨慎行用的酷刑，比如凌迟、族诛、墨面文身、挑筋去指、阉割为奴等等。为了加强惩治的力度，加强对百姓劝诫的效果，《大诰》多有将惩治特意扩大、充分展示的特征。比如《御制大诰三编》“医人卖毒药第二十二”中，为了惩治贩卖毒药的王允坚，在将其枭首之前，以其毒药毒之，毒作将死，再以解药解之，次日将其斩首。② 洪武朝，“重典”贯穿始终。洪武九年(1376 年)的“空印案”，内外官员冤者甚众。③ 洪武十八年，郭桓案发，“株累天下官吏死徙数万人，……民中豪以上皆破家”。④ 更不用提洪武年间著名的胡惟庸和蓝玉案中的大肆牵连和屠杀了。《大诰》的颁布与行用与这样的重典主义相吻合，充分体现了朱元璋“吾治乱世，刑不得不重”的政策。⑤

《大诰》的颁布和行用是明初皇权至上的最好注解。无论是法外用刑和法外定法，还是严刑酷法的行用，均以朱元璋为代表的强大皇权为依托。没有强大皇权的背景，《大诰》的颁布与推行均是不可能实现的。皇权至上，在《大诰》诸编的内容中也多有反映。在《大诰》中，朱元璋多次要求地方百姓告官，对于优秀的官吏，百姓要奏告予以嘉奖；对于贪赃枉法的不法官吏，百姓可以将其绑缚进京，交给皇帝治罪。常熟县县吏顾英害民甚众，被害人之一，本县县民陈寿六率其弟与外甥，将顾英擒拿，执《大诰》到南京面奏。朱元璋赞扬陈寿六一行，赏其钞和衣物，免其杂泛差役三年，并规定，如果陈寿六以后有过失犯罪，地方不许擅自逮问，而必须向皇帝汇报，送京师由皇帝亲自问理。⑥ 以此为榜样，《大

---

① 杨一凡：《明大诰研究》，第 64—65 页。
② 《御制大诰三编》“医人卖毒药第二十二”条，杨一凡《明大诰研究》“附录”，第 397—399 页。
③ 关于空印案，可参见如刘孔伏《明初空印案初探》，《贵州文史论丛》1991 年第 2 期。
④ ［明］谈迁：《国榷》卷八，中华书局 1958 年版，第 653 页.
⑤ 《明史》卷九三《刑法一》，第 2283 页。
⑥ 《御制大诰续编》“如诰擒恶受赏”，杨一凡《明大诰研究》“附录”，第 272—273 页。

诰》号召广大百姓成为地方官吏的监督群体。[①] 这成为洪武朝独具特色的加强吏治的手段。专制时代,“草民”之所以能监督甚至绑缚“父母官”,依靠的便是至高无上的皇权。[②]

在朱元璋的大力推动下,洪武中期颁行的四编《大诰》曾经广泛流行,官吏、百姓、军民士子尽皆诵读。明太祖朱元璋虽然知道《大诰》是在《大明律》之外的法外用刑,但是对于《大诰》的态度和其他榜文峻令不同。洪武三十年(1397年)五月,《大明律》最后颁定时,明太祖明确规定将之前的榜文峻令全部革去,但是对于《大诰》的条目,则选取了其中的精华部分,以《钦定律诰》的方式编入《大明律》,希望后世永久遵行。

但是洪武以后,《钦定律诰》和《大诰》四编均逐渐淡出人们的视野。明代中叶,民间甚至已经很少知道《大诰》。时人霍韬就提到,“今则非直百姓不见此书,虽学校生儒见此书者亦鲜也”。[③] 但值得注意的是,《大诰》仍在明代中后期的司法实践中留下了痕迹。《御制大诰》的最后一条规定,一切官民诸色人等,户户需持《大诰》。如犯笞杖徒流罪名,持有《大诰》的,每减一等;无者,每加一等。[④] 明代中后期,《大诰》虽然鲜有人知,“有《大诰》减等”则似乎已经成为法司定罪量刑的一个惯例。近年整理出版的《四川地方司法档案》,收入明代四川地区有关钱粮问题案件的申详文书,是明代留存下来的少有的法律档案。案件大多发生在嘉靖年间。在文书的议罪部分,则几乎都包括了“俱有《大诰》减等”,将所定罪行减去一等执行的记录。比如夔州府梁山县民陈林,充任本县存留永丰和儒学仓的斗级,因缴纳仓库出纳文书违限得罪。法司议罪,依《大明律》“不应得为而为之事理重者”,杖八十;“有《大诰》减等,杖七十”。[⑤] 再如成都府绵州民杨枢,依照《大明律》“恐吓取人财物”条,被判“杖一百,流三千里”,但是“有

---

① 关于上告命令和在明初的具体实施,可参见吴艳红《明代洪武朝上告初探》,《北大史学》1997年第4期,第88—107页。

② 关于《大诰》与皇权的关系等,还可以参见[美] Anita, Andrew. 1991. “Zhu Yuanzhang and the Great Warning(Yuzhi Dagao): Autocracy and Rural Reform in the Early Ming.” Ph. D. Dissertation, University of Minnesota.

③ [清] 孙承泽:《春明梦余录》卷四四,北京古籍出版社1992年版,第900页。

④ 《御制大诰》“颁行大诰第七十四”,杨一凡《明大诰研究》“附录”,第252页。

⑤ [明] 佚名辑,吴艳红整理:《四川地方司法档案》,《历代判例判牍》第三册,中国社会科学出版社2005年版,第188页。

《大诰》减等”，减等之后为“杖一百，徒三年”。①

第二节　明朝专项法规举例

《大明律》与《问刑条例》针对的是一般的官员和民众。此外，有明一代，国家还制订了特殊的法律法规，对一些特殊人群的行为进行规范。

一、《祖训录》、《皇明祖训》和《宗藩条例》

宗藩具有皇家的血统，是明代社会一个特殊的群体。对于这一特殊的群体，作为根本大法的《大明律》并没有设定规范其行为的条目。《大明律》直接提及宗藩的条目仅《吏律》“制书有违”一条、《兵律》“擅调官军”一条，以及《刑律》“诈传诏旨”一条，其中亲王宗藩只作为受害者出现。② 所以，以上涉及亲王宗藩的条目，其犯罪主体与惩治的对象仍是一般臣民，而不是亲王宗藩。此外，《刑律》“皇家袒免以上亲被殴”条涉及宗藩，与上述条目具有相似的特征。③《名例律》“应议者犯罪”条规定，“凡八议者犯罪，实封奏闻取旨，不许擅自勾问。若奉旨推问者，开具所犯及应议之状先奏请议，议定奏闻，取自上裁”④。此条目也涉及宗藩成员，但从内容来看，条目的设置明确在于保护宗亲的司法利益，并不以规范宗亲行为为目的。因此，总体来说，宗藩群体其实在《大明律》所设定的规范对象之外。

---

① ［明］佚名辑，吴艳红整理：《四川地方司法档案》，第216页。

② 《大明律》之《吏律》“制书有违”条规定：违亲王令旨者，杖九十，减违皇帝和皇太子圣旨、令旨一等；稽缓者同，减违亲王令旨一等。《兵律》“擅调官军”条提到：若亲王所封地面有警，调兵已有定制。《刑律》“诈传诏旨”规定：凡诈传诏旨者斩，诈传皇后懿旨、皇太子令旨、亲王令旨者绞。分见明代高举所撰《大明律集解附例》卷三，第473页；卷一四，第1068—1069页；卷二四，第1803页。

③ 《刑律》“皇家袒免以上亲被殴”条规定：凡皇家袒免亲而殴之者，杖六十，徒一年；伤者，杖八十，徒二年；折伤以上重者，加凡斗二等，缌麻以上各递加一等；笃疾者绞，死者斩。见明代高举所撰《大明律集解附例》卷二〇，第1560页。

④ ［明］高举：《大明律集解附例》卷一，第181页。

洪武六年(1373年)五月,《祖训录》成。在序言中,太祖朱元璋明确指出其修订的目的:“至于开导后人,复为《祖训录》一编,立为家法。”①《祖训录》以家法的形式出现,在《大明律》之外,规范宗藩这一特殊群体的行为。

《祖训录》分“箴戒、持守、严祭祀、谨出入、慎国政、礼仪、法律、内令、内官、职制、兵卫、营缮、供用”十三篇。十三篇中,除了“内令”规范宫中以及各王府的妇女,“内官”规范宫中以及各王府中的内官,其余篇目关注的均是后代君主、太子、亲王及其子嗣。《祖训录》要求皇室子嗣持身端正,言行谨慎,奉天敬神,遵守礼数。《祖训录》规定了王府藩国的规制、防护、用度,要求亲王宗室恪守本分,在诸如宫室、仪仗等方面不得僭越犯分;亲王宗室生子、婚嫁、承袭都必须上报朝廷;王府文武官员必须由朝廷任命。《祖训录》告诫宗藩,“凡古王侯,妄窥大位者,无不自取灭亡”。② 与此同时,《祖训录》也在政治、军事、司法、经济各方面都给了宗藩很大的特权。

以司法为例。《祖训录》“箴戒”篇下规定:“凡王所守者祖法,如朝廷之命合于道理,则惟命是听;不合道理,见‘法律’篇第十二条。”③《祖训录》“法律”第十二条规定:“凡朝廷使者至王国……言语非理,故触王怒者,决非天子之意,必是朝中奸臣使之离间亲亲。王当十分含怒,不可辄杀,当拘禁在国,鞫问真情,遣人密报天子。天子当询其实,奸臣及使俱斩之。”④以上条文明确说明藩王及其子孙只受《祖训录》的约束,对于朝廷命令,包括朝廷的法律在内,可以自行甄别决定是否遵行。可见权势之大。《祖训录》“法律”篇规定,皇太子、亲王以及宗室有罪,朝廷的司法部门不得参与审理,而由天子亲自审理和告诫。“虽有大罪,亦不加刑。重则降为庶人,轻则当因来朝面谕其非,或遣官谕以祸福,使之自新。”⑤可见,宗藩犯罪,其惩治也与一般官民不同。不仅如此,在其藩国之内,宗藩还获得独立的司法权力,对王府官吏和藩国内的百姓独立司法,不受朝廷法律与司法体系的限制。《祖训录》一条规定:“凡王所居国城,及境内市井乡村人民,敢有违犯及侮慢王者,从王区处,朝廷及风宪官毋得举问。”⑥此外,《祖训

① 《祖训录》,《明朝开国文献》第三册,台湾学生书局1966年版,第1674页。
② 同上,第1685页。
③ 同上,第1686页。
④ 同上,第1717页。
⑤ 同上,第1715页。
⑥ 同上,第1714页。

录》规定，宗藩可以参政，拥有强大的兵权，①每岁有额定的禄米，子女成长婚嫁有赏赐，享受经济特权。

《祖训录》修订之后，明太祖令礼部刊印成书，颁示天下，明令，“凡我子孙，钦承朕命，无作聪明，乱我已成之法，一字不可改易”。② 但是和《大明律》一样，《祖训录》也在洪武朝几次修订。③ 洪武二十八年(1395 年)，这部家法再行颁布，改名《皇明祖训》。《皇明祖训》改《祖训录》首篇“箴戒”为“祖训首章”，篇目数量和其余篇目名称保持不变。

从内容来看，《皇明祖训》改动《祖训录》的地方达 70 多处，除了“谨出入”一条没有改动，其余各条都有不同程度的变动。比较《祖训录》和《皇明祖训》，最为明显的变化有以下几个方面：第一，从礼仪等方面，强化了皇帝的权威；第二，对宗藩的供给进行了限制；第三，朝廷加强了对王府的人事管理，对王府宗藩司法权力进行了限制。④ 比较“法律”篇的内容，《皇明祖训》对《祖训录》的部分条目也进行了明显的修订。其中有关王府属官的司法一条，在《祖训录》中规定，“凡亲王所自用文武官吏并军士，生杀与夺，从王区处，朝廷毋得干预”。⑤ 在《皇明祖训》，此条改为：“如或文武官员犯法，王能依律剖判者，听。法司毋得吹毛求疵，改王决治。”⑥对于“律”的强调，保证了藩国官吏的司法不完全脱离国家的司法格局。而此前提到的《祖训录》有关王国内百姓的司法一条则改成：“凡王所居国城及境内市井乡村军民人等，敢有侮慢王者，王即拿赴京来，审问情由明白，然后治罪。若军民人等，本不曾侮慢，其王左右人虚张声势，于王处诬陷良

① 《祖训录》“法律”篇中规定，“凡朝廷新天子正位，诸王遣使奉表称贺，谨守边藩。……如朝廷循守祖宗成规，委任正臣，内无奸恶，三年之后，亲王仍依次来朝。如朝无正臣，内有奸恶，则亲王训兵待命，天子密诏诸王统领镇兵讨平之”。只是，平定之后，“收兵于营，王朝天子而还”。见《祖训录》，第 1717—1718 页。宗藩在政治上的特权，是以其军事特权为前提的。《祖训录》“兵卫”篇中规定，“凡王国有守镇兵，有护卫兵。其守镇兵有常选指挥掌之，听王令旨……其护卫兵系本国军民，从王调遣。如本国是险要之地，凡遇有警，不分缓急，本国及常选军马并从王调遣。”见《祖训录》，第 1757 页。仅以护卫兵而言，亲王设三护卫，军士可达一万六千多人，再加上守镇军，其军事力量之强可以想见。

② 《祖训录》“序”，第 1674 页。

③ 张德信：《〈祖训录〉与〈皇明祖训〉的比较研究》，《文史》第 45 辑，中华书局 1998 年版。

④ 谭家齐：《从〈太祖皇帝钦录〉看明太祖修订〈祖训录〉原因》，香港《中国文化研究所学报》2004 年第 44 期，第 83—102 页。

⑤ 《祖训录》，第 1714 页。

⑥ 《皇明祖训》，《明朝开国文献》第三册，台湾学生书局 1966 年版，第 1628 页。

善者,罪坐本人。"[①]这样,朝廷也将宗藩对藩国内百姓的司法权有所收回。与此同时,《皇明祖训》还明确规定:"凡王国内,除额设诸职事外,并不许延揽交结奔竞佞巧知谋之士,亦不许接受上书陈言者。如有此等之人,王虽容之,朝廷必正之以法。"[②]明确表明宗藩的司法权力存在限制,朝廷之法可以深入藩府、藩国。

《祖训录》和《皇明祖训》是重要的法律文本,成为朝廷规范宗藩行为的主要依据。但是"祖训"的规范能力很快出现问题。明太祖时期宗藩人口数量有限,洪武末年,全国仅亲王 18 人就藩各地,全国宗室人数仅 58 人。[③] 但是这一群体繁衍迅速,至明末,这一群体的人数可能已经达到了 20 万之多。[④]《皇明祖训》总计条目 96 条,其中只有 12 条具有司法或者刑法的特征。[⑤] 与《大明律》一样,朱元璋在《皇明祖训》修订之后禁止后世更改,"后世敢有言更改祖法者,即以奸臣论,毋赦"[⑥]。终明一代,《皇明祖训》没有新的条目增加,这样更进一步影响了"祖训"在规范宗藩行为上的效力。到明代中期,"祖训"基本失去具体的实际的法律效用。

嘉靖四十四年(1565 年)正月,《宗藩条例》正式颁布,以规范宗藩行为为目的。《宗藩条例》有条例 67 条,主要内容包括以下几个部分:第一,严格宗室婚嫁、生子奏报、袭封等各方面的程序,加强国家在这些方面的管理。这方面设置的条目最多,包括"宗支奏报""奏报格式""查参玉牒""查革冒封""选择婚配""擅自成婚""妾媵限制"等 30 多条,占了条例总数的将近一半。第二,通过奏减和折支等办法直接减少宗室原定的禄米数额,确定禄米的数量,整顿禄米发放中的弊病,削减其他无谓的费用。比如"初封禄米""住支禄米""议处改折""酌处庶粮""自备仪仗""裁革冗职""恩恤限制""停给工价"等条例均以此为主旨。如"裁革冗职"一条指出,王府冗职"不惟有屈人材,抑且有耗禄用。今当裁革,少免素餐"。[⑦] 此外,《宗藩条例》限制和规范王府宗藩在地方的活动,设置了"收

① 《皇明祖训》,第 1628—1629 页。
② 同上,第 1631 页。
③ 蒋兆成:《明代宗藩制度述评》,《中国社会经济史研究》1988 年第 3 期;李国华:《明代的宗藩》,《江西师范大学学报》1985 年第 1 期。
④ 顾诚:《明代的宗室》,明清史国际学术讨论会秘书处论文组编《明清史国际学术讨论会论文集》,天津人民出版社 1982 年版,第 98 页。
⑤ [美] Farmer, Edward. 1995. *Zhu Yuanzhang and Eearly Ming Legislation: The Reordering of Chinese Society Following the Era of Mongol Rule*. p. 69.
⑥ [清] 查继佐:《罪惟录》,《帝纪》卷一,浙江古籍出版社 1985 年版,第 50 页。
⑦ 《宗藩条例》,《中国珍稀法律典籍集成》乙编第二册,第 576 页。

买物件""私收正身""收买子女""私放债钱""改正乐工"等条例,对宗室行为予以约束。以"收买物件"为例,条例明文规定,"今后各府不许渎奏收买及擅自差人贸易,因而侵牟肆扰"。① 与此同时,《宗藩条例》鼓励王府讲求礼义廉耻,设置了如"激励风节""旌表孝友""书院请名"等条目予以激劝。《宗藩条例》严格对宗藩婚嫁、生子、袭封方面的管理,目的在于抑制宗藩的冒滥,对宗藩的数量作严格限制,这与《宗藩条例》对王府禄米的管理有同样的目的,均在缓解国家的财政压力。换言之,虽然与明初的《祖训》一样,嘉靖后期形成的《宗藩条例》,也以宗藩为主要规范对象,但是《祖训》规制的是宗藩各方面的行为,而《宗藩条例》关注的中心则是藩府给朝廷带来的财政压力。

从《皇明祖训》的颁布到《宗藩条例》的制订,在这一百六七十年的时间内,宗藩这一群体发生很大变化。一方面宗藩人口迅速繁衍,这一群体的数量日渐庞大;另一方面国家对宗藩的控制逐步加强,宗藩在军事、政治、司法方面的特权不断受到剥夺。以宗藩的军权论,靖难之役后,永乐一朝,十三位手握重兵的亲王近半数被削夺了护卫。至正德年间国家平定安化王和宁王的反叛之后,宗藩的军事势力基本被取缔殆尽。洪武以后,宗藩的政治特权也日渐削弱。宣德初年,借平定高煦之叛,宗室再无进入仕途的机会。宗室姻亲也渐从民间选取,王府与官府勋贵联姻壮大政治势力从此成为泡影。宣德以后,亲王入朝之事渐见废止,奏事只能差人来京。宗藩并不得擅自出城,二王不得随意相见。② 宗室不再在军事、政治上构成对君主与朝廷的危害,却日益地成为国家在社会经济上的一个沉重包袱。嘉靖四十四年的《宗藩条例》正是在这样的背景下形成的。

《宗藩条例》是一个专门针对宗藩的条例汇编,乃多官会议"节年前后题准恩例"而成,以"立为万世不刊之典,颁行天下王府永远遵守"为目的,③是一个专项的法规。万历时期,朝臣提议建立宗学,其中建立祖训堂,提到祖训堂中应同时"尊崇《皇明祖训》并《宗藩条例》"。④ 但是,《宗藩条例》这一专项法规的法律效力和《祖训录》《皇明祖训》已经不能同日而语。明初,《祖训录》和《皇明祖训》

① 《宗藩条例》,《中国珍稀法律典籍集成》乙编第二册,第587页。

② 可参见赵毅《明代宗室政策初探》(《东北师大学报》〈哲社版〉1988年第1期)等文章。

③ 《礼部尚书李春芳题本》,《宗藩条例》所附"题本",第528页。

④ 《明神宗实录》卷五〇,第1149页。

与作为根本大法的《大明律》相提并论，而《宗藩条例》却已经不具备这样的法律地位。这可以从《宗藩条例》与《问刑条例》的关系中一窥端倪。《宗藩条例》最后形成的67条条目，在历年题准的相关条例的基础上商议形成。《问刑条例》是朝臣商议和确定《宗藩条例》内容的准则。比如，弘治《问刑条例》规定王府从郡王到辅国中尉、奉国中尉的妾媵数量，规定这些妾媵生子之日，先行开具姓名奏报。若是妾媵滥收过数，要将王府辅导隐匿不奏官员参提究问，奏请降调边防。① 《宗藩条例》在“妾媵限制”条形成的过程中，首先列举收入《大明会典》的以上《问刑条例》的相关内容作为准则，再对嘉靖四十三年(1564年)题准的事例等进行综合，进行商议。弘治《问刑条例》具有辅《大明律》而行的位置，是国家一般司法的代表。《宗藩条例》以《问刑条例》内容为准则进行商议和修订，可见两者并不居于相同的法律地位。

而更加说明问题的是，万历中，《问刑条例》再次修订。当时刑部尚书舒化与各部官员重点整理，以便补充进入《问刑条例》的材料包括：嘉靖三十四年(1555年)以后的诏令，以及《宗藩条例》《军政条例》《捕盗条格》《漕运议单》等与刑名相关者。② 也就是说，《宗藩条例》为辅律而行的《问刑条例》所收录，这意味着《宗藩条例》这一专项法规只是国家法律《问刑条例》的一个部分，这与以家法出现、与《大明律》相提并论的“祖训”具有截然不同的性质。

《祖训录》《皇明祖训》和《宗藩条例》是针对宗藩这一特殊群体的专项法规。从《祖训录》到《皇明祖训》再到《宗藩条例》的过程，是宗藩特权日见剥夺、国家对宗藩控制日见严密的过程，同时也是明朝廷将宗藩逐渐纳入国家律法和司法体系的过程。③

二、《宪纲》

除了针对宗藩这样特殊群体的特殊法规，有明一代，朝廷还修订了一些法规，专门规范特定官署衙门及其官员群体，比如针对监察系统的《宪纲》，针对全

---

① ［明］白昂等编：弘治《问刑条例》，《皇明制书》卷一三，第357页。

② 《明神宗实录》卷一六〇，第2932页。

③ 关于这一过程的介绍和具体呈现，参见吴艳红《明代宗藩司法管理中的分别议处——从〈鲁府招〉说起》，《中国史研究》2014年第2期，第149—174页。

体官员的《吏部条例》等。以下以《宪纲》为例对这一类的专项法规予以介绍。

《宪纲》规范的对象主要是明朝担任监察任务的官员，具体是指都察院下属各道御史及在外按察司官员。明代的都察院总领监察事务，对天下百官进行纠举。① 都察院设正官左、右都御史两员，左、右副都御史两员，左、右佥都御史四员。此外，与十三布政司相对应，都察院领十三道监察御史，总计人员110名，“各理本布政司及带管内府、监、局、在京各衙门、直隶府、州、卫所刑名等事”。②早在洪武年间编订的《诸司职掌》，就已经明确规定监察御史的职掌包括纠劾百司、问拟刑名、出巡、刷卷、追问、审录各项，③担负重要责任。以都察院为内台，明代的提刑按察使司则被称为外台。④《明史·职官志》总结按察使的职能为“掌一省刑名按劾之事。纠官邪，戢奸暴，平狱讼，雪冤抑，以振扬风纪，而澄清其吏治”。⑤ 即以监督本辖区的官员，维持本地区的司法秩序为主要职责。以都察院及下属各道御史，以及在外按察司官员为主的风宪官是一个特殊的群体。以其中占大多数的监察御史论，监察御史属于七品之职，官阶不高，但是“入则耳目九重，出则澄清四海”，位要权重；而且，一旦成为监察御史，以后的仕途升迁顺捷，明代人描述为“俟有劳绩，两考而擢京堂，不朞月而简开府，年例则一岁而两转方面”。⑥

基于国家对监察系统的重视，早在洪武四年(1371年)，当时仍以“御史台”为名的监察衙门就拟定了有关监察和监察官行为的法规四十条，以《宪纲》为名，呈太祖御览。明太祖亲自做了删改，刊发相关部门遵行。⑦ 到正统四年(1439年)，洪武时期确定的《宪纲》有规模较大的重修。此后，嘉靖初年，“张璁以署都察院，复请考察诸御史，黜蓝田等十二人，寻奏行《宪纲》七条，钳束巡按

① 《明史·职官志》称，“都御史职专纠劾百司，辩明冤枉，提督各道，为天子耳目风纪之司”。见清代张廷玉所撰《明史》卷七三《职官二》，第1768页。

② ［明］李东阳等撰，［明］申时行等重修：《大明会典》卷二百九《都察院》“各道分隶”，江苏广陵古籍刻印社1989年版，第2787页。

③ 《诸司职掌》，《皇明制书》卷五，明刻本，《北京图书馆古籍珍本丛刊》第46册，书目文献出版社1998年版，第243—251页。

④ 王天有：《明代国家机构研究》，北京大学出版社1992年版，第220—221页。

⑤ ［清］张廷玉：《明史》卷七五《职官四》，第1840页。

⑥ ［明］何出光、陈登云等撰，喻思恂续：《兰台法鉴录》，《北京图书馆古籍珍本丛刊》第16册，书目文献出版社1998年版，第4页。

⑦ 《明太祖实录》卷六〇，第1176页。

御史”。[①] 不久,左都御史胡世宁又奏上《宪纲》十余条,对《宪纲》条文进行补充,有关监察系统的法规日见严密。在《宪纲》这一法规的这些不同版本中,正统年间修订的《宪纲》是目前比较常见的。[②]

正统《宪纲》卷首收录英宗皇帝敕谕,对正统年间《宪纲》的修订缘由、过程和内容进行了说明。敕谕指出,《宪纲》在洪武时期修订之后,国家监察部门官署有所调整。为此,宣宗皇帝曾经命令礼部同翰林儒臣核定洪武时期的旧制,并将洪武、永乐以来祖宗所定有关风宪的事例一并加入,而将臣下自行增加的一些条目删除,对《宪纲》内容进行修订。但是,宣宗皇帝主持修订的这一《宪纲》未及颁行。英宗正统皇帝即位之后,在宣宗所定《宪纲》的基础上,加入了有关风宪事宜的见行事例,刊行天下。皇帝在敕谕中强调:“尔都察院其下各道御史及在外按察司官钦遵奉行,其洪武以后宪纲,凡系臣下自增者不用。敢有故违,必罪不恕。”[③]敕谕明确《宪纲》立法的对象是都察院下属各道御史及在外按察司;《宪纲》的主要内容包括洪武、永乐直至宣德年间所确定的风宪事体,加上正统初年实施中的事例;《宪纲》强调法规一出于政府,删去不规范的,比如臣下自增的条文,保证立法的严肃与权威性。

正统《宪纲》共计 34 条,主要包括以下几方面的内容:

第一,明确宪臣职掌。《宪纲》规定都察院及其下属各道御史和各地按察司的职掌,首先在于纠劾百官。《宪纲》首条为“纠劾百司”,规定“凡风宪,任纪纲之重,为耳目之司,内外大小衙门官员但有不公不法等事,在内从监察御史,在外从按察司纠举”。[④] 风宪官不仅要关注百官的“朝会礼仪”“祭祀礼仪”,更重要的是纠举官员的违法行为。风宪官员负责核查各部门的公事政务,如定期巡视京师和各布政司的仓库,以及各“钱粮出纳去处”;每年定期清理检查各衙门过往文书卷宗。除了对百官和各官府衙门政务的监察,《宪纲》还要求风宪官“凡国家政令得失军民利病一切兴利除害等事”各陈所见,直言无隐;风宪官巡历地方,要积极核实有司申报的孝子烈女等可激励民风的行为,以便

① [清] 龙文彬:《明会要》卷三三《职官五》,中华书局 1956 年版,第 563 页。

② 强鹏程《明〈宪纲〉初探》(华东政法大学硕士论文,2010 年)对《宪纲》在有明一代文献中的不同称呼有讨论,可参见。

③ 《宪纲》,《皇明制书》卷一〇,《北京图书馆古籍珍本丛刊》第 46 册,书目文献出版社 1998 年版,第 302 页。

④ 同上,第 303 页。

国家旌表等。[①]《宪纲》涉及职掌的条目共计约有十二条，约占《宪纲》内容的三分之一。

在风宪官员的职掌中，司法和监督并重。《宪纲》有关职掌的十二条条目中，涉及宪臣在司法和法律方面职掌的有“官吏取受”“追问刑名”“理断词讼”“审理罪囚”“讲读律令”“比律事理”等六条。[②]《宪纲》规定，风宪官要亲自审问贪赃枉法的官员；百姓争告户婚田土等案件，如果基层司法部门理断不公或者冤抑不伸，风宪官要受理推问。明代基层司法，只能决断杖罪以下的案件，杖罪以上的案件均需要上报巡按御史和按察司官员进行审核，审核无误，死刑上报中央，徒、流等罪发落。死刑经中央司法部门和皇帝审核无误发回，也需要在巡按御史和按察司官员的监督之下执行。此外，监察御史和按察司官还负责监督考察百官的法律知识。《宪纲》“讲求律令”规定，不能通晓律令的官员，要按律究治。[③] 而在律条不全的情况下，《宪纲》也赋予监察御史和按察司官员“比拟律条，开具请旨”的权力。[④] 可见风宪官在司法条例的形成中也起到重要作用。

第二，对风宪之臣的管理条例。这是《宪纲》最主要的内容，共计十八条，超过《宪纲》条目总数的一半。正统四年(1439 年)《宪纲》明确规定风宪官不许从新科进士中选任，而要从有从政经历的“公明廉重老成历练之人”中选用。[⑤] 朝廷要求巡按御史出外，随从简单；不得出巡自己的原籍和曾经任职的地方；在辖区内巡历，要不拘期限，遍历各地。在行使监察职权的过程中，《宪纲》禁止风宪官于各衙门“嘱托公事”；[⑥]遇有仇嫌之人，要注意回避；[⑦]遇有告发官吏贪赃等事，要亲自问理，不许转委其他官员。[⑧]《宪纲》规定风宪官之间互相纠举，不得徇私。监察御史和按察司官员处理公事不当，都察院和按察司总司要予以改正，并将处理不当事宜报皇帝知道，再对有关风宪官员进行处理。

---

① 《宪纲》，《皇明制书》卷一〇，第 306 页。
② 同上，第 304—307 页。
③ 同上，第 303、307 页。
④ 同上，第 307—308 页。
⑤ 同上，第 307 页。
⑥ 同上，第 303 页。
⑦ 同上，第 307 页。
⑧ 同上，第 304 页。

被纠举的官员如果有冤抑,可以申诉;对监察御史和按察司官员行为不满,也可以一直上诉到皇帝。[①] 为了保证监察的质量和效率,《宪纲》对违法的风宪官也设置了严厉的惩治方式。比如"巡按失职"一条规定,监察御史和按察司官员在巡历辖区时,举奏奉公守法廉洁能干的官员,拿问奸贪废事蠹政害民的官员;如果"知善不举,见恶不拿,杖一百,发烟瘴地面安置",若有贪赃行为,更要从重处置。[②]

第三,对其余衙门的禁约,使各部门能够更好地配合风宪大臣履行其监察职责。《宪纲》"沮坏风宪"条明确规定:"凡都察院并监察御史、按察司,纲纪所系,其任非轻。行事之际,一应诸衙门官员人等,不许挟私沮坏,违者,杖八十。"[③]"沮坏风宪"既包括监察御史、按察司官员巡历去处,各衙门官吏出城迎送这样的违规现象,[④]也包括故意设计陷害风宪官员这样的犯罪行为。[⑤]

《宪纲》颁行时又附"宪体"十五条、"出巡相见礼仪"四条、"巡历事例"三十六条、"刷卷条例"六条,总称《宪纲事类》,为监察衙门一体遵守。其中"宪体"强调风宪官的人品道德,要求风宪官"存心忠厚",处理刑名等事情,需要"详慎",不能"刻薄不仁"。"宪体"要求风宪官出巡时,和同僚、和地方官处理好关系,谦虚有度,端肃公谨。这些条目没有具体的惩治规定。"出巡相见礼仪"具体规定宪臣出巡时,与各级地方官相见时的礼仪。"巡历事例"三十六条是监察御史和按察司官员巡历各地的主要监察事项。这些监察事项直接发给地方府州县等衙门知道,要求地方衙门用心经营,风宪官到达之时,将相关数据上报。"刷卷条例"分吏、户、礼、兵、刑、工六部分类排列,规定风宪官在各部门刷卷的具体要求和具体内容。以上各部分规定也没有惩治的内容。

从《宪纲》及其所附事类的内容来看,明代针对监察系统官员的专项法规大致具有以下几个特点:第一,风宪官监察内容十分广泛。从中央到地方,从礼仪到政事,从官吏本身到各部门的政务无不在监察的范围之内,与唐宋以来监察机构的职能相比,明代监察机构的职掌,其监察的范围最为广泛。第二,监察事体相对严密。监察事体是对监察官员、监察程序本身的监察。《宪纲》设定的相

① 《宪纲》,《皇明制书》卷一〇,第 303—304、305、307 页。
② 同上,第 305 页。
③ 同上。
④ 同上,第 307 页。
⑤ 同上,第 305 页。

关条目不仅数量多，而且事体全，几乎涉及了整个监察的过程。违犯监察规则的风宪官，受到的惩治比一般官员要重。《宪纲》"嘱托公事"一条规定最为明确："凡都察院及监察御史、按察司官吏人等，不许于各衙门嘱托公事。违者，比常人加三等，有赃者从重论。"①监察事体的相对严密保证了监察的严肃性与有效性。第三，明代风宪官员作为皇帝耳目的特征明显。《明史·职官志》明言监察机构为"天子耳目风纪之司"②，是帮助皇帝督察百官的工具。都察院监察御史出巡，是为巡按御史，巡按御史担任连接中央与地方的重任，即"为朝廷耳目，宣上德达下情"，③更是"代天子巡狩"。④ 正因为如此，监察御史官阶低，权势却重。《宪纲》的规定充分体现了以上的特征。比如，监察御史出巡的名单，都察院准备好以后要交皇帝过目才能确定。监察御史与按察司的监察行为，更是直接对皇帝负责。巡按御史完成巡历任务，直接到皇帝面前交差，而不需经由本部门，也就是说，都察院的长官无权过问。⑤ 风宪官在执行风宪任务时，也直接受到皇帝权力的约束。在审理各衙门官员比如贪赃等刑名案件中，五品以上官员需要具奏请旨，方许取问。⑥《宪纲》"禁再纠劾"条规定，"凡纠举官员，生杀予夺悉听上命。若已有旨发落，不许再劾"。⑦ 即，风宪官纠举官员，但是如果皇帝下令不许进行纠举，则风宪官不能继续举劾。此外，官吏被纠举，感觉不公；其他人等认为监察官处事不当，可向上级监察机关陈告，如果"都察院不与理断或枉问者，许击登闻鼓陈诉"。⑧ 即直接诉诸皇帝。皇帝独立于监察系统之外，同时具有最高的监察权。

《大明律》中专门针对风宪官的条目有限，《宪纲》在《大明律》之外严格对风宪官员行为的规范，形成专项法规。这一专项法规和《大明律》的相关规定相辅

① 《宪纲》，第 303 页。

② ［清］张廷玉：《明史》卷七三《职官二》，第 1768 页。

③ ［明］李东阳等撰，［明］申时行等重修：《大明会典》卷二百十，第 2806 页。

④ ［清］张廷玉：《明史》卷七三《职官二》，第 1768 页。

⑤ 《宪纲》，第 303 页。

⑥ 如《宪纲》"追问刑名"一条规定："凡监察御史、按察司官有追问诸衙门官员取受不公刑名等事，除军官京官并勋旧之臣及在外文职五品以上官具奏请旨方许取问外，其余六品以下取问明白，从公决断之后，仍具奏闻。若奉特旨委问者，须将始终缘由议罪回奏，取自上裁。"见《宪纲》第 304 页。

⑦ 《宪纲》，第 303 页。

⑧ 同上，第 307 页。

相成。《宪纲》"审理罪囚"等条目规定，如果风宪官审理罪囚不当，则"依律罪之"。[①] 同时，《宪纲》条目的设计似乎也有极力遵循《大明律》立法精神的努力。风宪官员犯罪，受到的惩治要较一般官员为重。这样的原则充分体现在《大明律》中。《大明律》"风宪官吏犯赃"条规定，风宪官吏受财犯赃，各加其余官吏罪二等惩治。[②] 这样的原则显然也为《宪纲》所采用。以"嘱托公事"这一罪行论，《大明律》"嘱托公事"一条针对全体官员，惩治较轻。规定，但凡官吏人等有曲法嘱托公事的，笞五十。[③] 而前文提到，《宪纲》"嘱托公事"条明确规定，凡风宪官嘱托公事的，"比常人加三等，有赃者从重论"。[④]

三、《军政条例》

明代军伍实行卫所制，从京师到地方，普设卫所。《明史・兵志》称，"天下既定，度要害地，系一郡者设所，连郡者设卫"，一个卫大致有五千六百人。[⑤] 卫所之上设都司，与中央的五军都督府、兵部一起对军伍进行管理。明代军士的主要来源是军户的子弟。明代"凡户三等：曰民，曰军，曰匠。……毕以其业著籍"[⑥]。被列为军户的家庭，要世世代代为国家提供军人，服兵役，这就是军户世袭制。卫所制和军户世袭制构成明代军政的主要特点。《军政条例》是专门针对明代军伍的专项法规。

军户世袭制下，如果卫所军士逃跑或者死亡，就要从其军户中勾取壮丁继续充当军人。军人入伍之后，可能在军伍之中娶妻生子，如果这一支军人户绝，则仍要从原籍所在的军户中勾取壮丁补伍。世袭兵制为国家保证了基本的军伍力量，同时也使得兵役成为一种强制性的劳役，主动从军带来的荣誉感丧失大半。明代军户虽然可以免除一定的赋税，但乡里的差役仍须承当；军士起解时要自备军装路费，到了卫所以后，原籍军户仍须提供一定的军需；卫所军士除了操练、作战以外，差役繁重，诸如屯田、养马、伐薪、烧炭等等不一而足，且不提

---

① 《宪纲》，第 306 页。
② ［明］高举：《大明律集解附例》卷二三，第 1780 页。
③ ［明］高举：《大明律集解附例》卷二六，第 1873 页。
④ 《宪纲》，第 303 页。
⑤ ［清］张廷玉：《明史》卷九〇《兵二》，第 2193 页。
⑥ ［清］张廷玉：《明史》卷七七《食货一》，第 1878 页。

军伍长官的苛刻贪贿给军士生活带来的负担。[①] 总之，世袭兵制下，从军成为一种比较艰苦的差役。

因此，明代卫所军士的逃亡现象十分突出，[②]原籍的军户也采取各种办法避役，比如全家逃亡，甚至采用极端的手段如自行伤残等等。为了保证军伍的力量，有效维护军户世袭制，限制军士逃亡很重要，而在军士逃亡之后，有效地从军士原籍勾取替补人员，即清勾，则更为关键。《军政条例》的内容深受明朝军政特点的影响，清勾成为明代军政中最主要的，也是最具特色的内容。

明代《军政条例》最初修订于宣德四年(1429 年)。这年六月，兵部尚书张本等上奏，指出天下卫所勾取逃亡军人，弊端百出，结果不仅军伍不清，而且民被其害。为解决这些弊端，建议“通将条例申明遵守”，并刊印成书，发下各都司、卫所并布政司、府、州、县，“永为遵守”。[③] 这是《军政条例》的由来。

宣德四年的《军政条例》内容比较简单，一共收录条例 33 条，主要汇集了张本任兵部尚书期间逐渐题准的有关军政事宜的条例。据《实录》记载，洪熙元年(1425 年)九月，首先题定清理事例八条。宣德三年(1428 年)二月，新定清理事例十一条，通前八条，一起颁示天下。[④] 宣德四年，才“通将条例申明遵守”。

宣德四年的《军政条例》以限制逃军以及对逃军的有效勾补为中心。围绕这一中心，《军政条例》的主要内容大致包括以下几个方面：首先，《条例》要求军官存恤军士，监察御史等官要加强监督，以此减少逃亡军士的数量。比如对于新到的军人，“限半月之内收帮月粮，一个月整理房屋，候安插定，方许差操”；军官如有虐害军人之事，“军吏、总小旗就行拿问，军官具奏定夺”。[⑤] 其二，《军政条例》对于已逃军士和窝藏之家进行劝诫和警示。逃军“自首免问”；若不自首而被抓获，三犯者监候申详，依律处决。“里邻人等，仍照隐藏逃军榜例治罪”；“窝家发附近卫所充军”。[⑥] 但是《军政条例》最主要的内容与逃亡军人的勾补有

① 参见如《明宣宗实录》卷一〇八，第 2431—2432 页。

② 《明太祖实录》(卷五九，第 1161 页)记载，仅从吴元年十月到洪武三年十一月，逃亡的军士就达到四万七千九百八十六名。

③ 《军政条例》，《皇明制书》卷一二，《北京图书馆古籍珍本丛刊》第 46 册，书目文献出版社 1998 年版，第 326 页。

④ 可参见《明宣宗实录》卷九，第 239—240 页；卷三六，第 890 页。

⑤ 《军政条例》，第 327 页。

⑥ 同上，第 326 页。

关。在逃的军人要勾，亡故的军人要补。《军政条例》禁止勾补过程中，军户的各项欺隐，如"本身并户丁精壮不行应役，却乃买求官吏，将买到软弱家人小厮并义女、使女、招到女婿人等冒名顶替"；或故自伤残；或用强挟制地方人等保结回申；或"全家在逃躲避"等。[①] 另一方面《军政条例》也明确勾军的对象，禁止卫所勾军的滥蠹。《条例》规定，如正军户户绝，不许随意勾取与军户同名同姓的民户；军户族属亲戚人等，原为同籍，在后分户，若分户在前，充军在后，则止在当事之家勾取，不许勾及族属人等；如果"正军在营，已有壮丁就役补伍，不许原籍勾取"等等。[②] 勾军的程序也得到一定的规范。如卫所发人前去勾军，需要详细填写勘合；各处有司起解逃军及军人军丁，不许拖延等等。[③]《军政条例》内容的设置充分体现了上述兵部尚书张本修订《军政条例》的初衷。

《大明律》设置《兵律》，其中直接针对军政的条目只有 20 条。这 20 条条目主要规范军官军人平时操练的纪律以及战时的行为准则，其中只有"从征守御官军逃"一条惩治逃军。[④] 这一律条惩治逃军，规定虽然细密，但是对于军士逃亡之后军伍如何补足，却没有设置任何的内容。宣德初年，明朝立国近 60 年，在伍军人的正常更替到了最主要的时期，同时，逃军现象愈演愈烈。以清理军伍、勾补军人为主要内容的《军政条例》的修订，及时补充了《大明律》内容的不足，为军伍清理和军人勾补提供了法律依据。

宣德四年(1429 年)《军政条例》修订颁行之后，有关军政的条例继续得到新的题准和确定，官方也继续颁行新的军政条例汇编。正统元年(1436 年)八月颁布军政榜文十四款，正统二年(1437 年)计议事例十四条，正统三年(1438 年)计议事例三条，以及正统三年改调卫分事例陆续出台。[⑤] 这些陆续颁行的军政条例汇编，其关注的中心仍在如何及时有效地勾补军人，对于宣德四年颁行的《军政条例》，多有补充。

比如勾补军人的改调。明代的军人，尤其是其中的边军，其原籍与充发卫所之间常常相去几千里，在伍军士尚能适应，解补的新军则因南北对解，水土不

---

① 《军政条例》，第 327—329 页。
② 同上，第 328 页。
③ 同上，第 326—328 页。
④ 《大明律·兵律》"从征守御官军逃"，高举《大明律集解附例》卷一四，第 1158—1161 页。
⑤ 《军政条例》，第 330—342 页。

服，或死于寒冻，或死于瘴疠。为此，从永乐时候开始，就有将勾补新军就近补伍的情况，但不为常例，宣德四年（1429 年）定《军政条例》，也未将有关事例编定在内。至正统初年，此改调之事逐渐成为定制，行用也日渐规范，[1]《军政条例》中正统二年（1437 年）、三年（1438 年）计议事例明显以清出军丁的改调为主要内容。其中正统三年的计议事例，实际上就是对就近解补具体卫所的详细规定。

宣德四年的《军政条例》以及后续的正统《军政条例》受到重视，成为朝廷和官员清理军伍的主要依据。成化初年，宪宗皇帝命令兵部通行各处军卫有司，"今后清解逃故军士务遵《军政条例》并节次议奏事理"。[2] 弘治十三年（1500 年），《问刑条例》修订，宣德四年以及后续《军政条例》中的合理部分被收入，成为《问刑条例》的一部分。随着《问刑条例》成为朝廷基本的法律依据而广泛行用，《军政条例》先前拥有的重要意义逐渐丧失，到嘉靖年间，《军政条例》一书已经散失，嘉靖三十一年（1552 年），巡按浙江监察御史霍冀清理军伍，发现地方衙门对于《军政条例》这一法规已经知之甚少。[3]

嘉靖年间，卫所军制和军户世袭制弊病明显，军士逃亡和勾补的问题更见严重。上述霍冀因此要求重修《军政条例》，建议将宣德以来，特别是嘉靖以来有关军政的条例进行整理，以情法适中、简切易晓为整理原则，修订成册，颁发天下大小清军衙门，永为遵守。这一建议得到朝廷采纳。[4] 这样，自宣德、正统以后，《军政条例》首次得到比较大的整理和汇编。嘉靖以后，万历初年，朝臣再次提出重修《军政条例》，要求对嘉靖三十一年以来的军政条例进行及时的整理。这一建议也得到采纳。万历二年（1574 年）十二月，以兵部尚书谭纶领衔，兵部共七名官员署名的《军政条例》修订完成，颁行天下。[5]

与宣德《军政条例》相比，万历《军政条例》编撰更为规范，内容更为丰富，共计：卫所类 54 条，户丁类 46 条，册单类 61 条，逃故类 50 条，清勾类 62 条，解发类 61 条，优恤类 43 条。[6] 收入的全部条文中，标注时间最早的为宣德四年，最

---

① ［明］杨士奇：《东里别集》卷三"论勾补南北边军"，《文渊阁四库全书》第 1239 册，第 650—651 页。

② 《明宪宗实录》卷一五，第 335 页。

③ ［明］霍冀：《军政条例类考》卷六，《续修四库全书》史部第 852 册，第 150—151 页。

④ 同上。

⑤ ［明］范景文：《南枢志》卷八十七"条例部"，《中国方志丛书》，台湾成文出版社 1983 年版，第 2231—2232 页。

⑥ 同上，第 2232—2233 页。

晚的是万历元年。比对相关条例,可以确定,万历《军政条例》将宣德《军政条例》的内容全部收录。与宣德《军政条例》比较,万历《军政条例》的涉及面更为广泛,但是从卫所、户丁到单册,从逃故、清勾到解送、优恤,这样的类目编排以及条例的具体内容来看,万历《军政条例》的主旨和宣德《军政条例》并无二致,即仍以清理军伍和勾补军士为中心。嘉靖年间,募兵制逐渐兴起,明朝军制发生重大变化,但是卫所制和军户世袭制仍构成国家军政的基本格局,万历《军政条例》的内容较之明前期没有根本的变化,其原因在此。

万历《军政条例》修订之后不久,万历《问刑条例》再修。《军政条例》与嘉靖三十四年(1555 年)以后题准的条例,以及《宗藩条例》《捕盗条格》《漕运议单》等,一起成为法司和朝臣查议和会议的对象,其中的合理部分收入万历《问刑条例》,成为经久可行的法规。① 此后,明代官方似乎再无大力汇编、重修《军政条例》的举动。②

有明一代,除了上述法律法规,针对官员群体的还有《吏部条例》③,针对特殊领域的还有《盐法条例》④等,此处不再一一详细介绍。

小结:明朝的法律

有明一代,明太祖洪武一朝是明代法律形成的主要时期,也是立法的黄金时期。除了一代大法《大明律》之外,《大明令》《大诰》《皇明祖训》等均在此时颁布,此外更有各种诏令和教民榜文的出台。美国学者范德(Edward Farmer)将《皇明祖训》《大明令》《教民榜文》和《大明律》看作明初最重要的四种法律文本,认为这四种法律文本的制定充分显示了太祖朱元璋在蒙元统治之后重新建设中国社会的勃勃野心。这些法律不仅为皇室成员、贵族、官员和普通民众设计

---

① 《明神宗实录》卷一百六十,第 2932 页。

② 关于明代官方和私家修订《军政条例》的具体情况,可参见吴艳红《明代〈军政条例〉初论》,《明清论丛》第三辑,紫禁城出版社 2002 年版,第 133—142 页。

③ 收入《皇明制书》卷一二。

④ 卜永坚在其《明朝十六世纪两淮盐政的制度创新》(《明代研究》2009 年第 13 期,第 109—136 页)一文中对明代《盐法条例》有较为详细的介绍,可参见。

了行为规范，而且彰显了朱元璋的理想社会和法律秩序。[①] 换言之，朱元璋充分地将自己的理想和对国家统治的思路落实到法律之中。比较起来，后代君主在立法方面再不可能达到朱元璋时期的充分的自主状态，《大明律》《皇明祖训》等以不得更改的祖制出现，给后代君主立法带来约束。隆庆中，礼部官员戚元佐论宗藩事宜指出，宗藩事体动关“祖训”，所以一旦议及，即受窒碍，法多掣肘。既想解决问题，又不能违背“祖训”，只能采取补偏救弊、聊且通融的办法，而不能拔本塞源，从根本上提出解决问题的策略。戚元佐建议在宗藩这一事情上，“大破常格以处之”。[②] 但是明朝廷终无这样的魄力。

明代法律体系的中心是《大明律》和《问刑条例》。《大明律》简单稳定，《问刑条例》具体灵活，两者相辅相成，既继承了中国古代历史上律典与其他法律形式结合而行的传统，同时也开创了明清两代律、例兼用的先例。[③] 以律、例为中心，明代在不同时期针对不同的人群和特定的领域，制定特定的、专项的法规，但是其地位均不能与《大明律》相抗衡，在明代中期以后，专项法规的制定也基本从属于《问刑条例》的立法框架。就内容而言，明代法律既是中华法律发展过程中的一个重要环节，同时也具有时代的特色。中国古代法律儒家化的特征，有等级的正义，有差别的平等，在《大明律》和《问刑条例》中有很好的体现；同时，无论是在规范官员、少数民族和外国人等群体行为，还是在维持婚姻、经济秩序等规定方面，明朝法律均具有时代的特色。

如何认识明代的法律仍然存在诸多的争议。一些学者从现代法学的概念出发，首先认为《大明律》具有“诸法合体”的特征，即《大明律》是一部包含了刑法、民法、行政法等现代意义上多种部门法的一部综合法典。比如童光政以明代留存的判牍和档案为主要资料，对其中户婚田土案件的审理进行了分析，书名《明代民事判牍研究》；怀效峰为该书作序，指出作者“以明代民法为标本，以期揭示古代民法的本质特点及其现实借鉴意义”。[④] 书中也以比较多的篇幅讨

---

① ［美］Farmer，Edward. 1995. *Zhu Yuanzhang and Eearly Ming Legislation: The Reordering of Chinese Society Following the Era of Mongol Rule*. p. 79.

② ［明］戚元佐：《议处宗藩事宜疏》，陈子龙等辑《明经世文编》卷三八八，第 5 册，中华书局 1962 年版，第 4198 页。

③ 关于明清律、例更多的讨论，可参见苏亦工《明清律典与条例》，中国政法大学出版社 2000 年版。

④ 童光政：《明代民事判牍研究》，广西师范大学出版社 1999 年版，“序”第 2 页。

论了《大明律》中的“民法”内容,包括财产、债务、婚姻、继承以及损害赔偿等条目。姜永琳则认为《大明律》是中国帝制时期典型的刑法典。《大明律》的基本内容就是对各种类型的犯罪给出定义,明确对犯罪的量刑,并在卷首规定了惩治落实的基本原则。① 虽然作者也同意童光政所强调的中华帝国的法律对权利的保护,但认为这种保护不是由“民事法律”执行的,童光政引用的判牍记录的是刑事案件,而不是民事案件,②这些案例审理中引用的《大明律》也具有刑事性,而不具备民法的特征。

杨一凡也主张中国古代的律典是刑法典,包括《大明律》在内的这些刑法典调整的是刑事法律关系,③但同时认为明代的其他法律形式具有非刑事法典的特征。比如他认为《大明令》是以“行政类法律为主,包括有经济、民事、司法行政等法律规范在内的总全性法典”,而《教民榜文》则是民事法律文献。④ 与此同时,一些学者认为明代存在行政法,比如陈国平认为《明会典》是明代的行政法典。⑤ 张晋藩在为陈国平所撰《明代行政法研究》一书所作的序言中也指出,明代的法制“尤以行政法律最为典型”。⑥ 而苏亦工则认为《明会典》是明清时期的综合性法典,甚至“好像有点近代国家宪法的味道”。⑦

有明一代,《明会典》经过三次主要的修订。从历次《明会典》修订的目的来看,主要是在保存一代典制,防止祖宗良法美意的遗失,即“岁复一岁,愈远愈忘,终难考订”,⑧而不在于为当世立法,提供法律的根据。万历初年,在《明会典》重修的同时,《问刑条例》的再修也在进行之中。比较来看,两者的差别甚为明显。万历四年(1576 年),为《明会典》的重修做准备,礼部移咨各部将历年行用的条例整理归类送史馆备用。《明会典》的总裁官为内阁大学士,而主要的修订人员则为翰林院的学士,与历代修史具有类似的特征。而《问刑条例》的再

---

① Jiang Yonglin. “Introduction: The Making of *The Great Ming Code*.” p. lv.

② 姜永琳:《从明代法律文化看中华帝国法律文化的刑事性》,《明清论丛》第六辑,紫禁城出版社 2005 年版,第 123—124 页。

③ 杨一凡:《对中华法系的再认识》,倪正茂主编《批判与重建——中国法律史研究反拨》,法律出版社 2002 年版,第 172、169—170 页。

④ 同上,第 172、168—169 页。

⑤ 陈国平:《明代行政法研究》,法律出版社 1998 年版。

⑥ 同上,“序”第 1 页。

⑦ 苏亦工:《明清律典与条例》,中国政法大学出版社 2000 年版,第 65 页。

⑧ 嘉靖八年四月“皇帝敕谕内阁”,参见明代李东阳、申时行等撰《大明会典》,第 10 页。

修，则主要由刑部主持，将各有关条例详定编辑，三法司会议之后，再经多官讨论，最后由刑部尚书进呈皇帝。《问刑条例》的修订以适用当时为目标，因此注重旧例的修改和新例的增加，注意删除不合时宜的条目；而为保存旧制，在《明会典》的编撰中，即便是当时已经不再行用的事例，也照样收录。弘治《明会典》撰修凡例首条称，"其因革损益，间与见行不同者，亦存其旧"。[①] 体现的就是这一修订原则。因此，在具体内容的安排中，以如何保存典制为目的，而不以方便当时的行用为首要。以刑部为例。《明会典》记录刑部所属各部门的具体职掌之外，还把《大明律》一并收入。但是《明会典》对《大明律》的内容进行了分割，其中律文载刑部之职掌下，分类备载，而与《大明律》密切相关的服制图则附于礼部。[②] 万历以前，律文与条例也分列两处，即"以律文分载四科，而条例俱载问拟刑名之下，割裂参差"。[③] 万历重修《明会典》将律、例、罪名、事例类列一处，但是服制图等仍列入礼部。从以上的描述来看，《明会典》对不同时期的法律文书均有收入，可能为司法官员提供法律的参考，但是将《明会典》作为法典，并将其与现代意义上的法典进行类比，似乎有失妥当。

---

① "弘治间凡例"，李东阳、申时行等撰《大明会典》，第 16 页。

② 同上。

③ 万历"重修凡例"，李东阳、申时行等撰《大明会典》，第 23 页。

第三章　明朝的法律机构（上）

法律机构是指主要负责立法和司法的国家部门。明朝的法律机构可简单分成三个部分：第一，皇帝和以皇帝为核心的立法和司法机构。帝制时期的皇帝拥有无上的权威，在立法和司法活动，尤其是在立法活动中处于核心的位置。有明一代，与皇权相关的宦官机构和亲军系统形成特殊的厂卫体系，构成明代极具特色的法律机构。第二，中央法律机构。刑部、都察院和大理寺是明代最重要的法律机关，即所谓的"三法司"。三法司既是重要的司法机关，也是关键的立法机构。第三，地方法律机构，包括布政司一级的按察司衙门，府一级的理刑厅等部门，以及县级的法律事务部门等。有明一代，中央与地方的法律机构和官员互动频繁。

本章介绍明代的法律机构，同时对各机构的官员进行描述和讨论。需要指出的是，明代没有固定的专门从事法律事务的官员，官员不断迁转，明代的司法官员因此具有相当的流动性，但是在各法律机构任职的官员仍具有一定的群体特征。本章对法律机构中的官员进行讨论，希望由此对明代的司法官员给予一个整体的描述。

这一章主要讨论皇帝及其相关的法律机构、明代中央的法律机构以及设立于京师地区的司法机构，比如五城兵马司等。明代地方法律机构，以及中央与地方法律机构和司法官员的互动等，在下一章进行讨论。

第一节　皇帝及其相关的法律机构

明代皇帝作为天子，具有至高无上的权力。在立法和司法中均居于特殊的位置。皇帝在立法和司法中所起的作用，是帝制时期的皇帝制度所赋予的，因此，也是皇帝职掌的重要方面。

一、皇帝、内阁与司礼监

洪武十三年(1380年)，明太祖处理了胡惟庸案之后，着手改革官职。他和群臣商量，提出革去中书省，六部直接对皇帝负责。监察御史许士廉回答："历朝制度皆取时宜，况创制立法，天子之事。"①说明皇帝制礼作乐，设定制度，掌握大政、大权，在国家机构中担任的主导作用，②也说明皇帝在具体法律制订中具有核心位置。

有明一代，国家的基本法律，即《大明律》和《问刑条例》的修订和颁布均在各时期皇帝的主持下进行。在上两章关于明朝法律的描述中，可以看到明太祖朱元璋在《大明律》制订中的核心作用：《大明律》的几次修订均在太祖的命令下得到落实；太祖朱元璋更是直接参与了《大明律》条文的确定；而《大明律》在洪武一朝的几次颁布，也都由太祖皇帝主持。《问刑条例》在弘治、嘉靖、万历朝的修订和重修，也都在奏准当时的皇帝之后展开。嘉靖初年，皇帝对于重修《问刑条例》持不同的意见，不同意重修，重修的工作就无法进行。嘉靖二十九年(1550年)，嘉靖皇帝最终同意刑部关于重修《问刑条例》的意见，重修之事才得以提上议事日程。可见皇帝在这一立法过程中的重要性。再从《问刑条例》的修订过程来看，三法司对既有的条例进行梳理之后，先提交皇帝，再以皇帝的命令，组织中央各部门对既定的条例进行讨论，讨论确定之后再报皇帝审核批准，并最后以皇帝的名义颁发天下。不同时期的皇帝在立法过程中的具体参与程

① 《明太祖实录》卷一二九，第2049页。

② 王天有：《明代国家机构研究》，北京大学出版社1992年版，第6页。

度不同，但是，皇帝在立法过程中的标志性地位是不能替代的。

皇帝更直接的立法活动体现在诏令的颁布上。诏令即皇帝直接颁布的命令。诏令的内容主要包括以下两个方面：其一，由臣下以奏本和题本的方式，将有关政事的意见和建议进呈皇帝，经皇帝批准之后，以朝廷名义颁发，产生法律效力。比如，司法部门在断罪中若不能在《大明律》中找到确定的条文，可以引用相关条文比附，经刑部等衙门审核之后上奏皇帝，皇帝批准之后，以诏令形式发布，不仅这一具体的审判产生法律效力，这一法律条文的比附也得到了法律的依据，可以成为以后司法的参照。其二，由皇帝直接发布的命令，并直接产生法律的效力。明代的诏敕根据形式和内容的不同，大致可分诏、诰、制、敕、册文、谕、书、符、令、檄十种。① 其中的"诏"是各种诏令文书中最为正式的文告，主要用于大政令。比如皇帝即位有即位诏，皇帝驾崩有遗诏。弘治十一年(1498年)清宁宫火灾，弘治皇帝下罪己诏。② 因为诏的内容关乎国家大政，所以明代《实录》的修纂中，一般将其内容全文收入。③ 诏的内容既关乎法律的具体实施，也涉及条规和政策。以嘉靖即位诏为例。嘉靖即位诏内容极为丰富。其中首先收入即位诏最基本的条目，即大赦天下之条：自正德十六年(1521年)四月二十二日昧爽以前，官吏军民人等有犯，除谋反、逆叛、子孙谋杀祖父母父母、妻妾杀夫、奴婢杀家长、杀一家非死罪三人、采生拆割、谋杀、故杀、蛊毒魇魅毒药杀人、强盗、妖言、奸党、失机并事干边方夷情及人命至死罪者不赦外，其余已发觉未发觉、已结正未结正，罪无大小咸赦除之。敢有以赦前事相告言者以其罪罪之。④ 同时也包括了以下条规性内容："有私自净身人，多在京潜住，希图收用。着锦衣卫缉事衙门、巡城御史严加访拿究问。今后各处军民敢有私自净身者，本身并下手之人处斩，全家发烟瘴地面充军。两邻并歇家不举首者俱治以罪。"⑤即位诏对司法程序也有具体的规定。其中一条指出"法司、锦衣卫见监罪囚中间，或锻炼成狱，或拘泥文案，多有枉抑"，规定"今后问刑务要法当其情，不许深刻"，遇有犯人"申诉冤枉，或调别衙门或多官会审，务要从公推问实情"。⑥

---

① 陈时龙：《明代诏令的类型及举例》，《明史研究论丛》第八辑，紫禁城出版社2010年版，第130页。

② 《明孝宗实录》卷一四五，第2540—2548页。

③ 《明英宗实录》"凡例"，第2页。

④ 《明世宗实录》卷一，第10—37页。

⑤⑥ 同上。

诏书一条又对司法中所当依据的法律进行规定,“凡问囚犯,今后一依《大明律》科断,不许深文,妄引参语滥及无辜。……近年条例增添太繁,除弘治十三年(1500年)三月初二日以前曾经多官奉诏会议奏准通行条例照旧遵行外,以后新增者悉皆革去。”①从嘉靖即位诏可以看出,以皇帝名义颁布的诏令文书,涉及了立法、司法等不同的方面。

但是把诏令看作“凌驾在一切法律形式之上”的最基本法律形式②似乎不妥。上述嘉靖即位诏,明确说明问罪只依《大明律》和弘治十三年修订的《问刑条例》,弘治十三年以后新增的条例等一切废除,包括正德年间的诏令文书在内。但是,嘉靖二十九年(1550年)重修《问刑条例》,弘治十三年以后情法适中的条例仍有收入。则嘉靖即位诏中的规定在嘉靖中期就已经被改变。可见,诏令的法律效力具有一定的临时性。还有,嘉靖即位诏中有关净身人的规定,有关辨明冤枉的规定,嘉靖重修《问刑条例》时均没有被收入,作为具有法律效应的规定,其行用的时间和范围也具有有限性。因此,从总体上来说,帝制时期的皇帝是国家一切立法的核心和中心,但是立法的过程不同,其所立之法的法律效果也有所不同。其中作为根本大法的《大明律》和《问刑条例》经久实施,但是皇帝直接颁布的诏令文书,则具有一时一事的特征。

皇帝的立法权虽然是制度之内的规定,但是这一权力能够行使到怎样的程度,则和多方面的因素有关。首先,这和皇帝本人以及三法司等官员的态度有关。弘治《问刑条例》修成之后,孝宗皇帝对其中的一些条文不太满意,具体提出了六个方面的问题,令大臣再作讨论,并再次上报。当时对《问刑条例》进行商议的大臣坚持自己的意见,认为《条例》并不存在这六个方面问题,“九卿执奏,乃不果改”,孝宗皇帝最后接受了大臣的意见。③

此外,明代皇帝在立法中的作用受到内阁权力的牵制和影响。明初废宰相,设立内阁,内阁逐渐成为皇帝的秘书机构。有明一代,内阁与皇帝的关系最为密切,与皇帝联系最多,对明朝政治生活的影响也最大。④ 内阁承担“献替可

---

① 《明世宗实录》卷一,第26—27页。

② 万明:《从诏令看明帝国的特性》,陈支平、万明主编《明朝在中国史上的地位》,天津古籍出版社2011年版,第18页。

③ [清]张廷玉:《明史》卷九三《刑法一》,第2286页。

④ 王天有:《明代国家机构研究》,第36页。

否，奉陈规诲，点检题奏，票拟批答”等任务，就国家大政为皇帝提供口头和书面的建议和意见。[①] 特别是内阁的“票拟批答”和“草拟诏敕”，从制度层面保证了内阁在皇帝立法过程中的参与，也从制度层面保证了皇帝立法的规范性，从一定程度上对皇帝立法的内容进行了限制。

明代大臣上奏，其奏疏经过御览后先发内阁，内阁将处理意见用小票写成，贴在奏疏之上，一起呈送皇帝，是为“票拟”。因此，许大龄先生对票拟的定义为：“站在皇帝的角度来形成关于诸朝廷政事的意见”，[②]供皇帝参考。对内阁票拟的意见，皇帝可以根据具体情况进行处置，即既可以按照内阁拟定的意见，通过批红的方式予以采纳和落实，也可以将内阁票拟的意见发回，令其重新拟定；也可以忽略票拟意见，皇帝对政事做出自己的决断。但是，正统初年以后，票拟制度逐渐确定，皇帝采纳票拟的意见也基本形成规制。在嘉靖、隆庆、万历几朝内阁权力最为兴盛的时期，票拟意见对皇帝的影响之大是可以想见的。

另一方面，明代皇帝下发诏敕，需要将旨意告诉内阁，令内阁草拟。内阁根据皇帝的需要拟定诏敕之后，经过皇帝的确定或者修改，再发内阁完成正式的文本，以皇帝的名义下发。内阁草拟诏敕，从某种程度上说，是对皇帝立法的一种限制，保证内阁在这个过程中合法参与；更重要的是，对于皇帝的旨意，内阁可以进行封驳。也就是说，如果内阁认为皇帝的旨意有问题，或者不符合祖宗制度，或者不合人情，或者疑出他人，内阁可以不执行草拟，并要求皇帝再次考虑。内阁封驳，是与皇权的对抗，对于阁臣而言，需要承担极大的政治风险，阁臣不会轻易执行，但是这一制度的设立，则从一定程度上保证了皇帝的立法基本符合规范。同时，这一制度也保证了内阁参与立法。明代内阁，特别是嘉靖以后内阁权力最为膨胀的时期，阁臣，特别是内阁首辅的政治理想和政治意见参入诏敕，在诏敕中得到体现，也是事实。而在皇帝更替之际，内阁通过诏敕，特别是即位诏和遗诏的拟定，在立法中体现自身意志的情况则更为明显。[③] 比如上文提到的嘉靖即位诏，很大程度上体现的是以杨廷和为首的内阁对武宗朝政事的反思和拨乱反正以及对嘉靖朝新政方向的确定。

除了参与立法，在京师重大案件的处理中，特别是牵涉高级官员的案件中，内

---

① ［清］张廷玉：《明史》卷七二《职官一》，第 1732 页。

② 谭天星：《明代内阁政治》，中国社会科学出版社 1996 年版，“序”第 1 页。

③ 同上，第 50—57 页。

阁大臣的意见也起到举足轻重的作用。嘉靖后期,给事中吴时来,刑部主事张翀、董传策上章攻击严嵩,触怒权臣和皇帝,得罪。审狱断罪之际,刑部尚书郑晓几次遣刑部主事高京山与严嵩进行沟通,主要是劝慰严嵩,并就此保全言官。最后三位官员得到保全,与高京山的游说能力和阁臣严嵩的缓和态度有密切关系。①

明代皇帝的立法,还受到宦官机构,特别是司礼监的影响。经过洪武时期的不断调整,明代的宦官系统在永乐时期基本确定为十二监、四司、八局,是为二十四衙门。② 司礼监是二十四衙门之首,设提督太监、掌印太监、秉笔太监和随堂太监等。其中掌印、秉笔和随堂太监负责批红。所谓批红,是指皇帝收到内阁票拟处理意见,用朱笔楷书批复,予以落实,以皇帝名义下发执行。因此,批红本来是皇帝分内之事。但是从宣德以后,批红之事逐渐由司礼监代行。③ 司礼监太监在执行批红的过程中,不仅可以改动一些票拟中的文字错误,在有明一代权阉主政时期,司礼监将内阁票拟的意见驳回重拟,或者直接改动票拟内容的情况也很常见。也就是说,司礼监处在内阁与皇帝中间,直接参与了以皇帝为中心的立法过程。

明太祖朱元璋对于宦官多有防范,明令宦官不得干预内政,明令宦官不得识字。在票拟、批红等制度逐渐落实的过程中,宦官不得识字的祖制也逐渐被打破,从宣德年间开始,内廷设内书堂等机构,由翰林院等官员担任教习,不仅教授宦官如何断文识字,而且还以教育宦官讲求儒家义理为目标。④ 司礼监设有文书房,由受过教育的宦官掌管一应文书。从这个意义上说,司礼监太监的批红,得到制度的扶持。《明史》将内阁,特别是嘉靖以后的内阁首辅,比拟为宰相,指出,"然内阁之拟票,不得不决于内监之批红,而相权转归之寺人"。⑤ 可见宦官在皇帝立法过程中的作用。

在批红之外,司礼监还有传宣谕旨的职责。皇帝需要下发诏敕谕旨,以口头的形式传给司礼监太监,由司礼监太监传命于内阁进行草拟。在这一过程中,太监将自己的意志加入口谕,甚至以皇帝名义将自己的意见传命内阁,形成

---

① [明] 王樵:《方麓集》卷六《西曹记》,《文渊阁四库全书》第 1285 册,第 227 页。

② [清] 张廷玉:《明史》卷七四《职官三》,第 1820 页。

③ 王天有:《明代国家机构研究》,第 182 页。

④ 关于明代宦官的教育,可参见包诗卿《明代宦官教育问题探析》,载吴艳红主编《明代制度研究》,浙江大学出版社 2014 年版,第 1—20 页。

⑤ [清] 张廷玉:《明史》卷七二《职官一》,第 1730 页。

为谕旨的情况也有出现。天启年间，皇帝无意于政事，权阉魏忠贤成为内廷主持，以皇帝名义号令天下。[①] 天启四年(1624 年)，副都御史杨涟上书，指出魏忠贤二十四大罪状。其中一条指出，自魏忠贤专权，“旨意多出传奉”，外臣并不能确定出自太监之口的旨意有多少出于皇帝的本意，因此担心“传奉而真，一字抑扬之间，判若天渊；传奉而伪，谁为辨之”。[②] 可见在皇帝立法的过程中，以司礼监为首的宦官群体在其中可能起到重要影响。

内阁和司礼监本是为皇帝服务的两个秘书机构，但是在皇帝立法的过程中，在制度的规定下，对皇帝立法形成牵制，以皇帝为核心的立法过程，就成为一个三角的权力关系落实的过程。在阁臣和司礼监权力高涨的时期，均能在立法过程中彰显自己的意志。

二、厂、卫与诏狱

除了立法，皇帝也对明代的司法形成重要的影响。从机构层面而言，最主要体现在锦衣卫、东西厂、诏狱等部门的建立。《明史·刑法志》将以上各项列举为明代独创、不衷古制的刑法机构。[③]

锦衣卫属于明朝皇帝的亲军体系，亲军卫之一，直接受皇帝指挥。按照明代军队的卫所制进行编制。锦衣卫长官包括指挥使、指挥同知和指挥佥事。下领各所，分置官校。官有千户、百户、总旗、小旗之类，校为校尉、力士，在明代被称为“缇骑”。明初的缇骑人数只有五百人左右，以后人数逐渐增加，虽在嘉靖初年有汰锦衣卫旗校之举，但是在嘉靖中，陆炳任锦衣卫指挥使时，“卫之人鲜衣怒马，而仰度支者凡十五六万人”。[④] 可见数量之大。

明代亲军卫的主要职掌本在侍卫，但锦衣卫的职责特殊。《明史·职官志》称，“锦衣卫，掌侍卫、缉捕、刑狱之事”。缉捕、刑狱是其主要职掌。所谓缉捕，是指秘密侦察形迹可疑之人，并予以缉拿，即所谓“盗贼奸宄，街途沟洫，密缉而

---

① 参见苗棣《魏忠贤专权研究》，中国社会科学出版社 1994 年版，第 95—99 页。

② ［明］杨涟：《杨忠烈公文集》卷二，《续修四库全书》集部第 1371 册，第 58 页。

③ ［清］张廷玉：《明史》卷九五《刑法三》，第 2329 页。

④ ［明］王世贞：《锦衣志》，沈节甫辑《纪录汇编》卷一九五，《中国文献珍本丛书》，中华全国图书馆缩微复制中心 1994 年版，第 2123 页。

时省之”。[1] 有学者认为锦衣卫侦缉的主要对象是文武官员，是明朝皇帝对官僚体系缺乏足够信任的产物。[2] 但从有明一代的历史来看，锦衣卫侦缉的对象实际包括了皇帝以外的所有人员，上至王府下至平民百姓，皆在锦衣卫侦缉的范围之内。侦缉的罪行以重罪为主，侦缉的地域范围，起初局限在京畿地区，之后官校四出，纷扰天下。嘉靖即位，作为新政之一，在减少旗校数量的同时，对于锦衣卫的侦缉范围也作了明确的规定，即“惟察不轨、妖言、人命、强盗重事，他词讼及在外州县事，毋得与”。[3] 对侦缉的罪情和地域范围均有一定的限制。但是这一限制的落实并不彻底，缇骑四出、枝蔓罗织的现象之后仍不断出现。此外，锦衣卫侦缉本有一定的规制，即“凡缉事，必行贿受贿有人，现获有赃，获赃有地，谓之‘四角全’”。[4] 但是，锦衣卫既为皇帝之心腹，为皇帝打探贼情，其实际的侦缉过程中，弊端纷呈，捕风捉影、公报私仇的情况殊为常见。而且锦衣卫官校的升迁与其打探之功直接相关，则更刺激官校严刑逼供，冤枉无辜。[5]

东厂设于永乐十八年(1420年)，因设于北京东安门北而得名。其统领为宦官，而下属官员以及从役人员，则皆取给于锦衣卫。史载，“初，上命中官刺事，皇太子监国，稍稍禁之。至是，以北京初建，尤锐意防奸，广布锦衣官校，专司缉访。复虑外官瞻徇，乃设东厂于东安门北，以内监掌之”。[6]《明史·刑法志》也提到，明成祖即位后专倚宦官，立东厂，令嬖昵者提督之，缉访谋逆妖言大奸恶等，与锦衣卫均权势。[7]

东厂的主要职责与锦衣卫类似，也以侦缉为主。《明史·刑法志》对东厂之行事有生动的描述。东厂从役人员中的役长称为“档头”，下有番子数人为干事。京师的亡命之徒，打探得秘事，即通过番子密白档头，档头视事情之大小给予奖赏。档头得到消息之后，即率领番子至所犯之家。“番子即突入执讯之，无

---

① ［清］张廷玉：《明史》卷七六《职官五》，第1862页。

② 张金奎：《锦衣卫职能略论》，《明史研究论丛》第八辑，紫禁城出版社2010年版，第175页。

③ ［清］张廷玉：《明史》卷九五《刑法三》，第2336页。

④ ［清］不著撰人：《謏闻续笔》卷四，《丛书集成三编》，台湾新文丰出版公司1997年版，第99册，第652页。

⑤ 吴晗：《明代的锦衣卫和东西厂》，吴晗《灯下集》，三联书店1961年版，第86页。

⑥ ［清］夏燮：《明通鉴》卷十七，中华书局1959年版，第741页。

⑦ ［清］张廷玉：《明史》卷九五《刑法三》，第2331页。

有左证符牒，贿如数，径去。少不如意，搒治之，……痛楚十倍官刑。且授意使牵有力者。有力者予多金，即无事。或靳不予，予不足，立闻上，下镇抚司狱，立死矣。”[①]这是对一般百姓的侦刺。至于官府，则立有规矩：“每月旦，厂役数百人，掣签庭中，分瞰官府。其视中府诸处会审大狱、北镇抚司考讯重犯者曰听记。他官府及各城门访缉者曰坐记。某官行某事，某城门得某奸，胥吏疏白坐记者上之厂曰打事件。”[②]在如此严密的监视之下，官府、民间一切细事皆得入闻宫中。

东厂以外，明代还曾设立过西厂和内行厂。明宪宗成化十二年（1476 年），宫中出现黑眚，妖人与内监勾结私入大内，事发，“帝心恶之，锐欲知外事”。时任御马监太监的汪直为人便黠，“帝因令易服，将校尉一二人密出伺察”。[③] 由此，次年即有西厂设立，以汪直为统领，带领官校四出刺事。汪直直接受命于皇帝，又深受皇帝眷宠，故一时间气焰张狂，不仅所领缇骑倍于东厂，侦缉的范围也“自京师及天下，旁午侦事，虽王府不免”。[④] 由此公私骚扰，道路以目，朝臣亦惴惴不自安。东厂之设立乃出于祖制，朝臣不敢抗命，而西厂之设立乃一时的权宜，随着西厂的纷扰日渐增加，大臣上书要求废止西厂的呼声也日渐高涨，宪宗不得已，曾于成化十三年（1477 年）五月下令罢去西厂。然帝对汪直仍然宠爱有加，不久即复西厂，汪直及西厂的气焰更倍往常。直至明宪宗成化十七年（1481 年），因汪直久镇边方未得还朝，帝宠日衰，在朝臣的极力反对下，西厂才最终得以罢除。

西厂的二度出现是在正德年间，前后存在大约也有五年的时间。其时，太监刘瑾当权，东厂、西厂实际上都在刘瑾的控制之下，“两厂争用事，遣逻卒刺事四方”，以至于“远州僻壤，见鲜衣怒马作京师语者，转相避匿。有司闻风，密行贿赂。于是无赖子乘机为奸，天下皆重足立”。[⑤] 在刘瑾当权之时，除了东、西厂外，“瑾又改惜薪司外薪厂为办事厂，荣府旧仓地为内办事厂”，亲自统领，京师称之为“内行厂”。[⑥]内行厂的权势和侦缉范围更为显赫和广泛，“虽东、西厂皆

① ［清］张廷玉：《明史》卷九五《刑法三》，第 2333 页。
② 同上。
③ ［清］张廷玉：《明史》卷三〇四《宦官一》，第 7778 页。
④ ［清］张廷玉：《明史》卷九五《刑法三》，第 2331 页。
⑤⑥ 同上，第 2331—2332 页。

在伺察中”。[1] 正德五年(1510年),刘瑾被诛,西厂和内行厂才一并取消。

锦衣卫和东厂的侦缉直接对皇帝负责,其中锦衣卫得到贼情之后,需要具疏上闻;而东厂则可以由东华门直接将信息入递宫中。原则上需经皇帝的御批,锦衣卫或东、西厂持此御批和驾帖一起至刑科签发才能提人。刑科给事中根据御批可知道事情的原委,因此签批驾帖也是对厂卫的一种约束。但嘉靖初年,锦衣卫千户白寿只赍驾帖至刑科给事中刘济处签批,刘济根据旧制索求原奏不得,予以拒绝,嘉靖帝虽然也知道旧例,然竟令刘济给予签发,并责备刘济纷更旧章。[2] 刑科的监督功能缩小,锦衣卫和东厂至刑科签批驾帖、提取犯人都更为方便了。

锦衣卫和东厂合称“厂卫”,在侦缉中,两者互相监督、互相纠察;同时也互相倚重,彼此勾结,是所谓“厂势强则卫附之,厂势稍弱则卫反气凌其上”。[3] 一般而言,皇权较强,锦衣卫的权势也随之张狂。而厂势的发展,很大程度上则是皇权旁落的结果之一。如好嬉游的正德皇帝、对政事漠不关心的天启皇帝在位时期也正是厂权之害最为酷烈的阶段。这当然也与皇帝的喜好与个性有关。孝宗虽然躬亲政事,但宅心仁厚,所以“厂卫无敢横,司厂者罗祥、杨鹏,奉职而已”。神宗无心上朝,但因为本身“无意刻核”,又无特别的宠幸,万历年间“厂卫狱中至生青草”。[4] 幸臣本身的能力也是厂卫势力发展的重要原因。明成祖时锦衣卫指挥使纪纲善于骑射,娴于应对,晓习法家之言,又能探究主上心意,四出侦探更是得力,自然赢得成祖的信任。而在天顺年间初任锦衣卫指挥使的袁彬曾经与英宗同陷虏廷,与英宗患难与共,因此在英宗复辟之后,得以升任锦衣卫指挥使,但袁彬避威势,为人良善而不善搏击,又不愿揽权,在他的统领之下,锦衣卫很难达到要求,因此,尽管他深受皇上的恩宠,为对付奸党,英宗不得不舍弃袁彬而起用果断强干的逯杲、门达等人。从根本上说,无论是厂是卫,其本身均只是工具。他们虽然在制度之内,但主要依托皇权行事,得到皇帝的恩宠,则显赫一时;失去皇帝的眷顾,厂卫的势力就会急剧削弱。

明代任何一卫都设有镇抚司,专理本卫的刑狱。锦衣卫地位特殊,太祖时

---

① [清]张廷玉:《明史》卷九五《刑法三》,第2331—2332页。

② [明]王世贞:《弇山堂别集》卷九八《中官考九》,中华书局1985年版,第1861页。

③ [清]张廷玉:《明史》卷九五《刑法三》,第2339页。

④ 同上,第2331—2333页。

期，其下属的镇抚司，就曾在受理本卫的刑狱之外，受命断治天下重罪逮至京者。洪武以后，在原镇抚司外，又设新镇抚司，原镇抚司被称为南镇抚司，专理本卫的刑狱，新设立的镇抚司称北镇抚司，专门受诏审理钦犯，是为明代的诏狱。锦衣卫指挥使虽然兼领诏狱之事，但因诏狱审理重大案件，审问的结果不须关白锦衣卫的长官，而直达禁廷呈奉皇帝，成化年间，原属锦衣卫的北镇抚司被单独赐印，成为独立的诏狱。北镇抚司得另赐印信之后，卫权与司权更是职权分明，前者主侦缉，后者主审讯，双方独立行事而分别对皇帝负责。

北镇抚司受皇帝诏命审问罪犯，“故凡廷臣将有重谴者，民之妖言者、盗者，皆命治之”。[①] 因为涉及的多为大案要案，同时又是直接对皇帝负责，故而诏狱之中管理十分严密。“凡漏泄狱情者处以斩刑，擅入狱中者，即刖其足，故片纸只字及单辞半语出入最为不易。”[②]而诏狱的建筑本身据说是“其室卑入地，其墙厚数仞，即隔壁嗥呼，悄不闻声”。[③] 主持诏狱审讯的是镇抚司官，此外，则有前文提到的东厂的听记之人，对审讯进行监督。天启年间，正是魏忠贤及其东厂气焰嚣张的时期，镇抚司长官许显纯虽是阉党之一，但“每当比较日，珰遣听计人坐显纯后，棍数之多寡及刑之轻重，惟其意所指而显纯又加之以虐。一日，听计者以他事出，显纯袖手至晚，抵暮方来，始敢审问”。[④] 听计人在诏狱审理中的权威由此可见。弘治年间，有人曾提出令刑部的一些官员参与诏狱的审理，并要求主持诏狱审讯的官吏应该几年一作更代。这一建议未被采纳。[⑤] 有明一代，镇抚司官中虽然也存在持法较平者，但是和一般司法机构比较，诏狱的审讯更为严酷，更加随意。一方面，武夫悍卒与三法司官员，在对法律的了解和司法持平的用心上，显然存在差距；另外，诏狱所及多为重罪的犯人，诏狱的审讯因此主要是刑讯，而且用刑往往极为惨烈。用刑一套，“凡为具十八种”，不历全刑则可令犯人濒死数度，很多文武官员在诏狱之中也是受刑备至，求生不得又求死不能，经历了诏狱的官员到得刑部狱中，甚至有进入天堂之感觉。

---

① ［明］崔铣：《喻刑》，陈子龙等辑《皇明经世文编》卷一五三，第 1539 页。

② ［明］无名氏撰：《诏狱惨言》，周光培编《明代笔记小说》第 27 册，河北教育出版社 1995 年版，第 274 页。

③ ［明］沈德符：《万历野获编》卷二一，《镇抚司刑具》，中华书局 1989 年版，第 538 页。

④ 《诏狱惨言》，第 274 页。

⑤ ［清］龙文彬：《明会要》卷六十七《刑四》，第 1304 页。

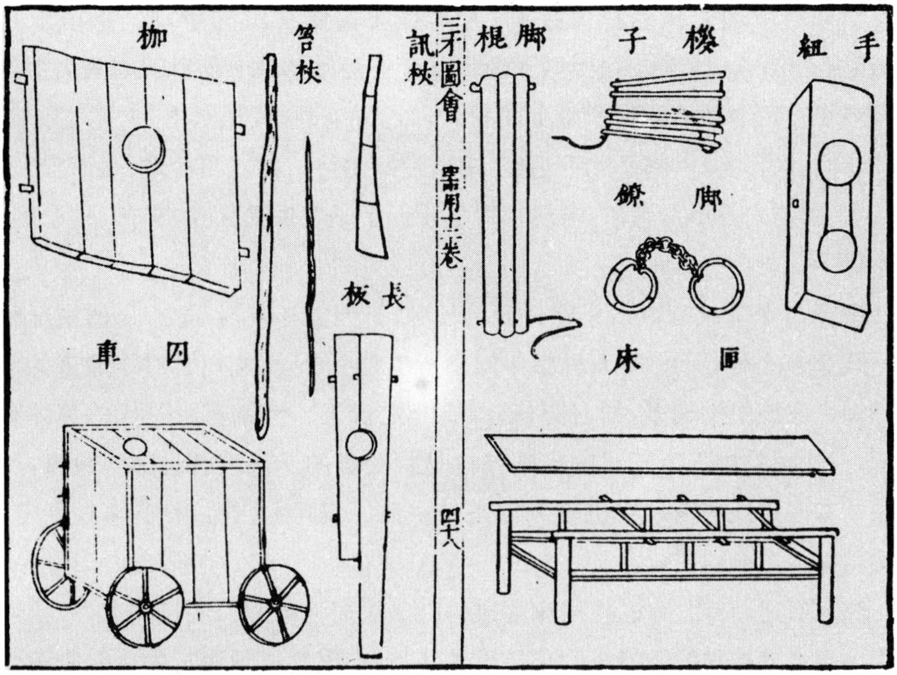

刑具說

杻制長一尺六寸厚一寸以乾木爲之男子犯死罪者用

杻

鐐制以鐵爲連環共重三觔犯徒罪者帶鐐工作山海經曰山有木名楓蚩尤所棄桎梏也桎足械梏手械盖此械巳出黃帝時矣

枷制長五尺五寸頭闊一尺五寸以乾木爲之死罪重二十五觔徒流重二十觔杖罪重十五觔盖椎有長短而無輕重其輕重自宋太宗始也今從之

三才圖會　器用十二卷　四十九

夾棍之形惟錦衣衛則有亦設而不擅用此惟可施之拷訊强賊後來問理刑名亦用之非法也

笞以小荆條爲之須削去節目用官降較板如法較勘毋令觔膠諸物裝釘應决者用小頭臀受其制大頭徑二分七厘小頭徑一分七厘長三尺五寸

杖以大荆條爲之亦須削去節目用官降較板如法較勘毋令觔膠諸物裝釘應决者用小頭臀受其制大頭徑三分二厘小頭徑二分二厘長三尺五寸

訊杖以荆條爲之其犯重罪贓證明白不服招承明立文

狱具

［明］王圻《三才图会》，上海古籍出版社，1988 年。

诏狱的审理直接受皇帝控制，尤其是对重要官员的审理。永乐十三年(1415年)，锦衣卫指挥使纪纲上诏狱囚籍，皇帝见名单中还有解缙的名字，说：解缙还在？纪纲即体会到了皇上的旨意，“遂醉缙酒，埋积雪中，立死”。① 明末崇祯年间，大臣姜埰、熊开元下诏狱，崇祯帝嘱主持诏狱之骆养性、梁清宏“着实打问”。梁清宏等奉命考治，唯恐得罪皇帝。于是姜埰受拶指、夹敲、杖全刑，命几不保。②

镇抚司本来只有审讯亦即打问的任务，打问完毕，应该把审讯的情况和罪犯一并交给法司定刑。尽管弘治年间皇帝也曾下令，三法司官对于送来的诏狱审理结果应该勿拘成案，如有冤枉，即要与之辨正。但就有明一代的总体状况而言，三法司受拘于镇抚司的审断结论是很明显的。辨理既是虚应故事，所谓三法司掌握诏狱的定刑权也就只能是句空话。实际上，在诏狱的审理断定中，三法司基本上形同虚设。

综上所述，有明一代，在国家法定的以三法司为首的司法机构之外，始终存在着由皇帝直接支配和操纵的从侦缉、提问到审讯甚至到执行的一套机构和程序，即“缉访于罗织之门，锻炼于诏狱之手，裁决于内降之旨”。③ 法律失去自己的位置，司法受到极大的歪曲，《明史·刑法志》云，“巨恶大憝，案如山积，而旨从中下，纵之不问。或本无死理，而片纸付诏狱，为祸尤烈”。④

厂卫侦缉和诏狱审讯的危害，在明代受到的揭露和批判无可计数，要求罢除这些机构，使司法归一的呼声此起彼伏，但即便是在以仁厚著称的孝宗朝，厂卫和诏狱也未曾取消，其体系之严密，为害之酷烈，存在之长久，实在为其他朝代不可比拟。明代的遗民痛定思痛，也因此而有“明不亡流寇而亡于厂卫”的结论。⑤

明代的厂卫和诏狱等机构，虽然多法外司法，但它们以皇帝制度在法律体系中的代表而存在，是国家法律机构的有机组成部分。这或许也是这些机构难以被彻底废除的原因所在。

---

① [清]张廷玉：《明史》卷一四七《解缙传》，第4122页。
② [明]姜埰：《敬亭集》附录，《四库全书存目丛书》集部第193册，第677—682页。
③ 《明世宗实录》卷三三，第857—858页。
④ [清]张廷玉：《明史》卷九三《刑法一》，第2280页。
⑤ 转引自徐连达《明代锦衣卫权势的演变及其特点》，《复旦学报》1992年第6期，第71页。

第二节　明代中央法律机构：三法司

明代中央最重要的法律机构是三法司，即刑部、都察院和大理寺三个衙署部门。这三个部门分工、合作，在明代的立法和司法中起到重要的作用。

一、刑部

刑部为六部之一，在吏、户、礼、兵、刑、工六部中，是官员设置比较多的一个。刑部的最高长官为尚书，尚书之下设左、右侍郎共两名。刑部设十三个清吏司，与当时的十三布政司相对应，每个清吏司设郎中一名，员外郎一名，主事三名。这样，光刑部清吏司就产生 65 名官员，刑部也就成为有包括近 70 人的大官署。如果和吏部进行比较，刑部官员之多的现象更为明显。吏部除了设尚书一人，左、右侍郎各一人外，只设立文选、验封、稽勋和考功四个清吏司，每个清吏司只设立郎中、员外郎、主事各一人。吏部主持明代官员的选拔和考核，居六部之首，但是正官只有 15 人。①

按照洪武末年《诸司职掌》的规定，刑部尚书和侍郎，主要掌“天下刑名及徒隶、勾覆、关禁之政令”。② 那思陆认为上述明代刑部职掌用词虽然与《唐六典》所载刑部职掌几乎一致，但是实质内容大不相同。他认为对于明代的刑部职掌而言，刑名是指直隶及各省徒罪以上案件之复审；徒隶是指徒刑、流刑、充军等之执行及监督；勾复是指死罪重囚之处决；而关禁是指监狱之管理与监督。③

具体而言，刑部职掌主要有以下几个部分：第一，直接审理刑名案件。这主要是发生在京师地区的案件，包括北京和南京。此外，地方重大案件如果有击登闻鼓而递交到通政司的，也转发刑部进行审理。④ 隆庆六年(1572 年)九月，

---

① ［清］张廷玉：《明史》卷七二《职官一》，第 1734 页。

② 《诸司职掌·刑部》，《皇明制书》卷五，第 212 页。

③ 那思陆：《明代中央司法审判制度》，北京大学出版社 2004 年版，第 19 页。

④ ［清］张廷玉：《明史》卷九四《刑法二》，第 2311—2312 页。

锦衣卫带俸指挥周世臣家被盗，周世臣本人被杀。刑部主审此案。婢女荷花与邻居屠夫卢锦被诬为贼首，与府中奴仆王奎一并受刑处死。两年后，真正的盗贼被捕，招供当年盗杀周世臣之罪。于是，当年主审此案的刑部官员或被放外任，或被剥夺官职，以为误判之惩治。①

第二，参与朝廷重大案件的会审。会审包括定期举行的朝审、热审等，也有临时举行的重大案件的审理。明末孙承泽描述刑部官员在不同性质会审中的作用：比如朝审，“凡重囚，京师岁霜降，会五府、九卿、科道共虑之以请，情真者决，矜疑者戍边，有词者调所司再问，比律者监候”。热审则不同，“凡夏月录囚，免笞刑，减徒、流而下刑，辨重刑”。② 大致热审具有恤刑的特征，而朝审则更具司法复核的性质。

第三，对天下刑名案件的复核。这是刑部最重要的职掌。洪武末年定制，天下府州县问拟刑名，除了笞杖罪地方司法可以自行处断，徒、流、死罪案件需要经过按察司和巡按御史审核之后，再报刑部进行复核。③ 这一职掌具体落实至刑部所属十三清吏司。清吏司处理相应各省的刑名，并兼领所属京府和直隶的刑名。比如居十三清吏司之首的浙江清吏司，除了专管浙江布政司的刑名，同时带管南直隶和州一州的刑名案件。地方刑名案件的复核一般只是将案件的卷宗上报，刑部官员审核的内容包括证据是否充足，律例的引用是否合适等等。王樵，明代著名的律家，嘉靖三十二年(1553 年)曾任刑部主事，嘉靖三十六年(1557 年)至嘉靖三十八年(1559 年)间任职刑部员外郎。在王樵看来，地方有司的招案存在问题很多。其主要原因在于地方司法官员对于律例理解不够精深，引用间不免粗糙，导致情法不中。比如《大明律》“强盗”条，窃盗临时拒捕伤人，罪在斩。④ 之所以以斩罪惩治盗窃之罪，是因为窃盗正在偷盗而被人发觉，不仅不弃财逃走，反而护赃格斗，这样就具有了强盗的性质。而地方司法官员对于律条中的“临时”等关键词汇并不在意，将窃盗一切拒捕伤人行为均定为死罪。刑部发现这些不当之处，批注之后或驳回再审，或者调取更多相关资料到京进行审核。审核平允的案件再发大理寺进行复核。地方司法官员对于刑

① ［明］沈德符：《万历野获编》卷一八，第 478—479 页。
② ［清］孙承泽：《春明梦余录》卷四四，第 884—885 页。
③ 《诸司职掌·刑部》，《皇明制书》卷五，第 216 页。
④ ［明］高举：《大明律集解附例》卷一八，第 1344 页。

部出具的审核意见反应并不一致。王樵说他曾经同时指出嘉兴府和兖州府上报案件中同样的问题，嘉兴府见到刑部批详极口称服，而兖州府则回复说此案已经通过巡抚的审核，并因此而与王樵产生隔阂。①

第四，刑部官员定期到地方进行刑名案件的审录。明末沈德符指出："成化八年壬辰，始命刑部差郎中、大理寺差寺正，各奉敕往两直各布政司，遇重辟可矜者，奏请宽贷，于是五年一恤刑之差遂定。"②孙承泽也提到："五岁，请旨遣官出京府，两京、十三省审录，减释冤滥者。"③即每五年一次，刑部选差属官，往两直隶及各布政司审录罪囚。审录对象包括一切在监轻重罪囚。对于其中真犯死罪、确无冤枉的，仍令在监等待复核上报处决；对于冤枉的罪犯，即予辨明。对于情节可矜可疑的罪犯，审录官说明情由，奏请定夺。对于杂犯死罪以下的在监囚犯，审录没有冤枉的，即便发落。④ 刑部官到地方审录案件，根据地理远近而有不同的时间规定，北直隶离京师最近，一般审录的时间为三个月，四川、两广、云贵等地则时间较长。⑤

刑部官员至各地录囚，以减少天下冤狱为目的。嘉靖中期，刑部官员应槚受命录囚江南九府一州。应槚到达地方，与巡按御史、地方司法官吏等一起审录罪囚，恤审对象包括当时在监一应轻重罪囚。根据应槚的上疏，他这次恤刑，审录罪囚数千。其中罪行相对较轻，即徒、流以下的罪犯，应槚作为钦差的恤刑官，直接可以进行处理发落；对于斩、绞等死刑犯人的处理，则要上报皇帝，由三法司会议定夺。⑥ 嘉靖间，刑部郎中林琼也曾到地方录囚。在其《林郎中疏略》中，林琼总结录囚经验如下："录囚之法，其要有五：一曰阅文卷以察始末之详；二曰询掌印官以察拟罪之意；三曰询原问官以察取招之由；四曰询检尸捕盗官及证佐人以察起狱之故；五曰审正犯之言貌视听气以察所犯之实。"林郎中认为有以上五个原则，审录罪囚可以做到无枉。⑦

---

① ［明］王樵：《方麓集》卷六《西曹记》，第 229 页。

② ［明］沈德符：《万历野获编》卷一八，第 458 页。

③ ［清］孙承泽：《春明梦余录》卷四四，第 885 页。

④ ［明］李东阳、申时行等：《大明会典》卷二一四《审录在外罪囚》，第 2872 页。

⑤ ［明］李东阳、申时行等：《大明会典》卷二一四《审录在外罪囚》，第 2872 页；［清］孙承泽：《春明梦余录》卷四四，第 914 页。

⑥ ［明］应槚：《谳狱稿》，天津古籍书店 1981 年版。

⑦ ［明］林琼：《林郎中疏略》，应槚等《审录疏略》，明钞本，第 18 页。

明初以后，天下刑名事务的处理进入正常轨道。刑部设官较多，到明代中期，刑部官员处于相对清闲的状态。王樵在其《方麓集》中收录《西曹记》一篇，对刑部事务描述最为具体，他说刑部的官员“日以其三时治事，而以其余挟策读书”。下午申时，衙事即散，刑部之中树荫浓密，“静如太古”。王樵说，刑部官员和其他部门的官员不同，其他部门的官员不是经常来往，拘泥于政事或其他意见，彼此相处不太融洽。刑部同僚则相处和睦。长官和下属之间较为平等，宴饮叙谈之际，以年龄而不以官职为序。刑部长官对属下的管理也并不拘泥。刑部官员罗惟德，整日静坐，决狱往往能出人意料之外。罗惟德身体羸弱，经常告假，甚至连月不到衙署，刑部长官也不多问。同事之间虽然事有分工，但是能够互相讨论，“有疑相酌”，互相帮助解决疑难问题。平时同僚交往也多，下午衙散之后，很多刑部官员并不离开，而在衙门与同僚或切磋道义，或谈文论学。比如晋江庄士元、泰和胡正甫、安福邹继甫供职于同一个清吏司，“日以讲学为事”，平时坐行一处。对于这样的同僚关系，王樵感慨，“真有朋友之义焉”。①

嘉靖中期后七子文学结社，主要成员包括李攀龙、王世贞、谢榛、宗臣、梁有誉、徐中行和吴国伦。李攀龙，嘉靖二十三年（1544 年）进士，先任刑部广东司主事，后任员外郎、郎中。② 王世贞，嘉靖二十六年（1547 年）进士，任刑部主事，后任刑部员外郎、郎中。③ 徐中行，嘉靖二十九年（1550 年）进士，任刑部广东司主事，与李攀龙为同事。宗臣、梁有誉和吴国伦均为徐中行的同科进士，在嘉靖二十九年得中进士，同时进入刑部，任刑部主事。也就是说，后七子中，有六人为刑部的官员，在嘉靖后期的刑部，他们谈诗论文，一时成为明代文坛的中心。后七子在刑部结社，有更多的思想及经历等原因，④但是刑部的清闲显然是主要的条件之一。有关后七子及其文学活动的描述，均提到他们“居曹无事”或者“曹务闲寂”的事实。⑤ 王世贞之弟王世懋也说刑部事务简单而官员众多，刑部官员“多肆力为文章”。⑥

---

① 以上引文均出自明代王樵《方麓集》卷六《西曹记》，第 225 页。

② ［清］张廷玉：《明史》卷二八七《李攀龙传》，第 7377 页。

③ ［清］张廷玉：《明史》卷二八七《王世贞传》，第 7379 页。

④ 张德建：《明代嘉靖间刑部的文学活动》，《中国文化研究》2011 年冬之卷，第 40—50 页。

⑤ 参见明代殷士儋所撰《明故嘉议大夫河南按察司按察使李公墓志铭》，载《李攀龙集》，齐鲁书社 1993 年版。

⑥ ［明］王世懋：《欧桢伯西署集序》，欧大任《欧虞部集》之《西署集》，北京图书馆古籍珍本丛刊第 81 册，书目文献出版社 1988 年版，第 433 页。

而之后袁宏道回顾嘉靖后期刑部文人结社的情况,则更说明问题。在袁宏道看来,刑部本来就多“文雅修饰之士”,嘉靖后期,文人结社,以复古为号召,天下翕然宗之,“而西曹之人,十居其九”,其他衙门的官员甚为艳羡。袁宏道总结道“故当时西曹视他曹特易”。[①] 和王樵关于刑部的描述基本是一致的。

王樵不反对同僚之间的文事往来,但是对于刑部官员不经心法律却另有看法。他认为刑部事务十分重要。处理刑名案件看似容易,但是处理一个案件牵涉到社会事务的方方面面,如果不是对方方面面都有了解,则很难决狱。另外,处理刑名,必然要对国家律例有很深入的了解。他指责说,很多人以留心案牍之事为俗吏所为,而专以文墨诗酒为风雅,往往法律都不仔细研究。他认为在刑部为官,除了对法律要有研习,还要时时用心。他以当时余姚翁公为例,翁公对法律颇有用心,是“老法家”,曾著有《恤刑录》一书,为人所传诵。但是一时疏忽,决案失误而被降职处置。[②]

刑部的清闲使文人结社和讲学具备了条件,也为官员对刑名事务的研习提供了方便。在十六、十七世纪出版而现在仍能获得有关作者信息的《大明律》律注中,起码有九种的作者为刑部的官员。[③] 王樵指出他自己在刑部努力研究《大明律》,就像士大夫研究儒家经典一样,之后他外任按察使,在刑部期间对《大明律》的研究给他很大的帮助。王樵的事例并不孤立。更早一些时候,应槚任职刑部,因为不好交际,对于刑名事务又很经心,所以利用刑部事务清简这一条件,完成了对《大明律》的注释,取名《大明律释义》[④]。同样,陈璋,嘉靖年间任刑部侍郎,认为士人不读书是废学,而官员不读律则是旷官,为此,“研求法意至忘寝食,律有疑难,亲为注解,遂以法家名”。[⑤] 之后,比如徐昌祚,万历间任刑部河南司员外郎,不久升本司郎中,对《大明律》和刑狱多所用心,利用一切闲暇时间,完成《大明律例添释旁注》一书。刑部官员精心法律,刑部尚书对法律也多重视。万历间刑部尚书董裕赞赏徐昌祚的才能,一方面与吏部打招呼,另一方

---

① [明] 袁宏道:《袁宏道集笺校》,《瓶花斋集》卷六,上海古籍出版社 1981 年版,第 708 页。

② [明] 王樵:《方麓集》卷六《西曹记》,第 225 页。

③ Wu Yanhong. “The Community of Legal Experts in Sixteenth and Seventeenth Century China”, in Madeleine Zelin and Li Chen, eds. , *Chinese Law: Knowledge, Practice, and Transformation, 1530s to 1950s* . Leiden: Brill, 2015, p. 215.

④ [明] 应槚:《大明律释义·后序》,《续修四库全书》第 863 册,第 227 页。

⑤ [明] 张萱:《西园闻见录》卷八四《刑部》,杭州古旧书店 1983 年版,第 11 页。

面托人向徐昌祚致意，准备派其出任湖广衡州府的知府。①

二、都察院

明代的都察院总领监察事务，对天下百官进行纠举；同时又与刑部、大理寺并列成为明代国家的三法司，在国家的司法体系中占据重要的位置。都察院设正官左、右都御史两员，左、右副都御史两员，左、右佥都御史四员。都察院领十三道监察御史，与十三布政司相对应，浙江、江西、山东、河南等道每道监察御史10员，云南道监察御史11员，湖广、陕西、山西等道每道监察御史8员，其余广东等道每道监察御史7员，总计人员110名，分别处理对应布政司以及带管在京衙门和直隶府州县的一应事务。② 监察御史一年一代，定期出巡各自的监察区域。监察御史出巡，称为巡按御史。《明史》称明代的巡按御史"代天子巡狩"③，担任连接中央与地方的重任，"为朝廷耳目，宣上德达下情"④，因此虽为七品官员，但却被朝廷视作清要。⑤ 都御史等正官对监察御史有提督、点差、考核等权力，但是监察御史并非都察院长官的属官，在行事过程中具有相当的独立性，日常行事直接以"某道"监察御史自称，如有事情需要上奏，不必预知都御史等长官。⑥

作为三法司之一，和刑部、大理寺一样，都察院官员的重要司法职能之一在于参与朝廷重大案件的会审，包括三法司会审、九卿圆审，以及在京师举行的重要恤审，如朝审、热审、五年一次的大审等。但都察院最具特色的司法职能表现在审理、复核京师以及各省的职官犯罪。⑦ 都察院负责监督、纠劾百官。文武职官犯罪，都察院官员进行弹劾奏闻。《大明律》"职官有犯"条规定："凡京官及在外五品以上官有犯，奏闻请旨，不许擅问。六品以下听分巡御史、按察司并分司

---

① [明]徐复祚：《亡兄刑部河南清吏司郎中暨敕封亡嫂王氏宜人行略》，《家儿私语》，赵诒琛等辑《丙子丛编》，1936年铅印本，第2页。

② [明]李东阳、申时行等：《大明会典》卷二〇九《都察院·各道分隶》，第2787页。

③ [清]张廷玉：《明史》卷七三《职官二》，第1768页。

④ [明]李东阳、申时行等：《大明会典》卷二一〇，第2806页。

⑤ [清]张廷玉：《明史》卷七三《职官二》，第1771页。

⑥ [明]张萱：《西园闻见录》卷九三《台省》，第2页。

⑦ 那思陆：《明代中央司法审判制度》，第24—25页。

取问明白,议拟闻奏区处。”[①]也就是说,都察院审理各衙门官员,特别是京官以及在外五品以上的职官,基本是奉皇帝旨意进行;对于低级官员的审理,审理结果一般也要上报皇帝知晓。这样的规定,在针对都察院官员的《宪纲》中也有明确的说明:凡监察御史、按察司官有追问诸衙门官员取受不公刑名等事,除军官京官并勋旧之臣及在外文职五品以上官具奏请旨方许取问外,其余六品以下取问明白,从公决断之后,仍具奏闻。若奉特旨委问者,须将始终缘由议罪回奏,取自上裁。[②]

都察院所属监察御史,职掌丰富。洪武《诸司职掌》记载,监察御史职掌,包括纠劾百司、问拟刑名、出巡、刷卷、追问、审录各项。[③] 其中刑名事务占据了主要部分。监察御史也负责京师地区的治安和司法,比如负责巡视京师五城的监察御史,但是其最主要的司法职掌则与出巡相联系。《明史》提到,巡按监察御史每到一地,“必先审录罪囚,吊刷案卷,有故出入者理辩之”。[④] 明代巡按监察御史的司法职能主要可以分以下几个方面。

第一,收录词状及审理。巡按监察御史在巡视本辖区的过程中,可以接受民间词状。但是对于一般的案件,比如民间户婚田土之类,不直接进行审理,而将案件下批至相关的基层司法部门进行审理。但是如果所收词状告诉的对象为官员,或者词状涉及的案件已经经过地方审理,而告诉者认为审理不公,这样的情况下,巡按御史可以对案件进行直接的审理。

第二,对于明代的巡按御史而言,最主要的职能是对基层审理之后的案件进行复核。对其中案情不明、证据不足、引用律法不当、情罪不适的案件予以驳回,重新审理,或者重新定罪量刑。明末广州府推官颜俊彦刻有《盟水斋存牍》,保留自己审案记录的同时,还比较详细地收录了各上级司法官员对这些审理结果的批复,其中包括巡按御史的复核文字。比如《盟水斋存牍》之《谳略》一卷收录强盗谭起元一案,广州府重新审理这一陈年旧案时,发现盗犯钟亚小名下之赃只有妇人耳环,而钟亚小还执称耳环并非赃物;案卷中,失主潘孔政也承认他并不认识钟亚小。基于以上原因,广州府以“强盗已行不得财之律”,将原定大

---

① ［明］高举:《大明律集解附例》卷一,第193页。
② 《宪纲》,《皇明制书》卷一〇,第304页。
③ 《诸司职掌》,《皇明制书》卷五,第243—251页。
④ ［清］张廷玉:《明史》卷七三《职官二》,第1768页。

辟之罪的钟亚小改拟徒罪。按察司下属兵巡道首先对该案件进行审核，认为广州府这样的改拟不妥，要求广州府理刑厅重新审理。广州府理刑厅重新审理之后，再次上报，坚持认为不能依据不确定的证据而定钟亚小为死罪，为此维持原来的审理意见，认为钟亚小仍应该改拟成徒罪。兵巡道将以上意见一起转详至巡按御史。巡按御史批复："钟亚小赃无的据，情有可矜，姑改配。"巡按御史支持理刑厅的审理，强调赃物确认在强盗案件中的重要，对于这一案件的定夺起到关键的作用。①

第三，经过复核的重大案件，巡按御史有责任落实惩治。比如对于本监察区域，包括对应的布政司和带管的在京部门发生的死刑，巡按御史要参与监督死刑的执行。对于下死罪一等的充军，巡按御史也有参与落实的责任，比如确定罪犯发充的卫所。明初，军犯卫所的确定由中央主持，主要是刑部的陕西司。之后军卫的确定在中央转至兵部职方司执行，地方则由巡抚、巡按主持。弘治《问刑条例》对此予以明确的规定，只是巡抚、巡按定卫之后，仍要抄行兵部知会。②

第四，对所辖地方官员法律知识的考核。《大明律·吏律》下《讲读律令》一条规定："凡国家律令，……百司官吏务要熟读，讲明律意，剖决事务。每遇年终，在内从察院，在外从分巡御史、提刑按察司官按治去处考校，若有不能讲解、不晓律意者，初犯罚俸钱一月，再犯笞四十附过，三犯于本衙门递降叙用。"③对于官吏通晓律意的监察，中央落实在都察院，地方则落实在巡按御史以及提刑按察司官吏。此外，洪武二十六年(1393 年)颁布的《诸司职掌》也明确要求巡按御史对地方官吏律学知识的掌握进行督促和监察，要求巡按御史保证"本府并合属官吏须要熟读详玩，讲明律意"④。正统四年(1439 年)《宪纲》颁布，其中对于巡按御史和按察司官吏在律学知识控制中的责任作了进一步的强调："凡国家律令并续降条例事理，有司官吏须要熟读详玩，明晓其义。监察御史、按察司官所至之处，令其讲读，或有不能通晓者，依律究治。"⑤

① [明] 颜俊彦：《盟水斋存牍》，中国政法大学出版社 2002 年版，第 22 页。
② [明] 白昂等编：弘治《问刑条例》，《皇明制书》卷一三，第 349—350 页。
③ [明] 高举：《大明律集解附例》卷三，第 469—470 页。
④ 《兵刑工部通大职掌》，《皇明制书》卷五，第 247 页。
⑤ 《宪纲》，《皇明制书》卷一〇，第 307 页。

有明一代,朝廷并没有对《大明律》设置官方的统一的注释,私家注释从明初就开始出现,巡按御史在私家律注的控制中也起到关键的作用。明代的巡按御史似乎掌握了官刊《大明律》律注的权力,他们对存世的私家《大明律》律注进行评论、筛选,并对其中的优秀部分进行刊布,在起码是自己的监察范围内,以官方法律注释的方式使其流通,成为这一地方司法官吏依据的官方法律参考。此外,本辖区内有官员对《大明律》进行注释,并希望通过地方衙门官刊的形式发布的,也要经过巡按御史和巡抚的首肯。① 换言之,巡按御史不仅担负着考察地方官员法律知识的职能,同时也承担对地方官员提供规范的法律知识的任务。

监察御史出巡结束,有"回道考察",即朝廷对其出巡期间的政务进行考核。嘉靖十三年(1534 年)定《巡按御史满日造报册式》,一共二十八条。其中涉及刑名者占据四分之一,有七条,包括"会审过罪囚若干起","追过赃罚若干数","禁约过非法用刑官若干员"等等。其中,在"会审过罪囚"项下,还设置具体的细节,"如审允、转详、处决及辩理过原拟罪名,俱将各犯略节招由开报"。② 可见,回道考察中,在刑名事务这一方面有细致的规定。巡按监察御史的考察由都察院的都御史执行,其中"法律不通"可以成为巡按御史考察不合格的原因之一。③

正是因为监察御史承担重要的司法责任,在监察御史的选拔中,刑名知识的具备和刑狱处理的训练成为突出的要求。明初,监察御史可以直接从新科进士中选拔,但"必先授试职,或逾年再考不称,则又调别衙门",④体现出更为慎重的态度,与其余官职的选拔任用仍有不同。正统四年(1439 年)《宪纲》颁布,其中一条明确规定,"凡都察院各道监察御史并首领官、按察司官并首领官,自今务得公明廉重,老成历练之人奏请除授。不许以新进初仕,及知印、承差、吏典出身人员充用"。⑤ 从此,新科进士不得再直接选授监察御史,监察御史和按察司官的候选人均须具有一定的从政经历。

具有一定的从政经历,自有习练政体的考虑,同时也有积累一定刑名知识

① 关于巡按御史和按察司官员对于明代《大明律》律注的控制,可参见吴艳红《国家政策与明代的律注实践》,《史学月刊》2013 年第 1 期,第 52—62 页。

② [明]李东阳、申时行等:《大明会典》卷二一一,第 2817—2818 页。

③ 张治安:《明代监察制度研究》,台湾五南图书出版有限公司 2000 年版,第 315 页。

④ [明]沈德符:《万历野获编》卷一一,《吏部》"选科道",第 291 页。

⑤ 《宪纲》,《皇明制书》卷一〇,第 307 页。

的需要在内。有明一代，监察御史候选人来源的范围、年龄与资历等前后多有变化。① 从来源来看，虽然宽及行人、博士、中书舍人，但是中期以后则以行取知县和推官为主；为了保证资历，行取对象一般年龄在三十以上、五十以下。为了保证候选人的政绩，监察御史的候选人一般需要进士出身，考满称职，或者“考语优异，政绩著闻的，虽未经考满旌荐”，可以进入候选范围。② 明代推官职专刑名，而知县掌一县之事，其中听狱讼是其重要职掌。以具有一定资历的推官、知县为监察御史的主要候选群体，刑名知识的积累显然是被考虑在内的。

以上候选人到京之后，由吏部主持考试，吏部和都察院会同拣选。考试的内容有面试和笔试。明代《吏部职掌》之“考选仪节”描述考试经过如下：“本部堂上出题，不拘疏议论策一篇，司官于堂上看，摆桌定，照名散卷毕，齐赴后堂，候部院堂官坐定，本司开具与选官折子各送一本，除年岁未及三十并五十以上者，例不选取，其年貌相应与查访堪任者，拟议该科该道，或才堪别用，俱本部正堂执笔，于各名下注定。”③这只是对于监察御史的初选。

吏部考试合格，被吏部和都察院共同拟定为监察御史候选人的官员，要再送都察院试职一年或者理刑半年。候选人在都察院试职或理刑结束之后，都察院正官对其进行考察，即“满日听本院考察，各注考语”。都察院的考语与候选人一起送到吏部，其中“谙晓刑名、堪任御史者，奏请照缺选补”。④ 这才能真正选授监察御史。考察不合格者，则不能实授监察御史，这些人或者延长试职的时间，进行第二次考试。成化二十年（1484 年）奏准，“试监察御史一年已满，刑名未熟，再试半年，仍前考试实授”。⑤ 嘉靖七年（1528 年），嘉靖帝在对都察院的敕谕中重申，“御史试职一年止欲其明习律令、历练事体。旧例考得刑名疏通方准实授，否则令其重试”。要求都察院加强考试的严谨性，提高巡按御史实际的刑名知识和实践的积累。⑥ 或者由吏部除授他职。嘉靖四十五年（1566 年），

---

① ［明］李默、黄养蒙等删定：《吏部职掌》之《求贤科》“急缺行取”，明万历刻本，16 下—18 上。

② 同上，18 上。

③ ［明］李默、黄养蒙等删定：《吏部职掌》之《求贤科》“考选仪节”，26 上—26 下。

④ ［明］王恕：《议左都御史马文升陈言裨益治道奏状》，《王端毅奏议》卷八，《文渊阁四库全书》第 427 册，第 597 页上。

⑤ ［明］李东阳、申时行等：《大明会典》卷二〇九，《都察院・急缺选用》，第 2794 页。

⑥ ［明］施沛：《南京都察院志》卷一，《皇纶》，《四库全书存目丛书补编》第 73 册，第 55 页。

都察院右都御史王廷等人上言，指出如此安排的原因："御史职司风宪，自非行履端方、刑名练习者鲜克任之。请行部院将行取官员多方体访，慎加遴选。既选之后，仍限以讲读律令及历代名臣奏议，满岁复考，称职者实授，不称者黜之。"①

在监察御史的选拔中，朝廷对其刑名能力的注重还体现在以下两个方面：第一，万历《吏部职掌》记载，御史试职或理刑考察不合格不堪实用的，"照依品级题改大理评事、五府都事，其有题留再历者，仍从原限月日满后该院题考"。②大理评事为大理寺属官，五府都事为五军都督府所设断事，专理军中刑狱。③ 两者均为司法官员。在都察院试职或理刑不合格不能选授监察御史的官员，可以授职大理评事和五府都事，可以看出朝廷对于监察御史选拔的重视。第二，明代六科给事中和十三道监察御史一样，具有言责，纠劾百官，因此两者被合称为科道官。有明一代，科道官的选拔曾有分合，到弘治时期，科道官选官开始合流。④ 科道官候选人来源基本一致，并一起到吏部，接受上述考试。但是经过吏部和都察院的拣选，六科给事中直接可以选授，并无刑名法律知识的训练和要求，而监察御史则要试职一年或者理刑半年，再由都察院考察之后实授。可见，朝廷对于六科给事中和监察御史有不同的要求。

三、大理寺

比较三法司中的刑部和都察院，大理寺的设官不多，包括大理寺卿一员，总摄寺务；左右少卿二员，左右寺丞二员，左右寺正各一员，左右寺副各二员，左右评事各四员。总计 19 人。

和唐宋时期大理寺职掌审判的功能不同，明代大理寺的职掌主要在于对京师和各布政司徒、流以上案件，特别是死刑案件进行复核，平反冤狱。刑部、都察院、五军断事官等机构审过的案子，均要将案卷和罪犯移送大理寺进行复核。大理寺左右寺进行分工，对各自归属的京师地区各部门和十三布政司案件进行

① 《明世宗实录》卷五六五，第 9054 页。

② ［明］李默、黄养蒙等删定：《吏部职掌》之《求贤科》"御史实授"，15 上—15 下。

③ ［清］张廷玉：《明史》卷七六《职官五》，第 1858 页。

④ 潘星辉：《明代文官铨选制度研究》，北京大学出版社 2005 年版，第 160—172 页。

审核。未经过大理寺复核的案件，各审理衙门不得擅自决发。

明代前期，刑部和都察院将罪犯和案卷一起发送大理寺复核。复核过程中，如果囚犯伸冤，并出具有利证据，大理寺对囚犯案件进行审理，如果基本认定囚犯伸冤有据，则将案件发回原问衙门重新审理。经过重新审理之后，囚犯如果对结果仍然不服，大理寺则将案情具备，奏请皇帝，大理寺与六部、都察院、通政司等衙门堂上官一起，进行圆审，并将审理结果上报皇帝。①

弘治以后，大理寺复核主要以审查案卷的方式进行。大理寺审查案卷，主要关注的是"招不协情""情不合律"的问题：大理寺官员要对案卷中案情前后经过的交代进行审核，审核其中是否有情词不明、前后矛盾之处。同时，根据案情，比照律条，审核罪情和罪名是否与所引用的律条相应。如果情词清楚，罪罚相当，引用律条无误，大理寺官印押平允，相关文件回复原问衙门之后，原问衙门可以落实对罪犯的处罚。大理寺复核时，如果发现案件审理过程中情词不明，特别是罪情与所引律条不合，或故意出入人罪，或者因为失误而出现断罪不当的，要将案件驳回原问衙门重新拟罪。驳回三次，仍问拟不当的，则要对原问官进行纠举。② 在复核过程中，对于人命、家财、田土等案件，大理寺官员可以提出对案件的一些关键证据进行再次的复查。③

在执行复核的任务中，大理寺的官员各自负责，又共同协商。需要复核的案卷到达大理寺之后，会在案卷上粘上一幅小方纸，小方纸上，本寺大理寺卿、少卿、寺丞之姓列于上，寺正、寺副及该掌行评事之姓列其下。案卷一般由职位较低的大理寺评事先进行审核。如果情词允当，引律无误，囚犯也无伸冤之类的情况，文移格式也无差错，评事就在小方纸上自己的姓氏之下书一"允"字。如果情词有异，议拟不当，或者囚犯翻供，文移有误，则在小方纸上就事论事，做具体的批复予以驳回。寺正、寺副各予批复之后，大理寺卿、少卿和寺丞再予审核，均在各自的姓氏之下，或是批"允"，或是做具体的批复驳回。④

对于需要驳回重审或者重新定拟罪名刑罚的案件，大理寺有专门的公文格

① [明]李东阳、申时行等：《大明会典》卷二一四，《大理寺》"审录参详"，第 2867—2868 页。
② [清]张廷玉：《明史》卷七三《职官二》，第 1781—1782 页。
③ [清]孙承泽：《春明梦余录》卷五〇，第 1070 页。
④ [明]李东阳、申时行等：《大明会典》卷二一四，第 2869 页；[清]孙承泽：《春明梦余录》卷五〇，第 1068—1069 页。

式进行处理,《大明会典》收录大理寺“合律照驳式”公文式样如下：①

合律照驳式

大理寺卿臣某等,谨奏为李甲告不应事。刑部某部问拟李甲等一十六名。数内合律一十五名。不合律张丙一名。有照驳。谨具奏闻。

一照驳：

前件,本寺照律,张丙合得计赃准窃盗一贯之上律,杖七十。罪无出入。其刑部某部却依不应律,笞四十。未审故失。已出张丙杖罪三十,所据不当。官吏除尚书某、侍郎某,取自上裁,其子部某部官吏某人合送法司问罪,仍令改正。

一准拟：

事内干连人王乙等合得笞罪十名;陈丁等合得杖罪四名;李甲一名,无罪释放。

洪武　　年　月　日

这一公文说明李甲一案涉案人员16人中,15人的惩治情罪相合,而其中犯人张丙的惩治,则存在“情不合律”的问题。张丙应该以“计赃准窃盗一贯之上律”,杖七十;而原审官员则以“不应律”,笞四十。原审官员应被问罪,但是该照驳书指出原审官员并不存在故意失出,即故意减轻对犯罪的惩治的情况。

天顺、成化间曾任大理寺卿的王概刊刻《王恭毅公驳稿》②一书,其中收入的“驳稿诸式”共计九种,包括:“驳正式”“违式式”“不服辨式”“有词式”“参看招式”“查原发式”“查别起驳式”“照驳式”“调问式”。陈宇赫在其《明代大理寺研究》中解释以上九种公文格式大致用于以下相应的情况:“拟罪欠当”“文移违式”“犯人称冤”“犯人有词”“犯有明招”“两造异词”“同罪异拟”“出入人罪”“调问参究”。③“犯有明招”含义有些模糊,从王概所录“参看招式”的内容来看,这一公文格式适用的主要是所引律文与案卷所录之招不合的情况：④

---

① [明]李东阳、申时行等:《大明会典》卷二一四《大理寺》“合律照驳式”,第2868页。

② 关于王概《王恭毅公驳稿》,见陈宇赫《明代大理寺研究》(中华书局2013年版)附录二,第341—442页。

③ 陈宇赫:《明代大理寺研究》,中华书局2013年版,第232页。

④ 同上,附录二,第342页。

大理寺为某事，据刑部某清吏司发审犯人几名，某所犯合依某律云云，减等系某等项发落云云。除审录外，参看得某明招何如，自有应坐正律。今拟前罪，事属欠当，难以平允，合驳再问明白送审。内某等几名审拟合律，如无干问，先行依拟摘发。今出某字某号勘合，回报施行。

从王概收入的公文格式看，这一时期大理寺驳回审录不当案件的公文格式更为细密，但是大理寺对案件复核的内容并无太大的变化，即仍集中在犯人的番异与案卷审核两个方面。在案卷的审核中，保证律文的引用和断罪的适当仍是最为核心的内容。

弘治年间大理寺评事鲁永清上言，指出送达大理寺的案卷中“议拟欠当者不少”，议拟欠当的原因，或者是因为司法官员畏避权势而拘于成案，不能按律定罪；或者对法律条文缺乏足够的理解，牵强成案。比如《大明律》“不应为”一条规定：“凡不应得为而为之者，笞四十；事理重者，杖八十。”①这一条本为拾遗补缺而设。但是鲁永清指出，在报至大理寺的案卷中，即使律有正条可以引用的，司法官员也引“不应为”条进行断罪；而在律无正条的情况下，司法官员更是以“不应为”应付，以至于断罪中情法不当的情况突出。②

大理寺对天下重刑案件进行复核，旨在保证情法适中，律例引用得当，以杜绝冤狱为目标。这对大理寺的官员提出两个方面的要求。

首先，大理寺的官员要对法律知识有充分的掌握，只有对《大明律》和条例有深入的理解，对于刑名事务有一定的研究，大理寺的官员才能在复核中发现问题，杜绝冤狱。成化年间，章懋曾任南京大理寺评事，积极获取法律知识，“既至，留心职业，日取刑书故牍详阅之，遂至精炼，平反庶狱，老吏不如”。③ 因此在大理寺的官员中脱颖而出。嘉靖年间，大理寺卿刘玉上疏，对于大理寺官员法律知识的准备提出明确的要求。在刘玉看来，大理寺的官员，“非精律例，见出原问官员之上，何以评其轻重，服其心乎”？即只有精通律例的程度超过原问刑官员，才能担当起司法复核的重任。为此，刘玉提议，大理寺中新任评事，不能直接复核案件，而应该先“督令讲读律例半年以上，考居疏通者，方许干预评

① ［明］高举：《大明律集解附例》卷二六，第 1891 页。
② 《明孝宗实录》卷一三，第 302—303 页。
③ ［明］黄佐：《南京礼部尚书章懋》，焦竑《国朝献征录》卷三六，第 1485 页。

允”,如果考试不合格,对于刑名之事也不用心的,可以送吏部调在京其余衙门任职。而另一方面,如果大理寺中的年轻官员能够用心刑名,才识出众的,也应该不次提拔。①

其次,司法复核的落实,还要求大理寺的官员要具备刚正和不畏权势的气魄。有明一代,刑部、都察院和大理寺是中央最重要的三个司法机关,互有分工,同时密切协作。但是三法司之间仍有权力上的差异。明代刑部具有立法权和司法权,既是司法机关,同时也是司法管理机关,权重一时;明代的都察院监察百官,监察御史巡按天下,“大事奏裁,小事立断”,②在司法中也具有重要位置;比较来说,大理寺的地位相对较低。三法司之间的权力结构影响大理寺对于刑部和都察院案件的复核及其落实。③ 成化年间,大臣孙珂任职南京大理寺评事。当时南京科道威势极重,御史问过的案件,即使问题明显,大理寺官员也不敢平反。孙珂到任之后,“据法平允,一毫无所假”。结果,御史借大理寺张评事之事牵连孙珂,孙珂被调外任,出知潞州。④ 上述弘治年间大理寺评事鲁永清在提到大理寺对案件驳回的力度时,也无奈地提到:“虽经本等驳行,而依驳者十无一二。”⑤正德年间涂天叙任职大理寺时,因为具备法律知识和公正执法的气节,大理寺驳案的情况就大为不同。据明代名臣吕柟为涂天叙所作的墓志铭记载,涂天叙初任南京大理寺评事,就清介自持,不滥交游。政务闲暇之际,闭门诵律读书,布袍蔬食一如书生。当时有人犯法而不出官,以家人代罪。涂天叙将案件驳回。在涂天叙的坚持下,作为原审机构的刑部只能奏请缉事衙门将罪犯本人捕获抵罪。⑥ 同样,万历年间任大理寺评事的欧大任,也有刚勇果断的品格,在司法复核中以“大理不知畏人,只畏三尺耳”为准则,一时也为大理寺司法复核带来新的气象。⑦

复核案件辨明冤枉之外,与刑部和都察院一样,大理寺作为三法司之一,

---

① [清]孙承泽:《春明梦余录》卷五〇,第1073—1074页。

② [清]张廷玉:《明史》卷七三《职官二》,第1768页。

③ 朱志培:《明代刑部大理寺职能嬗变考》,华东政法大学硕士学位论文,2011年,第43—44页。

④ [明]丘濬:《大理寺丞孙君珂墓志铭》,焦竑《国朝献征录》卷六八,第2995页。

⑤ [明]戴金:《皇明条法事类纂》卷四六,第862页。

⑥ [明]吕柟:《兵部右侍郎涂水寇公天叙墓志铭》,焦竑《国朝献征录》卷四〇,第1668页。

⑦ [明]杨瑞云:《虞部公行状》,欧大任《欧虞部集》卷首,《北京图书馆古籍珍本丛刊》第81册,第3页。

但凡朝廷有重大案件，均需参与共同审理。永乐以后，明朝廷逐渐形成各种恤刑制度，在京师举行的包括在每年霜降之后举行的朝审、每年小满之后举行的热审等，大理寺一般都要参与。尤其是在每五年举行一次的大审中，大理寺的作用更为重要。京师大审之制，始于大理寺卿俞士悦的建议，并于正统十四年(1449 年)首次举行。审录对象主要为刑部和都察院监狱的罪犯以及京师地区其他各衙门的罪犯。审录地点就在大理寺。主持审录的包括三法司堂上官，以及由皇帝选差的宦官一员。① 成化十七年(1481 年)定制，命司礼监太监一员，会同三法司堂上官，就在大理寺审录轻重囚犯。每五年一次，定期举行。②

此外，大理寺也有定期派员到地方恤刑的职责。正统初年，大理寺就曾经选差属官，会同刑部、都察院的外差官员，到南北直隶和各布政司审录罪囚。成化八年(1472 年)确定，每五年一次的大审不仅在京师地区举行，也在地方各布政司举行。明末沈德符指出："成化八年壬辰，始命刑部差郎中、大理寺差寺正，各奉敕往两直各布政司，遇重辟可矜者，奏请宽贷，于是五年一恤刑之差遂定。"③在地方的大审中，大理寺派出的官员是核心力量之一。大理寺官到地方审录案件，期限与审录原则均与刑部派出官员相同，但是与监察御史录囚的准则相比，恤刑的特征更为明显。万历十九年(1591 年)，正是五年大审之期，大理寺官刘大文到南直隶审录罪囚，与巡按当地的监察御史高举共事。高举描述，他们与地方司法官员一起审录罪囚时，对于相关案件的处理，他和刘大文多有不同的意见。高举指出，自己作为巡按监察御史录囚与刘大文作为大理寺官员在地方录囚的目的不同。在高举看来，大理寺官员的录囚，更多在宣扬皇帝的恩德，因此，从轻发落的旨向比较明显，目的在于让天下百姓感念皇帝和朝廷的恩典而避免违法的行为；而他作为巡按监察御史，是在落实皇帝和朝廷的法律，重在奉公执法，目的在于让天下百姓畏法而少有违法的行为。④

明代大理寺负责复核案件和平反冤狱，因为包括皇权在内的多种势力和机

① 《明英宗实录》卷一七八，第 3437—3438 页。
② [明]李东阳、申时行等：《大明会典》卷一七七，《恤刑》，第 2449 页。
③ [明]沈德符：《万历野获编》卷一八，第 458 页。
④ [明]高举：《刻大明律集说序》，冯孜《大明律集说》，明刻本，3a—4a。

构的牵制和影响，其目标不能得到充分落实。[①] 但是，大理寺的存在和职能设计仍具有重要的司法意义，这从制度上为天下重要案件的审录提供了复核的机会，为司法官员中具有法律知识和刚正气魄的人提供了审核案件、拨乱反正的制度保障。明人指出，“照驳圆审之法不行，则司刑者无所畏惮，庶狱决不可清”，[②]也正是说明大理寺职掌的重要性。

明代中央涉及法律的机构并不局限于上述刑部、都察院和大理寺三法司，因为九卿会审等司法实践的体制化，刑部以外的吏、户、礼、兵、工部长官均有参与朝廷法律事务的机会和义务。再比如明代的通政使司，与明代司法的关系也殊为密切。通政使司的正官位居三品，与六部、都察院、大理寺的正官合称九卿，所以有明一代的九卿会审，必有通政使司的长官参加。同时，通政使司还在四方冤情的上达中起到重要的作用，特别是在明前期，这一作用更为显著。洪武十年(1377 年)初设通政使司，太祖朱元璋指出为使政治清明，百姓安定，“必有喉舌之司，以通上下之情，以达天下之政”，通政使司之设立，正以上情下达和下情上传为目的。[③] 其中下情上传的重要内容之一，就是京师以及天下的臣民可以通过通政使司，向中央朝廷直接申诉冤枉，上告不公不法之事。成化七年(1471 年)，江西按察使牟俸上奏，指出江西等处人民健讼，往往虚捏情词告讦。经都察院等衙门会议决定，将洪武年间榜文及前后议奏相关事例，再行斟酌参详，出榜于通政使司门外，常川张挂，以革刁风。[④] 以上可以看出通政使司在接受天下词状中的作用。明代中期以后，通政使司的这一职权受到一定程度的侵扰。嘉靖三十七年(1558 年)六月，刑部尚书郑晓等重申故事，指出之前在京军民词讼，俱赴通政司告送法司问断，事体归一。要求申明相关条例，令各衙门通行遵守。[⑤] 虽然通政使司在明前期的职能并没有因此得到完全的恢复，但是郑晓的提议得以题准，可见朝廷对于通政使司在司法中的重要性仍予以承认。通政司接收各地词状之后，还对词状进行初步的审核，如果其中涉及已经大赦的罪情，不干己之事情，以及“审出添捏等项虚情，例不该奏告”的，要在词状上予

---

① 陈宇赫：《明代大理寺研究》，第 271—298 页。
② [清] 孙承泽：《春明梦余录》卷五〇，第 1072 页。
③ 《明太祖实录》卷一一三，第 1869 页。
④ 《明宪宗实录》卷九一，第 1763 页。
⑤ 《明世宗实录》卷四六〇，第 7772 页。

以注明，本部门备案之后，再抄送法司。[①] 嘉靖八年(1529 年)，通政使司左通政宋沧等就通政使司所辖之事上言，建议民间本词，务从简实，不得浮冗。同时题请严访积年作状代书顶名打点等项奸徒，要求处之重法，以清宿弊。得到皇帝的赞赏。[②] 可见通政使司在接受和审核民间词讼方面的责任和作用。

第三节 京师地区的法律机构举例：五城兵马指挥司

明朝的京师地区还设有其他专门针对本地区法律事务的机构，比如五城兵马指挥司。

明代在南北两京设五城兵马司，负责京师的治安。按照京城区域的划分，五城兵马司分别为东、西、南、北、中五城，[③]各兵马司每司设指挥一员，副指挥五员，吏目一员。每司领弓兵 80 人。弓兵从州县百姓中佥解，由地方官进行选佥，由兵部职方司主持佥派，一年替换。明代汪天赐在其《官箴集要》一书中指出，弓兵有缉捕盗贼、巡警私盐、提防不测的任务，所以地方官在点差弓兵时，首先要对其家庭和本人进行详细的考察，必须选择“丁壮能事之人”充当。他还建议平时可以对弓兵进行刀枪弓矢的演习，衣装器械也要整点完备，要有“雄壮”之气。[④] 弓兵之外，五城兵马司各司还领坐铺火夫若干，火夫从京师人口中佥解。成化二十一年(1485 年)奏准，京城坐铺火夫，除了官员和无丁之家，其余人家均要应役；勇士、力士、将军、旗校人匠等项家人余丁，均不得优免。[⑤] 宣德初年，京城多盗。都御史刘观等议于五城兵马司各增官军一百人与同捕捉。每五十家置巡更铺，一遇夜以十人守之，有盗贼及违夜禁者皆听捕以闻。上从其议，

---

① [明] 李东阳、申时行等：《大明会典》卷二一二《通政使司》，第 2832 页。

② 《明世宗实录》卷九七，第 2274—2275 页。

③ 关于明代五城具体的划分，参见李小庆《五城兵马司与明代京师治安管理》，东北师范大学硕士学位论文，2012 年。

④ [明] 汪天赐：《官箴集要》卷下，《官箴书集成》第 1 册，黄山书社 1997 年版，第 292 页。

⑤ [明] 李东阳、申时行等：《大明会典》卷二一〇，《巡视五城》，第 2800 页。

命英国公张辅同五军都督府按地方遣军助之。[①] 成化时,兵部尚书余子俊以京城内外多盗,请差府部属官五十余员会锦衣卫巡城御史查究。仍令审编火夫坐铺,夜以五十人为率巡警。[②] 可见,明代五城兵马司本身设置的人员不多,但是一方面可以有数量较大的弓兵和火夫可以役使,在特殊情况之下,五城兵马司还可以从其他部门调拨人员进行援助。

明代五城兵马司以维护京城治安为主要职掌,其中包括街道整治、火灾的防范、贫民的救济等等。其中与司法事务相关的职掌,则主要为两个方面。首先,对有碍京城治安的各类人群进行清理。这些人群包括:盗贼,在街市斗殴、奸淫、赌博、撒泼、抢夺的不务生理之徒,禁行时候的犯夜之人,对于这些人,五城兵马司均有呵问擒拿的权力。[③] 成化十二年(1476 年),主管京城内外治安的锦衣卫指挥佥事朱骥与巡城御史何鉴等达成共识,指出京城内外盗贼猖獗,为盗之人,则多是"各处无籍之徒及游食军民"。为减轻盗患,建议全城进行排查,对以下社会群体进行专门的清理:其一,僧道。但凡僧道,逐一查审,"有文凭者,许于寺观安歇,不许安于军民匠役之家。如无文凭者,军户发原籍当差,民发该管州县随住。"其二,来历不明,"一应无文引籍贯之人"。朱骥建议"五城兵马地方火甲人等,逐一排门挨究",一旦查出此等来历不明的无籍小人,"就行捉拿送问发遣"。其三,操军、达官、舍余。为防备这些军人,建议在不是上操的日子,这些人不得骑马,不得"身带弓箭器械,三五成群,在路行走"。其四,"游手好闲、不务生理、强横少壮之徒",建议行令"五城兵马地方火甲捉拿送官,军丁发原籍着役,民发有司收管"。该建议经过都察院等衙门审议,认为"俱切时弊,合准所言",宪宗皇帝批示之后,形成榜文在京城各处常川悬挂,"晓喻禁约"。[④] 可见五城兵马司需要关注防范对象之广泛。此外,逃军逃囚、奸细等也是五城兵马司重点关注和查究的对象。嘉靖十八年(1539 年),皇帝巡幸龙兴之地承天府,皇太子监国,留守大学士顾鼎臣条上监国七事,其中一条即要求包括五城兵马司在内的各个机构,注意出没于京师地区的奸人妖术和奸细等。顾鼎臣指出这些人潜住京城,蛊惑愚民,玩弄国法,无所不至。要求五城兵马司等衙门,只

---

① 《明宣宗实录》卷十三,第 371 页。
② [明]余继登:《皇明典故纪闻》卷一五,《续修四库全书》第 428 册,第 221 页。
③ [明]李东阳、申时行等:《大明会典》卷二二五,《五城兵马指挥司》,第 2976 页。
④ [明]戴金:《皇明条法事类纂》卷四五,第 790—793 页。

要见到异服异言并奤缘为奸之人，即与擒送各该衙门究问如法。[①]

其二，五城兵马司还承担勘验现场和检验尸伤等职责。万历年间律家姚思仁曾经讨论过及时验尸的重要性。他指出，人命案件的审理，最重要的是证人和尸伤。其中证人还可能扶同作假，尸伤则最为直接地证明死者如何被打致死，因此不能作伪。为了获得最真实的尸伤报告，及时的初检最为重要，及时地进行尸检，尸体上受伤的证据十分明显，而耽搁至久，一旦尸体出现比如溃烂等变化，就会影响证据的采集。[②] 兵马司日夜巡逻，京师地区发生命案，兵马司或许是最早到达案发现场的人员。兵马司承担勘验现场和尸伤的初检的职能是比较顺理成章的。此外，五城兵马司设有监狱，兵马司捉拿到的可疑人员以及盗贼等，可以在监狱中做短暂的羁押，等待司法和其他部门的处理。在羁押过程中，兵马司官员可能对嫌疑人犯进行勘问取供，对相关犯人监追赃物。有明一代，刑部和都察院等衙门在处理京师地区案件的过程中，委差五城兵马司进行照勘、提人、检尸、追赃等事务，[③]也比较常见。当然，明代的司法官员也有对此表达不满的。他们认为兵马司的官员并不具备良好的法律素养，对嫌疑人的勘问取供不能达到应有的效果，而兵马司的监狱则成为涉案人经常毙命其中的地方。[④]

万历十八年(1590 年)，以下条例得到题准："凡遇告讼人命，除内有自缢自残，及病死而妄称身死不明，意在图赖挟财者，究问明确，不得一概发检，以启弊害外，其果系斗杀、故杀、谋杀等项当检验者，在京初发五城兵马，覆检则委京县知县……务求于未检之先，即详鞫尸亲证佐凶犯人等，令其实招，以何物伤何致命之处，立为一案，随即亲诣尸所，督令仵作，如法检报，定执要害致命去处，细验其圆长斜正青赤分寸，果否系某物所伤，公同一干人众，质对明白，各情输服，然后成招。"[⑤]这一条例对五城兵马司在京师案件中的尸检责任进行了明确的规定，并规定在尸检之前，五城兵马司人员还要对案件相关人等进行简单的审问，记录相关资料，进行立案。从某种程度上说，这是对明初以来五城兵马司在京

① 《明世宗实录》卷二二一，第 4597—4598 页。
② [明] 姚思仁：《大明律附例注解》卷二八，第 937—938 页。
③ [明] 李东阳、申时行等：《大明会典》卷二二五，《五城兵马指挥司》，第 2976 页。
④ [清] 孙承泽：《春明梦余录》卷五〇，第 1076—1077 页。
⑤ [明] 袁贞吉：《大明律集解附例》卷二八，《检验尸伤不以实》条所附"新题例"，万历二十四年校刊本，第 40—41 页。

师司法案件中实际作用的一种法律承认。

五城兵马司司法职能的增强,与成化年间确立巡城御史对五城兵马司的提督有关。点差御史巡视皇城,在宣德年间就已经确定。成化四年(1468 年),令锦衣卫、五城兵马司禁约赌博、缉拿盗贼,并命巡城御史通行提调。① 由此,巡城御史对于五城兵马司的统领和监督就得到了确定。和巡行天下的监察御史一样,巡城御史有接受京师词讼的职责。巡城御史接受词讼之后,应该移交法司处理,而不能审理词讼。但是在现实生活中,可能也有不少的巡城御史对这些词状直接进行了处理。嘉靖初年,巡城御史谭鲁受词状,擅理刑名,被朝中官员参驳,谭鲁受到夺俸二月的惩治。② 嘉靖三十七年(1558 年),刑部尚书郑晓在奏疏中再次提到京师各衙门擅自处理刑名事务的违例行为。皇帝回复:自今在京军民词讼,各衙门并巡城御史毋得径自受理,违者奏治。③ 再次明确限制巡城御史径自处理刑名事件的行为。从以上材料来看,巡城御史在处理刑名事务中的实际参与可能要大于朝廷的规定。巡城御史接受词状后,一般将囚犯批发五城兵马司进行取供,再交送法司拟罪发落;④而当巡城御史不断插手刑名事务的实际处理,五城兵马司在司法中的实际作用也就越见重要。

另一方面,当巡城御史与五城兵马司将京师大小案件均送往法司,司法部门也有烦扰之忧。同样是嘉靖年间,大理寺卿刘玉曾经上疏,认为市井小民,多有无知。若只是醉酒喧哗,或因小事而起纷争,或者因为妻妾、子孙不和不睦等家庭原因出现纠纷,五城兵马司"量行责治,已足示惩戒"。刘玉认为,若一概送问法司,反而成为"扰害"。为此提议:"行令各城御史,除强窃盗、人命等项重情,照旧送问。其余一应小事,量情发落,不许送问,亦不许受理。"⑤也就是说,在巡城御史的提调下,一些司法官员认为五城兵马司可以独立处理一部分京师地区的简单纠纷。

明代五城兵马司最高长官为正六品,在明初,独立负责京师地区的防卫,具有职卑权重的特征。从成化时期开始,除了设置巡城御史对五城兵马司进行提

---

① [明]李东阳、申时行等:《大明会典》卷二一〇,《巡视五城》,第 2800 页。
② 《明世宗实录》卷四四,第 1141 页。
③ 《明世宗实录》卷四六〇,第 7772 页。
④ [明]李东阳、申时行等:《大明会典》卷二二五,《五城兵马指挥司》,第 2976 页。
⑤ [清]孙承泽:《春明梦余录》卷五〇,第 1075 页。

领和监督，京师防卫开始有其他机构的加入，兵马司在负责治安的职能方面，权力逐渐减弱。[①] 对五城兵马司形成最大牵制，同时与五城兵马司合作最为密切的是锦衣卫。大凡朝廷有旨，对京师地区进行盘查，或者加强对某一特殊人群的究问擒拿，五城兵马司和锦衣卫必协同理事。比如成化间禁约自宫求进者。皇帝诏谕：此曹数违禁例，巡城御史、锦衣卫官督同五城兵马，期十日内尽逐之。京城内外寺观及豪势之家敢潜容者，并地邻火甲俱究治以罪。礼部出榜，告示天下。[②] 明代五城兵马司与锦衣卫之间并没有隶属的关系。两者协同办事，共同负责京师的治安，锦衣卫侧重大案要案，而五城兵马司更侧重于日常的治安。尽管如此，有明一代，锦衣卫权势倾人，对于五城兵马司职权的落实形成牵制。万历九年(1581 年)，锦衣卫上言，本卫以缉访为职，间有不能悉知者，多由五城兵马司密行申报。近来往往隐匿。容臣等行五城兵马司，以后密报，不得仍前怠玩。皇帝回复：厂卫系缉事衙门，非广布耳目何由摘发幽隐。以后五城兵马司都着遵照旧规，但有紧要事情，即密行申报，如有抗违，参来重治。五城兵马司成为锦衣卫的密探，而且皇帝和朝廷认定这一关系。当然，五城兵马司、巡城御史和锦衣卫也共同承担责任。成化十年(1474 年)夏四月，京城街渠污秽壅塞，工部弹劾，五城兵马司中的中兵马司指挥、巡城御史和锦衣卫官校一起被逮入狱。[③]

---

① 程彩萍：《明代五城兵马司治安与司法职能之演变》，《学术评论》2012 年第 2 期，第 48—52 页。

② 《明宪宗实录》卷一八七，第 3349 页。

③ 《明宪宗实录》卷一二七，第 2427 页。

第四章 明朝的法律机构（下）

本章主要描述和讨论明朝地方的法律机构。按照明朝的地方行政设置，本章分别对省级，即布政司一级，府级以及州县级的法律机构进行交代。与第三章一样，本章对法律机构的讨论也涉及其中的司法官员。以第三章和本章内容为基础，本章设立一节讨论中央与地方法律机构之间的制度性联系。这一章的最后对明代法律机构以及司法官员的整体进行小结。

第一节　明朝省级的法律机构

有明一代,地方机构设置分为三级,即省、府以及州县。省级最高行政机构为承宣布政使司,而提刑按察司则是省级最高的司法监察机构,都指挥使司为省级的最高军事机构。以上都、布、按三司互相合作牵制,共同承担对明代地方的管理。

一、提刑按察司

提刑按察司是明代省一级最重要的法律机构。明朝提刑按察司承袭前代相关制度而来,在明初几经调试之后,到宣德年间规制基本确定。各省设提刑按察使司,每按察司设按察使一员,正三品。按察司副使,正四品;按察司佥事,正五品。各按察司的副使、佥事的员数不定。万历《大明会典》记载当时各提刑按察司副使的情况为:福建三员、贵州四员、广西五员,广东、浙江、江西、河南各六员,四川七员,湖广、云南各八员,山西十员,山东十三员,陕西十六员。佥事的数目各省也有不同。万历间,广西、贵州各二员,江西、陕西、云南各三员,浙江、广东各四员,福建、河南、山东、山西各五员,湖广、四川各六员。① 因为副使、佥事的数目不同,明朝各省按察司的规模大小也各有差别。

明代的提刑按察司具有监察和司法两大功能。一方面按察司官对本省范围内的百司官吏进行监察纠举;同时,"按察名提刑,盖在外之法司也",在省级司法中扮演重要的角色②。《明史·职官志》总结按察使的职能为:"掌一省刑名按劾之事。纠官邪,戢奸暴,平狱讼,雪冤抑,以振扬风纪,而澄清其吏治。"③

对全省案件进行复核,是明朝提刑按察司最主要的司法职掌。经过本省州县和府初审的案件,其中杖罪以上的重要案件,均需要发按察司进行复核。按

---

① ［明］李东阳、申时行等:《大明会典》卷四,第93—94页。
② ［清］张廷玉:《明史》卷九四《刑法二》,第2306页。
③ ［清］张廷玉:《明史》卷七五《职官四》,第1840页。

察司官员对案件复核之后，如果认为招书存在问题，证据不足，或者官司定罪情法不当，可以发回原问衙门重新进行审问。此外，已经经过州县或府审断的案件，如果原、被告一方，或者双方认为审断不公，处置不当的，可以向按察司衙门提起告诉，按察司官员要对此类案件进行重新审理，或者发至隔别衙门进行审理。这样的复核再审，均以平反冤狱为目标。对按察司官员的评价也因此多以其处理冤狱的能力为重要标准。天顺末年，李裕任山东按察使。属郡死罪二百余人，或经十余年未决。李裕到任后，亲自审问，悉心磨勘，平反得释者过半，①得到同僚和地方百姓的颂扬。同样，嘉靖年间任内阁大学士的席书，正德末年曾经任职浙江按察使。杨一清评论席书任职按察使期间，“风采一新，讼牒填委，决断如流，剔奸雪冤，吏无所措其手”。②

为了充分实现提刑按察司对管辖地区内的监督，按察司副使、佥事等官员每年分道巡察。弘治中规定，按察司分巡，每年两次，春二月出巡，七月回按察司总署；九月中旬出巡，十二月中回衙。各巡察官员要遍历自己的管辖范围，尽心巡察。巡察的目标在于“务使一路风清弊绝，所部事理民安”。③ 其中冤狱的平反仍是巡察的主要任务之一。嘉靖年间，葛廷章升任江西按察司副使，分道巡察南昌。南昌“簿牒填委，讼狱诡健”。葛廷章防范甚严，处理刑名事务尤为精当。所以“奸欺内息，请谒外屏”，“以故疑谳竞白，平反无冤”，顷刻之间，百姓敬畏，江西南昌地区面貌为之一新。④ 同一时期，王晞作为江西按察佥事，分巡江西湖东道。王佥事精于法比，案件审核中时时强调情法适中。当时江西庐陵有父子三人白天抢劫，知县已经将其定为死罪。王晞认为此案可矜，认为父子三人必定为饥饿所驱使，因为饥饿而阖门坐死，值得哀怜。县令说明这案件已经经过上司的赞同，而王晞则表示自己不愿意“杀人以媚人”而力持己见。父子三人的死罪最终得到开释。又，当时有陕西商人贩锦至江西临江，触忤当地权贵，正值地方捕盗，陕西商人因为围观而被一并捕入狱，不胜刑讯而诬服。王晞

---

① ［明］张瀿：《光禄大夫吏部尚书古澹李公裕墓志铭》，焦竑《国朝献征录》卷二四，第991页。

② ［明］杨一清：《光禄大夫柱国少保兼太子太保礼部尚书武英殿大学士赠太傅谥文襄席公书墓志铭》，焦竑《国朝献征录》卷一五，第539页。

③ ［明］吕坤：《实政录》卷一，《续修四库全书》史部第753册，上海古籍出版社2002年版，第229页。

④ ［明］许榖：《江西副使葛公廷章墓志铭》，焦竑《国朝献征录》卷八六，第3693页。

到江西巡察时,陕西商人在狱已经十余年。王晦觉得案件可疑,遂调集案卷,核实年月,并召集相关人员进行审问,陕西商人之冤案终于得到平反。经过以上几件大案的反正,“公名大噪于郡邑中矣”。①

除了分道巡察,按察司副使和佥事还承担以专门事务为中心的巡察,包括“兵备、提学、抚民、巡海、清军、驿传、水利、屯田、招练、监军”等。② 这些分巡道责有所专,一般不直接处理刑名事务。张昺,成化初得中进士,后任四川按察司副使,专理盐务。当时都指挥使陈某的女婿杀人,死者之父诉于巡按御史,特别要求张昺审断此事。御史回答:张昺责在理盐,“法不得与狱讼”。死者之父指出,陈都司家财万贯,只有张昺才能不为利所动,才能为其伸冤。于是,张昺审理此案,“一讯得情”。但是御史还是再次阻挠张昺,最后仍然另外委官推问,将指挥使女婿之仆人代罪了事。史载当时御史接受了贿赂,所以才有再次阻挠的行为,但是御史之所以阻挠成功而张昺之所以最后不得审理此案,可能还是与责有所专的按察司官员不能接受词讼的规定有关。③

再比如提学道。明代提学官员在南北直隶由御史担任,在其他各省则由按察司下属的副使和佥事担任。④ 提学官全权掌握生员的录取和进学。通过定期的巡视,提学官对辖区内的学生和教员进行考察。天顺年间,刘釪任职浙江按察司副使,提督学校,在他的提督之下,两浙文风为之一振。成化辛卯,刘釪迁官按察使,时人“疑公优于文学,法律非所长,及见公决狱,曲当其情,乃大服”。⑤ 可见按察司中的提学官和按察使,其职掌不同,朝廷对其的期待和要求也不一样。

但是在现实的巡察中,这些职有所专的按察司官员并不能完全杜绝司法事务。永乐年间,冯本清任职福建按察司佥事,分巡漳泉各府,兼理海道。冯本清在经营海事的同时,也留心法律事务,“庭无留案,惟死狱必审,平反甚众”。⑥ 提学道不能审理词讼,但是涉及生员的案件,地方衙门均需要和提学官进行沟通,对生员的处置也要经过提学官的首肯。崇祯年间,广州府推官颜俊彦审理生员陈玮逞忿殴妻,致其妻自尽一案,断陈玮杖罪,并罚银二十两。广州府将案件上

① [明]焦竑:《大司农克斋王公晦传》,《国朝献征录》卷二九,第 1223 页。
② [清]张廷玉:《明史》卷七五《职官四》,第 1840 页。
③ [明]张邦奇:《四川按察司副使张公昺墓志铭》,焦竑《国朝献征录》卷九八,第4331 页。
④ [清]张廷玉:《明史》卷六九《选举一》,第 1687 页。
⑤ [明]何乔新:《云南按察使刘公釪墓表》,焦竑《国朝献征录》卷一〇二,第 4579 页。
⑥ [明]李东阳:《江西按察司佥事冯公本清墓表》,焦竑《国朝献征录》卷八六,第3703 页。

报申详。提学道做出批复，同意广州府颜俊彦的处断意见。①

在按察司所属的各道中，兵备道地位比较特殊。兵备道在成化年间出现，主要的职掌在于整顿军伍，振兴卫所，加强地方防务。同时兵备道的职掌也涉及一般的地方政务，②其中包括审理词讼。在给兵备道官员的敕书中，朝廷明确规定其有兼理词讼，或者仍理词讼的规定。③ 嘉靖十八年(1539 年)，张素补湖广按察司佥事，兵备茶陵。张素一边整顿军务，同时整顿司法，“辩疑狱三十余事”，湘潭之民有寒谷春阳之称。④ 从明末兵部推补兵备道员缺的请敕行稿这些档案材料中也可以看到，明末的兵备道担负着问理刑名、禁缉盗贼等职责。⑤

除了案件复核和平反冤狱方面的职责，按察司官与巡按监察御史一起，共同监督和推进朝廷百官法律知识的获得。《大明律》中“讲读律令”一条明确规定按察司官员的这一职掌：“凡国家律令，……百司官吏务要熟读，讲明律意，剖决事务。每遇年终，在内从察院，在外从分巡御史、提刑按察司官按治去处考校。若有不能讲解、不晓律意者，初犯罚俸钱一月，再犯笞四十附过，三犯于本衙门递降叙用。”⑥正统四年《宪纲》颁布，对于按察司官员在律学知识控制中的责任做了进一步的强调：“凡国家律令并续降条例事理，有司官吏须要熟读详玩，明晓其义。监察御史、按察司官所至之处，令其讲读，或有不能通晓者，依律究治。”⑦

在《大明律》律注中，张楷的《律条疏议》无论从内容和格式上均是典范之作。该书对《大明律》的注释内容详细，格式新颖：“考订始末，述沿革之由，著律文之义，设问答以辩其疑，为总说以详其意，编次成书，名曰疏议。”⑧张楷对《大

---

① ［明］颜俊彦：《盟水斋存牍》，第 482 页。

② 何朝晖：《明代道制考论》，《燕京学报》第 6 期，第 52 页；方志远：《明代国家权力机构及运行机制》，科学出版社 2008 年版，第 326 页。

③ 谢忠志：《明代兵备道制度：以文驭武的国策与文人知兵的实练》，台湾花木兰文化出版社 2011 年版，第 123 页。

④ ［明］不知撰人：《都察院右副都御史安宁张公素行状》，焦竑《国朝献征录》卷六二，第 2651 页。

⑤ 周勇进：《明末兵备道职掌述论——以明末兵部请敕行稿为基本史料的考察》，《历史教学》2009 年第 4 期，第 21—25 页。

⑥ ［明］高举：《大明律集解附例》卷三，第 469—470 页。

⑦ 《宪纲》，《皇明制书》卷一〇，第 307 页。

⑧ ［明］张鎣：《律条疏议》序，张楷《律条疏议》，2a～4a。

明律》的注释,一则因为“历官宪府,讲习之久而有得”,即张楷曾经历官江西道监察御史,陕西按察司佥事、副使,都察院右佥都御史等职位,均与司法有关。其次,《大明律》律文“文义简古,包括宏远”,“张公虑始学之难明,述为疏议,发其指归”,希望对于新进官员和司法官员获得法律知识有所助益。[①] 天顺五年(1461 年)该书由江西按察司刊布。江西按察司佥事宋宗鲁“募其写本……询诸寮友,考其差讹,正其条理,缮录锓梓”,在整理刊刻中起到重要的作用。[②] 江西按察司副使张鎣为该书作序,指出张楷著《律条疏议》,宋宗鲁对其进行刊刻,广其流传,虽然所为不同,目的用心则相同。张鎣指出今后“士于入官之初而议事谳狱,得此书而参考之”,实为有益。[③] 尤其在明代前期,按察司对于官员法律知识的监督和推进起到重要的作用。

与按察司在司法中的重要作用有关,有明一代,按察司官员的选拔和考核中均有刑名知识的要求。弘治初年,吏部尚书王恕讨论按察司官的选拔,指出之前旧例,“按察司官有缺,于法司属官内推补,其知府、同知、推官、知州、知县有原系法司出身及曾在法司办事者,亦得推补。如苏州府知府林鹗推补江西按察使,宝坻县知县叶淇推补广西佥事”等,为此提议,之后按察司官的选拔中,优先“法司相应属官推补,其知府、同知等官,果有谙练刑名,政声卓异者,亦得量才推举”。[④] 正是因为具有如此的选拔标准,弘治后期大臣马文升在讨论地方官吏的律学素养时,直接指出,“在外,惟按察司官出自法司,颇知律意”。[⑤]

再就考察来看,虽然朝廷对全体官员均有“讲读律令”的要求,对于按察司的官员,国家明文规定其掌握的法律知识应该比其余官员更为充分。对按察司官员的考察,与监察御史一样,刑名部分在其中占据重要的地位。景泰年间,湖广按察司佥事黄润玉被巡抚右都御史李寔“考劾其不谙刑名也”,因此被降职为

---

① [明]张鎣:《律条疏议》序,张楷《律条疏议》,1b,3b—4a。
② 同上,2b—3a。
③ 同上,3b—4a。
④ [明]王恕:《议左都御史马文升陈言裨益治道奏状》,《王端毅奏议》卷八,《文渊阁四库全书》第 427 册,第 597—598 页。
⑤ [明]马文升:《慎刑狱以重民命》,《马端肃奏议》卷一一,《文渊阁四库全书》第 427 册,第 817 页。

直隶合州含山县知县。[①] 虽然李寔对黄润玉的考察以及黄润玉之后的降职，与黄、李之间的个人恩怨有一定的关系，但是黄润玉对于李寔对其不谙刑律的指责“弗辨也”；[②]而李寔能以刑名知识不足为理由，导致黄润玉从按察司佥事降职至含山县知县，也可以说明朝廷对于按察司官员有关刑名知识的要求。

二、承宣布政使司和都指挥使司

有明一代，在省这一级，除了提刑按察司及其下属，各道布政司和都指挥使司也承担一部分司法职能。[③] 明代全国设十三布政司，每布政司设左、右布政使，从二品官。左、右参政，左、右参议无定员。布政使总一省之政，朝廷规定其不得涉及具体刑名事务的处理。成化七年（1471 年）七月，朝廷明确告诫，布政司官不得“侵越理刑之职，滥受民词”。[④] 从这一告诫来看，在这之前布政使亲自处理刑名案件的情况比较常见。比如正统年间，万观任山东右布政使。“齐民素健讼，牒诉填委”。万观选其中的重大特殊案件自己审理，而将其余案件交给理问所处理，“计日疏决，狱为之清”。[⑤]

此处提到的理问所，乃布政司下属机构。明代每布政司设理问所，其中设理问一人，从六品；副理问一人，从七品。理问所理问“典刑名”。[⑥] 洪武末年，夏迪任福建怀安县丞，当时福建布政司理问所缺署事之官，所司知道夏迪廉能，委以任之。夏迪不负众望，“推谳详密，剖决平允，略无留滞”。因为在理问所期间处理刑名得力，夏迪被推荐而直接升任大理左寺副，凡遇审决，一以至公，无不得其平。[⑦] 弘治五年（1492 年），刘大夏为广东布政司理问所重修撰文，其中赞赏主持修理的理问所理问贺廉“忠厚勤谨、折狱明允，上下皆敬爱焉”。[⑧] 以上事

---

① ［清］孙承泽：《春明梦余录》卷四八《提刑按察使》，第 1046 页。
② ［明］杨守陈：《湖广等处提刑按察司佥事南山黄公润玉墓碣铭》，焦竑《国朝献征录》卷八八，第 3834 页。
③ 关于明代布政司的司法职能，参见吴艳红、姜永琳《布政司与明代司法》，《南京大学学报》2016 年第 4 期，第 111—126 页。
④ 《明宪宗实录》卷九三，第 1785 页。
⑤ ［明］王直：《山东左布政使万公观墓志铭》，焦竑《国朝献征录》卷九五，第 4145 页。
⑥ ［清］张廷玉：《明史》卷七五《职官四》，第 1838—1839 页。
⑦ ［明］雷礼：《南京都察院左副都御史夏迪传》，焦竑《国朝献征录》卷六四，第 2798 页。
⑧ 转引自陈鸿钧《两方明代广东布政司理问所碑记考》，《岭南文史》2009 年第 3 期，第 23 页。

例均说明布政司理问所理问直接处理刑名案件。与按察司以司法复核和监督不同，理问所理问接受词讼，并进行初审。

明代省一级与法律相关的机构还包括各都指挥使司下设的断事司。明代省一级设都指挥使司，管理所属卫所。都指挥使司下设断事司，设断事一员，正六品；副断事一员，正七品。明代都指挥使司下设的断事司，是军队司法自成体系的一个表现。

明代从户籍上将军民分离，军户子弟世代为国家提供军役，军官军人被划归成一个相对独立的系统。这一相对独立的系统配备了相对完备和独立的法律机构，专门处理本系统的法律事务。有明一代，中央设中、左、右、前、后五军都督府，"各领其都司、卫所"，是国家最高的军事管理机构。各省设都指挥使司，各都指挥使司管理所属卫所。明朝军队的基本编制为卫、所。洪武朝，中央五军都督府设断事司，"总治五军刑狱"。共为五司，每司设稽仁、稽义、稽礼、稽智、稽信五人，"各理其军之刑狱"。① 各省都指挥使司也相应地设立断事司，处理都司所属的一切词讼。宣德初年，巡按江西监察御史王缙绅上奏，提到理问、断事、推官不谙刑律，皆应黜降。上曰，"理刑官辨明曲直，其可授之非人，吏部即选人代之"。② 可见，与理问和推官一样，朝廷视断事司断事为理刑官，并对其有具备足够法律知识的要求。明代的卫、所设镇抚司，镇抚司镇抚处理司法事务。此外，卫所经历司经历等文官，在基层军队司法事务中似乎也占据重要的地位。③ 除了以上法律机构的设置，《大明律》还以国家根本大法的地位对军队司法的相对独立予以承认。《刑律·诉讼》"军民约会词讼"条规定："凡军官军人有犯人命，管军衙门约会有司检验归问。若奸盗诈伪、户婚、田土、斗殴，与民相干事务，必须一体约问；与民不相干者，从本管军职衙门自行追问。其有占吝不发，首领官吏各笞五十。若管军官越分辄受民讼者，罪亦如之"。④ 也就是说，军官军人犯罪，由军队司法部门进行处理，地方司法衙门不得干预；地方司法事务，军伍司法官员也不得涉足。而当军官军人与百姓发生纠纷时，则由军队与地方的司法官员共同审问。

---

① ［清］张廷玉：《明史》卷七六《职官五》，第 1858 页。
② 《明宣宗实录》卷二，第 56 页。"辨"字据《宣宗实录校勘记》改定，第 13 页。
③ 张金奎：《明代卫所军户研究》，线装书局 2007 年版，第 183—184 页。
④ ［明］姚思仁：《大明律附例注解》卷二二，第 808—809 页。

明初江西道监察御史陈宪，浙江定海人，由进士擢监察御史，巡按湖广、江西，庄重知宪体，政绩卓著。当时吉安守御千户所长官贪淫凶恶，杀人破家，殆不胜纪。都司受赂常曲庇之。按察司、巡按御史虽知之，皆怯懦莫敢问。陈宪到任后，将千户捉拿归案，定罪械送京师。① 这一案件中，千户之所以能够得到都司的庇护，与军队司法的相对独立密切相关。

有明一代，从明初到明末，军队独立司法的特征逐渐弱化。建文中，中央五军都督府所属的断事司被撤销，各省都指挥使司审理的重大、疑难案件需上报刑部审核和处理，此其一。其二，上述陈宪处理的案例充分说明，都司下属的断事司日渐具有地方司法机构的特征，都司断事审理的案件接受按察司和巡按御史的复核，并接受其监督。这是断事的司法权不断弱化，明代军卫独立司法权不断被剥夺的标志。②

布政司、按察司和都指挥使司各司其职，同时在省级行政事务的处理中互相牵制，互相协作。这样的协作在司法事务方面也有体现，当重大案件发生时，都、布、按三司共同审理。《大明律》“处决叛军”一条规定，“凡边境城池，若有军人谋叛，守御官捕获到官，显迹证佐明白，鞫问招承，行移都指挥使司，委官审问无冤，随即依律处治，具由申达五军都督府奏闻知会。若有布政司、按察司去处，公同审问处治。”③

第二节　府级推官

明代推官，正七品，每府设一员。知府“掌一府之政，宣风化，平狱讼，均赋役，以教养百姓”，而推官则“理刑名，赞计典”。④ 因此，虽然在明代的府一级，知府也经常参与刑名事务的处理，但是推官是明政府设置的最低一级的专门的司

---

① ［明］不知撰人：《监察御史陈宪传》，焦竑《国朝献征录》卷六五，第 2821 页。

② 张金奎：《明代卫所军户研究》，第 188—192；李军：《明代断事司考述》，《故宫学刊》2011 年，第 89 页。

③ ［明］姚思仁：《大明律附例注解》卷一，第 216—217 页。

④ ［清］张廷玉：《明史》卷七五《职官四》，第 1849 页。

法官员。洪武三年(1370年),监察御史郑沂以“人命至重,古人所矜”为由,建议天下各府设推官一员“专掌刑名,不预他政”,如此才能“庶责有所归而人无冤抑”。[1] 为太祖朱元璋采纳。可见在设置之初,推官专理刑名的责任就殊为明确。万历年间,名臣吕坤讨论地方官员之职位,其中提到推官,仍称,“推官则专理刑名者也”,[2]也可见得时人对于推官职位独特性的认识。

作为专门的司法官员,明代推官需要听审的案件大致包括以下三类。

第一类,府州县作为初审衙门,明代推官需要直接听审百姓呈送的案件。祁彪佳,天启二年(1622年)进士,授福建兴化府推官。《莆阳谳牍》收录他任职期间听审的案件。[3] 其中包括的案件,有注明“本府”,比如卷一下“本府一件圈谋杀骗事”等,应该就是推官初审的案件。本府初审的案件,杖罪以下可以直接发落,杖罪以上的案件则要申详按察司和巡按御史,即由按察司和巡按御史进行复核,其中死刑案件则要上报中央,由刑部、都察院和大理寺进行进一步的审核。按察司和巡按御史发现案件审理有不明确,定罪量刑有不合适的地方,会将案件驳回本府进行重审、重判。

第二类,上级各机构批发下来的案件。《莆阳谳牍》卷一包括“按察司一起极冤事”“粮饷道一起欺孤势占事”“分守道一件擒获海洋强贼事”“分巡道一件谋害事”“提学道一起起灭事”“屯道一件殃军事”“察院一件万冤事”等应该就是这一类的案件。[4]《大明律》规定,“凡军民词讼皆须自下而上陈告”,[5]布政司和按察司及其派出机构,即分守道、分巡道等,以及察院,即巡按御史等机构,均可以接受百姓词状,但是不能亲自审理,而需将案件批发至府州县等初审衙门先行审理。[6] 这样的案件,推官一般要将审理的结果回复当初批发的衙门和官员。上级批发衙门如果认为审理不合适的,也有可能提出意见和疑问,要求推官重新审理。

---

① 《明太祖实录》卷五三,第1054页。
② [明]吕坤:《实政录》卷一《同知通判推官之职》,第224—225页。
③ [明]祁彪佳:《莆阳谳牍》,《历代判例判牍》第5册,中国社会科学出版社2005年版。关于《莆阳谳牍》的介绍,参见尤韶华、才媛《整理说明》,收入祁彪佳《莆阳谳牍》卷首第1—4页。
④ [明]祁彪佳:《莆阳谳牍》,“目录”第6—8页。
⑤ [明]高举:《大明律集解附例》卷二二,第1653页。
⑥ 吴艳红:《明代的法律与运作》,张显清、林金树主编《明代政治史》,广西师范大学出版社2003年版,第699页。

第三类，对州县案件的复核。州县作为府的下级机构，州县初审之后的案件需要递交府级的推官进行审核。《莆阳谳牍》卷一收入“县词一起欺孤献劫事”，其下注明“陆县丞申缴方定告方朝庠等”，应该是州县上呈的案件。同样，《莆阳谳牍》卷二收入“莆田县一件故杀赖掠事”，本府审核意见指出，莆田县上报的吴士珠和魏进一的争斗伤人案中，受害人吴辉是否在场、吴辉是否因伤致死等关键问题并不明确，为此驳回重审，“仰县覆讯确招报”。[①] 毛一鹭，万历时期任松江府推官，刊刻《云间谳略》，收入其听审过的案件。其中收入一件“杀人漏斩事”，该案件中，蔡旃与汪凤山等人在青楼嬉闹启衅，斗殴追逐之间，汪凤山身亡。县衙初审，定蔡旃绞罪。毛一鹭审核该案件之后指出，蔡旃与汪凤山殴骂在前，推桌压之之行为在后，虽情有可原，但“似难遽为解网，仍照原拟转详”。[②]

总体看来，明代推官审理案件，除了杖罪以下的案件可以自行处理、自行发落之外，杖罪以上(包括杖罪在内)案件的处理，无论是初审还是复核，都需要经过上级司法机关的审核。

上司的复核可能成为一种牵制。明代官员均指出推官职位之难，其中经常被提到的一点就是明代推官处于司法体系的最下层，因此在案件的审理处断中不能完全表达自己的意志。杨载鸣，嘉靖十七年(1538 年)进士，选推官。其父杨训为华庭教谕。杨训在给儿子的信中指出：“夫推官者，法吏也。法，生杀人易耳。能不枉者，难也。今用法者鲜能自鉴也；即能自鉴者，又不能违上官意指也。若是，则法安得无枉哉?”[③]明人陆鏊在明末也表达了类似的看法：“李官，难也。折狱致刑，出生入死，一不中而人非鬼责随其后……矧今日者，上诎于所尊，中荧于请托，下淆于土宄、讼师之顽犷，据法则诽，徇情则骫，是非清心定力，曷克有济?”[④]

但是，从另一方面来看，这样的详谳复核起码具备以下两个重要的功能。首先，详谳复核减轻了推官的司法责任。推官能够自行处断的案件只限于笞

---

① ［明］祁彪佳：《莆阳谳牍》卷一，第 254 页；《莆阳谳牍》卷二，第 318 页。
② ［明］毛一鹭：《云间谳略》卷四，《历代判例判牍》第三册，中国社会科学出版社 2005 年版，第 501—502 页。
③ ［明］乔世宁：《华庭杨教谕训传》，焦竑《国朝献征录》卷八三，第 3542 页。
④ ［明］陆鏊：《序》，颜俊彦《盟水斋存牍》，“序”第 2 页。

罪以及笞罪以下的案件,杖罪以及杖罪以上的案件,均需经过更有司法经验和刑名知识的上级司法官员的审核。这一做法降低了新任推官并不具备丰富的法律知识这一现实的负面影响,在新任推官没有足够知识准备的状态下,[1]从制度内提供了维持地方司法秩序的机制。其次,这一详谳复核为推官提供了在职司法训练的重要途径,为推官提供了关键的积累刑名知识的重要制度保障。

颜俊彦,崇祯初年任广州府推官。颜俊彦刊刻的《盟水斋存牍》在保留自己审案记录的同时,还比较详细地收录了各上级司法官员对这些审理结果的批复。从《盟水斋存牍一刻》收入的《谳略》五卷共计四百多个案例来看,上司对大部分案件的审理表示了赞同,即"依拟"处理。对一些案件的审断,还明确表示了赞赏。比如"争继王嗣昌等"一案,布政司批复中重复推官的审理意见:"以屋三间分嗣昌、刘珍、戴天志三人,三分均任葬事",指出,这样审断"最为公平",为此,"依拟各赎完发落。余如照,取库收缴"。[2] 而只有在十个左右的案件中,上司有不同的意见而发回重审。

比如其中梁绍宗一案。梁绍宗、蔡伯婆连同衙门郑炳、陈确林吓诈蔡仲英,致使蔡仲英服毒自尽。梁绍宗定绞罪;郑炳、陈确林为从减等,徒罪;蔡伯婆听梁绍宗主使,连同窝藏蔡伯婆的蔡兆侣,各定杖罪。此案可能经县初审,所以广州府的审理意见中有"俱依原拟"的字样。[3] 审理意见上报,兵巡道批复如下:

> 据详,梁绍宗以贼妇蔡伯婆为囮,吓诈蔡仲英,致其服毒自尽,绞之诚无足惜。但查威逼制缚之条,若缚人于私家拷打,因而致死,以主使之人为首而绞。今查蔡仲英以服毒自尽,无拷打之事也,坐之是否当辜?况查本犯先诈两次,未见得赃若干,或计赃科之,亦足以惩本犯之恶。至郑炳、陈确林,另有威逼之罪在,照律各追埋葬,似可慰死冤而恤孤寡矣。仰厅再详审报。[4]

---

① 关于明代新任推官法律知识的整体状况,可参见吴艳红《制度与明代推官的法律知识》(《浙江大学学报》2015 年第 1 期);吴艳红《选拔制度与明代官员的法律知识》(吴艳红主编《明代制度研究》,浙江大学出版社 2014 年版,第 150—181 页)等。

② [明]颜俊彦:《盟水斋存牍》之《谳略五卷》,"争继王嗣昌等",第 206 页。

③ [明]颜俊彦:《盟水斋存牍》之《谳略三卷》,"吓诈梁绍宗",第 124 页。

④ 同上,第 124—125 页。

《大明律》有“威力制缚人”一条，规定：“凡争论事理，听经官陈告。若以威力制缚人及于私家拷打监禁者，并杖八十。……因而致死者绞。若以威力主使人殴打而致死伤者，并以主使之人为首，下手之人为从论，减一等。”[①]广州府认同县初审原拟，引的应该是这一律条，梁绍宗为首定绞罪，郑炳等为从定徒罪。详谳中，兵巡道指出该律文引用出现的问题，即梁绍宗等对蔡仲英并无绑缚于私家拷打的事实，若以“威力制缚人”条定以死罪，似乎罪轻而刑重。兵巡道因此建议以吓诈之赃罪处理梁绍宗，而以“威逼人致死”一条处断郑炳和陈确林。《刑律》“威逼人致死”一条规定：“凡因事威逼人致死者，杖一百。若官吏公使人等，非因公务而威逼平民致死者，罪同。并追埋葬银一十两。”[②]兵巡道建议按律条追埋葬银给苦主。

收到兵巡道的批复之后，广州府推官颜俊彦覆审此案并再次上报，其中对引用“威力制缚人”一条进行解释，指出县初审时，即引用此律，当时上司已有批复，认为蔡仲英不是一般的服毒，凶犯不能因此漏网，所以在理刑厅的审理中，维持了原来的审断。但是，颜俊彦认可兵巡道提出的律文和犯罪事实不完全符合的意见，所以在覆审中提出：“合无将梁绍宗等三犯，俱依诈称官司差遣捕人者律分别拟徒。仍尽威逼本法，均追埋葬银十两加责，以蔽厥辜。”[③]

“诈称官司差遣捕人者律”应该是《大明律·刑律》下“诈假官”一条的部分条目。该条目规定，“若无官而诈称有官有所求为，或诈称官司差遣而捕人，及诈冒官员姓名者，杖一百，徒三年。”[④]广州府理刑厅以此条律文为主，重罪梁绍宗等三人；同时依据“威逼人致死”，追埋葬银；更建议对罪犯加责，对凶犯再予警示。兵巡道再次批复：“今坐此律，当矣。依拟，仰将梁绍宗等三犯各加责四十板，序发三合、莲塘、灵山驿摆站，满放。蔡兆侣、蔡伯婆赎完发落。”[⑤]

《盟水斋存牍》中收入来自上司不同意见的批复不多，而且在与上司处理意见相左的案件中，颜俊彦也极力表现出自己法律知识的丰富，坚持自己的审理意见，对上司的批复不随意附和。其中原因下文将会讨论。在现实的地方司法中，担任

① ［明］高举：《大明律集解附例》卷二〇《刑律·斗殴》，第1582—1583页。
② ［明］高举：《大明律集解附例》卷一九《刑律·人命》，第1530—1531页。
③ ［明］颜俊彦：《盟水斋存牍》之《谳略三卷》，“吓诈梁绍宗”，第125页。
④ ［明］高举：《大明律集解附例》卷二四《刑律·诈伪》，第1820页。
⑤ 同③。

详谳之职的上司对推官的审理提出意见,并予以驳回的情况可能更为常见;上司批复对于推官审理的指导意义也可能更为明显。总之,明代的详谳复核制度规定了推官与更具司法经验和刑名知识官员群体之间的频繁交流。这样的交流涉及对案情的讨论,对律文理解,对司法基本程序的解释,对司法文书格式和内容的分析等,对于年轻的推官而言,是重要的获得法律知识的方式和途径。

明代六科给事中和都察院各道监察御史合称科道官。科道官品级不高,但是承担监督百官之重任,属于清要之职。明朝廷对其铨选予以特别的重视。比如监察御史的选授,在上一章中已经有过交代。推举地方推官和知县成为六科给事中和监察御史的做法在明初就有出现,但是其制度化,即行取制度,却经历了比较长的时间。大致嘉靖年间,制度已经相对确定,在科道官的选授中,行取推官知县也已经成为主要的选拔候选人的方式。张尧年,隆庆二年(1568年)进士,在吏部观政期间得到吏部尚书的赏识。为此,观政结束之后,"因授以真定推官。真定,畿辅大郡,近京为理者多擢台谏,盖所谓上缺者也"。可以说明推官行取科道官制度的确定性。[①] 陈于陛,与张尧年为同科进士。在陈于陛的上书中已经提到"凡行取选授科道官,推官、知县者十居六七"。[②] 即隆庆年间选授科道官,行取推官、知县已经占到其中的60%～70%。则可见得,到隆庆时期,推官、知县已经构成行取科道官的主体。

而仅从其中监察御史的选授来看,明代中期以后,行取至京的推官和知县,也成为监察御史的主要后备人选。《兰台法鉴录》记录从洪武到崇祯期间的监察御史4285位,从其出身来看,从推官和知县行取考核后授职的在洪武时期仅占10.85%,成化以前基本维持在这一比例;但是到成化的前半期,这一比例已经上升到38.6%,到成化的后半期,已经高达61.9%;从弘治经正德到嘉靖,行取推官、知县大概占据一半以上的监察御史的来源,隆庆时期这一比例仍为56.7%;但是到万历年间,这一比例已经高达70%左右;天启间达到最高峰,出身行取的推官和知县,占据全部监察御史的78.9%;崇祯年间这一比例为73%。[③]

---

① [明]孙矿:《广东按察司副使张公尧年墓志铭》,焦竑《国朝献征录》卷九九,第4432页。

② [明]陈于陛:《披陈时政之要乞采纳以光治理疏》,陈子龙等辑《明经世文编》卷四二六,中华书局1962年版,第4648页。

③ Tam Ka-chai. 2009. "Favourable Institutional Circumstances for the Publication of Judicial Works in Late Ming China." *Etudes Chinoises*, vol. XXVIII. pp. 51—71.

那么在监察御史的选授中，行取推官所占的比例又如何呢？从《兰台法鉴录》来看，隆庆年间朝廷录用114名监察御史，其中17人通过推官行取而来；万历前期共录用195名监察御史，推官行取而来的为21人；天启朝107位监察御史中，16位通过推官行取而来；崇祯一朝120位监察御史，从推官行取而来的有21人。① 考虑到全国推官的基数为150多名，在此基础上，能够符合年龄和资历等硬性行取条件的推官数量更为有限，这样算来，明代中期以后，推官行取成为监察御史的几率还是比较可观的。

明代推官正七品，在常规的仕途升迁格局中，实现成为京官、跻身清要之职的目标不仅需要漫长的时间，而且实现的可能性也很有限。行取制度在明代的确定，充分改变了明代推官的仕途轨迹，从而也从制度上极大地推进了推官群体对法律知识的积极获取与展示。

行取推官成为科道官，首先需要包括巡抚、巡按和布政司、按察司等官员在内的推荐。推荐的标准在有明一代多有变化。天顺五年(1461年)，都察院右都御史李宾最初提出推举建议时，设置的要求如下："推官、知县中廉能名著，历练老成，言貌相宜；年三十以上五十以下；进士举人出身；历任三年之上。"②弘治初年，吏部对行取推官拟定的标准是："一考称职"，"年三十以上五十以下，人物端庄、言语正当、操行廉洁、才识优长者"。③ 李承勋，弘治六年(1493年)进士，曾任职都察院副都御史，嘉靖中曾任吏部尚书。其《重守令疏》中提到，"推官、知县有行取之例。虽难以九年，亦必待二三年善政有闻，而后可旌异之，又二三年素履无改，而后可行取之"。④ 总体来看，推官的年龄、资历以及在任的业绩构成基本的行取标准。在这三大条件中，只有业绩是推官可以努力争取的。

明代国家对全体官员有掌握法律知识的要求。《大明律·吏律》下"讲读律令"一条规定："凡国家律令，参酌事情轻重，定立罪名，颁行天下，永为遵守。百司官吏务要熟读，讲明律意，剖决事务。每遇年终，在内从察院，在外从分巡御

① [明]何出光、陈登云等撰，喻思恂续：《兰台法鉴录》，《北京图书馆古籍珍本丛刊》第16册，书目文献出版社1998年版。分别参见《兰台法鉴录》卷十八、卷十九、卷二十二和卷二十三。

② 《明宪宗实录》卷九十七，第1839页。

③ [明]王恕：《议左都御史马文升陈言裨益治道奏状》，《王端毅奏议》卷八，《文渊阁四库全书》第427册，第597页上。

④ [明]李承勋：《重守令疏》，陈子龙等辑《明经世文编》卷一〇〇，第882页。

史、提刑按察司官按治去处考校。若有不能讲解、不晓律意者,初犯罚俸钱一月,再犯笞四十附过,三犯于本衙门递降叙用。”①嘉靖年间,著名律家雷梦麟对这一律条的注解云:“讲者,解晓其意;读者,记诵其辞。若不能讲解,不晓律意,虽能记诵,引用犹差,何以剖决事务?”②也就是说,对于法律条文,官吏不仅要熟知内容,而且要精详其意,应用得当。

对于像推官这样专职的司法官员,国家在法律知识的掌握和运用方面有更为详细的规定。《大明律·刑律》中“断罪引律令”一条规定,“凡断罪皆须具引律令,违者,笞三十”。明人高举在此条下注明,“具引律文”是指“备细援引律令全文”,不得摘取部分引用。③ 而《大明律·名例律》下则包括“断罪依新颁律”和“断罪无正条”两条,分别规定断罪引律之时应该引用最新的律文,以及没有相应律文可引的时候司法官员应该如何处置。④ 司法官员在断罪中因为法律知识不足导致断罪不当、引律失误的,需要承担罪责。《大明律·刑律》下“官司出入人罪”一条规定:“若断罪失于入者,各减三等;失于出者,各减五等。”主要针对的是司法官员“鞫问狱囚,或证佐诬指;或依法拷讯,以致招承;及议刑之际,所见错误,别无受赃情弊及法外用刑致罪有轻重者。若从轻失入重、从重失出轻者,亦以所剩罪论。”⑤

明代对官员设置考核之法,“内外官满三年为一考,六年再考,九年通考黜陟”。⑥ 对于推官而言,一考合格,获得上司称职的评价,其核心就在熟知法律知识,断罪量刑无过错。换言之,符合推举年龄和资历的推官,如果要获得行取,进身清要之职,则必须在刑名知识的获取和司法能力的培养方面做好准备。

明代中后期,推官对其法律知识的展示态度积极,也充分说明,对于法律知识在行取中的重要性,推官有明确的认识。在推官赢得行取资格的过程中,法律知识成为他们重要的资本。

这一时期,巡抚、巡按成为行取推荐中的关键人物。为了获得行取资格,推官展示其法律知识的途径之一是充分利用与巡按御史等共事的机会,努力与其

① ［明］高举:《大明律集解附例》卷三,第469—470页。
② ［明］雷梦麟:《读律琐言》,法律出版社2000年版,第95页。
③ ［明］高举:《大明律集解附例》卷二八,第2027—2028页。
④ ［明］高举:《大明律集解附例》卷一,第368—371页。
⑤ ［明］高举:《大明律集解附例》卷二八,第1992—1993页。
⑥ ［明］李东阳、申时行等:《大明会典》卷一二,第211页。

结成亲密的关系，使得自己的刑名知识直接给巡按御史留下深刻的印象，从而获得行取的资格。

程材，南直隶歙县人，弘治中得中进士，授福建汀州府推官，方毅明察，决狱有名。巡按御史胡华巡视至汀州，遇有囚犯当处以流刑，而胡巡按断以死罪。程材作为推官，“据法以诤”。胡巡按怒，曰“我不知法耶”！程材仍“辨不已”。“久之，胡忽自悟，曰‘推官言是也，不然几误杀一人’。后有大狱必召君议，巡郡必挟君以往”，至于“文事武备，悉以委之”。之后，胡巡按推举程推官为“八闽循吏之首”，程推官得升“河南道监察御史”。①

胡松，正德九年(1514 年)甲戌科进士，初授嘉兴推官。有何御史巡按嘉兴，与嘉兴府一起审案，刑名之事独胡松能够对答甚悉。“御史大奇之，曰‘推受事未旬也，而乃能尔，即奚难浙东西牒也’。自是，有所按部，辄挟公往，而公以平反无害能佐御史威惠称，召入，拜江西道监察御史。”②

推官与巡按御史等官员过往甚密，推官对巡按御史甚至出现阿谀奉承的迹象和趋势。嘉靖间，大臣管志道提到，御史巡按地方，“各府推官，不复理本府之刑，专于答应巡按矣”。出廓迎送，趋奉过度。巡按御史与行取对象之间关系太过密切，以至于结成老师、门生关系，“自府佐以至州县正官，一经保荐，则终其身尊之曰‘老师’，而自称曰‘门生’”。③ 另一方面，巡按御史对于看中的推官可能过于倚重。比如上述胡御史对于推官程材，至于“文事武备，悉以委之”。因为这样的倚重，隆庆六年(1572 年)，吏部上疏中提到，推官、知县出自甲科者，地方布政司和按察司不敢约束，而反畏之。究其原因，则是“巡按御史见得进士推官、知县有科道之望，乃曲加护庇，引为私人，托其查访，凡二司之贤否，悉出唇吻。有所不悦遂以萋菲而祸终不免。于是二司反皆畏惧，遇其来谒，每每留饮幕中，亲陪谈笑以结”。④ 换言之，为巡按御史看好的推官，因为有行取至京成为科道官的可能，其直接的地方上司甚至畏惧之，并进行巴结。

推官试图利用法律知识引起举荐官员注意的另一种重要方式则是判牍集

① [明] 王鏊：《河南道监察御史程君材墓志铭》，焦竑《国朝献征录》卷六五，第 2835 页。

② [明] 王世贞：《工部尚书致仕进阶荣禄大夫承庵胡公松行状》，焦竑《国朝献征录》卷五〇，第 2112 页。

③ [明] 管志道：《直陈紧切重大机务疏》，陈子龙等辑《明经世文编》卷三九九，第 4327、4324 页。

④ [明] 高拱：《掌铨题稿》卷二五，《覆南京户部尚书曹邦辅参主事张振选疏》，清刊本，第 9 页。

的刊布。明代中期以后,推官对于集结刊刻自己审断过的案例表现出充分的热情,留存至今并比较常见的推官的判牍集仍有四五种之多。这些判牍集或者只收入推官本人的审语,或者皆收上司的批复。通过这些经过选择的审理案件的刊刻出版,明代推官成为这一时期官员中展示和传播法律知识的重要力量。谭家齐提出明代推官在判牍集出版中的积极与国家行取制度存在必然的联系,[①]这是很有见地的看法。

明末颜俊彦由进士而任广州府推官,政绩斐然,他将在任听审案件汇集刊刻,是为《盟水斋存牍》。时任礼部尚书的韩日缵为判牍集作序,首先赞赏颜俊彦的刑名能力:"两造当前,立剖庭下……即有抵谰致辞,探情穷状,诘鼠矢之投蜜,割鸡腹而得粟,一郡诧为神君。他郡有疑狱,率移公就讯,谳词如金科玉律,确不可易。"韩尚书在序言中进而指出:"读公所自序与诸公所为序,缅缅简端,诸美俱矣。公瓜期已及,弓旌且至,天子锐意协中从欲之治,举皋陶以风示宇内,舍公其谁?"[②]言下之意,颜俊彦因为在推官任上政绩突出,行取为风宪官员,实在是指日可待的事情。据考证,韩日缵写序之时,正是颜俊彦任推官一考已满,已经获得行取至京。在韩氏看来,颜俊彦成为科道官员应该不成问题。[③] 颜俊彦最后因为涉身政治斗争而没有得到实授,这是后话。韩氏序言赞扬颜俊彦"谳词如金科玉律,确不可易",如果不是颜俊彦刊布了他审断的案例,他这个广州府推官的审理能力和刑名知识如何能得到京城尚书韩日缵这样具体的赞赏呢?

同样,毛一鹭,浙江遂安人。万历三十二年(1604 年)进士及第,授松江府推官,在任期间断案清明,有《云间谳略》一书刊刻,集结其审断过的案例。时人读《云间谳略》之后对毛一鹭的司法能力多有赞叹:"金科玉律之文素所娴习",断案之中,"一人不轻纵,一人不轻枉"。[④] 毛一鹭这样的刑名知识和治狱能力,一般人能看到,为国家寻求监察御史候选人的巡抚、巡按自然也会看到。颜俊彦

---

① Tam Ka-chai. 2009. "Favourable Institutional Circumstances for the Publication of Judicial Works in Late Ming China." *Etudes Chinoises*, vol. XXVIII. pp. 51—71.

② [明] 颜俊彦:《盟水斋存牍》,"序"第 1 页。

③ 谭家齐:《待罪广李——颜俊彦生平及〈盟水斋存牍〉成书纠谬与新证》,《汉学研究》第 29 卷第 4 期,第 202、211 页。

④ [明] 何三畏:《云间志略》,《明代传记丛刊》第 145 册,台湾明文书局 1991 年版,第 397 页。

的《盟水斋存牍》和毛一鹭的《云间谳略》均收入部分上司批复的内容。显然，这些批复的内容和案例一样，是经过选择的。正如本文第二部分论述的，判牍集收入的批复大多对推官审理的案件表示赞同和赞赏。甚至如颜俊彦《盟水斋存牍》中所表现的，即使上司有不同的意见，颜俊彦也能坚持自己的看法，并最终得到了更高司法官员的认同。这些上司批复的收入，与案牍本身的收入一样，在于展示推官的刑名知识和刑名能力，帮助他们获得行取的资格。

还有祁彪佳，浙江山阴人，授福建兴化府推官。"始至，吏民易其年少。及治事，剖决精明，皆大畏服。"[①]《莆阳谳牍》一书收录祁彪佳在兴化府推官任上听审的案例，案件的审断充分展示其剖决之精明，足以说明吏民因何而"大畏服"。此外，李清，福建兴化人，崇祯四年(1631年)进士，授宁波府推官。其在任期间听审的案例以《折狱新语》为名刊刻流行。

以上四部判牍集的作者中，颜俊彦一考满后获得行取的机会进京待选。毛一鹭最后以"政治异等，擢居侍御史台"。[②] 祁彪佳在任前后五年，崇祯元年(1628年)以父亲辞世丁忧去职，崇祯四年起复，崇祯五年(1632年)四月考授得福建道监察御史。《兰台法鉴录》卷二十三"崇祯朝"目下收入，题为"天启二年(1622年)进士，崇祯四年由兴化府推官考选福建道御史"。[③] 李清由推官行取进京，崇祯十一年(1638年)经过皇帝亲自主持的考试，授职刑科给事中。[④] 法律知识的积累和展示，对于推官们的行取或许确实产生了影响。

明代行取制度的实施中不乏权势的干扰，请托、贿赂的现象也可能经常出现。[⑤] 但是，推官的法律知识和法律技能如果能够在当地造成影响，能够给巡按御史等主要行取推荐官员留下深刻印象，藉由制度的确定性，推官行取也具有相对的确定性。梁承学，隆庆二年(1568年)进士，初授陕西延安府推官。治狱有声，"居秦中满考奏荐十有三疏，计且召入，而柄铨大臣故尝抚陕有所嗛于公，乃擢为南京工部主事，时论屈之"。[⑥] "时论屈之"的原因正与当时已经普遍形成

① [清]张廷玉：《明史》卷二七五《祁彪佳传》，第7052页。
② [明]何三畏：《云间志略》，第402页。
③ [明]何出光、陈登云等撰，喻思恂续：《兰台法鉴录》，第582页。
④ [明]李清：《三垣笔记》，中华书局1982年版，第1页。
⑤ 参见明代杨继盛《早诛奸险巧佞贼臣疏》(陈子龙《明经世文编》卷二九三)、魏允贞《条陈救弊四事乞赐采纳以弘治道疏》(《明经世文编》卷三八七)等。
⑥ [明]于慎行：《陕西按察副使梁公承学墓志铭》，焦竑《国朝献征录》卷九四，第4109页。

的观念有关,即推官中治狱有声、刑名知识突出的应该得到行取的机会,考试合格,应该实授科道官。

明代中期推官行取的制度化,从根本上提高了推官对于获取法律知识和培养刑名能力的积极性。从上述行取的程序和要求来看,无论是推举六科给事中还是监察御史,推官要获得行取的资格,刑名知识的具备是必要的条件。如果行取为监察御史的候选人,那么进京之后的考试,以及实授之前的考察中,法律知识的积累更构成行取成功、实授官职的关键因素。这一点在第三章监察御史选授中已经有过详细的讨论,此处不再一一。

第三节　州县级司法

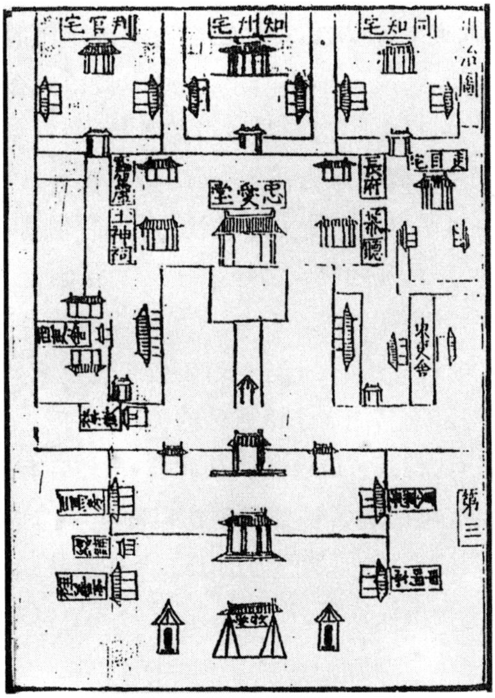

明代河南裕州治图

出处:《原国立图书馆甲库善本图书》第 348 册,国家图书馆出版社,2013 年。

明代的州县是国家最低一级的行政单位。州设知州一人，从五品；县设知县一人，正七品，是为主官。州设同知、判官各一；县设县丞、主簿各一，为佐贰官。此外，州有吏目，县有典史，分别是州、县的属官。在首领官之下，则有教职、杂职、吏典、杂役等具有不同政治地位的群体。①

知州、知县掌一州一县之政，除了养老、祀神、提调学校、旌表善良、体恤贫乏之外，最重要的职掌有两个方面，其一征赋役；其二，“稽保甲、严缉捕、听狱讼”，即维护地方治安，主持刑名事务。② 与此相应，朝廷对州县正官的考核也以钱谷与刑名为主要内容。

傅岩，崇祯七年（1634 年）进士，授职南直隶徽州府歙县知县，崇祯十二年（1639 年）升任监察御史。其在歙县为知县的政绩有《歙纪》一书记载刊刻。该书十卷，与政务有关的为《纪政绩》《纪详议》《纪崇阐》《纪条示》《纪谳语》等五个部分。其中《纪谳语》选择收录傅岩在任期内听审的 154 个案例，占全书篇幅的三分之一。可见作为知县而言，刑名事务的处理是其最重要的职掌之一。《歙纪》卷二记录各级上司对傅岩政务处理能力的评价。直隶徽州府戴知府出具的给由考语称傅岩“折狱唯平，剖决留神明之誉”；直隶宁国府理刑查盘范推官出具的履任考语则指出傅岩“决讼如流，案无滞牍”，对傅岩在刑名事务方面的政绩予以充分的肯定，也可以看出对知县政务的考核中，刑名事务的重要性。钦差巡按直隶凤阳等仓监察御史认为傅岩“所当破格优异，以备行取擢用之选者也”，也与该监察御史对傅岩刑名能力的关注有关。③ 值得指出的是，傅岩任职歙县知县之时，明末兵荒马乱的气氛已经蔓延至徽州地区，因此，在傅岩的日常工作和上司的考核中，严保甲、增城堡、练乡兵等成为重要的内容和关注重点。但即便在这一特殊的时代背景下，州县正官不仅仍在刑名处理中担任核心主导的作用，上司考核也对其刑名能力予以充分的关注。

明代州县的佐贰官、首领官以及各类杂职官，虽然各有所掌，但是均有协助州县正官有效妥善完成包括刑名事务处理在内的职掌的责任，因此，明代州县一级，并没有专门的司法官员，但是因为刑名事务在州县职掌中的重要，以州县正官为首，实际形成一个由佐贰官、首领官、相关杂职官以及各类吏典和杂役形

---

① 柏桦：《明代州县政治体制研究》，中国社会科学出版社 2003 年版，第 94—99 页。

② ［清］张廷玉：《明史》卷七五《职官四》，第 1850 页。

③ ［明］傅岩著，陈春秀点校：《歙纪》，黄山书社 2007 年版，第 6、10、3 页。

成的司法系统,一起处理完成州县的刑名事务。

成化三年(1467年),直隶新城县县丞邢政上言,指出“各都、布、按三司及各府俱有断事、理问、推官等官专理刑狱,所以少有冤抑”。而州县因为没有专门的理刑官员,所以“凡有囚徒,互相推避”;也正因为缺乏专门的官员,在州县断案中,“情伪罔察,及议拟罪名,多凭吏典或写发之人任意出入,中间或追无赃仗,或证佐逃亡,或同犯未获,止凭文具锻炼成狱”;这样的断案多不能通过上司的审核,“因招拟未明,驳回再问,经年累岁,不能断结,桎梏终身,死而后已”。①邢政的上书在于说明专门司法官员设置的重要性,但是从其描述来看,州县司法虽然以正官为核心,但是并不专于正官的状况也可见一般。

州级的同知、判官,县级的县丞和主簿,均在州县一级的司法事务中发挥作用。② 洪武年间,周舟任新化县丞。史称周舟在职勤勉,“狱讼文牍,务皆躬理之,吏胥不得为奸”。③ 是县丞参与司法实践的事例。上述邢政以县丞身份,上书讨论地方司法问题,也显示出州县佐贰官对于刑名事务的关注和参与。主簿也有参与司法的情况。洪武中,周岐凤任即墨主簿,以明敏详密为藩司所重,甚至得同御史、佥事谳强盗狱。④

州县的首领官比如典史,多吏员出身,从官职而言,地位相对低下,但是在明代州县司法中也起到重要的作用。明初典史以典纳文移为主要职掌,处理各种文书,其中包括司法文书的处理。⑤ 明代中期以后,典史在处理词讼、缉捕盗贼、管理监狱方面更见重要。⑥ 嘉靖年间,海瑞任浙江淳安县知县,对典史这一职位他有如下描述:“典史掌巡捕民间盗贼,争斗微事尽属之。”说明了这一时期典史在维持地方治安以及县级司法中发挥的作用。海瑞认为典史职位卑下,但是职掌重要,为此要求典史“小心翼翼,昼夜惟勤”;不能随心所欲,“黑白出于唇吻,曲直任其心胸”;更不能借机牟利,指良为盗。⑦

---

① 《明宪宗实录》卷三九,第783—784页。

② 苑桂玲:《明代县级佐贰官及首领官研究——以山东各县为例》,山东曲阜师范大学硕士学位论文,2007年,第13—17页。

③ [明]不著撰人:《新化县丞周舟传》,焦竑《国朝献征录》卷八九,第3891页。

④ [明]刘球:《奉直大夫兵部职方员外郎周先生岐凤行状》,焦竑《国朝献征录》卷四一,第1704页。

⑤ 何朝晖:《明代县政研究》,北京大学出版社2006年版,第15页。

⑥ 苑桂玲:《明代县级佐贰官及首领官研究——以山东各县为例》,第34—35页。

⑦ [明]海瑞著,陈义钟编校:《海瑞集》,中华书局1962年版,第147—148页。

在正官、佐贰官和首领官之外，州县设立杂职官，处理专门的事务。其中也有与司法事务密切相关者，比如巡检司和递运所的主管。[①] 以巡检司论，巡检司设于各州县的关津要害之处，每巡检司设巡检和副巡检各一名，督领弓兵，以“缉捕盗贼，盘诘奸伪”为主要职掌。[②] 具体而言，巡检司盘查监督的主要群体有以下六类：第一，奸细，尤其是边境地区；第二，私盐贩卖者，明代国家垄断食盐的销售，私盐贩卖因此成为重要的犯法行为；第三，逃亡的军人；第四，逃亡的囚犯；第五，盘查行人是否带有路引，对其中没有路引且面生之人进行讯问；第六，强盗。[③] 洪武年间，太祖惩治不务生理和游食之人，百姓出入，均需路引。《御制大诰续编》明令：“一切臣民，朝出暮入，务必从容验丁……生理是其本业，引目相符而无异，然犹恐托业为名，暗有他为，虽然业与引合，又识重轻、巨微、贵贱，倘有轻重不伦，所赍微细，必假此而他故也。”[④]即不仅百姓出入要有路引，路引还要与百姓的职业相对应。不仅要对应职业的要求，而且所携带的物品等也需与该职业相称。落实这样的法令，巡检司起到关键的作用。正是因为巡检司的重要，宣德初年，在常镇苏松嘉湖杭等府，巡检司弓兵多被有力大户令义男家人营谋充当，借此占据田产、骗要子女、挟制官吏。[⑤] 明代的巡检司在具体实施中可能存在很多的问题，但是从朝廷基层司法的角度来看，这一机构的设置在预防控制犯罪、缉拿罪犯等各方面均起到重要的作用。

杂职官之下是吏员。按照州县赋粮的数量，州县可分大、中、小不同的规格。明代额设的吏员数量，上县直属吏典 30 名左右，中县 20 余名，一般的县在 15 名以上，最少的县也有 10 名左右。吏员主要在州县衙门处理案牍文移。各类吏员中以吏、户、礼、兵、刑、工六房的吏员最为重要。而其中与刑名最为相关的则是刑房的吏员。刑房吏员需要处理与刑名相关的诸多事务，比如见禁罪囚、境内警迹人、境内起灭词讼之人的管理；犯法被刑，断发他所工役、迁徙、安置之人的处理；犯死罪家小见存人口的善后等。[⑥] 需要指出的是，明代州县的吏

---

① 关于递运所与司法事务的关系，可参见吴艳红《明代充军研究》，社会科学文献出版社 2003 年版，第 123—124 页。

② [清] 张廷玉：《明史》卷七五《职官四》，第 1852 页。

③ 王伟凯：《试论明代的巡检司》，《史学月刊》2006 年第 3 期，第 52 页。

④ 《御制大诰续编》“辨验丁引第四”，转引自杨一凡《明大诰研究·附录》，第 266 页。

⑤ 《明宣宗实录》卷六，第 166 页。

⑥ [明] 李东阳、申时行等：《大明会典》卷九《到任须知二》，第 187—189 页；何朝晖：《明代县政研究》，第 40 页。

员主要来源为青年农民。在其纳银充吏的过程中，各地巡按御史需对其刑名知识、文书处理能力以及写字的水平等进行考核，考试合格才能充当。[①] 可见朝廷对于吏员刑名能力的重视，并也可以看出明代吏员也具备一定的刑名知识。

虽然吏员的数量比官员多，但是州县事务繁杂，仍有不能应付需要的态势。为此，或由官府雇募，或由吏员自请，或者甚至由官员随带，州县衙门中出现相当数量的书算，帮助处理州县衙门的文书和会计事务。明代州县衙门中，这一部分人员的数量较大，而且素质参差不齐。[②] 从明初以来，朝廷对这些人就力加防范，甚至一度予以严厉的打击，但是这些人在州县政务中所起的作用似乎并没有因此而降低。弘治以后，朝廷上下对这些人的容忍度逐渐提高。弘治《问刑条例》一条明确规定，对主文书算以充军重刑予以惩治。[③] 但是弘治十六年(1503年)，吏科给事中徐昂上言，主张对地方州县衙门的主文书算进行区别对待。对其中久在衙门，果有确切证据有以下犯罪行为的，比如说事过钱、把持官府、飞诡税粮、起灭词讼及卖放强盗为从，一律问拟充军。如果只是书写文案及无过故纵情弊者，不能一概以充军这样的重刑进行惩治。法司会议同意这样的处置，从法律上承认了书算人在州县政务中的合法存在。明代万历间刊刻的《新官轨范》也建议，不能将六房贴写文案主文等一律革去，认为万一全部革去，倘有异常难处之事，吏典不能处理，则深为未便。可见主文书算在州县衙门中甚至具有了不可或缺的重要性。[④] 同一时期的官员吕坤也提到州县衙门中的吏典通明律例者不多，练达政事者甚少。因此，“文书靠积年书手，招拟托惯弊主文”完成。[⑤]

明代州县衙门中还有大量杂役存在。杂役是指为州县衙门办理杂事的人员，以劳役的形式存在，一般从普通百姓中佥发征用。杂役人数多，一般的县有二三百人，大县往往有千余人，甚至数千人。杂役大致分以下几类：一、专门在衙门奔走听差的皂隶、快手和民壮；二、负责各类仓库管理的库子、仓老、仓斗级；三、负责看守公署、学校、庙坛的门子；四、州县监狱看守禁子；五、负责催

① ［明］许赞：《正国典明选法以便遵守疏》，陈子龙等辑《明经世文编》卷一三七，第1370页。
② 何朝晖：《明代县政研究》，第40页。
③ ［明］白昂等编：弘治《问刑条例》，《皇明制书》卷一三，第351页。
④ ［明］不著撰人：《新官轨范》，《官箴书集成》第1册，黄山书社1997年版，第739页。
⑤ ［明］吕坤：《实政录》卷一《吏承出身》，第206页。

促课税的巡拦；六、负责餐食的厨子、膳夫；七、负责学校、驿站等清扫整理的斋夫、馆夫等。此外，还有鼓夫、钟夫；马夫、渡夫、递运夫；以及急递铺和巡检司等处设置的铺兵、弓兵等。[①] 除了上文提到的巡检司的弓兵等，与刑狱相关的杂役主要有递运夫、禁子、皂隶、快手和民壮等。禁子负责州县监狱的看守。明代各级司法部门均设有监狱，州县的禁子是明代狱政管理系统中最基层的人员。禁子和其余狱政管理人员的职掌类似，即不过问任何囚犯的审问，而只负责在监囚犯的安全；当囚犯需要押解至上级衙门进行再审时，禁子也承担押解的任务。[②] 至于皂隶、快手和民壮，则主要落实缉捕罪犯、传讯证人，以及在公堂审问中执行刑讯等。杂役地位并不高，但是在与百姓交往的过程中，借助州县衙门的权威，欺压涉身刑狱的百姓，并以此牟利的情况也不少见。

从以上讨论来看，明代的州县正官在刑名事务的处理中，需要佐贰官等各类群体的辅助，这是事实。那么对于明代州县正官刑名事务处理中的自主性，又该做怎样的估量呢？近年来学界关注较多的问题之一是，明朝州县正官对于吏典，特别是主文书算的依赖有多大？与清朝的刑名幕友对于州县正官的作用相比，又有怎样的异同？

明代的州县正官，或者以新科进士任职，或者以举贡生充任，除非因为个人兴趣，或者家学的原因，一般州县正官上任之初，并无太多刑名知识的积累。在实际刑名事务的处理中，对于主文等人的依赖似乎不可避免。弘治年间，马文升即提到天下府州县官多不晓刑名，不知律意，遇有刑名事务，多有不能剖决问理，而惟听于主文之人。[③] 即州县正官在处理刑名事务中，对各衙门的主文多有依赖。李乐，字彦和，浙江人，隆庆二年（1568 年）进士，初授江西新淦知县。家里人担心李乐没有直接处理民事政务的经验，想请一老主文同行。李乐不同意这样的做法，他认为带一主文前往，既不能保证主文不在衙门生事，自己又不免时时受此牵碍，反而不能畅快做官，认为不如像不知考题的秀才，随题随答，随机行事更为自在。李乐最终没有请老主文随行，三年任期考满，不仅没有因为政事失误而得罪，反而因为政绩显著而被行取至京，成为礼科给事中。但是李乐提到，当时家里人为其请主文随行赴任的做法实是当时流行之行为。他当时

---

① 柏桦：《明代州县政治体制研究》，第 86—93 页。

② 关于明代监狱和狱政，参见连启元《明代的狱政管理》，第 92 页。

③ ［明］马文升：《马端肃奏议》卷二，《文渊阁四库全书》第 427 册，第 724 页。

的朋友，任职知县而雇请主文随同赴任的"十有四五"，即将近一半人是这样做的。[①] 李乐认为这样的做法有害而无益，但是主文在县衙中所起的作用也由此可见一斑。也正因为以上的原因，有研究认为，类似清代的刑名幕友群体在明初就已存在，在明末已经具有一定的规模。[②]

但是，在有关明代的州县正官处理刑名事务能力，州县正官对主文的依赖，明、清两代州县正官在法律知识准备方面的异同等问题的讨论中，本章上一节论及的行取制度仍需要重提。明代的行取制度针对的是地方的推官和知县，这一制度对于知县刑名知识的影响不亚于对于推官的影响。行取至京成为炙手可热的科道官，这一机会的存在，给了知县充分的改变自己在朝廷权力格局中既有位置的希望。因为行取制度的存在，知县这一处于国家行政格局末端、只有七品官阶的职位成为一个具有充分政治前途的职位。明末沈德符提到，明代前期，人都不愿出外为县令，得此官者甚至伤魂落魄，百计求免。但是"自考选法兴，台省二地，非评、博、中、行及外知、推不得入，于是外吏骤重，而就中邑令，尤为人所乐就"。[③] 说明的就是行取制度对知县这一职位带来的轻重变化。

行取制度积极有效地推动了明代推官对刑名知识的积累和展示，这一制度内含的对法律知识和刑名处理能力的要求，对于知县在刑名知识积累中的准备，及其对其法律知识的积极展示，也同样起到积极的促进作用。明代中后期，与推官在判牍集结刊刻中形成的热闹局面相似，知县中选择和刊刻各自在任时期听审的案例的也不在少数，留存至今比较常见的如张肯堂的《䝉辞》、傅岩收入《歙纪》的《纪谳语》等。张肯堂，天启五年(1625 年)进士，授职北直隶大名府浚县知县，崇祯七年(1634 年)行取为监察御史；傅岩，崇祯七年进士，授职南直隶徽州府歙县知县，崇祯十二年(1639 年)升任监察御史，均是行取制度的受益者。他们在行取制度中的成功，与其刑名能力的具备和法律知识的展示应该存在重要的联系。

也就是说，明朝的新任州县正官，可能缺乏足够的法律知识的准备，但是和

---

① ［明］李乐：《见闻杂记》卷八，第 692 页

② Chen. Li. 2012. "Legal Specialists and Judicial Administration in Late Imperial China, 1651—1911", *Late Imperial China* 33(1)：1—54；陈宝良：《明代幕宾制度初探》，《中国史研究》2001 年第 2 期，第 135—147 页；何朝晖：《明代知县幕友小考》，《故宫博物院院刊》2006 年第 5 期，第 140—143 页。

③ ［明］沈德符：《万历野获编》卷二二《邑令轻重》，第 579 页。

推官一样，行取制度提供了足够的激励机制，鼓励在职州县正官积极获取法律知识，提高刑名能力。这一制度是否足以保证州县正官在刑名事务的处理中，逐渐具有主动性，或者说具有怎样的主动性，还很难估量，但是这一制度影响明清州县正官在法律知识获得中的不同态度和结果，却是事实。在制度的设计方面，明清两朝其实颇多差异。有清一代，虽然行取地方知县也一度成为选拔监察御史候选人的重要途径，但是执行时间不长，这一制度也没有对推官和知县产生其在明代的影响。顺治以后，在明代起到重要作用的巡按御史制度被取消。① 而从监察御史的选拔来看，清朝国家对这一群体法律知识的关注和要求似乎不足。② 换言之，明代用以维持官员法律知识、进而维持基本法律秩序的这一群体，即监察御史，在清朝已经不具有相同的特征。这样，就法律知识的获取、刑名能力的在职训练和培养这些方面而言，行取制度对于推官、知县在明代产生的积极影响，在清代也就不存在了。

第四节　中央与地方

有明一代，中央和地方的法律机构存在密切的联系。

在中央与地方的联系中，巡抚扮演重要的角色。明代巡抚是中央派驻地方的官员，从宣德年间开始，逐渐成形，景泰之后逐渐定制。③ 定制之后的巡抚一般由都察院派出，由都察院的都御史充任。巡抚制度行使之初，职掌不定，或者只做一般巡视，或者举凡军事、钱粮、地方官员的设置与弹劾等均在处理的范围之内，其中也包括对司法事务的关注。④ 定制之后，其职掌逐渐明确。方志远认为明代巡抚的职掌主要分为以下三个方面：抚循地方、考察属吏、提督军务。⑤ 抚循地方主要是指维护地方基本秩序，内容繁杂；而考察属吏则主要指对包括

---

① 郑秦：《清代司法审判制度研究》，湖南教育出版社 1988 年版，第 29 页。

② 关汉华：《清代监察官员考选制度述论》，《广东社会科学》2002 年第 6 期，第 17—23 页。

③ 张哲朗：《明代巡抚研究》，台湾文史哲出版社 1995 年版，第 17 页。

④ 同上，第 181 页。

⑤ 方志远：《明代国家权力机构及运作机制》，科学出版社 2008 年版，第 292 页。

地方都、布、按三司官每年进行考核。有明一代，巡抚逐渐制度化，逐渐地方化，而巡抚的职掌逐渐增加，责权渐大，尤其是在军事和监察两个方面体现更为明显。

巡抚的职掌中，司法不占主要内容。张哲朗认为巡抚定制之后，一般不能直接处理词讼。[①] 确实，如天津巡抚，朝廷明确规定，天津辖区内的钱粮词讼听顺天、保定巡抚管理，天津巡抚无权干预。[②] 但是巡抚在地方的权势日大，对于地方安定负有重大责任，词讼事务也不能完全脱离巡抚的视线。上述天津巡抚不能听理词讼，但是顺天和保定的巡抚却是可以的。此外，与巡抚的监察职能有关，从正统初年开始，巡抚就逐渐参与地方案件的会审工作。明末，大臣孙丕扬上奏，指出在地方案件会审的过程中，巡抚和巡按的意见经常不合，或者巡抚说要从轻而巡按予以否决的，或者巡按认为可以从轻发落，而巡抚不予赞同的，因为对案件意见不同，导致涉案人员久监于狱。为此，他建议地方仿照京城的会审制度，巡抚、巡按进行会审。每年春天，“两直隶十三省各抚按官会行所属问刑衙门，各审部内轻重囚犯有冤抑者”。[③] 这一建议的重点是在协调巡抚和巡按在司法案件中的不同意见，减少因此而造成对司法的负面影响。此外，弘治十三年(1500 年)《问刑条例》一条规定，凡问该充军者，在京行兵部定卫。在外系巡抚有行者，巡抚定卫；巡按有行者，巡按定卫。其所属自问者，有巡抚处申呈巡抚，无巡抚处巡按定拨。若系通详抚按者，听从巡抚定拨。俱抄招行兵部知会。[④] 也就是说，对于充军的罪犯，其所发充的卫所主要由巡抚来确定。这一点可能与巡抚的军事使命有关，但是随着明代充军刑罚特征的加强和规范化，[⑤] 巡抚定卫的司法特征也更为明显。此外，巡抚在监督、推动地方官员的法律知识获得方面也起到作用。嘉靖三十三年(1554 年)，江西布政使汪宗元[⑥]想以官刊的形式出版自己的著作《大明律例》，为此，“乃请于抚院五山陈公，巡院初泉吴公，咸报可焉”。申请得允之后，嘉靖三十三年有再刻之举。该书由汪宗元同僚，江西右布政使潘恩作序，署名“江西等处承宣布政使司左布政使臣汪宗元、

① 张哲朗：《明代巡抚研究》，第 239 页。
② 陈洁：《明代天津巡抚设置初探》，《黑龙江史志》2009 年第 18 期，第 38 页。
③ [明] 孙丕扬：《岁清天下囹圄疏》，陈子龙等辑《明经世文编》卷三七九，第 4120 页。
④ [明] 白昂等编：弘治《问刑条例》，《皇明制书》卷一三，第 349—350 页。
⑤ 吴艳红：《明代充军研究》，社会科学文献出版社 2003 年版。
⑥ 汪宗元，生卒年不详，湖广崇阳人，嘉靖八年(1529 年)进士。

右布政使臣潘恩重刊”[①]。汪宗元在请示巡抚、巡按得到首肯之后才能刊刻《大明律》的律注，说明巡抚在管辖区域官方法律知识的流通中也承担职责。

在中央与地方官员关系的处理中，按察司和监察御史的关系最为微妙。明初，监察御史与按察司共同承担巡察、监督所属各府州县的任务，地位相当，因此颉颃行事。但是在之后的发展中，虽然按察使、按察副使、按察佥事的官品均高于巡按监察御史，但是巡按御史代表天子、中央巡行天下，按察司官作为地方官，听御史举核，“而御史始专行出巡之事”，按察司官的实际地位下降。[②] 正德中，方良永为广西按察使，理冤滞、绳贪墨、摧豪右，作风凛然，政绩卓著。同僚中有位朱御史，挟势多为不法，对方良永心存忌惮，希图说和。方良永竟发其奸，御史坐夺官去。[③] 明代中期以后，按察使有类似魄力的已经少见。陆深，字子渊，上海人，弘治十八年(1505 年)进士。嘉靖十年间，陆深为山西按察司提学副使。这一年，山西阳曲县生员刘镗之父被知县崔廷槐因故笞死。刘镗为父鸣不平，告于巡按御史赵镗处。赵镗对刘镗告词不予理会，并褫去刘镗生员衣巾。陆深为之不平，上奏列举知县崔廷槐诸多残酷之举，并弹劾御史赵镗不法。赵镗亦上奏弹劾陆深，并连及先任提学刘储秀及所属知州范箕等十一人。事下给事中董进第勘核，最后崔廷槐降杂职边方用，赵镗调外任，补兖州府推官。陆深在山西按察司副使任满之后，于嘉靖十一年(1532 年)九月调浙江提调学校。[④] 在这次与巡按监察御史赵镗的交锋中，作为提学副使的陆深起初多方表示了对巡按御史谨慎、谦恭的态度。御史赵镗惩治生员刘镗之后的次日，陆深即与山西左布政使杨叔通、按察使潘鉴、都司马缙一起去察院拜访赵镗，并为刘镗做缓解的努力。赵镗也承认父子至情，刘镗所受刑罚过重，提出要将刘镗送按察司。但是次日赵镗似乎有反悔的情况，又对陆深产生微词。陆深遂将知县崔廷槐和赵镗一并参奏弹劾。在对朝廷的上书中，陆深对于自己作为按察司副使这一职位有充分的反省和讨论。陆深指出，刘镗事件发生之后，自己与山西都、布、按三司官进见巡按御史赵镗，并且上书参奏，是因为自己作为按察司副使，忝列

---

① [明]潘恩：《恭题新刻大明律例卷后》，潘恩序本《大明律例》，明刻本，2b—3a。

② [明]李东阳、申时行等：《大明会典》卷二一〇《出巡事宜》，第 2802 页。

③ [明]彭泽：《南京刑部尚书谥简肃方公良永墓志铭》，焦竑《国朝献征录》卷四八，第 357 页。

④ 《明世宗实录》卷一二九，第 3073 页；《明世宗实录》卷一二九，第 3069 页；《明世宗实录》卷一四二，第 3315 页。

“法官”,“不得不为陛下言之”。[①] 在其《正名祛弊以光治体事》的奏疏中,陆深再次提到“御史之与按察使、副使、佥事等均为风宪,俱名察官,体分中外固也”。换言之,一方面,自己作为提学官,专门督管学校,因此,“提学职事原与抚按不甚交涉”;但作为按察司副使,仍有监察的责任,“贪酷害人,许受诉词”[②]。陆深攻击赵镗“不谙大体,动违宪纲,知善不举,见恶不拿,委的失职”外,陆深也指出赵镗“挟私庇属,毁辱学校”。[③] 即既从按察司官的角度,也从提学官的身份对赵镗进行弹劾。按察司官与巡按御史均负责司法和监察,两者合作的机会最多,明代中后期巡按御史在巡视地方中的责权更大,与按察司官产生冲突不可避免。

除了都察院派出的巡抚和巡按监察御史,刑部和大理寺等中央法律机构也经常派出司法人员到地方处理刑狱。定期派出的主要是恤刑官员,这些恤刑官员到达地方后,与地方法律机构及其官员一起对现监囚犯进行审录,彼此有密切的接触。万历年间,大理寺官刘大文因为主持地方五年一次大审,停驻南直隶安庆府,审录刑狱,并刊刻了由其校勘整理,由刑部官冯孜编著的《大明律》律注《大明律集说》。安庆府知府赵寿祖与安庆府推官王德光与刘大文过从密切。刘大文嘱咐王德光刊刻律注,请赵寿祖撰写序言。推官王德光指出自己作为司法官员,每日担心自己效法古人而无效,刘大文驻扎安庆府审刑,“一时从末减者皆质于法,不能朦情,咸称不冤”,给自己留下深刻的印象;而且经过刘大文整理的《大明律集说》集诸法家之说,内容丰富而精妙,对于像他自己这样的地方司法官员而言,是得到了司法的重要规矩。[④] 不定期的派出则以处理重大重要案件为主,中央派出司法官员与地方司法官员合作,进行案件的审理。嘉靖初年,鲁王朱观熄与叔祖馆陶王朱当漗不和,分别向朝廷上书攻击对方,揭露对方种种不法行为。在刑部的建议下,皇帝诏令刑部左侍郎杨志学、锦衣卫都指挥袁天章、户科给事中周琉等到山东勘问。[⑤] 杨志学等三位钦差到了山东后,会同

---

① [明] 陆深:《陆文裕公行远集》卷二,《四库全书存目丛书》集部第 59 册,齐鲁书社 1997 年版,第 176 页。

② 同上,第 176—177 页。

③ [明] 许赞:《通议大夫詹事府詹事兼翰林院学士赠礼部右侍郎谥文裕陆公深墓表》,焦竑《国朝献征录》卷一八,第 745 页。

④ [明] 王德光:《律例集说后序》,冯孜《大明律集说》,明刻本,1b—2b。

⑤ 《明世宗实录》卷二〇四,第 4264 页。

巡抚山东都察院右副都御史胡缵宗、巡按山东监察御史李松，率山东右布政使刘漳、临清兵备副使张邦教、带管分巡东兖道副使孟居仁、济南府知府司马泰、青州府知府李朝纲、濮州知州杨佶、临清州知州马驎等一起查勘。①

小结：明朝的法律机构

本章讨论明代的法律机构及其官员。明代中央、地方涉及法律的机构显然还不限于以上的讨论，②但是以上所介绍的机构在有明一代的立法和司法过程中扮演了最重要的角色。

明太祖在洪武时期罢宰相，构成明代政治制度的一大特色。太祖对此举进行了解释，指出其核心的作用在于制衡："我朝罢相，设五府、六部、都察院、通政司、大理寺等衙门，分理天下庶务，彼此颉颃，不敢相压，事皆朝廷总之，所以稳当。"③明代法律机构的设置也充分体现了这样的特征。和帝制时期的皇帝一样，明代的皇帝在司法中居于关键的地位，既可以在制度内也可以在制度外影响到法律的制定和实施。但是，从上文的讨论可以看出，即使是皇权，其立法权也受到内阁和司礼监的牵制，皇权在司法上的落实，也受到三法司的牵制。其次，太祖时，朝廷虽然对内官权力进行了多方的限制，但是宦官机构设置周密，品秩提高，太祖时候权势已重。宦官作为内廷的力量，与以官员为代表的外廷进行制衡的特征也很明显。此外，在中央的法律机构之间，在刑部、都察院和大理寺之间，在五城兵马司、巡城御史和锦衣卫之间等均形成这样的既共同协作又互相制衡的关系。在地方发生重大案件时，布政司、按察司和都指挥使司也需要协同办案。明代中央和地方的法律机构之间联系密切。刑部和大理寺复核地方上报的案件，同时，刑部、都察院和大理寺中央三法司均有定期派往地方

① 关于鲁王府的这次查勘等，参见吴艳红《明代宗藩司法管理中的分别议处——从〈鲁府招〉说起》，《中国史研究》2014年第2期。

② 那思陆《明代中央司法审判制度》在其他机关中列举了宗人府、六部中的其他五部、通政使司、六科、五军都督府、巡城御史、顺天府、巡按御史以及其他，可参见该书第77—98页。

③ 《明太祖实录》卷二三九，第3478页。

的官员,对地方的司法和司法官员进行监督、指导,以及对具体案件进行复核和审录。其中都察院派出巡抚和巡按监察御史,与地方法律机构及其官员的互动最为频繁。彼此颉颃之外,这也是制度上下相维的体现。

此外,明代户分几等,对于不同的人群,国家也设置不同的法律机构和官员负责其司法。这一章中论述到的军官军人,是一个例子。明初,从中央到地方,朝廷均设置了独立于一般司法系统的法律机构处理军官军人的司法事务。此外,乐户所属的教坊司,宦官系统的司礼监等均承担一定的司法功能,处理部分本管人员的犯罪。① 这些特殊法律机构,基于特定人群及其司法的特殊性而建立,是对一般法律机构的重要补充。

还有,本章在关于州县法律机构的讨论中,比较详细地交代了与法律相关的吏典和杂役。需要指出的是,在中央各法律部门,在省一级的提刑按察司和布政司,在府级理刑厅,这样的吏典和杂役也都存在。州县衙门中具有一定私幕性质的主文,在明代巡按御史和巡抚的衙署中也都有出现。② 总之,明代的法律机构中,官和吏(包括吏典和官员雇请的主文书算等)各有所掌,互相依存。吏相对低下的地位并不影响吏在法律机构中所起的作用。比较而言,州县一级的吏要比中央的吏更为重要,③因此,本章以州县的吏典和杂役为例,观察明代吏、役等人群在国家法律机构的设计中所具有的地位和作用。

---

① 在本书第六章《明朝特殊身份人的司法》中会有较为详细的论述。

② 陈宝良:《明代幕宾制度初探》,《中国史研究》2001 年第 2 期。

③ 李洵:《论明代的吏》,《明史研究》第四辑,黄山书社 1994 年版,第 51—59 页。

第五章 明朝的司法

这一章主要交代明代司法的基本程序和司法实践。有明一代，关于司法的基本过程，从诉讼、审判、复核和刑罚的执行，《大明律》等法律条文均有明确细致的规定。各级司法机构在此基础上形成具体的操作程序和细则。这些规定和细则为这一时期司法实践的规范操作提供了可能性。本章描述以上规定和细则，同时依据现存明代法律文书，比如判例判牍、司法档案等对明朝的司法实践进行描述和讨论。

第一节　诉　讼

原则上，遇有一切人命、盗窃、户婚、田土等不公不法之事，明代的百姓都有起诉的权力，俗称告状。告状必须由本人亲自出面，这是指八十岁以下，十岁以上健康壮丁，即能承担法律责任的人；其余老幼病残以及妇女，法律责任承担能力相对较弱的，则须由壮丁亲属代告。如果青壮年人自己不行衙门告状，而故意令本家本族的老幼病残妇女家人告状，官府不仅不予立案，而且要将本人问罪。① 当然，如果事关重大，如谋逆、人命、强盗重事，或如老人告子孙不孝等，则不管老幼废疾，尽皆鼓励告官；妇女夫死无子，又无人代告，也允许本人告状。

明代诉讼程序中体现法律儒家化的精神：卑幼不得告尊长。凡子孙告祖父母、父母，妻妾告夫，奴婢告家长等，均入《大明律》“干名犯义”罪名之内。即便所告是实，也要处以“杖一百，徒三年”的刑罚。但是，如果“其告谋反大逆、谋叛、窝藏奸细，及嫡母继母慈母所生母杀其父，若所养父母杀其所生父母，及被期亲以下尊长侵夺财产或殴伤其身，应自理诉者，并听告，不在干名犯义之限”。② 即如果罪情严重，则不尽拘泥于礼法的约束。换言之，对于尊者和亲者的隐讳，只局限在不威胁到国家基本秩序的前提之下。

一、诉讼一般

告状一般要求有书写的状词。状词中，告状人的姓名、年龄、住址，所告事由要一一写明；状词内容要求简单明了，不能夸大事实。

徽州文书留存成化五年（1469 年）南直隶徽州府祁门县民谢玉清状告同县县民程付云强砍其山木状，可见明代前期状词之一般。其状词如下：

---

① ［明］姚思仁：《大明律附例注解》卷二二“越诉”条下所附条例，第 781—782 页。

② ［明］高举：《大明律集解附例》卷二二《刑律》“干名犯义”，第 1713 页。

告状人谢玉清，年四十九岁，系十西都民。状告：本家有故祖于上年间买受到本都谢思敬分籍山地，系经理伐字九百九十壹号、九百九十伍号，坐落本都拾保，土名庄背坞、上坐坞。其山向与谢思义、谢乞、谢辛善等共业。至今年正月间，有本都程付云等，因买一都汪仕容男上坐坞木植，朦胧概将本家邻界庄背坞杉木尽数强砍。是玉清同思义前去理阻，当用谢字斧号印记，状投里老。有程付云等倚恃蛮强，欺阚住远，不与理明，力要趁水撑放前去，不容为业，今来若不状告，乞为桩管，前木实被付云柴（概）砍分籍木植，虚负契买长养难甘。为此具状来告

祁门县大人详状施行。

成化伍年三月十四日告状人谢玉清（押）状。①

为了防止捏词虚告等弊端，明朝地方官府对状词的格式和内容分别出台了具体的规定。有些官员规定状词内容不得超过三行，每行不过五十字。② 明代中期以后，各地逐渐出现由地方统一制订的状式，百姓告状只需填写相关的内容即可。比如吕坤在其《实政录》中收录他任巡抚期间命所属府州县“各衙门一体遵行”的状式，包括“人命告辜式”“告盗情状式”“告婚姻状式”“告卖军状式”等27种。其中告财产状式如下：

某府州县某人，为财产事，某（祖、父）某故遗下（房几所，地若干亩，资本银若干两，首饰衣服若干件）应该某与某（伯、叔或兄）照支派均分。今某某倚恃尊长，尽行霸去不分，指遗约或亲邻某人证。上告。③

明代衙门设有代书人，告状的百姓可以口告，而由衙门代书人当场写状。洪武初年，《大明令》即规定：“凡诉讼之人，有司置立口告文簿一扇，选设书状人吏一名，如应受理者，即便附簿发付书状，随即施行。”④但是，有明一代，大部分

---

① 中国社会科学院历史研究所编：《徽州千年契约文书·宋元明编》第一卷，花山文艺出版社1991年版，第186页。

② ［明］不著撰者：《居官必要为政便览》卷下《刑类》，《官箴书集成》第2册，黄山书社1997年版，第65页。

③ ［明］吕坤：《实政录》卷六，“提刑事宜”，第405页。

④ 《大明令》，《皇明制书》卷一，第25页。

的状纸还是出自以词讼为业的讼师，其中原因，明人说得明白，“小民有冤抑不申者，借词以达之，原无取浮言巧语，故官府每下令禁止无情之词，选代书人为之陈其情。然其词质而不文，不能耸观，多置勿理，民乃不得不谋之讼师”。[①] 也就是说，衙门代书人写的状词相对平实，不能吸引官府的注意，得不到重视；而讼师们的状纸内容则有效夸大事实，保证案件早日进入司法程序，达到事主希望的效果。

与前代一样，除了人命、强盗等重大案件可以不拘时间，随时告陈外，诸如户婚、田土等所谓的民间细事案件，明代地方衙门接受词状的时间是有限制的。元代称这段接受民事状词的时间为“务”。务的时间十分集中，在每年农闲的十月初一到次年的三月初一。其余时间则是“务停”或“停务”期，不接受告诉。[②] 相比之下，明代接受民事诉讼的时间，即告期，更为分散和均匀，基本上每月都有额定的日期接受词状，称为放告。放告的具体日期各地似乎还有区别，大致则以每月的三、六、九日，即初三、初六、初九，十三、十六、十九，二十三、二十六、二十九作为放告日期的为多。[③]

初审衙门的官员在放告日期集中接受词状，并对词状的格式和内容进行初步的审察。地方官审察合格，认为值得审理的状词才能被准状。很多地方官在国家有关明文规定的基础上，根据自己和前人的经验，归纳出一些审察词状，并决定是否准状的标准。如明人佘自强总结的有以下几条：一、牵告多人不准；二、牵告妇女不准；三、牵告乡绅不准；四、告年久事不准；五、状中里甲姓名籍贯与廒经不对不准；六、状中无写状人歇家姓名不准。[④] 词状如果不准，则将告人训斥，赶出衙门；或在其状文上批写明白不准的理由，令其安心。词状获准的也要明确告知。所有词状，原则上官府都要置立文簿，登记明白。

---

① ［明］殷聘尹：崇祯《外冈志》卷一，《上海史料丛编》上海市文物保管委员会 1961 年版，第 18 页。

② 关于元代的诉讼及其他，可参见陈高华《元代的审判机构和审判程序》，载《陈高华文集》，上海辞书出版社 2005 年版，第 108—156 页。

③ ［明］不著撰者：《居官格言》下篇“放告”，《官箴书集成》第 2 册，第 78 页。又如《新官轨范》称“每三日受理词状”，《官箴书集成》第 1 册，第 734 页。《治谱》则称“民淳事简之地，初二、十六放告”，见该书卷四，《续修四库全书》第 753 册，第 533 页。

④ ［明］佘自强：《治谱》卷四，《续修四库全书》第 753 册，第 535 页。

对于应受理的词讼而不予受理的,《大明律》专设“告状不受理”一条,根据所告事情的轻重对官吏予以程度不同的惩治。如果所告为谋反叛逆罪不受理的,要杖一百,徒三年;如果后果严重至聚众作乱,攻陷城池及劫掠人民者,有关官员则要受到斩刑。[①] 海瑞巡抚应天,颁布条令,说明地方官员及时受理词讼的重要性,对百姓告状,官员不予受理的情况进行禁止。他说,“凡争斗户婚,虽是小节,当为剖分。衣食等项,当为处理。若先亿其诬捏,十状九诬,弃九人之诬,而一人之实亦与其中矣。……不能执我严法,使诬者惧之不来,乃并实者弃之,使含冤之人不得伸雪,可以为民父母哉!”[②]

原告投入状词,被告知道之后,一般会以“诉状”的形式,提出自己的辩解或者自己的主张。在原、被告的词状均投入官府之后,如果双方还有补充情节,则可以以“投词”的形式,递交衙门。明朝廷要求地方衙门接受词状之后及时进行处理。因此,如果准状已久而没有消息,原、被告双方均可以递交“催呈”,即以格式化的文书,催促地方衙门尽早审理。

明朝告状,一般原、被告双方均需要向官府交纳一定的诉讼费。这些诉讼费起初以纸扎的形式交纳,后来可以折算成银,因此这一诉讼费用又常被称为“纸赎”、“纸赎银”或者“罚纸”。诉讼费用缴纳的数量,原告与被告不同,百姓和官吏也有差别。一般原告缴纳的诉讼费称为“告纸银”,被告称“民纸银”;官吏缴纳的则称“官纸银”。[③] 嘉靖二十九年(1550 年),四川夔州府新宁县民杨应惠为田产纷争事告本族杨应贤,官府准状审理。为此,杨应惠缴纳告纸银壹钱伍分,杨应贤缴纳民纸银壹钱。[④] 嘉靖三十年(1551 年),因为钱粮问题,成都府崇庆州吏黄琉和百姓杨艾等涉案。最后黄琉缴纳官纸银贰钱,杨艾等缴纳民纸银各壹钱。[⑤] 涉案人员中最终被定死罪或充军等重罪的,可以免交诉讼费。[⑥] 诉讼费用对于明代地方财政具有重要意义。佘自强曾经批评一些地方官,因为“止知准状为取钱之媒,故只以多准为讳”,他认为只要立心平正,不唯利是图,

---

① [明]高举:《大明律集解附例》卷二二,第 1665—1667 页。

② [明]海瑞:《海瑞集》上编,“示府县状不受理”,中华书局 1962 年版,第 275 页。

③ [明]不著撰者:《居官格言》下篇“纸米”。关于诉讼费用交纳的具体情况,可参见杜婉言《明代诉讼制度》(《中国史研究》1996 年第 2 期)等论著。

④ [明]:佚名辑,吴艳红整理:《四川地方司法档案》,第 193 页。

⑤ 同上,第 197 页。

⑥ 同上,第 179、183 页。

则“准状不妨多”，以免百姓诉冤无门，出现越诉等违法之事。[①] 从佘自强以上的讨论来看，地方官府因为诉讼费用而增加接受词状数量的情况也是存在的。

二、诬告与越诉

《大明律》严惩诬告。诬告人要按所诬罪情的二至三等定罪。比如诬人死罪，被诬告之人已经被处决的，《大明律》以死罪判诬告之人。被诬告之人若还未被处决，诬告人则受“杖一百，流三千里，加役三年”的处罚。被诬告人的一切损失都由诬告人赔偿。如果诬人罪至流刑等，在执行中致其随行有服亲属一人死者，诬告人也要被处以绞刑，并将财产一半断付被诬之人。[②] 嘉靖年间，四川重庆府定远县民殷敬祖诬告冯月曜“杖八十”之罪，为此依“诬告人杖罪加所诬罪叁等”律，杖六十，徒一年。[③] 但是，有明一代，状词中不符合实际情况，具有诬告性质的诉讼在在而是：或“田土而诬人命，斗殴而诬盗劫”[④]，或“往往一词牵告三二十人，报仇网利，中间紧关犯证十无二三”[⑤]。地方官员在审理中也未必一一予以追究，加以惩治。崇祯年间，宁波府奉化县生员戴振麟之侄戴永登不幸夭亡。戴永登幼失父母，一直随依母舅竺应暘生活。戴振麟得知消息之后，就以“谋命事”为名状告竺应暘。宁波府知府李清受理此案，经审理，认定竺应暘对戴永登有养育之恩，而无谋害之事。李清斥责戴振麟“生既无关情之爱，死方为索命之人，振麟之牴触应暘也，有类兽心之牛矣”。[⑥] 但是，审语中并没有提到戴振麟的诬告，最后的断罪也没有包括对诬告的惩治。

《大明律》规定，“凡军民词讼皆须自下而上陈告”，[⑦]因此，原则上民户百姓的词状首先应递交在基层的府州县衙门，军人的词状应先在百户所呈交，进行初审。不经本管官司上诉的百姓要被治以“越诉”之罪。越诉的行为包括入京

---

① [明] 佘自强：《治谱》卷四，第 533 页。

② [明] 高举：《大明律集解附例》卷 22“诬告”，第 1668—1673 页。

③ [明] 佚名辑，吴艳红整理：《四川地方司法档案》，第 221 页。

④ [明] 殷聘尹：崇祯《外冈志》卷一，第 18 页。

⑤ [明] 吕坤：《实政录》卷六，“提刑事宜”，第 398 页。

⑥ [明] 李清：《折狱新语》卷四，《历代判例判牍》第四册，中国社会科学出版社 2005 年版，第 613 页。

⑦ [明] 高举：《大明律集解附例》卷二二，第 1653 页。

告状,在两院、两司官出巡时告状,或直接向府或按察司告状等。《大明律》规定,越诉者,笞五十。①

但是,明代国家明文规定按察司,布政司,布、按两司的分守道和分巡道,都察院下派的巡抚、巡按,京畿地区的通政司,镇守临清的太监等都可以接受百姓词状,只是如果是一般的刑名案件,这些部门不能直接审理,而要将案件批发到相关的基层衙门进行初审。也就是说,法律虽然禁止百姓越诉,但是对于各级司法机构而言,却不存在越级接收词状的禁令。这样的情况下,对于百姓越诉的禁止恐怕也很难彻底落实。而从明代的司法实践看,军民百姓跪街拦马,向不同的司法部门伸冤递状的事情实际上也很常见。甚至职掌驿递的官员也有接受词状的情况。② 还有,根据具体的罪情和地区的差别,部分"越诉"得到法律的准许。比如罪情重至谋反叛逆的,各处军民都可以直接赴京奏告,也可以向维护一方军政的镇守总兵、参将、守备等官呈告。③ 如果"在外词讼干碍司府州县",即涉及地方官的,可以向巡抚、巡按处告状;如果涉及抚、按者,则可告至隔别不相关的巡抚衙门。④

三、无讼的努力与健讼的问题

有明一代,基层的司法官员纷纷表达了他们天下无讼的祈愿。这与儒家的治国理念有关,同时,这一无讼或者少讼的希望也与缓解基层政府工作压力的努力不无关系。明代的基层政府兼具行政与司法的职能,与此同时,基层政府所辖百姓的数量相当可观。东南一带经济发展的地区,一个县的人口可以达到二三十万,内陆如河南布政司的临漳县,到弘治十五年,所辖人户也达到五千五百多户。⑤ 基层官员日常事务繁琐,通过各种途径宣传无讼的美好,是在缓解诉讼的压力,也是缓解政府工作的压力。

为达到无讼、少讼的目的,首先,国家鼓励甚至规定乡里组织在司法中充分

① [明]高举:《大明律集解附例》卷二二,第 1653 页。
② [明]吕坤:《实政录》卷一"驿递之职",第 208 页。
③ [明]白昂等编:弘治《问刑条例》,《皇明制书》卷十三,第 372、375 页。
④ [明]戴金:《皇明条法事类纂》卷三八。该书收录详细的规定,可参见。
⑤ 地方志中关于户口的记载,往往小于实际的人口数量。栾成显:《明代黄册研究》,中国社会科学出版社 1998 年版,第 328—348 页。

发挥作用，成为政府的辅助力量，从而将基层衙门的一部分司法事务或者转移，或者消解在了乡村。明初，乡里设立里甲制度，里有里长，甲有甲首。乡里还普遍地推举高年有德之人，设里老人这一乡职，“以其高年，历事也多，听记也广，其善恶、易难之事，无不周知，以其决事也必当”。① 在洪武年间的一段时间内，里老人在司法中曾一度发挥重要作用，“户婚、田土、斗殴、争占、失火、窃盗、骂詈、钱债、赌博、擅食田园瓜果等、私宰耕牛、弃毁器物稼穑等、畜产咬杀人、卑幼私擅用财、亵渎神明、子孙违反教令、师巫邪术、六畜践食禾稼等、均分水利”这些纷争，必须先经过本里老人和里甲断决。百姓未经里老人而直接告官的，要以越诉论罪，杖断六十，仍发回里甲由里老人断问；接受的官员也要治罪。至人命、奸盗、诈伪重事，方许告官，官吏不得故意推调不理。但是，如果以上这些重罪，“非十恶非强盗杀人者，本乡本里内自能含忍省事，不愿告官系累受苦，被告伏罪，亦免致身遭刑祸”，则也可以在老人处决断。② 里老人能够决断的案件范围是相当宽泛的。老人直接对皇帝负责，老人犯罪至重者，众老人会问明白具由送所在官司解送入京，地方官吏不得擅自拿问；如果有擅自拿问的，老人可以具由赴京奏告。总体而言，这一时期，里甲老人在强大的皇权扶持下实现其司法的职能，具有县以下一级司法机构的性格，可以进行独立的审判。

洪武以后，里甲老人在司法中的地位，以及与地方官府的关系均有改变：里老人的司法作用从原来的独立审判转变为辅助地方官府司法为主，以“便益官府”为最高目的。这些辅助司法的作用包括调停讼事，地方有刑事案件发生时及时报告官府，官府调查案件时提供证据或主持勘验等。嘉靖年间，四川夔州府新宁县杨应惠与同族杨应贤等为田产纷争兴讼，在取证过程中，老人承担临场勘验的任务；审理结束之后，又责差老人押解相关人等到纠纷田产的地点，落实官府的审断，并督促双方“写立合同拨约，赴官验给，付各执照”。③ 尽管只是辅助的作用，但是因为作证和勘验的责任重大，官府对里老人在司法中的作用仍心存担忧。早在成化年间，给事中赵银即指出，当时“为官府者，……不论情之重轻，一切付之（里甲老人）保勘”。而在赵银看来，里甲老人“正直无一二，贪昧常千万，……惟其转展作弊，为害百端。……官府往往入其术中而不自觉

① 《御制大诰续编》“耆宿第八”，杨一凡《明大诰研究》“附录”，第 270 页。

② 《教民榜文》，《皇明制书》卷八，第 287—289 页。

③ ［明］佚名著，吴艳红整理：《四川地方司法档案》，第 191—192 页。

也”。经刑部官审议，题请皇帝批准，规定，“今后有告争户婚、田土、军政、斗殴、赃私事情，俱有文卷可查，众证明白者，不许委之里甲老人保勘，即与提人吊卷，躬亲问理，照依见行事例发落。若有文册中间照证，及刁顽之徒转展其事，牵连人众，一时难以断决，并人命、劫夺、谋逆等项重情，必须里老人等体勘实迹，检验尸伤”等情况的，才许里老人等保勘；如果保勘失实或故意作弊为害，地方官府拿问治罪。① 由此，对里老人在司法中的作用进行规范。

明中期，一些地方官为了减轻讼事的压力，从明初太祖的榜文中找出根据，希望重新恢复里老人的审判作用，建议官府统一收状，将一部分轻罪的状纸盖印后，“定限俱发该管老人剖理明白”。之后，里老人再带原状及原、被告到官府完销。② 这样，里老人虽然有审判的机会，但显然仍是地方官府司法的一种辅助，与明初里老人在司法中的作用不同。

其次，地方官府也鼓励家族对族中成员进行约束，少兴讼端。宋代以来，以聚族而居、累世同居共财为特征的家族逐渐地发展起来，到明代，尤其是在东南一带，家族规模已经相当可观。至明中叶，福建的里甲户籍，往往成为家族组织的代名词，甚至“每一甲为一姓所据”。③ 家族为了自身的发展，多立族规，族规对族内成员的作用如同乡约对约内成员的作用，户婚、田土等轻罪可以在族内化解，重罪才由官府审理。为了达到简讼的目的，如果族内成员为些许小事告官，族长调停无术，官府甚至有责罚族长的情况。比如崇祯初年，广州府韩姓家族成员韩凤翔、韩遂寅起衅讼于官府，族长韩文伯因为“不善调停”，被处以杖罪。④

有明一代，朝廷和地方官频繁地讨论到百姓健讼的问题。早在洪武时期，朝廷就指出浙江和江西等地的民众好词讼者多，细微事情，不能隐忍，不仅动辄兴讼，甚至赴京告官。⑤ 弘治《问刑条例》也提到江西等处客人，在于各处买卖生理，若有负欠钱债等项事情，往往轻易告诉。条例对这些健讼者描述如下：在外刁徒，身背黄色包袱，头插黄色小旗，声称上告皇帝，直闯衙门，挟制官吏。⑥ 地

① ［明］戴金：《皇明条法事类纂》卷三八，第 517、519 页。
② ［明］汪天赐：《官箴集要》卷下，《官箴书集成》第 1 册，第 286 页。
③ 郑振满：《明清福建家族组织与社会变迁》，湖南教育出版社 1992 年版，第 248 页。
④ ［明］颜俊彦：《盟水斋存牍》，第 164 页。
⑤ 《教民榜文》，《皇明制书》卷八，第 290—291 页。
⑥ ［明］姚思仁：《大明律附例注解》卷二二“越诉”条下所附例，第 776、784—785 页。

方官员对当地的健讼行为也有讨论，比如徽州地区，官府用“繁讼”和“告讦成风”形容当地民风。[①]

官府明确禁止和惩治健讼的行为。洪武时期，教民榜文规定，对于那些不听劝阻，执意为小事告诉的顽民，里老人可以直接“擒拿问罪”。[②] 弘治《问刑条例》也规定，对以奏诉来要挟地方官员的刁徒，要先进行拿问，对于其中并无冤枉而告，以及告诉之事与自己无关的健讼之人，要处以重罪：属军卫管辖的，发边卫充军；属有司管辖的，发口外为民。[③]

官府认为讼师对于健讼的出现负有很大的责任。地方官如明代后期的汪天锡，认为应该选择老成能干的人做书状人，可以趁写书状的机会开导小民。他认为小民对法律之事不了解，所以才会动辄告官。如果书状人能够帮助分辨是非，并将告官之利害关系讲明，讼事就可以得到化解。[④] 这样，少讼甚至无讼的状态才能达到。而讼师们为了一己私利，怂恿和鼓动百姓告状，直接导致了健讼的出现。官府因此指责并惩治教唆词讼的行为。《大明律》“教唆词讼”条，对于帮人做词状的行为本身并不惩治，即“见人愚而不能伸冤，教令得实及为人书写词状而罪无增减者勿论”。但如果是教唆词讼，即“人本无欲告状之心而背地教令唆使其告状也”，也就是鼓动人告状，以及在书写词状时增减内容诬告他人，对于这样的讼师，《大明律》判其与犯人，即告状的本人，同罪。[⑤] 而《问刑条例》，对于代人捏写本状，教唆词讼罪重者，甚至要处以“发边卫充军”的重刑。[⑥]

明清时期的特定地区是否存在健讼的现象？一些学者试图通过对明清时期地方官府接受诉讼、处理案件的数量进行估计，以期回答被官府关注的比如江西、浙江和徽州等地方的诉讼到底有多频繁，和其他地方有什么不同。因为

---

① 卞利：《明中叶以来徽州争讼和民俗健讼问题探讨》，《明史研究》第三辑，第 75—84 页。
② 《教民榜文》，《皇明制书》卷八，第 291 页。
③ ［明］白昂等编：弘治《问刑条例》，《皇明制书》卷十三，第 374 页。
④ 明人汪天锡在其《官箴集要》卷下“弭讼”条中提出，百姓不明刑宪，“书讼者诚能开之以枉直，而晓之以利害，鲜有不愧服，两释而退者”。因此提议，“大抵一方之讼，宜择一二老成练事者，使书之。月比而季考，酌其功过而加赏罚焉。若夫殴詈假质凡不切之讼，听其从宜谕遣之，谕之而不伏，乃达于官，……如此则讼源可清”。见该书第 284 页。
⑤ ［明］高举：《大明律集解附例》卷二二，第 1729—1730 页。
⑥ ［明］白昂等编：弘治《问刑条例》，《皇明制书》卷一三，第 374 页。

材料有限,准确的数量估计存在很大的难度。① 此外,每年人均向基层官府递交多少词状算是健讼?明代不同的地方官可能也有不同的标准。如果明清的地方官员把无讼或者少讼作为目标或者理想状态,那么诉讼的存在,或者一定数量的诉讼的存在就有可能被认定为健讼。换言之,明代官府无讼的努力和对健讼的指责和惩治,是同一问题的两个方面,从某种程度上说,可能是无讼的希望导致了健讼的存在。

第二节　审　　判

告状人的词状被批准立案之后,案件就进入审判的程序,这是初审。

一、审问

审判开始,首先要传唤被告和证人。传唤或由官府杂役完成,或者直接通过原告通知被告到庭。被告或证人如果经过传唤不到庭听审的,司法机构需要签发牌票进行勾摄,也就是强行将相关人等带至公堂接受审讯。牌票由衙门签发,用印,说明其正规性。明代牌票内容已经格式化,一般主体部分简单说明因为某人上告,因此牌差某杂役人员前去和地方总甲人等配合,将哪些人等拘拿到官。牌票具体开列需要拘拿的人员名单,明确禁止杂役人员不得因事生非,不得受贿卖放,不得凌虐拘拿人等。② 但是杂役下乡,倚权张势的情况仍比较常见。崇祯初年,北直隶大名府任大伦涉身讼事,差役刘进法凭票前来拘拿。适逢任大伦外出,刘进法就将任大伦子任贯印带往县衙。在距离县城三里左右的地方,任贯印逃跑,之后发现任贯印溺水而亡,尸身脖项上仍挂有绳索一条,可

① 关于清朝地方的司法情况,日本学者夫马进、美国学者 Mellisa Macauly 等进行了估计。参见尤陈俊《厌讼幻象之下的“健讼”实相?——重思明清中国的诉讼与社会》,《中外法学》2012 年第 24 卷第 4 期,第 815—834 页。

② 杨雪峰《明代的审判制度》收录明代县、府具体的牌票格式,可参见该书第 177—179 页。

见刘进法在拘拿任贯印的过程中对其有凌虐之状。[1]

明代法律规定，若原、被告属于不同的司法管辖范围，如果相距在三百里之内的，须把相关人员置于一堂审问，原则上是原告就被告、轻囚就重囚、少囚就多囚、后发就先发。若在三百里之外，为避免人员的往复，则分别审讯。若是原、被告中既有百姓又有军人，管民官吏则须与管军衙门“一体约问”。[2]

原、被告两造之外，审讯一般都要拘证人到堂。证人可以是里甲老人，可以是两邻，可以是案件的直接目击者。法律规定，八十岁以上，十岁以下，以及笃疾之人，不得作为证人；[3]亲属因为有“容隐”的义务，所以原则上也不在证人之列。人证之外，还需有相应的物证。户婚、田土案件中，如田契、婚约、借债还钱的文凭收据等等，对于审判至关重要；人命强盗等案件中，如罪犯作案的工具、人命案的验尸结果、强盗的赃物等等，也是审判定案最为有力的依据。因此案件的审理中，官府需要对相关事项进行勘察，获取重要证据。嘉靖二年（1523年），祁门县陈彦辉以僧俗结党害命谋财告官。官府一方面签发牌票，派出差役，将有关文书，比如僧册、黄册、保簿、总书等进行查对，同时吊拘该都排年保长人等从公查勘，明确陈彦辉所告庵堂何时坍废，何人何时于何处修复；所告李必兴是否僧名等等。[4] 在人证与物证很难获得的案件中，官吏微服私访，或派得力心腹，暗中访察，取得断案证据的现象也很常见。[5] 明代法律明确规定作伪证要受到严厉的处置，[6]但是在司法实践中，为了赢得诉讼，当事人伪造田契，或者贿赂仵作提供不实尸检、伤检报告，强盗掩藏毁灭赃物等现象也频繁出现。

审问仍是审判的关键。朝廷要求司法官员对审问对象“观看颜色，察听情词”，即察言观色，认为“其词语抗厉，颜色不动者，事理必真；若转换支吾，则必理亏”。[7] 明代的地方官员，在实践中也总结出一些经验。比如明末佘自强认为

---

① ［明］张肯堂：《䓿辞》卷五，第 343 页。

② ［明］高举：《大明律集解附例》卷二二“军民约会词讼”，第 1734 页；杨雪峰：《明代的审判制度》，第 161—165 页。

③ ［明］高举：《大明律集解附例》卷二八“老幼不拷讯”，第 1974 页。

④ 《徽州千年契约文书·宋元明编》卷二，第 12—13 页。

⑤ 明代公案小说如《郭青螺六省听讼新民公案》（上海古籍出版社 1991 年版）等有详细的描述，可参见。

⑥ 《大明律·刑律》“狱囚诬指平人”条规定：“若鞫囚而证佐之人不言实情，故行诬证……致罪有出入者，证佐人减罪人罪二等。”见高举《大明律集解附例》卷二八，第 1987 页。

⑦ ［明］李东阳、申时行等：《大明会典》卷一七七，第 2442 页。

官员审问需要技巧，所谓“……易他准备之话，吐他真实之词，如此错综参伍，或用威吓，或用婉探，推之以情，决之以理。……知此法，天下无不可决之讼，无不可得之情”。[①] 即法官应该干扰原、被告的思路，用各种言辞的手段获得信息，以情、理分析信息，解决诉讼难题。

对于众证明白而又恃顽不招的刁徒，除了八议之人、七十岁以上十五岁以下老幼之人以及废疾之人不得刑讯之外，其余人等，国家明文规定可以动用刑具审讯。法律规定的刑具均以荆条为之，按荆条的形状规格，从轻到重，分为笞、杖、讯三种。但是在实际的审讯中，刑具繁多，用刑酷烈。《问刑条例》列出各种刑讯酷刑，予以禁止，但同时也认为“一应该问死罪并窃盗抢夺重犯，须用严刑考讯”。[②] 公堂之上刑讯之酷，因此屡禁不止，受伤或甚至死于刑具之下的罪犯，或者是无辜的平民，在有明一代不在少数。

审问多在司法衙门的公堂上举行，其中不乏公开审判的情况，即平民百姓可以到公堂观看审讯的进行。甚至有些罪犯为了探测官府的动态，在官府抓获其他嫌疑人犯进行审问时，也混迹于围观民众之列。而官府也似乎经常以公开审判的方式，吸引嫌疑人犯，并将其当场抓获。明末新安程春宇作《士商类要》一书，对客商外出经商提供实用知识、经验和建议。其中在《买卖机关》一节中提醒，客商在外，应该“少入公门，毋观囚罪”。作者解释说，凡是到府州县或者巡司衙门前，以及水陆途中口岸处所，或者见到奸妇、贼犯异常之事，切不可挤入人丛，进衙门观看。原因是“恐问官疑人打点，关门扑捉；或者强盗受刑不过，妄指左近搪塞”。程春宇指出，万一这种事情发生，即使官府自有公断，能还无辜客商清白，但是“亦受惊骇矣”。[③] 从程春宇的描述和忠告来看，为获取人证、物证，抓获嫌疑人犯以及震慑百姓等多方面的原因，明代地方司法衙门举行公审，百姓因此得以围观审问的情况也是比较常见的。

审讯的内容应该集中在告诉的内容上，明代法律明文禁止于状词之外，摭拾他事，将其他无辜人员牵涉入案，否则以官员故入人罪论。当然，如果是在案

① [明]佘自强：《治谱》卷四，第537—538页。此外如《新官轨范》《初仕录》等书都有详细的关于听讼的经验介绍，可参见。
② [明]高举：《大明律集解附例》卷二八，第1947页。
③ [明]程春宇：《士商类要》卷二《买卖机关》，杨正泰《明代驿站考》附录三，上海古籍出版社2006年版，第364页。

件审理过程中，发现其他嫌疑人犯和其他相关刑名事件，一并予以追究，则是司法官员的分内之事。①

审理过程中一般均有记录人员在场，审讯过程，包括参加审讯的人员，官吏的问词，原、被告的回答等，都须记录在案。审讯以审出真情为目标，以罪犯在供词上画押为结果。

二、判决与和息

案件审问结束，官府要做出判决。判决一般当堂宣布，让涉案各方明白审断结果。万历初年，徽州府祁门县郑维英和倪千寿为田土争讼。万历五年（1577 年）三月经祁门县处理明白，判定郑维英所告土名樵潭等地，确实为郑维英所有，倪千寿不应该与郑争夺，即：“今断五字一、二、三、四及四十二、三号、五十二号，皆听郑维英照旧管业，迁（千）寿无得混争”。②

除了以口头的方式告知涉案人，一般案件的判决都需形成文字。上述郑维英案件中，为了避免日后再起纠纷，郑维英要求将官府判定抄录一份，作为依据。可见官府的判决是形成文字的。就目前所见的明代司法材料看，与判决相关的文本大概有两类。

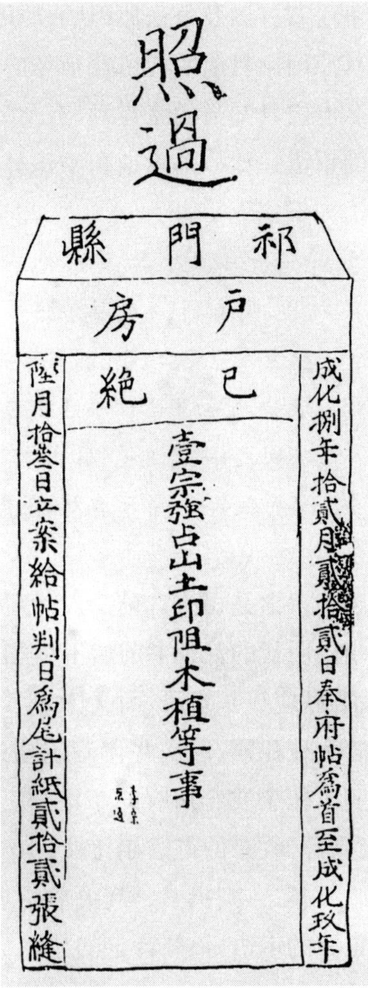
照過
祁門縣
戶房
已絕
成化捌年拾貳月貳拾貳日奉府帖爲首至成化玖年
壹宗强占山土印阻木植等事
陸月拾叁日立案給帖判日爲尾計紙貳拾貳張縫

明成化祁门县谢玉澄、谢道忠等互争山林事文卷卷面抄白

出处：《中国明朝档案总汇》第一册，广西师范大学出版社，2001 年。

其一，审语。当堂判决之后，作为主审的官员，可能对案件进行简单的文字描述，这就是审语。审语体现的是主审官员对于案件的整体看法，展示自己对

① ［明］高举：《大明律集解附例》卷二八，第 1983 页。

② 《徽州千年契约文书·宋元明编》第 3 卷，第 34 页。

争讼双方以及争讼原因的认识，说明自己的推理过程，最后说明自己的决断及其原因。目前明代留存至今的一些判牍，主要就是审语。比如崇祯年间任职大名府浚县知县的张肯堂，有《晉辞》一书集结刊刻，收录的就是他审理过的案件的审语。比如孙承训和牛化林争讼，《晉辞》以“孙承训”为题，收录该案件的审语如下：①

孙承训、牛化林地分开、滑，乃其人则皆以医兽为业者也。两人同往河南，行其术以糊口。化林有事先归，承训遂负其钱数百，以此一事，不能终好，始则管鲍，既乃张陈。一旦相遇于安丘集上，索钱未已，因而忿争，曲在承训，而负亦归之，一毫之挫，挞之市朝，承训能无愤而讼乎！化林恃强殴人，杖不待言，然负钱起衅，罪不在林，不得谓已厌老拳，而求宽法讯也已。

审语是司法官员个人对案件及其审理的描述，因此文书个性明显。杨雪峰指出明代的裁判书前后不尽相同，起初为骈体文，其后为散文。② 所谓的“裁判书”就应该是审语，而文体的不同正说明审语具有个性化的特点，虽然包括的内容大致相同，但是并无确定格式，不同司法官员的审语可以具有不同的文风。明末任宁波府知府的李清，将其审语集结成《折狱新语》刊刻。与前述张肯堂《晉辞》收录的审语相比较，李清的审语典故频出，叙述案件经过更加详细。

其二，判决书。判决书是规范的官府司法文书，一般由官府的吏员根据主审官的审语，依照特定的格式完成。明代的判决书一般包括招由栏、议由栏和照由栏三个部分，分别由“问得”、“议得”和“照出”引出。③ 大致而言，“问得”部分叙述整个犯罪的前后经过。在有两人以上共犯的案件中，“问得”部分一般要求以一个主要犯罪人为线索，即“招首”，对案情进行叙述；在以“招首”为主的叙述结束之后，开列其余犯罪人的姓名、年龄、籍贯、职业等，称“招”与“招首”同，是为“小招”。“议得”部分根据法律条规对犯罪者予以相应的定罪量刑。而“照出”部分则处理与本案以及与本案人员有关的善后问题，包括说明涉案人员需

① ［明］张肯堂：《晉辞》卷十一，第444—445页。
② 杨雪峰：《明代的审判制度》，第324页。
③ 杨雪峰：《明代的审判制度》，第333—339页；巨焕武：《明代判决书的格式及其记载方法》，台湾《大陆杂志》1984年第3期。

要缴纳的诉讼费用和赎罪银米，以及相关赃物、文卷的追缴、提结及其他。

嘉靖年间四川叙州府南溪县典吏高迪因案牍之事得罪，南溪县审理后，形成判决书如下：①

叙州府南溪县呈，今将本县问完犯人高迪招由理合开具，须至书册者。

计开：

一，招由：

一名，高迪，年壹拾玖岁，叙州府南溪县普安乡民，充本县吏房典吏。状招：嘉靖贰拾玖年伍月内，奉本府帖文，该奉四川等处承宣布政使司札付，为革奸弊以清案牍事，仰县攒造吏、农循环文册，径自赍报印发倒换查考。迪自合遵依造报，不合故违。至本年拾贰月初伍日，又奉本司信牌，仰将故违该吏高迪问拟应得罪名，同造完循环文册赍报查考。比迪因别卷解府，未曾问报。蒙县预将前项文册造完，于本月贰拾壹日批差阴阳生史惟俭领赍前赴告投，奉获批回在卷。迪先已役满，蒙府省发回县申核起送，致蒙行拘到官，将迪取问罪犯。

一，议得：

高迪所犯，合依"不应得为而为之事理重者"律，杖捌拾。有《大诰》减等，杖柒拾。系吏，审有力，照例折纳米价赎罪，申详允日，追完纸赎还役。

一，照出：

高迪官纸银贰钱，又赎罪米价白银叁钱伍分。纸银扣留肆分买纸公用，馀赎罪银追发本县官库收贮，候秋籴谷备赈。取库收缴照。

明代基层官员审理一应案件，但是其中杖罪以上（包括杖罪）的案件，均要报上级司法部门进行审核。在交上级部门审核的文档中，判决书是最为核心的内容。也就是说，对于杖罪及杖罪以上的案件，官府必须制作判决书。杖罪以下的案件，一般也需要以文字的形式将审断结果记录留档，但是是否也以如此规范的判决书的形式出现呢？因为材料的原因，对这一问题目前还不能做出很确定的回答。

---

① ［明］佚名辑，吴艳红整理：《四川地方司法档案》，第197—198页。

在一些户婚、田土案件中，虽然案件已经进入了审理的程序，但原、被告双方愿意息词，官府一般都会准许。为了停止已经开始的审理，原、被告本身或者与原、被告有关的亲邻朋友需要出具和息状。比如万历年间，南直隶徽州府歙县县民吴宗贵与吴时相为坟地起衅，告至官府。万历三十二年(1604年)歙县汪士望等上息讼状，请求官府停止该案件的审理。该和息状的格式内容如下：①

告和息状人汪士望、鲍通等，为恳恩息讼事。有亲吴宗贵、吴时相等，因争坟界，具告

天台，身等系干亲邻，遵奉德化，不忍坐视，出与查清，各照册图佥文四至弓步埋界明白，二各无事，不愿终讼，词属天台，未敢擅便，恳恩准息，均感仁慈。

计开

原告吴宗贵

被告吴时相

万历三十二年十一月廿三日告和息人汪士望

鲍　通

文　□

吴时相、吴宗贵准息，各量罚谷三石备赈。(县令批)

直隶徽州府歙县为占冢事。据十六都二图吴宗贵状告前事，据此行拘去后，随据汪士望、鲍通连名告为恳恩息讼事，据此准息到卷，奉批追稻发落，为此

一立案。

一追稻。

(万历三十二年十二月)初二知县方(押)

县丞徐

主簿黎

典史范

司吏汪□□

典吏

① 《徽州千年契约文书·宋元明编》第三卷，第331页。

官府虽然同意和息，对案件涉及双方仍有罚稻谷的惩治。和息适用于一般案件，但如果是人命强盗重事，则国家明文不许。人命发生而相关人等私下和息的，一般被处杖六十的惩罚；如果尊长为人杀，子孙和息的，子孙要被杖一百，徒三年。①

三、情、理、法的问题

明清时期，地方司法官员如何裁判？具体而言，在户婚、田土等案件的审理中，到底是完全按照法律来判决，即以法为依据，还是情和理的因素更影响案件判决的结果？这就是“情、理、法”的问题，是中国古代法制史，特别是明清法制史研究的一个热门讨论话题。美国学者黄宗智等，以清代司法档案为主要研究材料，认为即使在民事审判中，明清的地方官也会以法律为依据进行裁判。黄宗智认为清代司法官员存在表达与实践的矛盾，在表达中，他们是崇尚道德和调解的，但是在司法实践中，他们必须遵循国家设定的司法程序，为此，“大多数县官都选择按律例来办案”。② 即在田土、婚姻、继承等所谓细事的审理中，明清时期基层的司法官员也采用了普遍的确定的法的原则。这是一个以判决为主的正式系统。日本学者滋贺秀三及其弟子寺田浩明等则持不同的看法。他们认为在明清地方司法审判，特别是户婚、田土的审判中，地方官主要依据情、理，而不是法律来进行裁判。因此这一类的审判显示出不确定性，司法官员在处理案件中强调每个案件的特殊性，更多担任劝谕调停的角色，寻求的最高目标是一种常识性的正义衡平感。③

那么，“情、理、法”在明代基层审判的情况又是怎样的呢？从明代的情况看，首先，审判中“罪刑法定”的原则得到充分的遵守。《大明律》明文规定，“凡断罪，皆须具引律令”。如果《大明律》没有具体条目的规定，司法官员引相关律文，然后上报中央司法部门讨论，经过皇帝确定之后生效，即“引律比附，应加应

---

① 《大明律·刑律》“尊长为人杀私和”规定，“常人私和人命者，杖六十”；若是尊长被杀，子孙私和，“杖一百，徒三年”。见姚思仁《大明律附例注解》卷十九，第720—721页。

② 黄宗智：《民事审判与民间调解：清代的表达与实践》，中国社会科学出版社1998年版，第18页。

③ 相关文章可参见滋贺秀三等《明清时期的民事审判与民间契约》。

减，定拟罪名，转达刑部，议定奏闻”。官员擅自主张，“若辄断决，致罪有出入者，以故失论”。[①] 司法官员在判决中如果引律例不当，导致定罪轻重失伦，一般而言，以轻作重，而且罪犯已经发遣的，即便是官吏自己检举，官吏仍要受到惩治；若以重作轻，已经把罪犯释放，在监察官员发现之前能自行弥补过失，重新定拟适当之罪的，可以免罪。[②] 至于司法官吏受贿，故意出入官司，定罪当然更重。所增所减之罪都须该司法官吏自行承当，“至死者，坐以死罪”。[③] 明代判决书中的“议得”一项要求司法官员引用《大明律》和《问刑条例》等明代基本法规，对罪犯的罪行进行定罪量刑，是这种罪刑法定主义的最好体现。

正因为有依法定罪的要求，明代国家对百官均有通晓法律的要求。同时，朝廷对于官员中律文不讲，律意不明，以致定罪不当的情况不断地表示忧虑。比如弘治初年，名臣马文升几次上书，指出种种定罪引律不当的情况，比如“有本系斗殴而问拟故杀斩罪者，有本系故杀而却拟斗殴杀人绞罪者”。要求监察部门加强监督，强调各级司法官吏“要将《大明律》条熟读讲解，深明其意”，强调“议罪之时，尤须原情定拟，不许轻易”。[④] 有明一代，类似马文升这样的奏议频繁出现。这表明，对《大明律》等基本法律的了解，并根据法律进行有效的司法，是明代国家对司法官员的最基本要求。

同时，在案件审理的过程中，特别是在司法官员的推理和决断过程中，情、理显然起到作用。司法官员的审语展示推理和决定的过程，因此其中对于情、理在司法审判过程中起到的作用表达得更为明显。明代司法官员的审语中，经常以“姑”字引入情、理，与法进行调和。明末张肯堂断“田秋”一案，案件中冯氏夫死，胡田秋、宋万镒、夫兄王教民等觊觎田产，妄自媒聘，逼冯氏再嫁。张肯堂断胡田秋、宋万镒、王教民等违法，均应受杖罪惩治。但是其中王教民“老悖，姑从宽政”。[⑤] 也就是说，按照法律的规定，王教民应受杖罪，但是张肯堂考虑到他年老糊涂，免除了对其杖罪的惩治。同样，松江府推官毛一鹭断马骥案，出身贱民的马骥试图与出身良民的王氏结亲，被人揭发，讼及官府。毛一鹭认为马骥

---

① ［明］姚思仁：《大明律附例注解》卷二八，第 941—942 页；卷一，第 229 页。
② ［明］姚思仁：《大明律附例注解》卷一，第 210 页。
③ ［明］姚思仁：《大明律附例注解》卷二八，第 928—930 页。
④ ［明］马文升：《马端肃奏议》卷二，第 723—724 页。
⑤ ［明］张肯堂：《晉辞》卷一〇，第 434 页。

虽有非分之举，“姑念姻好不终，薄拟杖惩”；而生员谈一贯，身厕名教，为良贱说合，本应杖惩，但是毛一鹭认为“一贯尚系青年，论杖恐阻进取，姑行学戒饬，以励后来”。[①] 这里，马骥因为姻缘未成而惩治稍减，而谈一贯因为其生员的身份，而得免杖罪，也都是考虑了法条之外情理的因素。同样，徽州府歙县知县审理李阿詹案，李阿詹夫亡无子，万老、九老为其螟蛉之子。阿詹叔社寿、甥胡襄等觊觎李阿詹财产，设局陷害九老。傅岩指出，社寿等本来应该一并受到惩处，但是考虑到阿詹年老，九老的事情还未妥当，如果“一时重处，诸亲属衔怨愈深，流毒无已。姑悬蒲不用，以俟其悔”。[②] 其表达很明确，即为了平息家族成员之间的纠纷，避免因为使用刑罚而引出更大的仇怨，故不对社寿、胡襄等按法用刑。而在一部分案例的审理中，比如“一女二嫁”、“典雇妻女”以及“买休卖休”等，地方司法官员对于人情和风俗的考虑可能更多。[③]

就明代遗存的法律文本来看，在情、理、法运用的问题上，有以下特征值得关注：第一，法律固然具有确定的特征，但情、理的适用也并不完全具有不确定性。大致而言，老、幼、病、贫、妇女等弱小的群体，生员、乡绅等受社会尊敬的群体，更有可能在情、理的协调下，减少或免除他们应该承担的基于法律而来的罪责。在案件中为从，或者对案件结果无重大影响的人员更有可能得到情理的考虑，得到法律之外的从轻发落。换言之，在明代基层的司法实践中，不仅情、理的因素在量刑定罪的操作中有一定的规律性；以“姑”字带出情、理因素对法律因素的协调，则有关司法的叙述也呈现出一定的规律性和确定性。[④] 其二，情、理与法之间，调解与判决之间，或许并没有绝对的区别。对于明代地方的司法官员而言，两者之间或许是比较自然的共存。情、法两平被视为理想的司法实践。情、理、法一起发挥作用，共同影响司法官员的司法决断，因此是比较常见的状态。[⑤] 第三，在对情、理、法讨论的过程中，需要考虑所利用司法资料的性

---

① ［明］毛一鹭：《云间谳略》卷三，第 474 页。

② ［明］傅岩：《歙纪》卷九，第 138 页。

③ 潘宇：《明清州县司法审判中的人情因素——以“一女二嫁”、“典雇妻女”以及“买休卖休”案件为中心》，《法制与社会发展》2011 年第 1 期，第 45—51 页。

④ Jiang Yonglin, Wu Yanhong. 2007. “‘Satisfying Both Sentiment and Law’: Fairness-Centered Judicial Reasoning as Seen in the Casebooks of the Ming”. In Charlotte Furth, et al. (eds.), *Thinking with Cases*. Honolulu: University of Hawaii Press. pp. 31—61.

⑤ 柏桦、崔永生：《情理法与明代州县司法审判》，《学习与探索》2006 年第 1 期。

质。正如上文所指出的，在审语这样的司法资料中，情、理的出现，情、理与法之间的关系，可能体现得更为明显，而在格式化比较强的判决书中，情、理的因素相对较少，法律得到更为明确的强调。第四，情、理的运用，地方司法官员拥有的司法权限，与案件的性质与严重程度关系良多。大致案件越严重，地方司法官员在这一类案件中的司法自由度越少，情、理的因素可能也会相应地有所减弱；而在民间细事的处理中，司法官员的审断权越大，司法官员对于情、理、法不同因素的运用更为自由，情、理对司法决断起到的影响也可能更多。

第三节　再审、复审与恤审

明代的司法审判，只有笞罪且无异议的案件，初审结束之后就可以告结；而杖罪及以上的案件，以及涉案人对初审有异议的案件，初审只提供一个初步的审理意见。为使判决最后生效，还需进一步的审理程序，这些进一步的审理包括再审、复审和恤审。

一、再审

初审结束之后，原被告如果不服，法律允许他们或他们的家人向上级司法机关提出申诉，由此对案件进行再次的审理。《宪纲》明确规定，"如理断不公或冤抑不理者，直隶赴巡按监察御史，在外赴按察司或分司及巡按监察御史处陈告，即与受理推问，如果得实，将原问官吏依律究治"。① 正统年间规定，即便是正要准备受刑的死刑犯，如果其家人击登闻鼓告状，仍要"批校尉手，令驰赴市曹，暂免行刑，听候请旨"。虽然由此引出的不一定是再次的正式的审理，但其中也隐含了对前一次判决再作审查的实质。② 法律规定，再审提出的条件是案件在有关衙门已经审结。对于还在审理中的案件，原、被告双方及相关人等，均

① 《宪纲》,《皇明制书》卷十，第 304—305 页。
② ［明］李东阳、申时行等：《大明会典》卷一七八，第 2451 页。

不得到其他衙门再告，或者赴京奏告，违者治罪。明末颜俊彦在广州府任推官，以"禁叠诉"为主题，明令禁止对于仍在审理中的案件提出重新告诉。①

据清代著名的刑名幕友汪辉祖的记录，他在地方衙门接受的词状，大概只有5％是新案件，其余均是旧案重提。据有关研究估计，十八世纪清代各地州县衙门接受的新案件，大概只占其所收词状数量的十分之一左右。② 可见当时再诉再审情况的普遍。明代虽然缺乏具体的数字，但是在司法实践中，已审结、未审结的案子，因为一方不服而不断上告，导致争讼十数年的情况也很常见。明末任歙县知县的傅岩审理田土争讼案，潘嗣圣和潘志达争地成仇，"讼案山积"。双方一讼再讼，"不胜不休"。③ 崇祯年间，大名府长垣县民张教与生员李联芳争田产，将李联芳直接告到了大名府，大名府将案件下批至浚县，由知县张肯堂审理。张肯堂判李联芳给张教田价银五十两。李联芳没有及时将田价银交付张教，衙门下了追给之令。这时，张教再次起讼，并把侄子张希扬等牵涉入案。④ 同样，清丰县人和士登之女嫁于生员韩胤昌为妾自经而亡，和士登"自县而府而学院"，四处投词告状，各衙门斥责其刁恶，屡杖惩之，和士登诉讼不已。张肯堂以杖刑惩治和士登屡讼不止的行为，但同时断给和士登埋葬银十两。在张肯堂看来，和士登一讼再讼的原因就在于痛女之死，气愤难平。他认为这样审理之后，和士登不会再告，而生员韩胤昌也可以"永可免于讼庭"。⑤

二、复审

有明一代，国家法律规定，对于较重的案件，初审之后，下级司法机关要逐级上报，接受上级的司法审查，是为复审，亦即详谳。复审是上级司法机关对初审结果的复核，从程序和内容两个方面保证司法公正，减少冤案的发生。明代复审，制度规范，程序严格。大致州县等初审衙门，杖罪以上的案件就要申报到府；正统四年（1439年）基本确定，徒、流、死罪，则要申报按察司和巡按御史等衙

① ［明］颜俊彦：《盟水斋存牍》，第666—667页。
② 尤陈俊：《厌讼幻象之下的"健讼"实相？——重思明清中国的诉讼与社会》，第826页。
③ ［明］傅岩：《歙纪》卷九，第112—113页。
④ ［明］张肯堂：《㽦辞》卷十一，第444页。
⑤ ［明］张肯堂：《㽦辞》卷九，第415页。

门进行复核；而死刑案件，则要经由按察司和巡按御史上报刑部，经大理寺审核，报皇帝最后核准之后，才能执行。

上司复审，杖徒流罪，一般可以不解罪囚，只将审过文书申呈。吕坤，万历初年进士，曾任山西按察使。他对自己作为按察使，在复审方面的责任有明确的认识，指出："凡笞杖以上讼不得其情，刑不得其当者，皆得提勘平反。务俾生者无覆盆之叹，死者甘伏剑之心，方为称职。"①对于案件的复审，吕坤多有经验之谈。比如盗贼一类，吕坤强调证据的重要。如果地方上报的案情招册中不曾交代赃物的去向，只说"花费无存"，则应该进一步地追究，明确银钱花费何处，何人为证。② 同样，若是引律不当，招文不确，如"律条无罪而妄下'不合'字样，及有应得罪名辄用'不应得为而为事理重者'"等等，则要以"违制滥科"拿问承行吏书，并可能追究原问官员责任。③ 如果罪刑相当，情法适中，招词本身在文书格式上也没有问题，则批准回示，州县衙门的初审可以生效。

从明代遗存的有关司法文书来看，有关钱粮、充军等案件，布政司也承担详谳的责任。比如嘉靖年间四川潼川州徐氏解发实伍一案。四川潼川州徐家因祖上问罪充军，成为军籍。嘉靖二十七年(1548 年)，清军官员查出徐家在卫所充军之人实缺，因此到原籍勾补。徐张堂成为应该补伍之人，为此要将徐张堂及其妻子解送到贵州入伍。潼川州违反不得用本户人员解送本户军丁的规定，差徐张贤、徐正东解送徐张堂一行。徐张贤、徐正东拖延解送日期，期间徐正东病故，徐张堂又收买徐张贤，徐张贤遂一直容留徐张堂等在家，直到嘉靖三十年(1551 年)被清军官员查出。潼川州因此判徐张堂和徐张贤"不应"罪，即上述吕坤提到的"不应得为而为事理重者"律，各杖八十，有《大诰》减等，杖七十。申详布政司。布政司批复："徐张贤领文贰年，不行起解，玩法为甚。仰州从重究问，另结详报。"潼川州收到批复后，再次将徐张堂、徐张贤行取到堂审问，从重断罪：徐张贤依照"受财枉法"律，得减杖一百，徒三年。徐张堂则引"有事以财行求坐赃论捌拾贯"律，减杖九十；又引条例"各处有司起解逃军、军丁，若长解纵容在家，违限壹年之上，解发附近卫所，军人发边远，俱充军"，发边卫充军。潼川州将审理结果再次申详布政司。这次布政司认为对徐张堂的断罪太过严厉：

---

① ［明］吕坤：《实政录》卷六，第 385 页。
② 同上，第 393 页。
③ 同上，第 400 页。

虽然“据事与例，合发遣为宜。但查本军原非单勾，情则有间耳。姑从轻各改徒罪，具招并原咨批缴”。潼川州只好再次将徐张贤、徐张堂过堂审理，在最后的定罪中，徐张贤和徐张堂两人适用律文不变，对徐张贤的惩治不变，对徐张堂则只行杖罪，之后仍与其妻解发原定卫所补伍。① 从这样的事例看，明代详谳程序实现的上级司法机关对案件的复核还是比较认真的。

特殊案件和死刑案件，则一般需要将罪囚和文书一并解送至按察司和巡按御史处复核。从府州县到比如按察司所在的省府，路途可能遥远，若是隆冬或是盛夏，对于老弱妇女，解审不易。为此，国家规定解审对象主要是案件的最核心人员。人命案中，需要解审的主要是正犯一人，被害人亲属一人，最重要的证人一到两名。不许地方衙门牵连更多。② 祁彪佳，天启二年进士，崇祯初年巡按苏、松诸府，复审所辖各府县上报案件。其中嘉定县解送金凤等案犯到院，祁彪佳进行面审。这一案件中，何奎作为原告出现，指称金凤等打抢李二之妻，李二逃至何奎家，金凤等追至，以追寻李二为名，抢夺何奎财物，并致死何松。但是涉案人张忠则指出，金凤与何奎是在杨华家饮酒争席而起斗殴，何松则是老病身死。情节差别甚大。祁彪佳指出，如果何奎所告是真，则金凤是死罪；而如果张忠所说是实，则何奎应以诬告反坐。祁彪佳对此不能确定，于是将一众人犯发往按察司下属的苏松道，进行重新审理。③

地方的死刑案件先经按察司官员、巡按御史等会同复审，若无冤枉，则继续向刑部转详，刑部看过，再交大理寺审覆。若情罪不当，则或驳回原行衙门再审，也可以转交隔别衙门审理。作为最高复审机关的大理寺，其复审也有文书送审和解囚覆审两类。在后者的复审中，“大理寺虽止于参驳，然每有隐匿重情，量加刑罚”也是允许的。④ 准拟的案件自是发回原问衙门照常发落，驳回的案件先发原问衙门再问或再拟，若是驳回两次、三次仍存在问题的，则要调隔别衙门问理。其间若有囚犯告冤，即“番异”的，也要调隔别衙门问理，隔别衙门问理之后再到大理寺覆审。如果囚犯仍称冤枉，照例则需由六部、都察院、通政司

---

① ［明］佚名辑，吴艳红整理：《四川地方司法档案》，第 184—185 页。

② ［明］吕坤：《实政录》卷六，第 389 页。

③ ［明］祁彪佳：《按吴亲审檄稿》，《历代判例判牍》第四册，中国社会科学出版社 2005 年版，第 540 页。

④ ［清］龙文彬：《明会要》卷三十五《职官七》，第 608 页。

等衙门的堂上官圆审。大理寺覆审后的结果要上报皇帝，一般是五起案件一题，若是钦依的覆审，自然是单本具题。王槩，正统七年(1442年)进士，曾任大理寺卿，有《王恭毅驳稿》一书集结刊刻，收录大理寺复审案件，可以一窥大理寺复审的情况。以其中“私盐拒捕”一案的复审为例。这一案件由贵州道监察御史审定上报。主犯方英，所犯依“犯私盐拒捕为首律斩，秋后处决”。方英和军余李广等买私盐，在沧州地方遭遇巡盐总甲王凤等。据说方英当时有一百余人，拒捕，而且将王凤等打伤。但是方英最后被王凤等抓获。沧州衙门初审，将方英、李广等一概定拟死罪。申详至直隶巡按御史处复核，则将方英问拟死罪，而将李广等问为徒罪。此案上报至大理寺，王槩感觉其中招情存在很大问题：当时提到方英等有一百余随从，这一百余人到底是否以方英为首？当时方英等人多势众，曾将王凤等打伤；而王凤一方不仅被打伤，而且手下也都逃散，为何最后还能将方英抓获？王槩认为“似此招情，恐说不通，中间虑有别项情由”；此外，李广等已经先行摘发处理，上报的文书中，仍将李广等列举在内；加上文书格式存在一定问题，因此将该案件驳回处理。①

大理寺的覆审之后，对于京师的死囚，天顺三年(1459年)以后，还确定了“朝审”之制。即在每年的霜降以后，也就是在开始处决罪犯之前，会集三法司以及其他各部的大臣，在承天门外，再次进行审理。审录之时，“原问原审并接管官员，仍带原卷听审，情真无词者，覆奏处决。如遇囚番异称冤有词，各官仍亲一一照卷陈其始末来历，并原先问审过缘由，听从多官从公参详。果有可矜可疑，或应合再与勘问，通行备由奏请定夺”。② 至于地方，在决囚之前，也有类似的多官会审重囚的制度，只是定制较晚。“弘治二年(1489年)，令法司每年立秋时，将在外监候一应死罪囚犯，通行具奏，转行各该巡按御史，会同都、布、按三司，并分巡分守；南北直隶行移差去审刑主事，会同巡按御史，督同都司府卫，从公研审。除情真罪当者，照例处决；果有冤抑者，即与辩理；情可矜疑者，径自具奏定夺。”③

多官会审之后，情真的罪犯，法司请旨处决，刑科给事中对皇帝批定的死囚

---

① ［明］王槩：《王恭毅驳稿》上，陈宇赫《明代大理寺研究》“附录”，中华书局2013年版，第370—371页。

② ［明］李东阳、申时行等：《大明会典》卷一七七，第2446页。

③ 同上，第2448页。

名单仍要三次覆奏，在执刑之前，再一次审查囚犯之处决是否应当，其间也有囚犯“或蒙恩仍监候会审”。[①] 皇帝唯恐自己意气用事，导致冤抑，对三覆奏也很看重。明仁宗曾下诏曰：“若朕一时过于嫉恶，律外用籍没及凌迟之刑者，法司再三执奏。三奏不允，至于五奏；五奏不允，同三公及大臣执奏，必允乃已，永为定制。”[②]

除了以上逐级复审外，明代还通过“刷卷”，即对各级官府司法公文的定期检查，对各部门司法进行复核和监督。刷卷由监察御史与按察司分巡官主持，一方面审查公文的行文格式，同时也从告诉的文状开始，依据文卷，逐步审查提人、审问、决断、监禁以及发落是否符合法律的规定。以“原发事由内无增减原状紧关情节，问拟招罪内无故失出入人罪，前件议得下比照律条所拟允当，照行事理内无人赃埋没之弊”诸项为标准，果此，则批词曰“照过”；否则，根据具体的情况，或批“稽迟”，或批“事属差错”，或批“事属埋没”等等[③]。“迟者举行，错者改正”，若发现“狱讼淹滞、刑名违错”等项，则要对相关官吏“依律究问”。[④]

三、恤审

明代的恤审以矜恤为目标，虽然和复审一样，是为了减少冤狱的发生，但其主旨在于表达朝廷和皇帝的恩德。明代的恤审起初具有临时的特征，以后，逐渐在审录时间、审录对象方面形成定制。有明一代最主要的恤审是热审和大审。

热审是明朝特有的恤审方式，被明朝人称为“本朝圣政”。[⑤] 热审在每年酷暑来临之前举行，以防天热，在监罪囚未决先死。一般小满后十余日，司礼监传旨下刑部，刑部即会同都察院、锦衣卫题请，通行南京法司，一体审拟具奏。这一过程一般历时两个月左右。热审起初只决遣轻罪囚犯，嘉靖元年（1522 年）以

---

① ［清］张廷玉：《明史》卷九四《刑法二》，第 2317 页。
② ［明］余继登：《典故纪闻》卷八，中华书局 1981 年版，第 147 页。
③ 《诸司职掌》之《兵刑工部通大职掌》，《皇明制书》卷五，第 250 页。
④ 《宪纲》，《皇明制书》卷一〇，第 306 页。
⑤ ［明］沈德符：《万历野获编》卷一八，第 455 页。

后所有在监的罪犯均可进入热审的范围。热审的主要内容也基本确定，包括：一、未经审判的部分人犯，酌情令其出狱候审；二、加快在监人犯的审判和决断，即所谓“即时决遣”；三、对于笞杖等轻罪犯人，直接予以释放；四、徒、流罪犯人，嘉靖以后，包括杂犯死罪犯人，减等处置；五、重罪，主要是死罪犯人中有情节可矜可疑的，奏请处置；六、对于一部分赃罪犯人，在特定的条件下，免其赃款的追赔。[①] 可见，这一时期的热审已经具有一定的规制性。嘉靖四年（1525年）的热审，释放笞罪并减等发落三百二十八人，重罪可矜疑者七人，追赃年远未完者十六人，发遣者二十二人。[②] 明代热审只行于两京，但地方也有类似的审录。万历二十一年（1593年）刑部题准，地方照京师热审事例，按察司审省会之囚，守巡审各道之囚，其中有死罪矜疑者、军徒追赃者具审，轻罪径自发落，重罪仍听部覆。[③] 与热审性质类似的，明代还实施过寒审、春审等，但都未成定制。

大审每五年一次，自成化十七年（1481年）后定制，明人称：“凡遇丙辛之年，即特敕司礼监掌印太监一员，前往三法司录囚。”[④]说明大审一般在天干的丙年、辛年举行。在南北两京举行的大审中，司礼监与刑部、都察院和大理寺三法司是大审的主要主持机构。大审的地点一般是在大理寺。明代，大审之制也在地方实施，五年到期，中央派遣部院大臣到地方会同巡按御史审录在监囚犯。万历初年，对恤刑官在各地进行审录的时间进行了规定：出京之后，北直隶为三个月；山东、山西、陕西、河南，四个月；江南、江北、浙江、江西、福建、湖广，五个月；四川、两广、云贵，六个月。以辞朝日为开始，以离开审录地方为结束。[⑤] 恤刑官的权力很大，对地方已经申详甚至已经奉有决单的案件，他们都可以重新审录，果真认为情可矜疑，即可以奏请皇帝，地方抚按必须遵从。大审中，死罪可矜可疑，及事无证佐可结正者，具奏处置，徒流以下，减等发落，“于是，恤刑者至，则多所放遣”。[⑥] 嘉靖三十七年（1558年）十二月，法司奏称是岁天下恤刑官所谳矜疑重囚之数，合计南直隶与十三布政司，共有一千零八十七人。[⑦]

---

① 李保贵：《明代热审制度研究》，中央民族大学硕士论文，2010年，第19—21页。

② 《明世宗实录》卷五一，第1269页。

③ ［明］高举：《大明律集解附例》卷一，第352—353页。

④ ［明］刘若愚：《酌中志》卷六，北京古籍出版社1994版，第33页。

⑤ ［明］李东阳、申时行等：《大明会典》卷一七七，第2450页。

⑥ ［清］张廷玉：《明史》卷九四《刑法二》，第2311页。

⑦ 《明世宗实录》卷四六七，第7866页。

恤审以展布朝廷恩德为目的,因此皇权在这一审判形式中扮演更重要的角色。比如,恤审必须由皇帝下旨才得进行。不经过这一程序,热审、大审一般不能正常进行。万历二十九年(1601 年)和万历三十年(1602 年),大臣题请热审,皇帝不予回复,热审只能搁置;万历三十一年(1603 年)等,因为皇帝回复延误,热审的时间也因此延后。① 此外,恤审也有明确的"求生"的目的,笞杖罪释放,徒流罪减等,显然与司法公正的理念也有一定的出入。

但值得指出的是,明代恤审中,对于程序和司法的公正仍有充分的讲求。应槚,嘉靖五年(1526 年)进士,初任刑部主事,嘉靖十年(1531 年),以刑部署郎中的身份恤刑南直隶九府一州。② 应槚奉皇帝玺书,与锦衣卫官员一起,会同南直隶各府州地方官员审录所有在监囚犯。《谳狱稿》一书收录应槚审录罪囚的上疏,其中说明,审录过的罪囚有一千六百多名。其中审判合理,"情无亏枉者",依拟发落;审判有出入,即"情有亏枉"的情况,徒罪以下直接予以改正发落,而对于其中的重罪犯人,特别是死罪案件,则分地区、分类别,列举情由上报。③ 其类别主要有三:"情有可矜"、"情有可疑",以及"情罪各有亏枉"。比如苏州、松江两府,"情有可矜"案例 14 个,"情有可疑"案例 8 个,"情罪各有亏枉"案例 27 个。在一些府州的审录报告中,这些类目可能有所调整,比如可矜、可疑案件合并上报;在常州、镇江的审录报告中,"情罪各有亏枉"改为"情有亏枉",在应天、太平等地的审录中,这一类目则调整为"情虽无异,据法亏枉"。但是审录的基本内容并无变化。应槚指出,"我祖宗朝五年差官审录,凡死罪情有亏枉,皆得辩理;其有情可矜疑者,亦多从轻典"。④ 也可以看出可矜、可疑、死罪情有亏枉是恤审中主要的关注类别。

可矜、可疑是恤审关注的重点。两者意义不同,但是因为构成恤审的主要内容,因此在恤刑的奏章中经常合用。可矜案件是指案犯犯罪的情况特殊,值得同情,明人胡檟所谓"发于情之所不容已,或出于势之不得不然,或迫于相激,或陷于无知,一旦至抵罪,此其情有可矜也";而所谓可疑者,主要是指证据不

① 李保贵:《明代热审制度研究》,第 40—41 页。

② 嘉靖十年为辛卯年,从正德六年和万历四年均为五年大审之期可以确定,嘉靖十年当是五年大审之期。

③ [明] 应槚:《谳狱稿》卷二,天津古籍书店 1981 年版,第 2 页。

④ [明] 应槚:《谳狱稿》卷四,第 3 页。

足，事实不明，即“暧昧不明，或始终互异，贴律则不协，比例则未合，拟以罪名，终难归结”。① 比如松江府沈山一案，应檟认为应入可矜：嘉靖三年(1524年)，潘秀兰嫁与卫国思为妻，嘉靖十年(1531年)，潘秀兰与沈山出现奸情被卫国思捉送官府。当时沈山为潘秀兰父潘儒之雇工人。松江府依据雇工人奸家长女这一律文，定沈山绞罪。应檟认为，沈山是潘儒新雇的雇工人，而潘秀兰出嫁已久，与在室之女不同；同时，无知小民，对于礼义、律法均无了解，所以“罪虽合律，情实可矜”。②

而苏州府沈克贤一案，应檟则认为应归入“可疑”案件：嘉靖七年(1528年)四月，王安宁牧牛经过沈克贤田边，牛食麦，被克贤遇见，对王安宁乱拳踢打。谈永年与王安宁均为殷封佣工，见王安宁被打，谈永年与沈克贤扭打，谈永年之弟谈永华也带竹棒前来。沈克贤夺过竹棒打牛，又将王安宁殴打。两日后，王安宁伤重身死。嘉定县验尸，发现两处伤痕，遂定拟沈克贤斗殴杀人，绞罪。在恤审中，沈克贤诉称冤枉，指出自己虽与王安宁争攘，但无拳手相交；而最初勘查之时，地方里老人等也指出王安宁骑牛过河奔走失跌，因而成病而卒。应檟认为，如果王安宁果真被沈克贤殴打致死，身上伤痕不应该只有两处；而且案件初审，只用仇人为证，而无众人为证，似也难以信服。为此，“法虽难于辩问，情终涉于疑似”。③

而“情罪各有亏枉”则主要是指所犯罪行与所定罪名不尽相符。比如苏州府昆山县张塾一案。正德八年(1513年)，张塾十六岁，私自拜道士陆惟英为师，嘉靖九年八月，还俗。嘉靖十年，张塾向陆惟英勒要银两娶妻，陆惟英被逼不过，投水自尽。太仓州以威逼期亲尊长致死律，定张塾绞罪。张塾在恤审时诉称陆惟英酒醉跌河淹死，自己被仇人陷害；更重要的是，应檟认为，张塾当年私自拜师，后来已经还俗，与陆惟英之间并不构成真正的师徒关系，因此，不应该以威逼期亲尊长致死律，而应引威逼人致死律，将张塾的惩治从绞罪改为杖一百。④

应檟称其在审录的过程中，“仰遵圣议，考据律例，每有辩论，不敢避忌”。⑤ 从其《谳狱稿》所录审录案件来看，对于律例多有深究，对于情法两平甚为在意。

① ［清］嵇璜：《续通典》卷一一二，《刑·杂议四》，浙江古籍出版社1988年版，第1819页。
② ［明］应檟：《谳狱稿》卷二，第12—13页。
③ 同上，第21—23页。
④ 同上，第35—36页。
⑤ ［明］应檟等撰：《审录疏略》，明钞本，第5页下。

与应槚同科进士出身的林琼，也曾担任恤审的审刑官员，曾经提出录囚之法，大致包括以下五个方面：一、阅文卷以察始末之详，即首先审查案卷，了解案情大概；二、询掌印官以察拟罪之意，即向定罪官员了解引律定罪的思路；三、询原问官以察取招之由，即向初审官员了解招情的形成；四、询检尸、捕盗官及证佐人以察起狱之故，即向各种涉案佐证人员进一步了解案情；五、审正犯之言貌视听气以察所犯之实，即对罪犯进行面审，以明确其所犯罪行是否属实。林琼认为这五个步骤，可以基本保证减少冤案的发生。不同的恤审官员可能有不同的风格和审录技巧，但是从应槚和林琼的事例来看，明代恤审过程中，律例、程序和司法公正仍得到讲求。

第四节　执　　刑

经过初审、复审，部分案件经过恤审，最终案件判决生效。除了轻微案件中，涉案人只是被警告、戒饬，大部分的案件中，涉案人被科罪、判刑。

一、明代的刑罚及其执行

明代，《大明律》规定的刑罚体系仍是沿袭了隋唐以来的笞、杖、徒、流、死五刑制，但在司法实践中，多有发展与变化。

笞、杖刑的变化相对较小。笞刑五等，自一十至五十；杖刑五等，自六十自一百，皆以十为一等加减。徒刑五等，徒一年杖六十，一年半杖七十，二年杖八十，二年半杖九十，三年杖一百。明代的徒刑犯人分军民，以承担不同的工役作为执刑的方式。其中民人也有按传统方式发往盐场、铁厂煎盐炒铁的，但人数有限，[①]主要的执刑方式则以发递运所充当递运水夫为主。[②] 军籍人的徒刑，

① 明穆宗隆庆五年三月，蓟州遵化杂造局提出不能接受过多的炒铁囚徒，接受额只能在100名左右。《明穆宗实录》卷五四，第1346页。

② 《明英宗实录》卷六四，第1224页。

《大明律》规定“皆发二千里内卫分充军”。[①] 但在洪武以后的司法实践中，一般以发墩台守瞭为主。徒役皆照年限，满日疏放。至于死刑，法律规定仍是传统的绞、斩二刑。然二死之外，有凌迟，以惩处大逆不道诸罪。

五刑制中，调整最多、变化最大的是流刑。[②]《大明律》规定的流刑仍以传统的流远作为惩治内容，按距离远近分成三等，即二千里、二千五百里、三千里。但在洪武朝，以限年输作代替传统流刑实施的情况已很常见。这一时期，因为国家初建，力役繁多，限年输作的内容也比较丰富，输作的时间也长短不一。永乐以后，流刑人犯的输作逐渐与徒刑人犯的力役合一，即以发充递运水夫为主，时间则三流同为四年。传统流刑显然已经废而不用。至于军籍人的流罪，《大明律·名例》“军官军人犯罪免徒流”条已经明文规定，军官军人犯罪至徒流者，俱免徒流，而依地里远近发各卫充军，则与传统流刑的实施也相距甚远。弘治初年，丘濬议论明代的流刑，即有“所谓流者，率从宽减以为徒，真用以流者，盖无几也”的议论。[③]

五刑制中，流刑本处于降死一等重刑的地位，以有效惩治降死一等重罪为主要目标。但明代流刑以发充递运水夫四年的方式得到落实，流刑实际的惩治力度降低，流刑与死刑之间的惩治差距加大，司法实践中必然地出现“……由杖、徒一转而入大辟，嫌于太疏”的弊病。[④] 针对这样的弊病，为司法的需要，在五刑制以外，有明一代出现了多种惩治方式，其中尤以充军与口外为民影响最大。

充军起初以惩治军官军人为主。对军官而言，充军意味着罢去一切的军职官品，降充军人，入伍差操。军人的充军则一般有从腹里到边方的变化，地理生活环境变化，生活待遇较以前为差，具体的军役则一般要较以前艰苦。有明一代，充军行用的范围逐渐扩大，非军籍人也成为充军惩治的对象。非军籍人充军，罪犯改变习惯的生活方式与生活环境，入伍荷戈作战。其中终身军犯本人终身服役，永远军犯则在本人身死之后，子孙世代要为国家服兵役。充军成为普遍行用的惩治方式。在这一发展过程中，充军重刑的特征逐渐突出，在司法

---

① ［明］姚思仁：《大明律附例注解》卷一，第 156 页。
② 吴艳红：《明代流刑考》，《历史研究》2000 年第 6 期。
③ ［明］丘濬：《大学衍义补》卷一〇五《明流赎之意》，第 901 页。
④ ［清］孙承泽：《春明梦余录》卷四四《刑部一》，第 893 页。

实践中作为降死一等重刑的地位逐渐确定。① 弘治十二年(1499年),刑科右给事中周旋上言"详狱情"等事,有"五刑莫重于死罪,其次莫重于充军"之论。② 刑官屠勋在此前的上疏中,也有如此的说法。③ 以后,各律家注律,更有明确的标注,万历间高举等注解《大明律》,于《刑律》"诬告充军及迁徙"一条,皆注曰,"充军下死罪一等,在法中为至重也"。④

"口外为民"作为一种惩治方式的名称开始使用大致在天顺初年,此后直至明末都在有效行用之中。明代,有记载的"口外为民"的地点主要集中在北直隶的隆庆州与保安州。口外为民罪犯中个别罪重的,或从隆庆、保安二州逃亡的,也被发往辽东都指挥使司下属的安乐、自在二州。口外为民的罪犯经刑部等司法机关审定以后,交户部编发。对于普通百姓而言,口外为民首先是生活环境发生很大的变化,从内地至边方,或从边方至极边,条件更为艰苦;对于文职官员而言,口外为民首先是革职为民,其次则发口外。口外为民的罪犯,一般要拘当房家小起发随住;除了朝廷大赦天下,明令可以放回以外,口外为民的罪犯原则上要终老当地。就惩治力度而言,口外为民的惩治力度虽较充军轻,较之传统五刑制中死刑以下各刑种,则均明显加重。充军与口外为民在明代的行用,弥补了明代司法实践中降死一等刑惩治力度不足的问题。

明代正统四年(1439年)以后确定,笞杖之罪,州县衙门可当堂执刑;徒流刑,等申详之后,也由地方决遣;只有死刑犯人,各级覆审机关审定无冤之后,不管是决不待时的,还是按常规在秋后处决的,都需要由中央官一员与地方的主要官员一起,监临决囚。

二、赎

基于矜恤和实用的目的,有明一代,笞、杖、徒、流、死罪大多可以赎免,即以交纳金钱或者提供力役的方式代替刑罚的真正实施。以上刑罚赎免的行用频

---

① 吴艳红:《明代充军研究》,社会科学文献出版社2003年版,第11页。
② 《明孝宗实录》卷一五二,第2683页。
③ [明]屠勋:《屠康僖公集·为应制陈言疏》,陈子龙等辑《明经世文编》卷八九,第799—800页。
④ [明]高举:《大明律集解附例》卷二二,第1741页。

繁，规制严密，《明史·刑法志》称，明代的赎法较历代为详。①

明代赎免分律赎和例赎。所谓律赎，是指《大明律》规定的对赎免的规定。律赎的内容终明一代基本没有改变。例赎是指条例规定的赎免。从洪武时期开始，就有条例对有关赎免进行规定。明代赎免实践的变化，主要以赎免条例的内容为依据。

总体来看，律赎，即《大明律》规定的赎免范围有限，在可赎免罪犯的身份与可赎免罪行的轻重方面，均有限制。以罪犯身份而言，收赎的对象仅限于部分特殊的人犯，包括犯公罪的官员，老小废疾之人、妇女，以及天文生、工乐户等具有专业技艺的人。《大明律·名例律》“老小废疾收赎”条规定：“凡年七十以上、十五以下，及废疾，犯流罪以下，收赎。”②以罪行而言，则以犯罪情节值得矜恤的情况为主，比如过失杀伤人的，“各准斗殴伤罪，依律收赎，给付其家”。③ 再比如诬告，“若告二事以上，轻事告实，重事招虚，或告一事，诬轻为重者，若……未论决，笞杖收赎，徒流止杖一百，余罪亦听收赎”。以上赎罪的规定，终明一代都得到了遵行，只是随着国家通货的变化，在赎资上有所调整而已。

条例对于赎免的规定，首先值得一提的是洪武三十年(1397 年)赎罪条例。洪武三十年，太祖命六部、都察院等官议定赎罪事例。《实录》记载该条例规定：“凡内外官吏犯笞杖者纪过，徒流、迁徙者以俸赎之，三犯罪之如律。杂犯死罪者自备车牛运米输边，本身就彼为军。民有犯徒流、迁徙者，发充递运水夫。”④洪武三十年的这一赎罪条例，确定了明代例赎最基本的特点：首先，例赎的对象大大放宽。军民官吏，均有机会赎免所犯罪行。其二，比较律赎，按条例赎免的罪行范围得到扩大。官吏可赎及杂犯死罪，而军民人等也可以赎及徒流、迁徙等罪。第三，最主要的是，条例拓展了赎免的方式。《大明律》所定赎免，主要是通过钱钞赎罪；而洪武三十年的赎罪条例中，不仅规定钱钞可以赎罪，通过比如纳米输边落实；在钱钞赎罪之外，人犯还可以以力役赎罪，比如以发充递运所为递运水夫的方式，赎免徒流、迁徙等罪。

---

① ［清］张廷玉：《明史》卷九三《刑法一》，第 2293 页。

② ［明］高举：《大明律集解附例》卷一，第 283 页。

③ 分别参见高举《大明律集解附例》“诬告”(卷二二，第 1670 页)、“戏杀误杀过失杀伤人”(卷一九，第 1508 页)等条目。

④ 《明太祖实录》卷二五三，第 3647 页。

洪武以后，有关赎免的条例不断题定。比如成祖时有“京仓纳米赎罪例”和“斩、绞、徒、流、笞、杖赎钞例”，宣宗时定“宣德赎罪例”，宪宗时定“妇人犯法赎罪例”，此后又题定了诸如“会定运砖运灰等项做工则例”、“兼收钱钞与收银则例”、“赎罪收赎钱钞则例”和“有力稍有力则例”等等，尤其是嘉靖年间题定的赎法更多。① 但是，有明一代，例赎的发展基本按照洪武三十年（1397 年）条例所定格局进行。

随着赎免条例的增加，例赎的内容也更为丰富。以财物赎免罪行，从原有的赎钞，到赎铜、纳钞、纳钱、纳米、纳银、纳马不一而足。以力役赎免，则包括运米、运炭、运灰、运砖，煎盐、炒铁，递运水夫、瞭哨等等。此外，赎法实施本身也日见严密，在京、在外赎法有所区别，罪犯也根据财力区分出有力、稍有力、无力各等，力求赎法允当。

虽然一些学者指出明代赎法的意义更多在其经济的方面，因此赎法更是一项经济政策，②但是赎法的行用对司法实践的影响仍很明显。《明史·刑法志》指出，明代赎法，起到“济法之太重”的效果。③ 与传统的五刑惩治方式相比较，律赎，主要是例赎的实行，使得明代五刑的惩治力度明显减轻。④

需要指出的是，明代的纳赎仍只局限于五刑之内的各个刑种。至于五刑之外的充军与口外为民，为了保证其惩治力度，除了老小废疾之人，一般不得赎免。⑤

三、大赦

赎免以外，罪犯也有被赦免的机会。明代，“凡有大庆及灾荒皆赦”。⑥ 大

① 黄彰健《明代律例汇编》对明代中后期《大明律》律注中所附各赎例多有收录、分析。可参见该书第 46—152 页。

② 姚旸：《明代赎刑考略》，《明史研究》2003 年第八辑，黄山书社，第 62 页。

③ ［清］张廷玉：《明史》卷九三《刑法一》，第 2293 页。

④ 可参见陶安あんど《中国刑罚史における明代赎法—唐代的“赎刑”概念との比较》（《东洋史研究》57—4，1999 年 3 月）。

⑤ 弘治年间题定，口外为民人犯，若年在八十以上、十岁以下，方得赎免。参见戴金《皇明条法事类纂》卷四，第 177—178 页。充军人犯的赎免则定在年七十以上、十五以下。参见《大明律直引所附问刑条例和比附律条》“老小废疾收赎”，《中国珍稀法律典籍集成》乙编第二册，第 274 页。

⑥ ［清］张廷玉：《明史》卷九四《刑法二》，第 2317 页。

庆,包括新帝登基、皇帝大婚、皇后册封、皇太子生、太子册封、皇太后册封等。此外明成祖永乐年间迁都,嘉靖年间举行各类祀典等,也都有赦免罪犯的命令颁布。以登基为例,明朝但凡新帝登基,都要颁诏天下,赦免罪犯。“凡先朝不便于民者,皆援遗诏或登极诏革除之”,①体现与天下更始之意。比如成化二十三年(1487年)九月初六日,弘治皇帝即位,以明年为弘治元年,即位诏首条大赦天下,规定:成化二十三年九月初六日昧爽以前,官吏军民人等有犯,除谋反,叛逆,子孙谋杀祖父母、父母,妻妾杀夫,奴婢杀主,谋杀、故杀、蛊毒魇魅杀人,并强盗、党恶、失机不赦外,其余已发觉、未发觉,已结正、未结正,罪无大小,咸赦除之。敢有以赦前事相告言者,以其罪罪之。② 除了重大的罪行之外,其他一应大小犯罪,不管处于怎样的司法阶段,一并赦免,如果将已经赦免的罪行摭拾告状的,国家要予以惩治。另一方面,国家发生各种灾害,如水灾、火灾、地震等,如弘治年间清宁宫发生火灾,也有宽恤天下的诏书颁布,其中也多赦免罪犯之令。据徐式圭统计,明代的大赦共计五十五次,较之元代,明代国家赦免罪犯的频率明显较低。③

明代大赦的次数少,而且对于可赦免的罪行限制也更为明确和严密。历史时期一直行用的“常赦所不原”第一次进入了国家法典。④《大明律·名例律》“常赦所不原”条规定:“凡犯十恶,杀人,盗系官财物,及强盗、窃盗,放火、发冢,受枉法不枉法赃,诈伪,犯奸,略人、略卖、和诱人口,若奸党及谗言左使杀人,故出入人罪,若知情故纵,听行藏匿引送,说事过钱之类,一应真犯,虽会赦,并不原宥;其过误犯罪及因人连累致罪,若官吏有犯公罪,并从赦原。其赦书临时定罪名特免,及减降从轻者,不在此限。”⑤从以上条文可以看到,除了十恶这样的重罪,以及官吏贪赃的罪行之外,明代一般赦免不能包括的罪行是比较多的,甚至如窃盗、放火等均包括在内。当然《大明律》这一条规定也留下了调整的空间:同样的罪行,过失犯罪或者受人连累而犯罪的,可以得到赦免;官员所犯是公罪而不是私罪的可以赦免。在特定时期,根据特殊情况,在特定的需要下,常赦所不原的内容也可以有适时的调整。

---

① [清]张廷玉:《明史》卷九四《刑法二》,第2317页。
② 《明孝宗实录》卷二,第12页。
③ 徐式圭:《中国大赦考》,商务印书馆1934年版,第91页。
④ 宋黎黎:《论“常赦所不原”——兼谈中国古代赦免制度的功能》,中国政法大学硕士论文,2006年,第23页。
⑤ [明]姚思仁:《大明律附例注解》卷一,第172—174页。

大赦次数的减少和对大赦所包括的罪行的限制，对于明代司法公正性的提高具有一定的意义。从司法的角度来说，大赦以恤刑的面目出现，恤刑可以缓解冤狱和刑狱过重带来的压力，但是大赦的频繁会增加犯罪者的侥幸心理，从某种程度上影响司法的公正性。

总体来说，有明一代，大赦宣扬朝廷的仁义恩德，具有更多的政治意义。赦或不赦，多有政治的目的。赦免天下罪犯，朝廷自可借此布恩天下，皇帝也可由此树立仁君形象。嘉靖帝即位，诏书规定，凡在正德一朝，因“忠直谏诤及守正”或因当年“谏止巡游”等项，被降职、充军、革职为民等等，尽予起复。① 同样，隆庆帝即位，赦免嘉靖朝建言诸大臣；明光宗即位，赦免争国本之臣等。由此表明新帝即位，气象更新。不赦则也有其政治的理由。嘉靖年间，因“大礼议”等政治事件，大狱频兴，得罪的官吏很多，或谪戍在边，或革职为民。嘉靖十九年(1540 年)之前，屡行大赦，但九次大赦都不把议大礼的主要官员如杨慎、丰熙等包括在内。嘉靖十五年(1536 年)大赦，刑部官员借此机会奏请赦免充军官员一百四十二名。皇帝批示，其余人等赦免，议大礼的主要官员杨慎、丰熙等仍皆不得免。嘉靖十九年以后的二十七年间，不再颁布大赦之令，可能也与当时“廷臣屡援赦令，欲宥大礼大狱暨建言诸臣”有关。嘉靖四十一年(1562 年)，宫中三殿修缮完工，群臣又请颁赦天下，嘉靖帝云“赦乃小人之幸”，不允。② 如此种种，都足以说明，大赦举行与否，大赦针对的对象，与君王意志以及时局关系紧密。

小结：明代的司法

十九世纪末二十世纪初，马克斯·韦伯(Max Weber)将中国传统法律归入“卡迪审判”，以实质非理性为其特征。其中所谓“实质”与形式相对，形式的法律是指按照法律规定的一般性规则进行司法活动，进行法律的审判并获得确定的结果，而实质的法律是指案件审理中强调案件的特殊性，在不同的案件中法

① 《明世宗实录》卷一，第 11 页。
② ［清］张廷玉：《明史》卷九四《刑法二》，第 2317—2318 页。

律具有伸缩性，因此，审理的结果具有不确定性。换言之，在韦伯看来，中国传统的法律不注重司法的程序性，司法过程中依法定罪的落实程度较低。韦伯对中国传统法律的以上描述，受到中外学者的批评，比如林端等学者均认为韦伯对中国传统法律的归类太过粗糙，对中国法律传统对于“形式”的重视关注不够。①

从以上有关明代司法的讨论来看，明代司法程序规制比较细密，从诉讼到审判到复核，均有具体的法律条文规定具体的操作程序。国家对法律文书有基本格式的要求，从诉状的准备到判决书的写作均有一定的程式，监察部门对司法文书从格式到内容进行定期的检查。法律明确规定要依法定罪，司法官员要做到情法适中。而从现存的司法官员的判牍、司法档案中留存的判决书，以及司法复核机关的审核纪录和批语来看，如何引用合适的法律来进行定罪量刑是明代司法的核心内容，也是司法复核机构最为关注的内容之一。

本章在讨论明代司法的过程中，将司法程序和司法实践一并进行讨论。法律的规定和司法实践中的符合和差异也可以看得比较清楚。总体来看，司法程序和司法实践是一个一起成长的过程，司法程序为司法实践提供基本的轮廓和规制，但是从司法实践中产生的经验，也为司法程序的不断完善提供了来源。需要指出的是，本章依据的法律文书主要以明代中后期刊刻的为主，因此反映的司法实践主要也集中在这一时期，对于明前期的司法实践，因为材料的原因，交代较少。

① 林端：《中国传统法律文化：“卡迪审判”或“第三领域”——韦伯与黄宗智的比较》，《中西法律传统》第六卷，北京大学出版社2008年版；林端《韦伯论中国传统法律：韦伯比较社会学的批评》，台湾三民书局2003年版。

第六章 明朝特殊身份人的司法

在上一章对明朝一般司法程序和实践讨论的基础上，本章重点描述明代特殊身份人的司法。中国帝制时期的法律，为各社会群体安排了不同的位置。在《中国法律与中国社会》一书中，瞿同祖曾经讨论中国帝制时期的法律如何规定不同阶级拥有的不同法律地位和权利。贵族和官吏享有各种法律的特权，良民和贱民之间、主仆之间以及不同种族之间，在法律上存在明显的不平等。[1] 明代的法律也具有同样的特征：贵族和官员享有法律的特权，良民和贱民之间存在法律上的不平等。这些特权和不平等，在司法的程序和实践中得到充分的反应。本章以贵族、官员、生员作为权力集团的代表，讨论其司法程序与司法实践的特殊性；同时以雇工人和贱民等群体为代表，描述其法律地位如何低于一般平民，在司法程序和实践中有怎样的体现。

① 瞿同祖：《中国法律与中国社会》，中华书局 1981 年版。

第一节　宗　　藩

关于明代宗藩的特殊司法待遇，是在专门针对宗藩的法律《皇明祖训》中得到明文规定的。明初洪武朝制定的这部法律明确规定，亲王和宗室之家犯罪，不适用一般司法程序。具体而言，宗藩成员犯罪，中央三法司和地方司法机构不得擅自提问，不能对其进行审判。即使在国家司法体系内具有纠问职责的风宪官，若"以王小过奏闻，离间亲亲者，斩。风闻王有大故，而无实迹可验，辄以上闻者，其罪亦同"①。正德年间，宁王宸濠反迹已明，江西按察司副使胡世宁奏宁王无道罪状。宸濠即反奏胡世宁离间亲亲，妖言诽谤，为自己开脱，并联合宫中小人，逮胡世宁下锦衣卫狱，搒掠几死。定罪时，宸濠重贿佞臣江彬等，"胁刑官必坐以诬告亲王罪至死"。所幸法司直言，胡世宁才得以减死谪戍。②

《皇明祖训》规定，亲王和宗藩犯罪，直接由皇帝及其亲族，以及由皇帝指定的官员处理。程序如下：但凡亲王有过，重者，召至京城，宣召者首先为"皇亲或内官"，如果宣召三次不至，再遣"流官同内官"召之至京。如果亲王或宗藩所犯是实，要先由"在京诸皇亲及内官陪留十日"，"五见天子"，"然后发放"。亲王宗室的主审在天子，即所谓"天子亲谕以所作之非"。其间，"虽（亲王）有大罪，亦不加刑"。③

不仅在审讯过程中不得加刑，有罪亲王宗室的处罚也在国家一般刑罚体系，即笞、杖、徒、流、死五刑之外，五刑不得加于宗藩。《皇明祖训》明确规定，宗藩犯罪，"重则降为庶人，轻则当因来朝面谕其非，或遣官谕以祸福，使之自新"④。即罪至重，只革除封号，降为庶人。

宗藩司法，在国家司法体系之外，主要依靠皇帝和皇亲族属处理宗藩的不法行为，这样的做法直接导致了明朝廷对宗藩司法管理的不力。其后果之一，

---

① 《皇明祖训》，《皇明制书》，日本古典研究会，1966 年，第 12 页。
② ［清］谷应泰：《明史纪事本末》卷四七《宸濠之叛》，中华书局 1977 年版，第 692 页。
③ 《皇明祖训》，第 12 页。
④ 同上。

皇明祖訓序

朕觀自古國家建立法制皆在始受命之君當時法已定人已守是以恩威加于海內民用平康蓋其創業之初備嘗艱苦閱人既多歷事亦熟比之生長深宮之主未諳世故及僻處山林之士自矜己長者甚相遠矣朕幼而孤貧長值兵亂年二十四委身行伍為人調用者三年繼而收攬英俊習練兵之方謀與群雄並驅勞心焦思慮患防微近二十載乃能翦除強敵統一海宇人之情偽亦頗知之故以所見所行與群臣定為國法革元朝姑息之政治舊俗汙染之

祖訓　一

徒且羣雄之強盛詭詐至難服也而朕已服之民經世亂欲度兵荒務習姦猾至難齊也而朕已齊之蓋自平武昌以來即議定著律令損益更改不計遍數經今十年始得成就頒而行之民漸知禁至於開導後人復為祖訓一編立為家法大書揭于西廡朝夕觀覽以求至當首尾六年凡七謄藁至今方定豈非難哉蓋俗儒多是古非今姦吏常舞文弄法自非博采衆長即與果斷則被其眩惑莫能有所成也今令翰林編輯成書禮部刊印以傳永久凡我子孫欽承朕命無作聰明亂我已成之法一字不可改易非但

不負朕垂法之意而
天地
祖宗亦將孚佑於無窮矣嗚呼其敬戒之哉

祖訓　二

《皇明祖训》

出处：《原国立图书馆甲库善本图书》第 424 册，国家图书馆出版社，2013 年。

是宗藩司法实际司法程序的缺失，宗藩司法混乱。正德年间发生的鲁王府朱当沍案是为例证。

山东鲁王府归善王朱当沍豪健有力，好兵善射。王府长史马魁与其有隙，阴告于朱当沍父亲，即鲁庄王处，称朱当沍有谋逆之举。鲁王怕惹祸上身，竟将此事奏闻朝廷。同时，朝廷中吏部主事梁谷与兵卒袁质等有怨，而袁质等与朱当沍过从甚密，数次操习射术，梁谷因此向兵部告变。圣旨下，逮问朱当沍。马魁又买通证人，贿赂太监，以坐实朱当沍谋逆之罪。但是，朱当沍谋反缺乏罪证，朝廷上下皆知所谓朱当沍谋反是莫须有之罪名。御史李翰臣因此对梁谷与马魁进行弹劾，无果。最后朱当沍被降为庶人，发凤阳幽禁高墙。朱当沍到达凤阳才知审理结果和对他的处罚，遂口呼冤枉，触墙而死。① 朱当沍案的发生，贵为帝胄的归善王朱当沍蒙冤而死，固然有多方面的原因，但其中与宗藩司法中缺乏确定的程序和专门的司法官员也密切相关。

明朝廷对宗藩司法管理不力的另一后果，是宗藩成员的“豪横纵恣，肆行无忌”②。万历年间，湖广崇阳王府奉国中尉景山等与武昌府江夏县张香儿等谋划劫财，张香儿等作为普通百姓，担心说“这事犯了，便害性命，不可做贼”，对国家的司法心存敬畏；而宗室景山等回应，“我们是有禄的，事犯只是革禄，无甚么事”③。宗室的以上心理和言论，充分说明宗藩成员对其司法特权的认识，并借此逍遥法外的事实。

宗藩特殊司法导致的种种问题，迫使朝廷采取相应的措施。在司法程序方面，比较明显的趋势是，国家司法官员开始更多地进入宗藩司法的过程。弘治十三年（1500 年）《问刑条例》修订，其中已经有明文规定，各王府不许擅自召集外人，凌辱官府，扰害百姓，擅作威福，打死人命，受人投献地土、进送女子，及强取人财物，占人妻妾，收留有孕妇女，以致生育不明，冒乱宗支。及蓄养术士，招尤惹衅，无故出城游戏。违者，巡抚、巡按等官即时奏闻。④ 从洪武时期的《祖训录》和《皇明祖训》颁布以来，在国家的法律文本中，这是第一次明确规定国家司

---

① ［清］张廷玉：《明史》卷一一六《诸王一》，第 3576 页；《明武宗实录》卷一一八，第 2382—2383 页；［明］朱国祯：《涌幢小品》，文化艺术出版社 1998 年版，第 105—107 页；陈勇：《明代兖州鲁王和王府》，《中州今古》2003 年第 1 期等。

② ［明］张翰：《松窗梦语》卷八《宗藩纪》，中华书局 1985 年版，第 156 页。

③ ［明］张问达：《抚楚疏稿》卷八《三宗因赌纠党行劫疏》，万历刊本，第 26—27 页。

④ ［明］白昂等编：弘治《问刑条例》，《皇明制书》卷一三，第 356 页。

法官员在宗藩违法中的纠举责任,为国家司法官员介入宗藩司法提供了依据。

嘉靖初年,鲁王朱观熫与馆陶王朱当漗不和,分别向朝廷上书攻击对方,揭露对方种种不法行为。在刑部的建议下,皇帝诏令刑部左侍郎杨志学、锦衣卫都指挥袁天章、户科给事中周珫等到山东勘问。① 杨志学等三位钦差到达山东,会同巡抚山东都察院右副都御史胡缵宗、巡按山东监察御史李松、山东右布政使刘漳、临清兵备副使张邦教、带管分巡东兖道副使孟居仁,督同济南府知府司马泰、青州府知府李朝纲、濮州知州杨估、临清州知州马驎等配合查勘,其中杨志学、袁天章、周珫、胡缵宗、李松等直接参与了审理。审理轻重人犯 195 名。② 嘉靖十六年(1537 年)九月,钦差杨志学、袁天章、周珫等奏称审理完毕,"具得其实,遂列上各罪状,请上割恩正法"③。《鲁府招》是这次审理的记录。

《鲁府招》包括以下三个部分的内容。其一,介绍这次查勘审理的由来。在《鲁府招》的开篇,刑部左侍郎杨志学、锦衣卫都指挥袁天章、户科给事中周珫等首先介绍了自己作为钦差,奉旨到鲁王府进行审理的由来和过程。这一部分列举历年来鲁王府所上奏疏,这些奏疏如何经圣旨转发"法司"或者"礼部"知道后得到相应的处置,以及最后刑部请旨,提议"敕差三法司、锦衣卫各堂上官,并给事中各一员,前去该地方会同彼处抚、按官员从公查勘",奏准之后成行。④ 其二,审理记录。这是《鲁府招》的核心部分,占据了《鲁府招》整个文本约 3/4 的篇幅。主要是针对鲁王府和馆陶王府官吏、仪宾、王府人役、入府生事的乐工、普通百姓等一共 62 人的判决书。其三,审理人员向皇帝陈述审理意见,分"参照""看得""再照""又照"等部分。在其中的"看得"部分,审理人员专门评论了以鲁王为首的宗藩成员的行为。文中先列鲁王的问题,指出其罪行斑斑,至于"不能殚述者"。⑤ 次论其余宗室成员如馆陶王等行为,指出,"揆诸《祖训》",俱属有违。⑥ 在接下来的"再照"部分,审理人员议论鲁府田土、护卫等事。比如建议"遵照《祖训》内事理",将鲁府护卫军士量拨部分护卫兖州,以屏蔽地方;比如

---

① 《明世宗实录》卷二〇四,第 4264 页。
② [明] 不著撰人:《鲁府招》,明钞本,第 43 页。
③ 《明世宗实录》卷二〇四,第 4264 页。
④ [明] 不著撰人:《鲁府招》,第 2 页。
⑤ 同上,第 39 页。
⑥ 同上。

建议将“鲁府节年添造离宫新城并大池合无拆毁”等。[①] 在之后的“又照”部分，审理人员提出，鲁府发生之罪案，多由群小作恶所致，为此建议“精选素有贤能声望之人”任王府各级官员，对鲁王及其余宗室成员进行规谏。[②] 最后，审理群臣表示，“前项勘议事情皆非臣等所敢定拟，均乞圣明裁处”。[③] 为此，将问过人犯按照罪名与处罚的程度，从重到轻，一一条列于《鲁府招》的末尾。

嘉靖十六年(1537 年)九月，嘉靖皇帝收到来自钦差官员的审理报告之后，最后的裁定如下：鲁王朱观熄虽然“乖违《祖训》，法当革爵”，但是“念其幼稚，姑从轻，革禄米三分之二，令图省改”。馆陶王朱当漗革禄米三分之一，从馆陶王讦奏的朱观爝等住禄半年。唯王府人役“处决发遣如拟”。[④]

从《鲁府招》所记录的鲁王府案件的审理过程来看，宗藩司法仍具特殊性。对于非宗藩成员，国家司法官员可以审理，而对于王府宗藩，他们只能奉旨查勘。两者的惩治方式也有差别。非宗藩成员的惩治在国家规定的笞、杖、徒、流、死五刑之内，而对于宗藩的惩治仍在五刑体系之外。但是，从《鲁府招》的记录看来，与明初《皇明祖训》所规定的内容相比较，国家司法官员在宗藩司法中的出现更为规范，态度更为积极。

比较明初，这一时期宗藩司法具有更明确的程序。一般来说，宗藩有罪，由刑部和礼部建议，由皇帝钦定朝廷官员前往勘案。上述鲁王府案如此。同样，嘉靖二十四年(1545 年)，楚王暴毙，皇帝钦定审判人员前往武昌审案。参加的人员有宗人府驸马都尉邬景和、司礼太监温祥、锦衣卫指挥使袁天章、镇守太监李熙、巡抚右都御史车纯、巡按伊敏生，以及湖广布政司包括武昌、承天等府的知府在内的地方官共计 16 人。[⑤] 大臣虽然是“奉旨推问”，所以随时要把审问的情况向皇帝报告，最后将审问的结论奏闻，皇帝将此结论再交皇亲以及各部大臣会议，会议结果再报皇帝批准。这样的程序仍符合朱元璋告诫后代君主的“皇亲国戚有犯，在嗣君自决”，[⑥]但是与明初的情况相比较，朝廷的司法官员，尤其是巡抚、巡按在这些司法过程中的角色与作用基本得到确定。

---

① ［明］不著撰人：《鲁府招》，第 41 页。
② 同上，第 42 页。
③ 同上。
④ 《明世宗实录》卷二〇四，第 4265 页。
⑤ 转引自杨雪峰《明代的审判制度》，第 60—62 页。
⑥ 《明太祖实录》卷二三九，第 3478 页。

其次，明代中期以后，有罪宗藩的处罚逐渐定制。明代宗藩犯罪，最为常见的处罚有二：一为量革禄米。成化年间赵王"屡贼杀人"，革其禄米三分之二；嘉靖间鲁王淫暴，被革禄米三分之一；万历年间，淮王"潜谋易嫡"，至革四年禄。其二则是废为庶人，幽禁终身。从洪武年间开始，作为皇家故里的凤阳就成为幽禁犯罪宗室的场所，天顺以后，在凤阳则有"高墙"建立，宗藩发充至此幽禁，则被称为发高墙。[①] 后代行用频繁："宗室有非法不道，怙恶违训者，必革去封爵，押发高墙。所以禁锢其身，使惩创以消其衅也。"[②]高墙禁锢了废庶人的人身自由。凤阳的几处高墙都有崇垣深渠，门楼敌台。中都留守司下专设有高墙军，严密看守。凤阳守备太监直接负责高墙的事务。禁锢其中的废庶人若有逃亡，则罪守备太监和守护军人。当然，禁锢宗藩的待遇与普通的罪犯仍不可相提并论。禁锢高墙的宗藩，可携带家属侍从，因此，宗藩一人犯罪，迁发高墙的人数常常在二十人上下。废庶人及其家人在高墙内的生活也由朝廷安排，每年按人口发给米、柴、棉布、棉花、香油、盐、茶等等，正常的供应之外，如果有后代子孙繁衍，朝廷时而还有赏赐。禁锢高墙的宗藩，原则上要禁锢终身。本人死后，家属可量情释放。朝廷大赦之时，一部分罪行相对较轻的罪犯也可释放。

嘉靖三十一年(1552 年)十月，荆府辅国将军厚熸因与都昌王载熔有隙，夜率家人进入载熔府邸，将载熔捽缚，劫千余金而出，载熔"发狂，乃纵火自焚其宫，投一子于井溺死"。抚按以闻，皇帝"诏下法司拟罪"。厚熸家人吴俸等各处斩、谪戍，厚熸夺俸禄一年。[③] 同样，万历四十三年(1615 年)七月，河南巡按张至发参不法属宗镇国将军朝填报生诡匿、请名矫托等事，认为朝填大干宪彝，法应参降。朝廷也同样明令"命付法司"。[④] 在以上两个事例中，涉及宗藩的案件直接由法司审理并拟定罪名，虽仍经过皇帝的诏令做出最后的裁决，国家司法机关在宗藩司法中的作用却似乎更为直接，与以往法司在宗藩案件中主要承担勘案的作用似有不同。如果说以上的记录仍见简略，那么张问达《抚楚疏稿》所记录的这一时期的宗藩司法实践则更为具体。张问达，字德允，陕西泾阳人，万

① 参见周致元的《明代的宗室犯罪》，《安徽大学学报》1997 年第 5 期；《初探"高墙"》，《故宫博物院院刊》1997 年第 2 期。

② 《宗藩条例》卷上，"降发高墙"，《中国珍稀法律典籍集成》乙编第二册，第 559 页。

③ 《明世宗实录》卷三九〇，第 6862 页。

④ 《明神宗实录》卷五三四，第 10126 页。

历十一年(1583年)进士。万历间曾以右佥都御史巡抚湖广,有《抚楚疏稿》成书。其中收录《三宗因赌纠党行劫疏》,又名《宗室纠党行劫招疏》,实际上是将一份由湖广按察司审理的包括宗室成员在内的判决书奏请处置。该案件中,楚府崇阳王府镇国中尉显栵,又名友志,府邸被劫,实为其未请封男橘洲和奉国中尉蕴鋈,又名景山,等人谋划,橘洲与江夏县民张香儿等联合所为。值得注意的是,张问达上疏中描述,案件审理过程中,友志、景山以及橘洲等均"散拘在官";而在湖广按察司出具的判决书中,"问得"与"议得"部分均将奉国中尉景山、未请封宗室橘洲以及庶宗朱二包括在内。[①] 尽管这三位宗室最后的处罚仍需题请皇帝,但是国家司法官员不仅直接审理宗室案件,而且拟定宗室罪名,与前述《鲁府招》的情形形成差别。这一时期,国家司法程序和司法官吏之介入宗藩司法之深,由此可见。

隆庆三年(1569年),礼部官员戚元佐上书讨论宗藩的生活与司法诸问题。戚元佐首先认为国家应该开启藩禁,让全体宗藩成员均有从四业、入仕途、自食其力的机会。与这一建议相联系,戚元佐指出,应该彻底取消宗藩的特殊司法程序,而将宗藩一体纳入国家一般的司法过程之中。戚元佐称此为"大破常格以处之"。[②] 他认为宗藩犯罪而享受特殊司法待遇,"原非古道";不仅如此,"即宗室有罪而有司刑罚不加,则大乱之道也"。[③] 在戚元佐看来,宗藩接受一般司法程序,即接受地方有司的司法管辖,纳入一般的司法程序,接受笞、杖、徒、流、死五刑的惩治,是开放藩禁的必要条件。如果这一条件不具备,而单独开放藩禁,则宗藩进入仕途,或者从四业,如有违法过错,一律免罪,宗藩之贪婪凶纵、凌弱暴寡会变本加厉。

戚元佐的议论得到同时代官员的呼应。[④] 但明朝廷在将宗藩彻底纳入国家一般司法体系的过程中,行进仍然艰难。戚元佐也指出,宗藩事体,动关《祖训》,是以议即窒碍,法多掣肘。也就是说,朝廷官员,或许包括皇帝在内,对于《祖训》关于宗藩成员司法的规定仍有顾忌。因此,在基本的格局内权作通融,

---

① [明]张问达:《抚楚疏稿》卷八《三宗因赌纠党行劫疏》,第25、46页。

② [明]戚元佐:《议处宗藩事宜疏》,陈子龙等辑《明经世文编》卷三八八,第4198页。

③ 同上,第4202页。

④ 具体可参见吴艳红《明代宗藩司法管理中的分别议处——从〈鲁府招〉谈起》,《中国史研究》2014年第2期。

做一些补偏救弊之事，还有可能，但是要在格局上做大改变，即拔本塞源，“大破常格以处之”，则比较困难。① 从有明一代有关宗藩的司法实践来看，在立法与司法原则的层面，宗藩司法已经被纳入国家一般的司法体系，但是，进入国家一般司法体系的宗藩仍以特殊的群体存在，与一般臣民在司法的诸多方面仍存在区别。

第二节 职　官

在国家的司法中，赋予职官以特殊的优待，在中国古代由来已久。唐代法律在这方面的规定殊为详细。清代律家薛允升感叹，“其优恤臣工者，可谓无微不至矣”。② 具体而言，唐代官员犯罪，首先可以根据品级和罪情减刑。其次是为官当，即以官职抵罪。《唐律》规定：“五品以上，一官当徒二年；九品以上，一官当徒一年。”官员罪重至流罪以上，则有“除名”“免官”等法，即罢去全部官职抵罪。换言之，犯罪官员以官品抵罪，并不实际接受五刑的处断。并且，官员以官品抵罪以后，复职升职均相对容易。③ 其三，赎。《唐律》规定可以纳赎免罪，但其范围有严格限制，“诸应议、请、减及九品以上之官，若官品得减者之祖父母、父母、妻、子孙，犯流罪以下，听赎”。赎免是官员的一种特权，一般人犯的赎罪则仅局限在老小废疾之人。④

与唐代的情况比较，官员的司法特权在明代受到很大程度的剥夺。薛允升因此指责《大明律》“只知尊君而不知礼臣”。⑤ 瞿同祖也指出，明清法律对于官员的优待“不如唐、宋远甚”。⑥ 首先，官员犯罪，流罪以下，可减等处置的规定已

① ［明］戚元佐：《议处宗藩事宜疏》，陈子龙等辑《明经世文编》卷三八八，第4198页。
② ［清］薛允升：《唐明律合编》“后序”，第314页。
③ ［唐］长孙无忌等撰，刘俊文点校：《唐律疏议》卷二，第44、47—48页；卷三，第55—56、58—62页。
④ ［唐］长孙无忌等撰，刘俊文点校：《唐律疏议》卷二，“应议请减”第34—35页；卷四，“老小及废有犯”，第80页。
⑤ ［清］薛允升：《唐明律合编》“后序”，第314页。
⑥ 瞿同祖：《中国法律与中国社会》，第214页。

经取消。第二，在法律规定的层面，官员犯罪，“官当”的特权大大缩减。第三，至于赎法一项，明代“律赎”的范围较窄，与《唐律》规定相去不远，但在洪武以后，随着“例赎”的充分发展，明代赎法已经宽及文武官吏、军民百姓各等人，五刑之中，真犯死罪以下，只要财力许可，与官员一样，军民百姓均有纳赎免罪的可能。换言之，赎免不再成为官员的特权。

但是，比较一般平民，官员在司法中仍具有特殊性。首先，就提问而言，《大明律》明确规定，官员犯罪，“京官及在外五品以上官有犯，奏闻请旨，不许擅问”；六品以下官员，“听分巡御史、按察司并分司取问明白，议拟闻奏区处”。府州县官犯罪，其直属上司如布政司官员，不得擅自勾问，而“止许开具所犯事由，实封奏闻”。① 这些规定充分说明，明代官员犯罪，其他官员可以弹劾，可以上奏，担任司法监察责任的都察院官员，可以纠举，但是，是否将该官员置于司法程序，这一权力则直接掌握在皇帝手中。

涉及官员案件的审理也一样。明代中央官员的按问直接由法司或诏狱承担。地方官员或者由按察司、巡按御史、巡抚等官审问，如果案件重要、情节严重，则可能将该官员直接召至或者械至京师审问。嘉靖三十九年(1560 年)，巡抚云南都御史游居敬以擅调官军引起地方骚乱，为巡按御史王大任所弹劾，圣旨诏锦衣卫将游居敬械至京师讯问，最后定罪充军戍边。② 无论是三法司和诏狱的审理，还是地方的会审，审理的过程均需知会皇帝，审理的结果也要上报皇帝。《大明律》规定，无论官员品级大小，除了“笞决”“罚俸”“收赎”“纪录”这样的轻刑外，有关官员的其他惩治，均要上报皇帝，奏闻拟断。③

嘉靖二十九年(1550 年)，四川保宁府巴州地方向朝廷进表，表文由生员李孟阳完成。李孟阳不经意在表文上留下污渍。表文送州盖印，作为知州的李时言等失于查验。表文经布政司呈送到京，被礼部有关官吏查出。礼部尚书题请后奏准：“这表文违误差错，经该官吏着巡按御史提了问。”④巡按四川监察御史遂行令四川布政司，要求保宁府巴州官吏，“即提该州原进前项表文经该官吏并写表生员、赍表人役到官，问拟应得罪名，作速具招，同纸赎库收一并申司，以凭

① ［明］高举：《大明律集解附例》卷一，第 193、196 页。

② 《明世宗实录》卷四八九，第 8133—8134 页。

③ ［明］高举：《大明律集解附例》卷一，193 页。

④ ［明］佚名辑，吴艳红整理：《四川地方司法档案》，194 页。

转夺施行”。巴州官员“依奉行提时言与李孟阳、杨友、秦安仁等到官研审前情明白”。审理结果和判决意见如下：①

保宁府巴州呈，今将问过本州经该官李时言、吏秦安仁等招罪缘由理合开造施行，须至册者。

计开：

一名，李时言，年肆拾叁岁，系湖广黄州府蕲州民籍，由举人见任保宁府巴州知州。状招：嘉靖贰拾玖年正月贰拾伍日，本州例该预赍□……寿表文，行令在官生员李孟阳写完，伊不合不行恭谨，于上污渍，送州用印。时言与在官该吏秦安仁并在官捧表阴阳官杨友各亦不合失于验看，批差杨友赍捧赴司告投，转赍赴京，致蒙礼部仪制清吏司据国子监参□……监生林高查出参看巴州污渍。本年拾月初捌日，太子太保本部尚书兼翰林院学士徐等具题，□……这表文违误差错，经该官吏着巡按御史提了问。李承恩患病缘由查明具奏。钦此。钦遵。备咨巡按四川监察御史刘案行本司，牌仰本州官吏即提该州原进前项表文经该官吏并写表生员、赍表人役到官，问拟应得罪名，作速具招，同纸赎库收一并申司，以凭转夺施行。依奉行提时言与李孟阳、杨友、秦安仁等到官研审前情明白。今蒙查问实招罪犯叁名：秦安仁，年肆拾岁，系通江县民。李孟阳，贰拾伍岁；杨友，肆拾岁，俱本州民。各招与李时言招同。

一，议得：

李时言、李孟阳、杨友、秦安仁所犯，俱合依“不应得为而为之事理重者”律，各杖捌拾。俱有《大诰》减等，杖柒拾。俱系官吏、生员，照例纳米折价赎罪，申详，各还职役。

一，照出：

李时言、李孟阳、杨友、秦安仁各官纸银贰钱，又赎罪米价叁两伍钱，共拾肆两捌钱，追收本州官库收贮，听候籴谷备赈。取库收缴报。余无再照。

明代知州的品秩为从五品。② 从以上案例可以看到，作为从五品的知州李时言，其提问是经过礼部尚书题请奏准之后得到落实的，而具体的审理则在巡

---

① ［明］佚名辑，吴艳红整理：《四川地方司法档案》，第193—194页。

② ［清］张廷玉：《明史》卷七五《职官四》，第1850页。

按御史的监督之下，经过布政司指派，由本州官员完成。审理结果：李时言犯杖罪，有力，所以折纳米价赎罪，任职依旧。审理结果上报布政司和巡按御史复核。因为是奏准的案件，因此还有“查明具奏”的要求。

这是情节相对简单、罪情较轻的案例。大致情节越重，涉及官员的品级越高，司法程序的特殊性、皇帝以及各种政治势力介入司法程序的程度就越明显。

在司法程序之外，对官员的惩治方式也体现出特殊性。明代官员犯罪，有公罪和私罪的区别。公罪和私罪的区分在犯罪者的主观意图。所谓“公罪”，一方面是指与公事有关的过错；同时也指“无私曲而犯者”，即没有私心，非故意犯罪。[①] 官员犯公罪，一般照旧任职。其中，笞罪赎免；杖罪以上则将罪过记录在案，等九年任满，一并送吏部，成为吏部对该官员进行升迁或黜降的依据之一。“私罪”则指“事不由公，以私取罪”。[②]《大明律》对官员私罪的处置较严。笞四十可以附过还职；笞五十以上均需要解除现任职务，根据罪情轻重，或者调任，或者降级任用；罪至杖一百，就予以革职，即“罢职不叙”。[③] 当然明代赎刑发达，在实际的行用中，除了真犯死罪，除了犯赃、犯奸等行止有亏的罪名之外，官员私罪均可以赎免，照旧任职的情况也很常见。[④]

明代，对官员私罪的处置，有两类罪行处置最重。其一为赃罪。《大明律·刑律》详细规定了对犯赃官吏的处罚。大致有禄人枉法赃至一贯以下杖七十，逐量加重惩治，至八十贯处绞；不枉法赃，从一贯以下杖六十开始，逐量加重至一百二十贯，杖一百，流三千里。至于无禄人，则枉法至一百二十贯者，绞；不枉法至一百二十贯之上，杖一百流三千里。[⑤] 立法本已不轻。而在一些特殊时期，对赃罪的处断更重。尤其是洪武时期，在太祖朱元璋整顿吏治的目标之下，大量法外行用酷刑，集中打击枉法受赃虐害百姓的官吏，在《大诰》中，因贪赃枉法而被枭令、斩首、充军、迁徙化外为民、革发原籍为民的官员触目皆是。虽是临时

---

① ［明］高举：《大明律集解附例》卷一，第 210 页。

② 同上，第 214 页。

③ 同上，第 213 页。

④ 江继海：《明代官吏职务犯罪研究》，东北师范大学博士学位论文，2005 年，第 85 页。关于明代官员公、私罪的区分及其意义等，还可参见柏桦《明清州县官群体》（天津人民出版社 2003 年，第 209—214 页）、陈淑丽、吕丽《明代官吏职务犯罪问题研究》（《当代法学》2006 年第 1 期）等论著。

⑤ ［明］姚思仁：《大明律附例注解》卷二三，第 815—819 页。

的甚至是法外的处置，其力惩官员贪赃的态度给人深刻的印象。至弘治《问刑条例》，关于官吏犯赃，再形成明确规定如下："文职官吏、监生、知印、承差，受财枉法至满贯绞罪者，发附近卫所充军"，"军职有犯监守常人盗、受财枉法满贯，律该斩、绞者，俱发边方立功五年，满日还职，仍于原卫所带俸差操"。① 充军原则上不准赎免；而无论充军还是"立功"，遇例均不能减等。从这个意义上说，此条有关官吏犯赃的惩治仍有重刑的特征。此外，一般赃官也不能轻易得到赦免，在明朝的大赦条令中，多有将赃罪官吏明确排除在宥免范围之外的情况。②

其二为"行止有亏"和"败伦伤化"之罪。《问刑条例》对军职的"行止有亏"和"败伦伤化"有明确的定义，前者包括"犯该窃盗、掏摸、盗官畜产、白昼抢夺、奸宿所部内军妻女"；后者包括"不奉养继祖母、继母及殴本宗大功以上尊长，小功尊属并殴伤外祖父母及妻之父母者"，以及"纵容抑勒女及妻妾，并子孙之妇妾，与人通奸，及奸内外有服亲属，典雇妻女与人，并奸同僚妻女"等。③ 无论是文职还是武职，所犯但系"行止有亏"以及"败伦伤化"的，按五刑制内刑罚处断以后，再一律问发为民，其中刑罚可以纳赎赎免，而革职为民一项则不得赎免，即不得再继续保留职位。

宦官是国家的内廷官。弘治《问刑条例》规定，"内官、内使、小火者、阍者等犯罪，请旨提问，与文职运炭纳米等项一体拟断，但受财枉法满贯不拟充军，具奏请发落"。万历重修《问刑条例》时，将此条归列于《大明律·名例》"职官有犯"条下。从条例的内容以及后来的编排来看，宦官被赋予了与外官相同的法律地位。

实际上，宦官作为内侍近臣，与外廷的职官相比较，其司法程序和实践更具特殊性。就审理机关而论，《诸司职掌》明确规定，在京各衙门不准私自审理各自的刑名之事，一应应问犯人俱要参送刑部、都察院、大理寺三法司，不得径自决发。嘉靖年间刑部尚书郑晓也曾重申过这一规定。按照这一规定，宦官机构十二监四司八局分别由刑部的浙江、江西、福建、山东、四川、山西、湖广、广西、河南、陕西、云南等十一个清吏司带管，如司礼监、尚膳监、尚宝监等由湖广清吏

① ［明］白昂等编：弘治《问刑条例》，《皇明制书》卷一三，第375、345页。

② 天顺元年即位诏书明令："今后，文武官员人等，为事犯赃充军为民降调者，遇赦不宥，永为定例。"见《明英宗实录》卷二八〇，第6000页。

③ ［明］白昂等编：弘治《问刑条例》，《皇明制书》卷一三，第345页。

司，巾帽局等由四川清吏司带管等等。① 此所谓宫中府中俱为一体。但随着正统以后宦官势力的逐步增强，司礼监在宦官的司法管辖中起到越来越重要的作用。嘉靖间，诏书明令，内臣犯法，惟下司礼监治罪。刑部尚书林俊上言，要求遵照祖宗法度，仍将犯罪内臣发往法司，皇帝不予理会。② 虽然在此以后，内臣犯法，仍有送法司问理的，但司礼监在司法中的作用实际上已经得到承认。万历间沈德符作《万历野获编》时，称“内臣得罪，祖宗时俱下法司，近代以来多自内批出”。③ 大致这一时期，中下层宦官犯罪，由皇帝内批之后交司礼监管辖，涉及上层宦官的重大案件则由皇帝指令组织专门官员进行讯治。④

因为宦官的特殊身份，其犯罪后得到的惩治方式也具特殊性。明人描述如下：“其轻者云‘降作奉御私宅闲住’，盖犹为六品官也。又‘降奉御’者，或云发南京新房闲住，或云往凤阳祖陵司香；其重者降作小火者，发去南京孝陵司香，则无官矣。又重者则云降充净军，发去南京孝陵卫种菜；其更甚者，至云夹四夹，拶四拶，打一百，发南海子常川打更。则示意杀之，十无一存者矣。”⑤万历初年，内臣孙海、客用引诱年少的皇帝夜游得罪，圣谕口传，命将此二人降作小火者，发孝陵卫种菜。阁臣张居正等指出，发孝陵卫种菜这样的处罚，说明皇帝对其“犹不忍加刑”，只是“薄从降斥”而已。张居正指出，按照旧例，发孝陵种菜者，都为军人。既然孙海、客用发孝陵种菜，就不能止降火者，而须充作净军，乃为正法。⑥ 可见对宦官的特殊惩治，朝廷有明文规定，而且等次分明。

第三节　生　员

生员主要是指地方府州县儒学的学生。明代学校兴盛，有明一代，地方府

---

① ［明］李东阳、申时行等：《大明会典》卷一五九，第2230—2237页。

② ［清］张廷玉：《明史》卷九五《刑法三》，第2341页。

③ ［明］沈德符：《万历野获编补遗》卷一，“内监”之“内臣罪谴”，第815页。

④ 怀效峰：《明清法制初探》，法律出版社1998年版，第40页。

⑤ ［明］沈德符：《万历野获编补遗》卷一，“内监”之“内臣罪谴”，第815页。

⑥ ［明］张居正：《请处治邪佞内臣疏》，陈子龙等辑《明经世文编》卷三二六，第3478页。

州县儒学的学生数量不断增长。据估计，明末生员几近 50 万。[①]

生员这一群体在国家政治格局中具有独特的位置。一方面，生员作为在官的学生，还没有获取功名，没有正式进入官场，因此在政治权力和社会地位各方面，与现任的官员以及退职闲居的官员具有根本的差别。另一方面，生员本身已经是一种官方认定的身份和资格，通过官府考试之后取得，这一身份与资格使得他们可以和官员一样享受特权，比如徭役的免除等。也就是说，生员属于民，但与普通百姓又有不同。在有关中国帝制后期乡绅、缙绅、绅士、地方精英、地方社会的研究中，学者指出生员处于官员群体和普通民众之间，具有与这两个群体既合又分的特征。何炳棣(Ho Ping-ti)因此称生员是一个重要的“过渡性”群体。[②]

以上生员在政治格局中的位置如何影响到他们在法律领域的状态？在法律规定的司法程序以及有明一代的司法实践中，生员这一群体是否具有特殊性呢？

一、生员的诉讼

洪武十五年(1382 年)，太祖颁禁例于天下学校，令镌勒卧碑，置于明伦堂之左，永为遵守。学规第一条明确限制生员的诉讼行为，“今后府州县生员若有大事干于己家者，许父兄弟侄具状入官辩诉，若非大事，含情忍性，毋轻至于公门”。[③] 学规同时规定，违反学规者，以违制论。按《大明律》“制书有违”条规定，“凡奉制书有所施行而违者，杖一百”。[④] 将学规施行的效力与《大明律》条文挂钩。弘治《问刑条例》更明确规定“监生生员撒泼嗜酒，挟持师长，不守监规、学规者，问发充吏。挟妓赌博、出入官府、起灭词讼、说事过钱、包揽物料等项者问发为民”。[⑤] 总之，虽然《大明律》和《问刑条例》并不明文限制生员的诉讼行为，但是通过对学规的法律支持，实现了法律上对生员的诉讼权利进行部分约束的

① 陈宝良：《明代儒学生员与地方社会》，中国社会科学出版社 2005 年版，第 216 页。

② [美] Ho Ping-ti. 1962. *The Ladder of Success in Imperial China: Aspects of Social Mobility, 1368—1911*. New York: Columbia University Press. pp. 35—36.

③ [明] 李东阳、申时行等：《大明会典》卷七八，《学规》，第 1241 页。

④ [明] 姚思仁：《大明律附例注解》卷三，第 284 页。

⑤ [明] 白昂等编：弘治《问刑条例》，《皇明制书》卷一三，第 350 页。

效果。

明代中后期，上述学规仍被司法官员提及。比如万历年间任松江府推官的毛一鹭有《申详学院条议》一文，其中提到“故凡生员词讼，祇宜遵照卧碑，许令家属抱告待理”，①即重申学规限制生员诉讼的规定。但是，从这一时期的司法实践看，学规这样的规定似乎并没有得到落实。毛一鹭虽然重申学规，但是在《云间谳略》收录的毛一鹭任推官期间听审的 184 个案例中，涉及生员的案例共计 9 例，在所有 184 个案例，包括这 9 例涉及生员的案例中，毛一鹭均未提及学规的规定，更没有以学规为依据，对生员的诉讼行为进行限制和惩治。同样，对于符合学规的诉讼行为，毛一鹭也没有专门予以肯定。生员曹仲正，父亲名曹恩。范中选为税监，为曹恩女婿。商人张仕贩布往京，范中选刁难加害。张仕子张恩为救父而告范中选，并将曹恩牵连在内。曹仲正也为救父，以“叠诈坑儒恳电异冤事”为由，令家人曹槐抱告。② 这是 9 个涉及生员的案例中唯一一个明确说明生员有冤，而令家人告诉的，是符合学规的诉讼行为。推官毛一鹭指出这一案件中家人抱告的事实，但是并未提到与学规的关系，因此也未明确予以赞赏和推崇。

实际上，从司法实践来看，地方司法官员对于生员的诉讼，实际上给予了更多的宽容。毛一鹭审朱国士案，生员朱国士争侄子之产，屡告不辍，虽为诬告，判词指出“姑念亲叔，且系青衿，免其反坐”。③ 同样，魏生员妄加失物控告他人，宁波府在审理过程中，也是因为“念系青衿”，才“姑免究”其妄告之罪。④ 也就是说，生员的身份不仅没有给他们正常的诉讼带来任何的限制，反而还为他们的妄诉和诬告带来一定程度上的庇护。换言之，在明代中后期的司法实践中，学规限制生员诉讼的规定似乎没有得到更多的关注，生员的诉讼权利并未因此受到限制。或许正与这样的宽容有关，与普通民众相比较，生员在为干己事上的诉讼显得更为积极。从地方司法官员的角度看，他们不仅对生员诉讼的这一状态予以了承认，甚至在诉讼效力的保证以及诉讼责任的免除等方面明确给予生员更大的空间。明后期名臣吕坤在和生员的交流中，有以下的体己之言：“即士

---

① ［明］毛一鹭：《云间谳略》卷一〇，第 598 页。
② ［明］毛一鹭：《云间谳略》卷一，第 411—412 页。
③ ［明］毛一鹭：《云间谳略》卷八，第 534 页。
④ ［明］李清：《折狱新语》卷三，第 589 页。

为人侮，一士之口足以讼一人，即其人该灭族之罪，一士之力足以上告天子，下告方伯，明正典刑”。[①] 虽然有夸张的口气，但是这一时期国家对于生员诉讼的态度似乎由此一窥端倪。

二、犯罪生员的惩治

在明代中后期的司法实践中，对于犯罪生员的惩治，地方司法官员也明显地有特殊对待的特征。落实生员的惩治时，司法官员的态度慎重而且和缓，并清楚地表达对于生员的宽宥。在很多案例中，生员虽有不当不应不法的行为，却并没有受到实际的惩治。宁波府生员周士龙，参与远族女子之婚事，处置不当，推官李清并没有因此而对周生进行责罚。[②] 澶渊诸生郭垓典刘庆远地不当，又纵仆凌人，县主张肯堂杖其仆人张孔德，却免除郭生的刑责，因为张肯堂认为“罪不及于青衿云尔”。[③] 生员费一銮带门徒与乡民周瑞等启衅打斗，周瑞与门徒等“分别杖罚”，案例并不提及对于生员费一銮的罚治。[④] 上海县朱国士一案中，生员朱国士争侄子之产，明属诬告，“姑念亲叔，且系青衿，免其反坐”。[⑤] 生员黄士翔一案中，“（黄）士翔以青衿放利，刁讼抗官，则无行矣”，但“姑不深究”。[⑥] 总之，从明代留存至今的案例集来看，涉及生员的案例中，生员犯罪，官府“姑不深究”，从而使生员免除各种惩治的情况还是比较常见的。[⑦]

在对生员有所惩治的案例中，司法官员也有避免“科罪”生员的努力，即不对生员定罪，避免以五刑之内的刑罚加以惩治。比如生员雷声远在任大伦一案中有编排设计之嫌疑，导致任大伦之子死于非命。张肯堂断雷声远给大伦埋葬银，并令其输谷佐荒政，但不剥夺其生员资格，且不加刑，因为张肯堂认为“诸生也不可加以刑”。[⑧] 同样，生员王统一被告，张肯堂也断王统一出银，但是“统一

---

① ［明］吕坤：《实政录》卷一，第 219 页。
② ［明］李清：《折狱新语》卷五，第 660—661 页。
③ ［明］张肯堂：《䁿辞》卷九，第 405 页。
④ ［明］李清：《折狱新语》卷四，第 634 页。
⑤ ［明］毛一鹭：《云间谳略》卷八，第 534 页。
⑥ ［明］毛一鹭：《云间谳略》卷九，第 559 页。
⑦ 吴艳红：《试论明代中后期生员的司法参与》，柳立言主编《性别、宗教、种族、阶级与中国传统司法》，台湾“中央研究院”历史语言研究所 2013 年版，第 293—326 页。
⑧ ［明］张肯堂：《䁿辞》卷五，第 345 页。

名儒服贾，姑免科罪”。①

上述知县张肯堂对待惩治生员的态度和做法可能是比较常见的，即生员犯罪，司法官员直接以断银罚谷进行惩治，而避免对其科罪而拟定笞、杖等五刑。明末蔡献臣任浙江学政时，曾经指出生员犯罪，法官多拟罚谷这一问题，认为“此不过讳罪而言罚耳，非律也”，要求以后“生员有犯情重则罪，情轻则免，不得混拟罚谷且令避罪”。② 即认为断银罚谷性质模糊，不符合法律的精神。在蔡献臣看来，如果生员犯罪，就该按照国家法律定罪处罚；如果不予定罪，则说明所犯罪行可免除处罚，那么又何以对其断银罚谷？断银罚谷这种矛盾的特征很好地体现了司法官员在对待生员惩治方面的复杂心理。用这样一种法外的、具有调停特征的惩治，首先避免了对生员的科罪，保持了生员的名誉；同时可以让受害者或者纠纷对方得到补偿，达到平息纠纷的目的；还有，在张肯堂这样的司法官员看来，生员作为儒家弟子，对于钱谷应该具有更豁达的态度，以断银捐金解决纠纷，可以为生员博长厚之名。宁波府生员李文纹为王元忠所告，王元忠无理，所以推官李清对其施以杖刑，但是与此同时，李清也令无辜的李生员给价买产，为的是满足王元忠的要求，“俾饱其所欲，矫翮而去”，即以生员捐金而平息局面。③ 若与商人比较，这样的认识就更为突出。张肯堂处理苏仲芳一案，其中盐商高应聘与船户苏仲芳兴讼，张肯堂认为如果高应聘能够不以苏仲芳所欠银两为念，则讼事可息。但是，张肯堂指出“服贾之人惟利是图，其肯捐数十金以博长厚之名乎”？④

在明代中后期的司法实践中，从已经科罪的案件来看，司法官员在判定犯罪生员杖罪时，似乎也已经体现了优待之意。比如生员周道光一案中，法官对周道光之不齿行为多有指责，指出“为此讼戎首，一杖殊不尽辜”，“第念景逼桑榆而迹冒衣巾，姑照原拟”。⑤ 即本来杖刑不足以惩周道光之罪，但考虑到周道光的年龄和其生员的身份，只断其杖罪。同样，生员王辅国，受父意书诗联谤人，致人自尽，张肯堂判定“姑予一杖”。⑥ 似乎在一般五刑的惩治中，对生员的

---

① ［明］张肯堂：《䀨辞》卷八，第 396 页。

② ［明］蔡献臣：《清白堂稿》卷三，《四库未收书辑刊》，北京出版社 2000 年版，第 6 辑第 22 册，第 75 页。

③ ［明］李清：《折狱新语》卷三，第 585 页。

④ ［明］张肯堂：《䀨辞》卷二，第 303 页。

⑤ ［明］毛一鹭：《云间谳略》卷七，第 530 页。

⑥ ［明］张肯堂：《䀨辞》卷十一，第 453 页。

用刑也有宽宥的特征。

生员作为一种职役，剥夺生员身份可以独立成为一种惩治，也可作为辅助的惩治。在具体的行用中，官员则表现出充分的谨慎。在宁波府的一件窃盗案中，生员毛应秋窝赃；生员姚孙楷妄保与案件相关的人员；生员陆燧之父有罪被官府传讯而屡提不出，李清认为其父希冀以其子之身份作为护身符。以上生员都已经具备褫退的条件，但是李清认为"衣巾一褫，羽毛不鲜，将得水无望，失翅堪怜矣"。① 于是，毛、姚、陆等生员各受杖而已。确实，在落实惩治的过程中，司法官员经常表达对于生员前途的考虑。生员谈一贯为良、贱两家说合婚事，本来应该论杖，但是推官毛一鹭考虑到"一贯尚系青年，论杖恐阻进取，姑行学戒饬，以励后来"。② 而在上海县李怿春一案中，法官认为生员翁元炯撺掇岳母宋氏，改宋氏次女已定之聘，是"不知有分，并不知有法也"，本应申戒，但是"姑念年方弱冠，志在进取，止科不应，许其自新"。③

从明代中后期遗留下来的司法材料看，这一时期生员的犯罪大多集中在户婚田土等细事方面，纠纷的对象多集中在乡族邻里，无论从犯罪程度和牵涉的人员来看，重大的案件不多。从五刑落实的情况来看，对生员的惩治大多停留在杖罪这一层面。从司法官员的表达和他们对生员惩治的具体落实可以看到，生员犯罪得到的宽待是比较明显的。司法官员也认识到这样的宽容可能为生员带来庇护，直接导致了一些生员的犯罪。在上述宁波府的案例中，生员杨秉正被在官窃盗指认为同伙，李清描述秉正到官后，"犹高视阔步，口称生员不置"。④ 生员李恪种种不法，最后至于徒罪，张肯堂认为也与对生员的宽政有关："上之人每以青衿，故时从宽政，而被毒者复慑于其威，多不自白"。⑤ 因为对待生员宽政的可能，一般受生员荼毒的百姓甚至不敢声张。

但值得指出的是，以上司法实践所见对生员的宽政并没有法律的保障。《大明律》460 条条文中，并没有专门保护生员的内容。明代前期的司法实践中，对犯罪生员的惩治带有一定的特殊性，比如生员违法充斋夫和膳夫这样的惩治

① ［明］李清：《折狱新语》卷六，第 668 页。
② ［明］毛一鹭：《云间谳略》卷三，第 474 页。
③ ［明］毛一鹭：《云间谳略》卷九，第 576 页。
④ ［明］李清：《折狱新语》卷六，第 667 页。
⑤ ［明］张肯堂：《䓤辞》卷五，第 345—346 页。

方式。正统年间奏准:“自今轻罪充吏,免追廪米。若犯受赃、奸盗、冒籍科举、挟妓饮酒、居丧娶妻妾等罪者,南北直隶发充两京国子监膳夫,各布政司发充邻近儒学斋夫”。① 一时间充膳夫、斋夫成为惩治生员的重要方式。明孝宗弘治十一年(1498 年)十二月壬子,以清宁宫火灾诏告天下,其中一条云,“文武官吏、监生、生员、知印、承差、将军、力士、旗校、军民人等,自弘治五年(1492 年)三月初八日以后至弘治十一年十二月二十一日以前,有为事问发立功、哨瞭,运砖、运炭、运石、运灰,纳米,枷号,罚马,做工、摆站、煎盐、炒铁,充仪从、军伴、膳夫等项,悉皆放免,各还职役肄业,宁家随住”。② 类似的内容在此前后的诏书中均有出现,③可见部分生员犯罪充斋夫、膳夫的行用可能常规化。但是,弘治十三年(1500 年)修订《问刑条例》辅律而行,其中首条规定,“凡军民诸色人役及舍余审有力者,与文武官吏、监生、生员、冠带官、知印、承差、阴阳生、医生、老人、舍人,不分笞杖徒流杂犯死罪,俱令运炭、运灰、运砖,纳料、纳米等项赎罪。若官吏人等例该革去职役,与军民人役审无力者,笞杖罪的决;徒流杂犯死罪,各做工、摆站、哨瞭、发充仪从,情重者煎盐、炒铁。死罪五年,流罪四年,徒罪照徒年限”。④ 其中充斋夫、膳夫的规定取消,在赎罪的方式上,无论是以财物还是以力役,生员的惩治呈现一般性。可以说,在国家法律的层面,无论是《大明律》还是之后出现的《问刑条例》,其中均没有明文规定针对犯罪生员特殊的惩治方式。也就是说,上述判牍所反映的司法实践,其中出现的对于违法生员的宽宥并没有相应的法律依据。

其次,明代生员归属学校。生员违法,学校是否能够提供规制内的庇护?明代的提学官专门管理监督学校,提学官对于生员的庇护似乎常见。万历年间任礼部右侍郎的郭正域直接指责提学官对于生员“既养成之,又终庇之;广植桃李,长成荆棘”。⑤ 从以上郭正域的指责可以看出,首先,提学官对生员的庇护是违规的行为,受到朝廷和官员的非议。万历时期,国家在对提学官的要求中明确指出,“生员犯罪或事须对理者,听该管衙门提问,不许护短曲庇,致令有所倚

---

① 《明英宗实录》卷一七九,第 3457 页。
② 《明孝宗实录》卷一四五,第 2541 页。
③ 比如《明武宗实录》卷一收录明武宗即位大赦天下诏。见该书第 13 页。
④ [明] 白昂等编:弘治《问刑条例》,《皇明制书》卷一三,第 344 页。
⑤ [明] 郭正域:《合并黄离草》卷一,《四库禁毁书丛刊》,北京出版社 1997 年版,集部第 13 册,第 391 页。

恃,抗拒公法”。[1] 换言之,生员处于学校之内的特征并不必然为这一群体带来司法上的宽政。更重要的是,从明初以来,国家就以法规的形式,设定国家司法机关进入学校的途径。从具体的惩治来说,剥夺生员资格,或充吏,或为民,这样的惩治可以由提调官和提学官实施,在学校范围内进行;也可以由地方司法官员根据法律的规定实施。弘治《问刑条例》一条规定,“应试生儒、举人、监生,但有怀挟文字银两,并越舍与人换写文字者,俱问发充吏,三考满日为民”。[2] 此条例依据成化四年(1468 年)直隶真定府新乐县生员姜通等夹带文字银两进入考场,意图作弊这一具体案例而来。在该案例中,将姜通等生员“照依律例问拟明白,俱发充吏”;并规定以后发生类似情况,“俱照此例实行”。[3] 可以看出,充吏这种剥夺生员资格的惩治,可以由司法官员依法作出裁定实施。如果司法机关对于生员的惩治可以直接进入学校,归属学校这一事实能够给生员带来的司法上的优待就是不确定的。

从明代判牍所反映的司法实践来看,对于违法生员,是在五刑内科罪,还是免于科罪;是在学校内进行责罚,还是五刑内科罪,或者两者并举,法规并没有详细的规定,地方的司法官员主要依靠的是其自由裁量的权力。也就是说,生员在惩治中得到优待与否,以及得到优待的力度,与司法官员个人的态度呈现更多的关联。因此,有明一代的司法实践中,各司法官员对于生员的处置因此会出现不均衡、不一致的状况。以差不多同一时期的宁波府推官李清和大名府浚县知县张肯堂相比较,李清在其案例集《折狱新语》中收录涉及生员的案例多,以被告形象出现的生员也相对较多,李清对于宽待生员的态度也不积极。在案例中他会点明案件中生员的身份,但是对于生员身份以及对其罪行惩治的评论较少,因为生员的身份,特别指明要对其作特殊惩治的司法实践也相对较少。相比较而言,张肯堂在司法中对于生员所表现的眷顾就更为明显,在案件的处理意见中会明确提到因其生员身份而不予加刑的说明。

因此,虽然从判牍反映的司法实践来看,生员犯罪,在惩治中受到明显的宽待,但是,这样的宽待首先没有法律上的保障;而生员处于学校系统之内这一事实也并不构成确定的宽待的前提。与生员身份的过渡性特征有关,这一群体在

---

① [明]李东阳、申时行:《大明会典》卷七八,《风宪官提督》,第 1247—1248 页。

② [明]白昂等:弘治《问刑条例》,《皇明制书》卷一三,第 350 页。

③ [明]戴金:《皇明条法事类纂》卷八,第 356—357 页。

国家司法体系中享受的宽待也具有不确定性，这样的宽待会因为司法官员个人对于生员的不同看法而改变，具有不稳定的特征。

第四节　雇工人

一、明代的雇工人

雇佣劳工，在中国古代社会存在已久，明初修订的《大明令》，其中已经提到雇佣的事实。比如“户令”下一条规定：“凡民年八十之上，止有一子，若系有田产应当差役者，许令雇人代替出官，无田产者，许存侍丁，与免杂役。”[①]但是《大明令》中并未出现“雇工人”这一法律概念。洪武三十年(1397年)，《大明律》最后修订，其中有关雇工人的条目已经比较成熟，比如《名例律》中“亲属相为容隐”条规定：“凡同居若大功以上亲，及外祖父母、外孙、妻之父母、女婿、若孙之妇、夫之兄弟及兄弟妻有罪，相为容隐。奴婢、雇工人为家长隐者，皆勿论。”比如《刑律》中“亲属相盗”条规定：“其同居奴婢、雇工人盗家长财物及自相盗者，减凡盗罪一等，免刺。”[②]《大明律》中有关雇工人的条目共计14条，除了“亲属相为容隐”一条收入《名例律》，其余均出现在《刑律》部分。

但是，《大明律》中的雇工人到底包括哪些人群？是否所有的雇倩佣工之人均是雇工人？明前期，这样的问题并没有明确的答案。有明一代，借助条例的不断更新，雇工人这一法律的概念逐渐变得清楚。明代中期以后，首先是一部分义男被明确归入雇工人的范畴。弘治《问刑条例》首次明确规定：“义父母殴杀、故杀义子者，若过房在十五岁以下，曾蒙恩养；或十六岁以上，曾分有财产、配有室家者，依殴杀乞养异姓子孙律坐罪。若过房虽在十五岁以下，恩养未久；或十六岁以上，不曾分有财产、配有室家者，依故杀雇工人律坐罪。”[③]亦即，十五岁以下收养的义子，收养时间不长的；以及十六岁以上收养的义子，未曾从义父

① 《大明令》，《皇明制书》卷一，第8页。
② [明]高举：《大明律集解附例》卷一，第333—334页；卷一八，第1385—1386页。
③ [明]白昂等编：弘治《问刑条例》，《皇明制书》卷一三，第372页。

母那里得到财产，义父母也未曾为其配家室的，这样的义子和义父母之间构成法律上的雇工人与家长的关系。嘉靖年间重修《问刑条例》，弘治《问刑条例》的以上条目得到补充：义子之妇，如果符合弘治《问刑条例》设置条件的，也以雇工人论。此外，嘉靖年间的这一条例还规定："其义子后因本宗绝嗣，或应继军伍等项，有故归宗，而义父母与义父之祖父母、父母无义绝之状，原分家产、原分妻室不曾拘留，遇有违犯，仍以雇工人论。若犯义绝，及夺其财产妻室与其余亲属，不分义绝与否，并同凡人论。"①这样，已经归宗的义子，如果仍在财产和妻室等方面得到义父母的恩惠，与义父母之间仍存在恩义，则与义父母之间仍构成雇工人与家长的关系。

万历十六年(1588年)正月，根据前此都察院右都御史吴时来等人的提议，形成有关雇工人新题例。这一新题例明确将一部分雇倩佣工之人排除在雇工人的法律概念之外："今后，官民之家凡倩工作之人，立有文券、议有年限者，以雇工人论；止是短雇月日、受值不多者，依凡论。其财买义男，如恩养年久，配有室家者，照例同子孙论；如恩养未久，不曾配合者，士庶之家依雇工人论；缙绅之家比照奴婢律论。"②

到万历十六年新题例的颁行，《大明律》中的雇工人，已经很明确地与社会层面的雇倩佣工之人相区别。雇倩佣工中的短工，在法律上并不以雇工人的身份出现。法律中的雇工人包括以下两个部分的人群：

其一，雇倩佣工中的长工，与雇佣人之间立有文券、议有年限者。文券是雇工人与家长之间写定的一种书面约定，格式大致如下：③

> 立雇约人某都某人，今因生意无活，自情托中帮到某都某名下替身农工一年，议定工银若干。言约朝夕勤谨，照管田园，不懒惰。主家杂色器皿，不敢疏失。其银归按季支取，不致欠少。如有荒失，照数扣算。风水不虞，此系天命。存照。

---

① ［明］顾应祥等：嘉靖重修《问刑条例》，第492页。

② 高举《大明律集解附例》附此条例于《刑律》"奴婢殴家长"条下，见该书卷二〇，第1598—1599页；而姚思仁《大明律附例注解》则将此条例列于《户律》"立嫡子违法"条下，见该书卷四，第317—318页。

③ 张传玺主编：《中国历代契约粹编》中册，北京大学出版社2014年版，第934页。

文券说明雇主与雇佣人之间的义务和责任，成为司法官员认定雇佣者是否为雇工人的证据。崇祯初年，徽州府歙县人潘继武受雇于同乡潘嗣辉，从潘嗣辉处领得银两，到福建购买苏木，不幸死于旅途。潘继武的母亲和兄弟兴讼，以潘继武为潘嗣辉的合伙人为词，有侵吞潘嗣辉银两的企图。潘嗣辉在公堂上出示账本，以及他和潘继武之间订立的雇工券。知县傅岩由此认定潘继武为雇工，所携银两为雇主潘嗣辉所有；并指出潘继武母亲和兄弟的诉讼，实在是"徽俗雇工陨身诈钱惯套也"。① 可见得文券在认定雇工关系存在中的重要性。

其二，士庶之家，恩养未久、未曾配有家室的义男。义男与义父母之间关系复杂，②只有士庶之家中恩养未久、未曾配有家室的义男，才符合法律所定的雇工人的标准。

二、明代雇工人的司法

雇工人是一个特殊的群体。《大明律》雇工人条目 14 条，与雇工人发生法律关系的均为家长。雇工人和家长之间明确存在不平等的法律关系。这样的不平等关系主要体现在以下几个方面。

首先，就诉讼而言，《大明律》规定，家长及其相关亲属犯罪，除极恶重罪外，法律允许雇工人为家长容隐犯罪事实。③ 律家解释，这是因为雇工人"与家长又恩义之相联属者，……许其为亲者讳也"。④ 但是，恩义只是单方面的。雇工人犯罪，家长则没有为其容隐的义务。洪武十九年(1386 年)序刊本《律解辩疑》，在《名例律》"亲属相为容隐"条下设问："家长为奴婢、雇工人隐否？"答："奴婢、雇工人为家长隐，家长不为奴婢、雇工人隐者，为贱隶者也。"⑤与容隐这一要求相关，法律也明确规定，雇工人不得告家长，即便所告是实，仍要处罪。法律规

① ［明］傅岩：《歙纪》卷九，第 181 页。

② 冯剑辉：《明代徽州"义男"新探——以嘉靖祁门主仆互控案为中心》，《安徽大学学报》2014 年第 6 期，第 98—104 页。

③ 《大明律》"亲属相为容隐"条规定："凡同居若大功以上亲，及外祖父母、外孙、妻之父母、女婿、若孙之妇、夫之兄弟及兄弟妻有罪，相为容隐。奴婢、雇工人为家长隐者，皆勿论。"见高举《大明律集解附例》卷一，第 333—334 页。

④ ［明］高举：《大明律集解附例》卷一，第 336 页。

⑤ ［明］何广：《律解辩疑》上册，明刻本，第 39 页下。

定："若雇工人告家长及家长之亲者，各减奴婢罪一等。诬告者，不减。"[①]奴婢告家长及缌麻以上亲者，虽得实，得"杖一百，徒三年"；雇工人若减一等，则为"杖九十，徒二年半"，处罪很重。

其次，就具体犯罪定刑而言，同一罪行，则家长犯雇工人罪轻，雇工人犯家长罪重。比如《大明律》"尊长为人杀私和"条规定，"凡祖父母、父母及夫，若家长为人所杀，而子孙、妻妾、奴婢、雇工人私和者，杖一百，徒三年"。但是，"若妻妾子孙及子孙之妇、奴婢、雇工人被杀，而祖父母、父母、夫、家长私和者，杖八十"。[②] 即同样是"私和"，如果家长被人杀，而雇工人与仇家私和，雇工人要被处以"杖一百，徒三年"的刑罚；但是，如果雇工人被杀，而家长与加害者私和的，家长只受"杖八十"的处罚。同样，《刑律》"奴婢殴家长"条规定，"若雇工人殴家长及家长之期亲若外祖父母者，杖一百，徒三年；伤者，杖一百，流三千里；折伤者，绞；死者，斩"；如果是故杀，则要凌迟处死。而"若家长及家长之期亲若外祖父母殴雇工人，非折伤勿论；至折伤以上减凡人三等；因而致死者，杖一百，徒三年；故杀者，绞"。[③]

与这一同罪异罚精神相一致的是，相当一些罪行，雇工人针对家长发生时所受到的处罚与雇工人针对其他人发生时不同。一方面，比如骂詈，雇工人骂一般的人，法律规定只笞一十；但是雇工人若骂家长，则要受到杖八十、徒二年的重刑。[④] 即当雇工人犯罪的对象为家长时，处罚要比针对凡人的处罚重。另一方面，一些特定的犯罪行为，当雇工人犯罪的对象为家长时，处罚要比针对凡人的处罚轻。比如同居的雇工人盗家长财物的，处罚时减凡盗罪一等。[⑤] 律家解释，同居则共财矣。[⑥] 雇工人虽然与子孙卑幼不同，但是恩义仍存，因此处罚要比盗非家长财物的处罚要轻。

在《大明律》雇工人的条目中，雇工人经常与奴婢并举。同样的犯家长罪中，或者雇工人与奴婢受到同等的惩治。比如奴婢、雇工人将家长尸身图赖人

① ［明］高举：《大明律集解附例》卷二二，第1714页。
② ［明］高举：《大明律集解附例》卷一九，第1536—1537页。
③ ［明］高举：《大明律集解附例》卷二〇，第1591—1593页。
④ ［明］高举：《大明律集解附例》卷二一，第1639、1644页。
⑤ ［明］高举：《大明律集解附例》卷一八，第1385—1386页。
⑥ ［明］高举：《大明律集解附例》卷四，第588—589页。

的，均得杖一百、徒三年的处罚。奴婢、雇工人奸家长妻女的，均得斩罪。[①] 或者，同样的犯家长之罪，雇工人所得之罪要比奴婢轻一等。比如《刑律》“奴婢殴家长”条规定：奴婢殴家长者，斩；而雇工人殴家长，罪止杖一百，徒三年。[②] 但雇工人与奴婢在明代的法律中具有不同的特征。明代中期以后刊刻的《大明律》律注中，雇工人与奴婢的区别得到明确的强调。在《刑律》“良贱相殴”条下，明人王肯堂解释，雇工人“与奴婢终身服役者不同，而与善良等辈之人亦异”。[③] 说明雇工人介于良人和奴婢之间的特殊身份。高举在同条下也有同样的注释。[④] 此外，高举在《刑律》“干名犯义”一条下，对于奴婢、雇工人告家长的不同法律后果，有如下的解释：“若雇工人终系异姓，与奴婢为有间矣。”[⑤]雇工人和奴婢最大的区别在于后者是相对固定的贱民阶层，而前者不是。《大明律》中，《户律》下有“良贱为婚姻”一条，该律条规定，奴婢娶良人女为妻者，杖八十。若妄以奴婢为良人，而与良人为夫妻者，杖九十。离异改正。[⑥]《刑律》下有“良贱相殴”一条，该律条规定，“凡奴婢殴良人者，加凡人一等”。[⑦] 这充分说明奴婢与良人之间存在确定的不平等的界限。雇工人则不具备这样的特征。《大明律》针对雇工人的条目中，与雇工人发生关系的只有家长，说明只有雇工人与家长之间才存在不平等的法律关系，如果雇工人与家长之外的人发生纠纷，雇工人和对方就享有同等的法律地位，和家长之间的不平等法律关系就不再存在。说明雇工人本身并不是一个固定的贱民阶层，雇工人贱的身份是不确定的，只有在特定关系中才存在。

总之，雇工人的法律地位，处于主人与奴婢之间。它既不齿于良人，又不同于奴婢：其本来身份为良，而受雇后即为贱；在受雇期内为贱，限满归还之后又为良；其于主人为贱，于主人之外的一般人又同为良。其地位正是处于不良不贱、亦良亦贱之间。[⑧]

---

① ［明］高举：《大明律集解附例》卷一九，第 1515 页；卷二五，第 1850 页。
② ［明］高举：《大明律集解附例》卷二〇，第 1591—1592 页。
③ ［明］王肯堂著，［清］顾定九重编：《律例笺释》卷二〇，清刊本，第 26 页。
④ ［明］高举：《大明律集解附例》卷二〇，第 1589 页。
⑤ ［明］高举：《大明律集解附例》卷二二，第 1722 页。
⑥ ［明］高举：《大明律集解附例》卷六，第 704—705 页。
⑦ ［明］高举：《大明律集解附例》卷二〇，第 1585 页。
⑧ 周良霄：《明律“雇工人”研究》，《文史》第 15 辑，中华书局 1982 年版，第 79 页。

因此，在涉及雇工人的司法实践中，确定双方当事人是否构成雇工人与家长的关系比确定一方是否为雇工人更重要。只有雇工人与自己的家长成为法律纠纷的当事人，针对雇工人的特殊司法，即他和家长之间的不平等法律关系才得到落实。

下一章中，将具体讨论嘉靖年间著名的卢柟案，其中，作为加害者出现的卢柟和死者张杲的关系是否构成家长和雇工人的关系即成为案件审理的关键因素。如果两者构成家长和雇工人的关系，即使张杲确定被卢柟殴打致死，按照上文提到的《大明律》有关家长殴打雇工人致死的规定，卢柟受到的惩治只是杖一百、徒三年，罪不在死。但如果张杲不是卢柟家的雇工人，即使他一直受雇于人，为佣工之人，卢柟殴打张杲致死，按《大明律》凡人斗殴杀人，得绞罪。①

第五节　贱　民

《大明律》“良贱为婚姻”“良贱相殴”等条目中提到的贱民，主要是指奴婢。

一、《大明律》有关奴婢司法的规定

作为贱民，奴婢司法的特殊性表现在两个方面。

其一，当他们与一般良民构成法律纠纷的双方时，其司法待遇与一般良民存在区别。上文提到，《大明律》中的“良贱为婚姻”和“良贱相殴”条目，规定的都是奴婢与一般民众之间的法律关系。从《大明律》的规定来看，法律禁止奴婢与良人通婚，奴婢娶良人女为妻的，不仅要断离异，而且奴婢要受杖刑。而奴婢殴打良人，则要比良人之间互殴罪重一等；良人殴奴婢，则比良人之间互殴罪减一等。这充分显示出奴婢贱良人一等的特征。

万历年间，松江府马骥试图与王门千金婉姐结亲，王氏族人阻止，双方兴

---

① 《大明律》“斗殴及故杀人”条规定：“凡斗殴杀人者，不问手足、他物、金刃，并绞。”见高举《大明律集解附例》卷一九，第1498页。

讼。王氏族人阻止马骥与婉姐结亲的理由是双方贱、良有别。松江府推官毛一鹭审理发现，马骥曾经受赵相恩养，而赵相则是王氏的奴仆。后来马骥出姓，即与王氏和赵相均无瓜葛。所以毛一鹭也认定马骥与王门"无主仆实据"。虽然官方认定马骥并不是王家的奴仆，但是因为马骥曾经有为奴仆的经历，因此毛一鹭仍认定马骥具有贱民的特征，本案确实属于良贱纠纷。官方遂以"良贱为婚姻"这一律条为依据，判解除马骥和王氏女儿之间的婚约。期间婉姐不幸丧命，毛一鹭认为幸好婉姐已死，这样，马骥之谋便不能得逞。婉姐的庚帖从马骥处追回，而且断令马骥与王氏之间"永不得媾婚姻之好"。① 从这一案例来看，这一时期，奴婢贱民的特征仍然明显，即使出姓放良，仍被认为属于贱民，与良人发生纠纷时，不能得到平等的法律地位。

其二，当奴婢与自己的家长成为纠纷的双方时，他们司法的特殊性就更为明显。和雇工人一样，同等罪行之下，若奴婢犯家长，则罪重；若家长犯奴婢，则罪轻。《刑律》"奴婢殴家长"条规定，"凡奴婢殴家长者，皆斩。杀者，皆凌迟处死"。若是家长殴奴婢，如果奴婢有罪，家长不告官而直接殴杀者，家长杖一百；若奴婢无罪，而家长殴其致死者，家长杖六十，徒一年，当房人口悉放从良；若奴婢违犯教令而家长依法决罚邂逅致死，及过失杀者，各勿论。② 同罪异罚，体现家长与奴婢之间的尊卑差别。万历年间，松江府阿继，为路允直奴仆，因为家长经常打骂，难以承受，与他人设计，将家长路允直杀死。阿继以仆杀主，被凌迟处死。③ 崇祯年间，徽州府歙县项檕多为不法，受到族内长者的指责，因此欲加害长者，未逞，而杀长者之奴仆德端。公堂之上，项檕以主仆为辞，即指称德端为其奴仆，以此逃避死罪。歙县知县傅岩审得，项檕与德端之家长虽同为一族，但是在永乐年间已经分支，经过十五世，虽有名分，但实际上并无亲属关系。因此，项檕杀德端，以良贱相殴，良人殴他人奴婢致死律断，项檕坐绞罪。④ 在这个案件中，如果德端果真为项檕奴仆，项檕杀死德端，无死罪；如果项檕和德端之家长之间存在五服之内的亲属关系，项檕杀死德端，也可免除死罪。

---

① ［明］毛一鹭：《云间谳略》卷三，第 474 页。
② ［明］高举：《大明律集解附例》卷二〇，第 1591—1593 页。
③ ［明］毛一鹭：《云间谳略》卷九，第 582—583 页。
④ ［明］傅岩：《歙纪》卷九，第 179—180 页。

二、明代奴婢司法的几个问题

较之《大明律》的规定，具体司法实践中，关于奴婢的界定以及《大明律》奴婢条目的适用更为复杂。

首先，明代法律明确规定庶民之家不得存养奴婢。《大明律》"立嫡子违法"规定，"若庶民之家，存养奴婢者，杖一百，即放从良"。[①] 律家解释："庶民下贱，本当服勤致力，不得存养奴婢。惟功臣家有之，庶人而存留畜养者，是僭分矣。"[②]法律规定功臣之家可以蓄奴。《大明律》"谋反大逆"条规定，凡犯谋反大逆，则"祖父、父、子、孙，兄弟及同居之人不分异姓；及伯、叔、父兄弟之子不限籍之同异"，年十五以下，以及"母女妻妾姊妹，若子之妻妾，给付功臣之家为奴"。《刑律》"谋叛"条也规定，凡谋叛，"妻妾子女给付功臣之家为奴"。[③] 则功臣之家的奴婢，主要来自于给赐。对于普通的官员家庭是否可以蓄奴，法律则没有明确的说明。《大明律》这样的规定引出的问题是：如果只有功臣之家存在奴婢，那么官员和庶民之间事实上存在的奴婢，在法律上是不是应该被认定为奴婢？《大明律》中有关奴婢的各项律文对其是不是适用？

官员之家是否可以蓄奴，法律没有明文的规定，因而留下一定的发展空间。嘉靖年间，律家雷梦麟等认为，庶民之家不许存养奴婢，但是"有官者而上，皆所不禁矣"，只是"功臣之家有给赐者，而有官者皆自存养耳"。[④] 即认为普通官员家庭是可以蓄奴的。万历十六年(1588 年)正月题定有关雇工人的新题例，其中规定："其财买义男，如恩养年久、配有室家者，照例同子孙论；如恩养未久、不曾配合者，士庶之家依雇工人论，缙绅之家比照奴婢律论。"[⑤]则缙绅之家可以蓄养奴婢已经得到官方的承认。

但是士庶之家，不准蓄奴，是《大明律》明文的规定，则没有更改的机会。万

---

① [明] 高举：《大明律集解附例》卷四，第 554 页。
② 同上，第 557 页。
③ [明] 高举：《大明律集解附例》卷十八，第 1301—1302、1308 页。
④ [明] 雷梦麟：《读律琐言》卷四，第 123 页。
⑤ 高举《大明律集解附例》附此条例于《刑律》"奴婢殴家长"条下，见该书卷二十，第 1598—1599 页；而姚思仁《大明律附例注解》则将此条例列于《户律》"立嫡子违法"条下，见该书卷四，第 317—318 页。

历新题例中，士庶之家恩养未久、不曾配合的义男，以雇工人论，也说明士庶之家的奴婢不能得到法律的认可，司法中不能以奴婢论。士庶之家，法律上不准存在奴婢，这给奴婢的司法带来一定的混乱。士庶之家事实上存在的奴婢犯罪，在司法中有以雇工人论的。万历年间，上海县顾良携妻卖身给富户庄英"为仆"。庄英看中顾良之妻，不仅将其占为己有，而且对顾良百般残害，致其双目失明。松江府推官毛一鹭审理此案，最后以家长殴打雇工人至笃疾律，判庄英徒罪。毛一鹭认为庄英罪大，只以徒罪罪之，"尚不足酬惨毒之十一"，但是"法无可加"，于是"再断英出银十两，助良再娶，并断田十亩给良出姓过活"。[①] 毛一鹭明确提到顾良为庄英之仆，最后又断顾良出姓，说明顾良为庄英之奴婢是为事实，但是庄英作为庶民，从法律上论不能占有奴婢，所以在断案中，只能把顾良作为庄英的雇工人进行处断。这样的司法处理可能是比较普遍的。[②]

也有将奴婢比附良人论罪的情况。《大明律》规定奴婢奸家长妻女者，斩；但是对于家长及其亲属强奸奴婢之妻女的情况，却没有明文的规定。[③] 律家认为，家长及其亲属为尊，奴及妻女为贱，若家长及家长之亲属奸奴婢之妻女，是"尊者降而自卑，良者降而自贱"，已经自取其辱，因此，这种情况下，定以杖罪，比较合适。但是在司法实践中，"问刑者多比附奸同母异父姊妹徒罪"。律家如雷梦麟认为这样的处断不合律意："夫同母异父姊妹，皆为良人，与己同辈，婢下贱者，安可比哉？"[④]奴婢司法中出现比附良人问罪，也说明明确界定奴婢，并以合适的律条进行处置，对司法官员是具有挑战性的任务。

第二，明代中期以后奴婢的流动性，奴婢与家长之间关系的多变性，也对司法中奴婢的界定和法律的适用带来一定的困难。关于明代中后期奴婢和家长关系出现的变化，明末宁波府推官李清有如下的描述："夫明州所谓家奴，非'有世臣之谓也'。惟去来一任自便，而可名雁臣耳。来则'君之视臣如犬马'，去则'臣之视君如国人'，挥手辞主，不称外臣。想主仆而定君臣之分者，未可遽律此

① [明] 毛一鹭：《云间谳略》卷一，第 417—418 页。

② 明代雷梦麟指出，当时官员问刑，即使是官员之家的奴婢犯罪，仍引雇工人之律科罪。他认为这样的做法是错误的。却也因此说明司法中对奴婢界定之困难。参见雷梦麟《读律琐言》卷四，第 123 页。

③ [明] 高举：《大明律集解附例》卷二五，第 1850 页。

④ [明] 雷梦麟：《读律琐言》卷二五，第 452 页。

地之苍头。”[①]从李清的描述来看，民间卖身为奴的现象很普遍；同时，奴婢出姓、从良，与家长解除关系的现象也很普遍，奴婢与家长之间关系，不再是一朝为一家之奴婢，则世世为其奴婢，而是具有了相当的流动性。

明代，奴婢买卖有契书。比如嘉靖三十年(1551年)徽州胡音十卖儿为仆，其文如下：[②]

> 立卖婚书十二都住人胡音十，今因缺食，夫妇商议，自情愿将男懒佃，乳名昭法，命系辛丑年三月十五日申时，凭媒浼中出卖与家主汪名下为仆，三面议作财礼银叁两伍钱整。其银当日收足。其男成人，日后听从家主婚配，永远子孙听家主呼呼使用，不得生心异变。如有等情，听从家主呈公理治。恐后无凭，立此卖男婚书存照。
>
> 长命富贵，
>
> 婚书大吉。
>
> 嘉靖三十年二月三十日立婚书人胡音十(押)书
>
> 媒人胡永道(押)
>
> 中见人汪玄寿(押)

从以上契书可以看到，奴仆为家主服役，家主也有恩养奴仆，并为其婚配的义务。此外，卖身人子孙自动成为家主的奴仆。司法中，这样的奴婢买卖契书以及其中有关约定的落实是判定奴仆身份的重要标准。万历年间，松江府人唐元之子与韩廷咸兴讼。唐元为曹榴的妻侄，曹榴很早就投靠韩廷咸父亲韩春元，应该是韩家的奴仆。唐元曾经倚靠曹榴生活，也曾经在韩家存活多年。之后，唐元娶妻生子，生活可以自立，担心自己依凭曹榴太久，也会成为韩家的奴仆，因此携子逃亡。韩廷咸告官追捕，唐元自杀。在这一案件中，确定唐元是否为韩廷咸的奴仆是为关键。松江府推官毛一鹭明确指出，唐元倚靠曹榴是真，但是唐元并未“卖身为仆”；此外，如果唐元为曹榴之子，则曹榴为韩家之仆，唐元自然也应该是韩家的奴仆，但是唐元与曹榴并不是父子关系；更重要的是，“唐元租廷咸之田则偿租米，住廷咸之房则出赁钱，俱有付度可券”，毛一鹭自问

① [明]李清《折狱新语》卷四，第625页。
② 张传玺主编：《中国历代契约粹编》中册，第726—727页。

“真为奴者,固如是耶”? 由此,法司明确唐元不是韩家的奴仆。[①] 虽然如此,毛一鹭认为唐元受过韩家的恩养,因此唐元一案“终难以凡人威逼律论”,“唯断令唐仲兄弟归宗自立,免追埋葬”。唐元与韩廷咸之间仍不能以凡人相犯论,而唐元之子的归宗自立,仍需要官司的判定,则从另一个方面说明,奴仆的界定和有关奴婢律条适用中界限的模糊。

另一方面,奴婢与家长脱离关系,即奴婢出姓、从良,也有多种途径。比如赎身。卖身有文契,赎身则有退状。明末松江府张应魁因生活所迫,把自己以及妻儿一起卖身给周粟为奴,甚至还将前妻所生子子彦及其妻子卖为奴。子彦的岳父不愿意自己的女儿为他人之奴婢,遂出高价将其赎身。周粟心有不甘,启衅兴讼。案件审理中,“赎价则有领状,还人则有退状”,领状和退状成为重要的证据。[②] 也有因为主仆关系实际不存,或者很难维持,而由官方判定奴婢从良的情况。松江府青浦县薛孝为盛廷祯奴仆,病重,但是盛廷祯置之不顾,不加抚恤。薛孝无奈,卖妻,盛廷祯又授意仆人王继娶之。薛孝妻与王继不和自杀,薛孝以仆讼主,将盛廷祯告官。官府认为薛孝与盛廷祯之间主仆关系很难维系,因此“断令薛孝出姓”。[③]

华亭县人高忠,父亲蒋电和继父张伦均为蒋贞的奴仆,蒋贞又曾将张伦转卖给国琦的父亲。之后,高忠长大,成为吏员,出居在外。起先对于国琦还“未敢抗礼”,逐渐而有跋扈之势。国琦因此不满,讼高忠于官。双方亲族劝和,议定高忠以“四十金酬琦,以忠出姓”,即令高忠赎身。期间因为蒋贞阻挠,赎身之事未成。而高忠与国琦之间再次兴讼。官府审理,指出,“主仆以义聚,强项如忠,琦能保其终为己畜乎”。于是,仍令高忠以黄金四十两付国琦赎身,同时以白银三两付蒋贞,有感谢故主之意。高忠出姓归宗。[④]

《大明律》规定,“若奴婢谋杀旧家长者,以凡人论”,即同杀死凡人一样论罪。明人姚思仁解释,“奴婢转卖,恩义已绝,故止以凡人论”。[⑤] 即奴婢与家长之间以恩义相联,奴婢有侍奉家长的义务,家长也有恩养奴婢的责任。如果家

---

① ［明］毛一鹭:《云间谳略》卷九,第 574 页。
② 同上,第 579 页。
③ ［明］毛一鹭:《云间谳略》卷四,第 482 页。
④ ［明］毛一鹭:《云间谳略》卷一,第 420 页。
⑤ ［明］姚思仁:《大明律附例注解》卷一九,第 700—701 页。

长没有尽其恩养的义务，比如将奴婢转卖给他人，或将奴婢逐出家门，或者过分虐待奴婢，则家长与奴婢之间的恩义断绝，家长与奴婢的关系可以解除，两者在司法中成为当事双方时，可以以凡人论。

在司法实践中，确定奴婢与家长的关系是否存续，奴婢与旧家长之间是否以凡人论，却存在很大的随机性。在上述家长盛廷祯与奴仆薛孝的案例中，薛孝以仆讼主，按《大明律》的规定，有“干名犯义”之罪，即使所告为实，仍要受到杖一百、徒三年的惩治。① 在具体的审理中，因为薛孝的家长有对其不尽恩养的嫌疑，加上薛孝因病鬻妻，妻子又因鬻而丧命，因此不仅只受到杖罪，而且还得以出姓，解除与盛廷祯的仆主关系。但是在高忠一案中，官司虽然明确指出高忠已经出居，即已经不受国琦的恩养，则高忠与国琦的仆主关系可以自动解除。但是在审理中，高忠仍被断作国琦的奴仆，不仅需要出重金给国琦以为赎身之资，而且还要出银给旧主蒋贞以谢其曾经的恩养。

三、明代的乐户

奴婢之外，乐户人口也算是贱民，他们或从前代的乐籍人降附而来，或是犯罪家属充发，或是贫贱卖身之人。景泰七年(1456 年)议准，“其乐户内有愿从良者，听其自首，与民一体当差”。② “从良”一词，可以看出其贱民的身份。乐户归属乐籍，由礼部下属的教坊司统一管理。乐户一般不能随意脱籍成为民户，子孙世代从其本业。乐户低贱的地位在社会生活中多有体现，比如乐户一般都是本色通婚；乐户男女的服色上不能与民户相同；甚至在行路中，乐户也不能行走在道路的中间，而只能在道路的左边行走。③

另一方面，他们又是具有特殊技艺的官役之人。乐户官妓除陪侍缙绅官僚行酒取乐外，最重要的任务是在国家或王府大祀天地、皇帝出行，以及举行各种朝仪大事时；在地方特殊的节日，如立春、赛神等节日，承应乐舞。乐舞本身需要专门的技艺培养，承奉皇室乐舞，更需要对各种圣乐的专门训练，因此，乐户首先是具有专门技艺的人。再者，乐户是承应官役之人，直接为皇室官僚服务，

---

① [明]高举：《大明律集解附例》卷二二，第 1711—1714 页。

② [明]李东阳、申时行等：《大明会典》卷一〇四，第 1584 页。

③ 张正明：《明代的乐户》，《明史研究》第一辑，黄山书社 1991 年版，第 208—215 页。

这使得他们与诸如惰民、蜑民等其他贱民不同，在司法中，反而与其他承应官役的技艺之人，如天文生、太常寺和光禄寺的厨役以及内府的工匠等比较接近：国家采用实用的原则，以尽其技艺。

比如在“提问”一事中，教坊司对乐户有一定的司法权。国家法律肯定刑部等三法司对各衙门具有司法权的同时，也承认教坊司对乐户有一定的司法管辖权。根据成化二十二年（1486 年）教坊司奉銮臧庸的上书，早在明成祖永乐年间，就曾有“凡有乐户为事，着落礼部案仰本司（教坊司）提取”这样的规定。经臧庸上书，此旧例得到再次的申明，“今后，乐户为事，应合提问者，免行各兵马司，止行礼部该司转行教坊司提取问理”。条例只规定不许本司官员包庇纵容。① 此条在弘治初年还有行用，在十三年（1500 年）题定《问刑条例》时删除。但从此以后，教坊司的衙署中，一直保留了刑杖签牌之类的司法用具，②乐户犯罪，罪情较轻的可能还是由教坊司处理。

在刑罚的执行上，《大明律·名例律》“工乐户及妇人犯罪”条规定，“凡工匠、乐户犯流罪者，三流并决杖一百，留住，拘役四年”。也就是说《大明律》从一开始就规定了乐户的流罪是以徒罪来代替的。此后，又有相关的条例题定，对乐户的犯罪从杂犯死罪以下都做了详细的规定：“乐户，杂犯死罪，无力，做工；流罪，依律决杖一百，拘役四年；徒、杖、笞罪，俱不的决，止拟拘役，满日着役。若犯窃盗、掏摸、抢夺等项，亦刺字充警。”③可见各项处罚均以“拘役”作为归结，实际上是让这些具有一定技艺的人以其技艺赎罪而已。当然如果罪行严重，尽其技艺仍是次要的。明代乐户犯罪处死刑的也不少，乐工之人进入王府，教诱宗室人等为非作歹的，也有发边卫充军的事例和条例。④

小结：明代特殊身份人的司法

本章讨论明代特殊人群的司法。在法律的规定、司法程序的设定以及司法

---

① ［明］戴金：《皇明条法事类纂》卷四，第 169 页。

② 张正明：《明代的乐户》，第 209—210 页。

③ ［明］白昂等编：弘治《问刑条例》，《皇明制书》，第 348 页。

④ ［明］姚思仁：《大明律附例注解》卷一，第 181 页。

实践的诸多方面,这些人群的司法均体现出与上一章讨论的明代一般司法不同的特征。本章重点讨论了法律的阶级性,即不同阶层的特殊身份人,在法律设计和司法实践中得到的不同待遇。比如宗藩、职官、生员等,从诉讼提问开始,就在程序、实践等方面享受特殊性。另一些人群,比如雇工人、奴婢等,在社会生活中地位低于一般民众,这样的特点在司法中也得到反映。

同时,司法程序和实践的差异也体现出法律的实用性,即与实用的目的有关。本章提到明代乐户的司法即部分具有这样的特征。再比如天文生的司法,其实用的目的则更为明显。《大明律》"工乐户及妇人犯罪"条规定,如果天文生"习业已成,能专其事",即已经具有专业知识,能为朝廷所用的,如果犯流罪、徒罪者,可以采用特殊的惩治方式,即"决杖一百,余罪收赎"。律家注明,"仍令在监习业"。[①] 可见,具备专业知识是其适用特殊司法程序的条件。这一点在《问刑条例》中得到更为明确的说明:天文生习业未成,未能专其事者,不分轻重罪名,悉照本等律例科断。[②] 钦天监的官员也一样,如果犯罪至革职为民,发落之前要查看其出身,如果是由天文生出身,即具有专业知识的,则要发回钦天监降为天文生用;如果不是由天文生出生的,即不具备专业知识的,则照常发落。[③]

需要指出的是,无论是因为阶级,还是因为实用的原因,特殊司法均存在一定的限制。比较来看,宗藩司法的特殊性最为明显,因为这一群体具有皇族血统,在法律领域中,从一开始他们就被设置在一般的法律和司法体系之外。但是在宗藩人群膨胀,其特殊的法律与司法程序难以奏效的情况下,朝廷在立法和司法程序方面对这一群体均有重新规范,具有明显的把宗藩群体重新纳入一般司法体系的特征。虽然终明一代,这一目标没有完全达成,但是这一努力和部分成果仍值得关注。同样,从生员的司法实践看来,其特殊的待遇,特别是在刑罚上得到的优待也有限度。具体而言,只有在惩治力度较轻、社会危害较小的案件中,生员在司法上的优待才能得到较为明显的体现。乐户、天文生等拥有的专业技能保证了他们在司法中享有一定的特殊性。但是如果所犯罪重,或者所犯罪情关乎品行,其特殊司法也会被剥夺。比如天文生若犯"窃盗、掏摸、抢夺,应刺字充警,并例该永远充军"的,则与那些习业未成的天文生一体,照常处断。[④]

---

① [明]姚思仁:《大明律附例注解》卷一,第177页。
② 同上,第183页。
③ 同上,第184页。
④ 同上,第183页。

第七章　明朝案件举例

本章举例描述和讨论明代的司法案件。有明一代二百多年间，大案要案不断，社会影响广泛。明初的胡蓝之狱株连几万人，公侯尽皆在内，震惊朝野。明代中期的李玉英案，李玉英以在室之女上书皇帝，为自己辩白，为兄妹伸冤，令人称奇，一时成为传记、笔记、传奇和小说的主题。当然，在日常的司法实践中，司法机构主要处理的还是一般的刑名事件，事小者如户婚田土，事大者如盗窃人命等。本章对以上各类案件举例讨论，具体展示明代司法实践的生动性和丰富性。

第一节　明代的重大政治案件

一、胡蓝之狱

胡蓝之狱是指明朝洪武年间发生的胡惟庸案和蓝玉案，两者既是独立的案件，彼此也存在联系。清代史家赵翼将这两次大狱之间的十三年，即洪武十三年(1380 年)至洪武二十六年(1393 年)，分作以下三个阶段：[①]

第一阶段以洪武十三年胡惟庸案的发端为中心。洪武十三年春，御史中丞涂节、商暠告变，称丞相胡惟庸意欲谋反。[②] 太祖大怒，将胡惟庸捕获刑讯后诛杀。这一阶段因为胡惟庸案受牵连的官员只有时任御史大夫的陈宁以及御史中丞涂节等人，其余牵涉官员不多。

第二阶段是在胡惟庸本人被杀十年之后的洪武二十三年(1390 年)间，这一阶段以诛杀明初名臣李善长为中心，以大肆捕杀胡惟庸党羽僚属为特征。洪武二十三年，有人告李善长交通胡惟庸情状，指出李善长在胡惟庸使者的不断劝说下，从惊叱到心动，虽最终并没有参与谋反，但是作为元勋国戚，李善长“知逆谋不发举，狐疑观望怀两端，大逆不道”，罪情重大。[③] 李善长及其妻女弟侄家口七十余人因此一并被杀。除了李善长，洪武二十三年以胡党为名株连死者达一万五千人，[④] 其中包括了吉安侯陆仲亨、延安侯唐胜宗、平凉侯费聚等列侯二十多位。朝廷颁布《昭示奸党录》，将胡惟庸及其党属的罪状及其处断昭告天下。官方解释，洪武十三年胡惟庸谋反，但是当时其谋反的安排并未有彻底的显露。从洪武十三年到二十三年，胡惟庸反迹，包括胡惟庸的其他罪状逐渐被发现和证实。比如胡惟庸在洪武六年(1373 年)任中书左丞相后，生杀黜陟，威福自在，专权严重，奔竞之徒

---

① ［清］赵翼：《廿二史札记》卷三二，“胡蓝之狱”，中国书店 1987 年版，第 467—468 页。

② ［清］张廷玉：《明史》卷三〇八《奸臣传》，第 7907—7908 页。清代谷应泰《明史纪事本末》卷一三《胡蓝之狱》则记载，胡惟庸假称府内井中出丰泉，邀太祖临幸，赖内使云奇拼死阻截，太祖意会，才得以明白谋反事状。中华书局 1977 年版，第 180—181 页。

③ ［清］张廷玉：《明史》卷一二七《李善长传》，第 3772 页。

④ 赵翼认为胡惟庸案前后被牵连族诛人数达三万多人。见《廿二史札记》，第 468 页。

不绝于门,因此有“枉法扰政,朋比为奸”之罪;洪武八年(1375年),胡惟庸挟医探视刘基之疾,刘基用药不久即身亡,胡惟庸因此有毒死刘基的嫌疑;为了谋反,胡惟庸令指挥林贤下海招倭军,同时又称臣于北元,以便请其兵为外援,因此有交通外国之事实。① 随着胡惟庸罪情的逐渐显露,协助胡惟庸违法作案之奸党,包括李善长等人也逐渐显露。洪武二十三年(1390年)的大肆诛杀由此而来。

胡蓝之狱的第三个阶段,即洪武二十六年(1393年)正月,凉国公蓝玉图谋不轨,被诛杀。《明太祖实录》称,当年胡惟庸谋叛,蓝玉就曾有参与,但是因为军功,因为蓝玉与帝室有姻亲关系,所以太祖没有追究。② 但是蓝玉并不因此而有所收敛,领兵转战,屡建奇勋的同时,专恣横暴,不守纲纪,动止傲慢,上无人臣之礼,恣其威福,下无大臣体态。据称,蓝玉以奏事不从,疑太祖将有事于己,遂决意谋反。招素所亲信大臣及部将如鹤庆侯张翼、普定侯陈桓、景川侯曹震等,日夜谋议。但是没有来得及举事,就被锦衣卫指挥蒋瓛告发。③ 审讯得实,太祖磔蓝玉于市,夷其三族,朝廷上下功臣勋贵、文武官吏,乡野之间平民百姓、贩夫走卒,牵连甚众,株连死者达两万余人。朝廷颁布《逆臣录》,将蓝玉及其党属的罪状昭告天下。此所谓蓝玉案。

洪武二十六年九月,太祖诏告天下,自今往后,蓝党、胡党概赦不问。胡蓝之狱至此遂告结束。

从明初开始,就一直有人指出胡蓝之狱为冤狱。吴晗考证胡惟庸案殊为详明。他认为胡惟庸本受太祖之命探视刘基,刘基用药后病情见重,并至亡故,此事在洪武十三年(1380年)之前就已发生,那么为什么当时并没有追究?至于南通倭寇之事,吴晗认为也不可能存在。如果胡惟庸果真委任指挥林贤往来日本,以便接应,照当时记载的情况推算,至少要三年以上的时间安排停当,但是在所谓的定谋和胡惟庸被诛之间,却只有五个月的时间。而在“北接旧元”的罪情中,被《实录》等书指认为故元旧臣,为胡惟庸致书北元势力的封绩,在《昭示奸党录》中又成为常州府武进县人,是曾经落在胡惟庸手里的一名死囚,彼此矛盾。而就明初的边防情况而论,《昭示奸党录》所载死囚封绩出关递书一事也不可能存在。在促使胡惟庸决意谋反以及谋反之事发露的事情上,明初以来的记载尤为混

---

① [清]谷应泰:《明史纪事本末》,第180—181页。

② 《明太祖实录》卷二二五,第3296页。

③ 关于蓝玉案,还可参见《逆臣录》之“御制逆臣录序”,北京大学出版社1991年点校本。

乱，或说是因为家人被杀，或说是因为儿子受刑；或说是涂节告变，或说是内使云奇发露，因此也难以列出确凿的清晰的证据。① 因此，吴晗认为胡惟庸案是彻底的冤案。虽然有学者指出吴晗替胡惟庸的辩解也并不完全有理，胡惟庸在丞相任上，确实多有非法的行为，但是承认胡惟庸案中存在罗织和虚假的成分。②

而因胡惟庸案受牵连的人，则冤情更多。洪武十三年(1380年)就被诛杀的御史中丞涂节，以胡惟庸同谋被杀。但据清代史家赵翼考证，涂节在洪武十二年(1379年)十二月，即告变之前，就已经弹劾过胡惟庸，指出刘基被胡惟庸毒死。可以证明涂节并非一向与胡惟庸同谋。赵翼因此认为，胡惟庸痛恨涂节告变，刑讯之时，将涂节诬陷。涂节被杀，有冤枉之嫌。③ 而关于李善长的冤屈，洪武二十四年(1391年)就有大臣直接向朱元璋上书，指出以下种种事实：一、李善长与胡惟庸是侄之亲，而与太祖是子之亲。从亲疏关系上，李善长也不可能拥戴胡惟庸而反太祖。二、李善长已经位极人臣，即便是辅助胡惟庸事成，也不过如此，因此没有必要去冒这样的风险。三、李善长经历丰富，阅历深厚，知道获得天下的不易，因此不可能轻易举事。四、当时李善长已经是年届古稀的老人，又无急变之事，平居晏然之时，不可能忽起此谋。总之，称李善长有协助胡惟庸谋反之心，实属冤枉。史称，太祖收到奏疏，并无答复，同时也并没有将上书人治罪。④

至于蓝玉一案，也是疑点重重。⑤ 首先，学者指出，作为蓝玉案主要供词的《逆臣录》中并没有蓝玉及其余主犯如景川侯曹震等人的招供，《明史·蓝玉传》中的所谓“狱词”并非蓝玉本人的供词。洪武二十六年(1393年)二月八日蓝玉被捕，二月十日就被处斩，而且这几天中蓝玉一直称冤。其二，关于蓝玉具体谋反时间和计划的记载，漏洞百出。蓝玉在洪武二十六年正月十日左右才出征回京，二月初八被捕，据《逆臣录》的说法，在这不足一个月的时间内，凉国公府大排筵宴，蓝玉本人则在朝房等地方大肆宣言谋反之事。以常理推之，此事不太可信。其三，《逆臣录》中收录近千名所谓蓝玉党羽的口供，其中虽然对招供人的姓氏、年龄、籍贯、身份以及与蓝玉的关系均有具体的介绍，但是许多供词大

① 吴晗：《胡惟庸党案考》，《燕京学报》1934年6月第15期，第163—205页。
② 陈梧桐：《胡惟庸党案的真与假》，《文史知识》2008年第2期，第39—46页。
③ [清]赵翼：《廿二史札记》卷三二“涂节汪广洋之死”，第469页。
④ [清]张廷玉：《明史》卷一二七《李善长传》，第3773页。
⑤ 关于蓝玉党案，以吕景琳《蓝玉党案考》考证为细，下文多有参考。见《东岳论丛》1994年第5期。

同小异，实有朝臣炮制的嫌疑。① 其四，关于蓝玉与胡惟庸、李善长等关系的记载，也多有"胡编乱造"的特点。②

总之，胡惟庸与蓝玉，专横跋扈、居功自傲有之，擅作威福、骄淫奢侈有之，约己束下无方，本人连同家人也不乏违法之举，然若说其谋反，且牵连朝野四万多人，则纯粹是罗织之罪，是明代的重大冤案。③

胡蓝之狱的出现，与明初政治息息相关。第一，胡惟庸案的出现与朱元璋对权力的控制，以及对丞相权力膨胀的不满有很大关系。洪武十三年（1380 年）正月诛杀时任左丞相的胡惟庸，同年撤去中书省，取消丞相一职，六部直接对皇帝负责，朱元璋由此权力掌握于一手。其二，胡蓝之狱与明初皇室的斗争可能也存在很大的关系。蓝玉为太子朱标妃的舅父，同时是被朱元璋曾经比作卫青和李靖的功臣，④因此不仅被卷入比如朱元璋与太子朱标之间的矛盾，更重要的是觊觎皇位的燕王朱棣与太子和之后皇太孙之间的矛盾。因此，有学者认为蓝玉案是明初皇室斗争的一部分，蓝玉是明初皇室斗争的牺牲品。⑤ 第三，或许也是最主要的，胡蓝之狱实际上是太祖朱元璋调整明初政治势力的结果。朱元璋针对的并不简单是胡、蓝二人，而是以胡、蓝为代表的政治势力。其中胡惟庸代表的是文臣居功擅权势力。以丞相之职为基础，总理庶务，牵制分割皇权。而蓝玉则足以成为武臣手握重兵而居功自傲者的代表，成为皇权的威胁。不是以谋反的名目，不冠以通倭通旧元之罪状，如何将四万多人牵连在内，将其政治势力一举歼灭？清代史学家谷应泰讨论胡蓝之狱，因此而有"弓藏鸟尽，良足悲矣"的感叹。⑥

二、李福达狱

嘉靖初年，山西代州民薛良告发本州崞县人张寅实名李福达，也就是正德七年（1512 年）谋反的头领李五。代州地方接到告发后，予以了充分的重视。一

① 明太祖敕录，王天有、张何清点校：《逆臣录》，北京大学出版社 1991 年版，"点校说明"第 3 页。
② 吕景琳：《蓝玉党案考》，《东岳论丛》1994 年第 5 期，第 102 页。
③ 关于胡蓝之狱的西文研究，可参见［美］Thomas Pierce Massey. 1983. "Chu Yüan-chang and the Hu-Lan cases of the Early Ming Dynasty." Ph. D. diss., University of Michigan.
④ ［清］谷应泰：《明史纪事本末》，第 184 页。
⑤ 刘长江：《蓝玉党案成因新析》，《川东学刊》1995 年第 5 卷第 1 期。.
⑥ ［清］谷应泰：《明史纪事本末》，第 186 页。

方面，谋反威胁国家社稷，为十恶之重罪；另一方面，大概从弘治年间开始，李福达、李五这些名字就已经得到地方官府的关注。因为参与谋反，弘治年间，李福达就曾被朝廷捕获，逃脱之后，又以李五之名，从事秘密宗教活动，参与谋反劫掠等事。因此，山西代州很快对案件进行了初审。从此揭开嘉靖初年著名的李福达狱的序幕。

代州知州对案件进行初审之后，发现薛良所告属实。张寅就是李福达，又曾名李五，现年六十六岁，从弘治、正德以来，就曾与季父同倡"白社妖术"，兴弥勒佛教，聚集数千人，几次参与谋反，劫掠地方，多次被朝廷捕获，又得脱逃。官司于是将其二子大义、大礼捕获，李福达不得已诣狱置对。代州将审理意见申详布政司、按察司覆审，又经巡按御史张英、马录穷治，经多方证人证实，所谓的张寅就是曾经为害一方的李福达。虽然在历经几年的详谳过程中，巡抚毕昭曾经对张寅是否就是李福达表示怀疑，一度还将张寅释放，但是至嘉靖五年（1526年）十一月，李福达狱基本得到确定，张寅、李五和李福达为同一人。法司定拟："李福达等所犯，李福达除妄称弥勒佛等会，夜聚晓散，扇惑人民及造妖书妖言、传用惑众等罪名不坐外，合依谋反但共谋者不分首从律，凌迟处死。"[①]法司于十一月二十日题请，本月二十三日即"奉圣旨，是。李福达并李大义等着都依拟处决"。[②] 李福达禁锢狱中，只待行刑。这一时期，嘉靖皇帝对于李福达狱并无特殊的关注，审理基本按照国家司法程序展开。

在审理李福达狱的过程中，朝臣发现武定侯郭勋与李福达来往甚密，李福达案发露后，郭勋曾致书法司官员嘱免，还曾教唆李福达子逃亡，于是司法官、科道官等纷纷弹劾郭勋，要求将郭勋连坐。郭勋，明开国功臣武定侯郭英的六世孙，正德年间承袭爵位，嘉靖初年掌握团营。《明史》指出，"自明兴以来，勋臣不与政事"，[③]但是郭勋对于政治却殊为敏感。嘉靖初年，年轻的皇帝以藩王入继大统之后，在帝室的传承礼制上立意更新，与朝中众多的老臣之间形成对立，出现著名的"大礼议"。在这一以礼仪为中心的政治斗争中，郭勋坚决支持皇

① ［明］不著辑者：《钦明大狱录》卷上，五石斋钞本，《四库未收书辑刊》第一辑第15册，北京出版社1998年版，第653页。
② ［明］不著辑者：《钦明大狱录》卷上，第657页。
③ ［清］张廷玉：《明史》卷一三〇《郭英传》，第3824页。

帝，与支持皇帝的年轻官员张璁等联盟，为此，“世宗大爱幸之”。[①] 李福达狱兴起，因为郭勋明目张胆的嘱托，以及其他嚣张的行为，从嘉靖五年(1526年)四月到嘉靖六年(1527年)二月，有连续十五道朝臣的奏疏对郭勋进行弹劾。[②] 郭勋为自救计，遂与议礼诸臣张璁、桂萼等合谋，鼓煽皇帝，指出朝臣纷纷上书，欲罪郭勋，实则借李福达之狱，排斥议礼诸大臣。郭勋指出李福达狱实则冤枉，张寅并非李福达。郭勋将李福达狱与大礼议相联系，为嘉靖皇帝直接介入该案件的审理打开了通道。嘉靖帝从此开始亲自过问此案，情势由此急转而下。

在嘉靖皇帝的直接过问下，李福达一干人等被调至京师。嘉靖六年二月和三月，嘉靖帝两度令三法司官员会同锦衣卫镇抚司等官会审此案。在刑部尚书颜颐寿的主持下，两次会审结果与之前对李福达的审理结果基本相同。会审官认为证据确凿，张寅即李福达。嘉靖帝对会审结果十分不满，斥责会审官员“不行从公审鞫，却乃偏情回护”，“辄欲扶同入人重罪，非朕恤刑之意”。[③] 他意识到依靠现有的司法官员，不能获得令自己满意的司法结果。于是，嘉靖六年八月，皇帝直接将大礼议中对自己最为支持的三名官员安排至李福达审理的最核心位置：传奉张璁以兵部左侍郎署都察院事，以礼部右侍郎桂萼署刑部事，以少詹事方献夫署大理寺事，接手审理李福达案。八月十五日，张、桂、方等上奏审讯结果：张寅并非李福达。证据如下：成化十八年(1482年)山西崞县黄册内有李福达名字，当时年方七岁。弘治二年(1489年)，王良、李钺谋反时，李福达年方十四岁。按此推算，李福达现年应为五十二岁，而现今在押的张寅已六十七岁，须发皆白，因此张寅非李福达也。张、桂、方等人指出，张寅之冤首先与名字谐音有关，“盖因陕西吊来反贼何蛮汉卷内有李伏答名字，又有李五名字，遂妄指张寅是李伏答，将李伏答改作李福达，又云即李五”。[④] 张、桂、方等人同时指出，当初告发李福达事的薛良“自幼刁泼”，“不务本分”，“专一教唆词讼，诬害良民”，曾借张寅银一十五两不还，被张寅逼讨，又因为其他原因，与张寅素有仇隙，故有诬告之举。[⑤] 至于最初审理此案的官员，则多有私心，因此不能从公从

① [清]张廷玉：《明史》卷一三〇《郭英传》，第3823页。

② 胡吉勋：《明嘉靖李福达狱及相关历史评价考论》，《明史研究论丛》第七辑，紫禁城出版社2007年版，第129—161页。

③ [明]不著辑者：《钦明大狱录》卷上，第662页。

④ [明]不著辑者：《钦明大狱录》卷下，第681页。

⑤ 同上，第688—689页。

实进行审理。比如在审理过程中用力较多的巡按山西监察御史马录，根究此事，弹劾郭勋的原因是“郭勋常被言官纠劾他无理事情，亦要乘机摆布他”，[①]有乘人之危、落井下石的意思。而主持此案审讯的其余官员如常泰、刘琦等又党助马录成事。嘉靖帝得此结论正中下怀，即将曾主持此案覆审的巡按御史马录逮入京城，与原问各官李璋等人连同当日上章弹劾郭勋的科道官一并下诏狱讯问，明示张、桂诸臣，将包括当时会审中对皇帝意志置若罔闻的比如刑部尚书颜颐寿等人奏明问罪。张、桂、方诸臣迎合上意，对上述官员等人刑讯逼供，马录等人不胜酷刑，遂诬服挟私故入人罪。

嘉靖六年(1527年)九月，李福达狱重新定案：张寅并非李福达，无罪释放；薛良诬告人致死，处决。参与初审和会审的官员，以及曾经上书论及李福达狱，包括弹劾郭勋的大臣，根据不同的罪情论罪。其中如马录等充军广西南丹卫，颜颐寿等革职闲住。受李福达狱牵连的官员中，有十余人惨死狱中，戍边或革职的则达到四十余人。[②] 张璁、桂萼、方献夫因为“竭力用心问理”大狱，得到嘉靖皇帝专门的嘉奖。[③]

《钦明大狱录》随后刊发，本为昭示马录等人的罪证，但它对此事的详细记载则充分证明李福达狱之冤。张、桂、方等臣审理此案，将以前审理时的各种证据都搁置一边，而以姓名年龄等不确凿的证据快速地得出了皇帝需要的结论。嘉靖四十四年(1565年)，四川蔡伯贯反，攻陷合州等七个州县，至隆庆三年(1569年)被擒，状招以山西李同为师，又捕得李同鞫讯，则招是李五的嫡孙，大仁、大义皆其祖师，世习白莲教结众倡乱。于是总理屯盐都御史庞尚鹏等上书为李福达狱中受害的诸大臣鸣冤。于是，李福达虽已死，仍被剖棺戮尸；郭勋已经不在人世，故不作追究；李福达狱中受害的大臣俱得昭雪。李福达狱之冤遂大白天下。[④]

从李福达狱的审理过程可以清楚地看到，从郭勋将李福达狱与大礼议之事相联系并得到嘉靖帝的同识这一时候起，李福达狱就已经从一个简单的刑事案件演变成一个牵涉皇帝利益的重大政治案件。随着大礼议的进展，嘉靖皇帝区分臣下

① [明]不著辑者：《钦明大狱录》卷下，第692页。
② 同上，第707—713页。
③ [明]不著辑者：《钦明大狱录》卷首，第637—638页。
④ 关于李福达狱后来被证明为冤狱的详细资料，可参见胡吉勋《明嘉靖李福达狱及相关历史评价考论》。

忠奸善恶的标准，基本以大臣在大礼议中的态度为主，以议礼新贵为腹心，以反礼诸臣为敌手。一旦郭勋联合议礼新贵张、桂诸人，将李福达狱定性为反对大礼的一方攻击陷害议礼新贵的借口，嘉靖帝所要追究的便不再是张寅或李福达，而是曾经主持此案的司法官吏和曾经上书攻击郭勋的科道官员，借此追究反对大礼的大臣。李福达狱最后被定罪的官员大致分为三类：第一阶段审案官员，比如马录；参与几次朝中会审的官员，比如颜颐寿；疏论李福达狱及弹劾郭勋的官员。这些官员中有参与大礼议的，但受惩的官员也远远超过大礼议的范围。[①] 换言之，嘉靖皇帝借李福达狱打击议礼诸臣的同时，打击面实际扩大到了所有对自己不忠的臣下。明人沈德符指出，当皇帝主意已定，又把亲信安排在司法的中心位置上以后，则结局已定：李福达狱不得不枉。而李福达狱之后，皇帝蔑视臣下，对司法干涉加剧，并成为习惯，以至于“罗织渐密，告讦繁兴”。[②]

三、封疆案

明神宗统治后期，东北边境日见窘困，建州女真的精兵强马不断骚扰、掠夺、侵吞明朝的人口、财物和疆土。万历四十七年（1619 年），熊廷弼被任命为兵部右侍郎兼都察院右佥都御史，经略辽东，辽东战况大有起色。熊廷弼，湖北江夏人，万历二十六年（1598 年）进士，万历三十六年（1608 年）曾经以监察御史身份巡按辽东，提出防边以守为上。史称，熊廷弼“在辽数年，杜馈遗，核军实，按劾将吏，不事姑息，风纪大振”。[③] 万历四十七年，熊廷弼经略辽东，依然以守为主而不擅进，因此受到在朝官员的攻击，泰昌元年（1620 年）被迫去职。天启元年（1621 年），在辽东守备状况日益恶化的情况下，熊廷弼再度受命经略辽东，同时被任命的还有巡抚王化贞。对于如何布防，如何经营辽东，熊廷弼与王化贞从一开始就存在不同的意见。熊廷弼一以贯之，继续主张固守，而巡抚王化贞则主张冒进，双方矛盾重重。天启二年（1622 年），在王化贞的坚持和部分朝臣的支持下，明军主动出击，结果损失惨重，辽东重镇广宁失守。熊廷弼与王化贞同时被罢职下狱。四月，刑部尚书王纪、左都御史邹元标、大理寺卿周应秋等三

---

① 参见胡吉勋在《明嘉靖李福达狱及相关历史评价考论》一文中的比对说明。

② ［明］沈德符：《万历野获编》卷十八，第 466 页。

③ ［清］张廷玉：《明史》卷二五九《熊廷弼传》，第 6692 页。

法司官员会审熊廷弼和王化贞失陷城池之罪，认为王化贞罪当论死，熊廷弼也应受重典，以儆将来。熊廷弼在狱四年，天启五年(1625 年)八月弃市，传首九边。而在广宁失守中占主要责任的王化贞则迟至崇祯五年(1632 年)才被处决。

在这一事件中，又有御史杨维垣上书，称熊廷弼在广宁失事之后，曾车载重金到朝中打点，希图为自己开脱罪责。杨维垣明确指出杨涟、左光斗、魏大中、顾大章、袁化中、周朝瑞等六位官员是主要的受贿者，并指出这是杨涟、顾大章等人为熊廷弼鸣冤的主要原因。天启五年三月，锦衣卫官校逮杨、左等大臣入诏狱，严刑比较，命其限期还赃。五毒备至，至七月，杨、左、魏在诏狱中被害，八月，周朝瑞死于狱中，九月，顾大章也不能幸免。而熊廷弼在被杀之后，仍坐赃十七万，辱及妻孥。这就是明末有名的封疆案。

早在崇祯元年(1628 年)，工部主事徐尔一就上书指出熊廷弼被杀之冤，认为“其罪无足据，而劳有足矜也”。① 其罪无足据的证据之一是，当时驻守广宁的是王化贞，广宁兵卒十三万，连同军粮数百万，均归王化贞支配。而熊廷弼只有辽兵五千人，而且是驻扎在距离广宁有四十里左右的右屯。广宁失守，罪及王化贞可以理解，而将熊廷弼一并处死，则有冤枉之嫌。徐尔一指出，熊廷弼经营辽东，多有成绩，而在论罪之时，这些战功一律抹杀不论，对于熊廷弼也属不公。崇祯二年(1629 年)，大学士韩爌再就熊廷弼事上言，同样指出熊廷弼与杨涟等诸大臣之冤。韩爌认为熊廷弼经略辽东有功；在其被杀一事上，韩爌明确表明，熊廷弼如果以广宁失守被杀，也就罢了，但是“以贿赃拷坐杨涟、魏大中等，作清流陷阱”，熊廷弼自己也为此“身死尚悬坐赃十七万”，实在既不能让熊廷弼瞑目于九泉，也使“海内忠臣义士亦多愤惋窃叹者”。②

明末史家如高汝栻，分析封疆案之冤的原因如下：“自杨左起而廷弼之死决矣。故曰，廷弼不死于封疆而死于时局，不死于法吏而死于奸珰也。珰谓不以封疆串移宫，则不能创大狱；不以封疆受贿诬诸臣，则不能作清流之陷阱；不杀廷弼，则不能借题追赃，加诸臣以身后之诛。”③则明确说明，封疆案这一冤案的背后，有两大重要的政治因素：即“时局”与“奸珰”。

所谓“时局”，广义上是指当时朝廷的政局，而具体则指明代后期日益严重

① ［清］张廷玉：《明史》卷二五九《熊廷弼传》，第 6704 页。
② 同上，第 6706 页。
③ ［明］谈迁：《国榷》卷八七，中华书局 1958 年版，第 5311 页。

的党争和门户之见。自万历中期,明神宗怠于朝政,朝廷之中党争之风渐重。东林党和相应的齐、楚、浙党等纷纷出现。双方围绕"争国本""梃击案""红丸案""移宫案"等一系列事件发生政争,并利用京察的机会,打击对方的势力。虽然就各自的主张和双方主要组成人物的品格而言,历代史家对东林党人多有敬重,而东林党人也多以正直君子自居,以国家社稷为己任,但是党争中,各任意气,关注集团利益的情况在当时各门户中其实均有存在。①

而"奸珰"则指在天启以后权势日盛的宦官魏忠贤。魏忠贤,北直隶肃宁人,万历年间自宫入宫。天启初,得到宠幸,被升职为司礼监秉笔太监,权势日张。这一时期东林党在朝势力强大,与东林有隙的党派如齐、楚、浙等党已经有联合权阉、借权生事的趋势。天启四年(1624 年)六月,东林党人的代表,左副都御史杨涟慷慨激昂,上书弹劾魏忠贤,列举其二十四罪状,要求皇帝敕谕法司将魏忠贤进行审讯,将其正法。② 由此举朝响应,参疏盈庭,从天启四年六月至八月,三个月中,弹劾魏忠贤的奏疏约有七十余章。③ 但是魏忠贤在天启皇帝的庇护下,并没有在这样声势浩大的声讨中得到正法。相反,从天启四年十一月开始,魏忠贤与阉党结合,开始了对以东林党为主要对象的反击。熊廷弼之被速杀和追赃,实际上是魏忠贤打击东林党的一部分。

熊廷弼作为湖北江夏人,初入政坛,即入身楚党,本与东林有隙,他在仕途中几起几落,包括在辽东的任职和去职,均同与东林的党争有关。熊廷弼刚愎自用,天启二年(1622 年)四月,受到三法司审讯之时,王化贞"长跪痛哭",因此法司官"好语慰之",而熊廷弼则"辞色甚倨","剌剌不伏",④东林党人也因此而对他颇为反感。但是,天启二年广宁失守,熊廷弼被定死罪,当时朝中大臣即有仗义执言,认为熊廷弼罪不在死。其中就有东林的中坚力量比如杨涟,比如顾大章等。作为刑部员外郎,顾大章参与了王化贞和熊廷弼案件的审理,指出对于熊廷弼应该"议能""议劳",因此应该定以充军而不应处以死罪。⑤

---

① 关于明代的党争,可参见谢国桢《明清之际党社运动考》,中华书局 1982 年版;王天有《晚明东林党议》,上海古籍出版社 1991 年版;[日] 小野和子著,李庆、张荣湄译《明季党社考》,上海古籍出版社 2006 年版等。

② [清] 张廷玉:《明史》卷二四四《杨涟传》,第 6324—6328 页。

③ 苗棣:《魏忠贤专权研究》,中国社会科学出版社 1994 年版,第 98—99 页。

④ [清] 谷应泰:《明史纪事本末补遗》卷二《熊王功罪》,第 1434—1435 页。

⑤ [清] 张廷玉:《明史》卷二四四《顾大章传》,第 6341 页。

东林的这些中坚人物为熊廷弼仗义执言，为魏忠贤和阉党留下了口实。据说，阉党许显纯欲以移宫案坐杨涟，而大理丞徐大化向魏忠贤献策，“但坐移宫，则无赃可指；若坐纳杨镐、熊廷弼贿，则封疆事重，杀之更有名”。[①] 即以熊廷弼事为借口，才能更有效更彻底地打击东林。魏忠贤赞同这样的做法。于是阉党御史杨维垣上书弹劾杨涟等人，并将汪文言逮入诏狱，作为证人，令其攀引杨、左等人，罗织罪名。汪文言，南直隶徽州府歙县人，曾在县衙当过门役，善于交游，虽为小吏，但是与东林主要人物之间关系密切，甚至出入宫廷，在当时的政治斗争中扮演重要的角色。[②] 史载，汪文言被作为东林杨涟等受贿的主要证人收入诏狱之后，受到严刑拷讯，五毒备至而终未诬告牵连。他曾仰天长叹说“世岂有贪赃杨大洪哉”，又说以此蔑清廉之士，“至死不承”，即并未证明杨涟等人有收受熊廷弼贿赂。但是，承担主要拷问任务的许显纯，“乃自为狱词，坐涟赃二万”。[③] 及至杨涟、魏大中等被逮至京城，汪文言已为酷刑所毙，无可对证，而许显纯袖中已有成案，于是每日严刑拷打，只是令杨涟等人承认受赃之罪而已。

史称，熊廷弼本人慷慨激昂，“再任经略，不取一金钱，不通一馈问，终日焦唇敝舌与人争言大计，视国如家”，[④]难于贿赂以求自免之事；而杨涟，“为人磊落负奇节”，一身正气，节义感人；左光斗平生亦以气节相尚，至其入狱，畿辅诸生争相为之筹金以图其命；魏大中自为诸生时，便视钱财如粪土，“家酷贫，意豁如也”；袁化中等人亦多有善政，甚得民心。[⑤] 他们与熊廷弼并无私交。如左光斗，早在天启初年朝廷重新启用熊廷弼时，就曾经指出，熊廷弼“才优而量不宏，昔以守辽则有余，今以复辽则不足”，反对任命。[⑥] 这些人为熊廷弼鸣冤，实为国家边防而非为个人，受贿一说已可存疑。而所谓的追赃也只是名目，周朝瑞之赃在八月十四日追完，“周公自以赃完，裹巾结袜，逍遥狱中”，以为可以避过此难，而至二十八日，即被郭姓锁头押至大监，“不半时许遂毙郭贼之手”。[⑦] 六君子中的顾

---

① ［清］夏燮：《明通鉴》卷七九，第 3063—3064 页。

② 苗棣：《魏忠贤专权研究》，第 123 页。

③ ［清］张廷玉：《明史》卷二四四《杨涟传》，第 6328 页。

④ ［明］谈迁：《国榷》卷八七，第 5311 页。

⑤ ［清］张廷玉：《明史》卷二四四《杨涟传》，第 6319 页；《魏大中传》，第 6333 页。

⑥ ［清］张廷玉：《明史》卷二四四《左光斗传》，第 6331 页。

⑦ ［明］无名氏撰：《诏狱惨言》，周光培编《明代笔记小说》第 27 册，河北教育出版社 1995 年版，第 261—262 页。

大章曾被移往刑部狱。顾大章原为刑部官员，部属见之，“皆叩首掩泣”，[①]但刑部尚书李养正等不敢违抗权阉之意，“一如镇抚原词，以移宫事牵合封疆，坐六人大辟”。魏忠贤得知消息后，大喜。于是仍移顾大章至诏狱，大章遂自尽身亡。[②]

以上所举是明代著名的重大案件，从这些重大案件的发生、审理和判决中，可以清楚地看到司法以外的因素，最主要是政治因素，特别是皇帝和以皇帝为代表的宦官权力对司法的影响。有明一代，包括明初的空印案，明代后期的王大臣案等等，均具有类似的特征。不仅是重大的案件，即使是一些普通的刑事案件，一旦和当时皇帝和朝廷敏感的话题相联系，其审理和处断，也不免受到皇权的影响。[③]

第二节　明代具有社会影响力的案件举例

明代后期，冯梦龙著《三言》，成为这一时期白话小说的典范，在当时风靡一时。以下两个案例本身影响很大，经过《三言》的演绎[④]，产生了更为广泛的社会影响力。

一、李玉英案

李玉英案发生在嘉靖初年，是比较典型的热审案件。[⑤] 李玉英，顺天府人，

---

① ［明］无名氏撰：《诏狱惨言》，第 275 页。

② ［清］张廷玉：《明史》卷二四四《顾大章传》，第 6342 页。

③ 高寿仙：《冤案背后：嘉靖年间北京一桩杀母案的审理》，《故宫博物院院刊》2012 年第 1 期，第 6—16 页。其中作者讨论张福杀母案，本是简单的刑事案件，但是因为牵涉了嘉靖皇帝对外戚的态度，案件的审理充满法外的特征。

④ ［明］冯梦龙：《醒世恒言》“李玉英狱中讼冤”和“卢太学诗酒傲王侯”，人民文学出版社 1956 年版，第 540—568、587—616 页。

⑤ 关于李玉英案，可参见［美］Ann Waltner. “Writing Her Way Out of Trouble：Li Yuying in History and Fiction”, in Ellen Widmer and Kang-i Sun Chang eds. , *Writing Women in Late Imperial China*. Stanford：Stanford University Press. 1997. pp. 221—241. 但 Waltner 此文注重明代中后期女性写作的双刃现象。关于以下李玉英案的描述，主要依据李玉英本人所作《女辩继母诬陷疏》，收入李诩《戒庵老人漫笔》，中华书局 1982 年版，第 120—122 页。

其父李雄，荫袭百户，后因功升职锦衣卫千户。李玉英因此是官宦之女。李玉英兄弟姐妹四人，分别是长姐李桂英，小妹李桃英，幼弟李承祖。兄弟姐妹幼年丧母。为了照顾家庭，李雄再娶焦氏，成为李玉英姐弟的继母。正德十四年(1519年)，李雄出征陕西，不幸阵亡。这一年李玉英大概10岁左右，因为李玉英提到嘉靖皇帝嗣位这一年，她已经有12岁。

嘉靖三年(1524年)，[①]继母焦氏状告李玉英，焦氏兄弟焦榕出面将李玉英拿送锦衣卫。焦氏以“奸淫不孝”为由告诉，出示的证据是李玉英无意中写下的两首诗。其中一首题为《送春诗》，诗的内容如下：“柴门寂寂锁残春，满地榆钱不疗贫。云鬓霞裳伴泥土，野花何似一愁人。”又一首，题为《别燕诗》，诗云：“新巢泥满旧巢敧，泥满疏帘欲掩迟。愁对呢喃终一别，画堂依旧主人非。”[②]锦衣卫司法官员听从焦氏一面之词，将李玉英问拟“剐罪重刑”，下入死牢。

嘉靖年间，热审已经形成定制。每年小满之后十余日，天气变得酷热之前，由皇帝下令相关司法机构，对主要是北京和南京关押在监的罪犯及其案件进行审理，其中的轻罪人犯直接开脱，死罪重犯中有案情可疑、情节值得同情的，司法官员奏报皇帝处置。嘉靖四年(1525年)初夏，皇帝照例下旨热审，诏令如下：“特以天气太炎，在监军民未获发落，仍差审录太监研审，凡有事枉人冤，许通行奏。钦此钦遵。”李玉英遂在监中写下伸冤状词，委托小妹李桃英呈送皇帝。嘉靖皇帝看到李玉英的状词后，说“这奴婢事情有可矜，著三法司会勘来说”。三法司接到皇帝命令之后，对李玉英的案件进行了审理。最后，以皇帝的命令，李玉英本人的死罪得到开脱，李家之冤情得到伸张。作为锦衣卫千户的后代，嘉靖皇帝甚至还令锦衣卫为李玉英“选良才婚配”。

据《明世宗实录》的记载，嘉靖四年的热审，释放笞罪并减等发落三百二十八人，重罪可矜疑者七人，追赃年远未完者十六人，发遣者二十二人。[③] 其中就包括了李玉英。李玉英案因为主角为女性，因为事件之离奇，因为皇帝的过问而产生的皆大欢喜的结局，更因为李玉英申冤书的精彩文笔，不仅这一热审案件得到广泛的流传，李玉英的申冤书，即《女辩继母诬陷疏》，也被传抄。嘉靖四

① Waltner在其文章中认为事情发生在1524年，即嘉靖三年。

② [明]李诩：《戒庵老人漫笔》，第120—121页。以下引李玉英申冤书，即《女辩继母诬陷疏》，均出自李诩《戒庵老人漫笔》，文中不再单独标注。

③ 《明世宗实录》卷五一，第1269页。

年，李诩就是在一学究处看到这一文档，遂将其抄录而收入其《戒庵老人漫笔》。该申冤书也以很小的改动被收入明代中期以后的法律文本，以及颂扬女性的一些文集汇编，比如《古今女史》等。① 可见该文书传播之快，传播之广。

李玉英在《女辩继母诬陷疏》中主要阐述的是两个方面的内容。其一，其继母焦氏告其奸淫不孝属于诬陷，焦氏提供的证据并不成立。李玉英首先对自己作的两首诗进行解释。李玉英指出，自己已及婚龄，但是父母双亡，无人为自己做主，以至婚姻无着，前途未卜；姐妹三人，孤苦伶仃，无依无靠。第一首诗中的"残春""泥土""野花"等比喻正是感叹如此的现实，而无任何思春的情绪。如果从婚姻大事父母之命这个角度出发，李玉英还暗示了自己对现实状态的无奈，符合针对女性的道德标准；而焦氏作为继母，在这一问题上则有失职之嫌疑。至于第二首诗也与言情毫无关联，诗中表达的也是对家庭变故的感叹。为了避免坐实"不孝"之罪，李玉英没有明说自己在诗中表达了对继母的不满，她委婉地表示自己是"感诸身心、形诸笔札，盖有大不得已而为言者矣"。针对继母焦氏诬陷自己的奸淫和不孝，李玉英主要反驳的是"奸淫"这一诬陷。在对作为证据的两首诗进行解释之后，李玉英指出，"臣纵不才，邻里何不纠举？又不曾经获某人，乃以数句之诗，寻风捉影，陷臣死罪"。也就是说，如果她李玉英果真思春，果真有奸淫之行为，邻里会知道，会纠举；此外，坐定"奸淫"之罪的直接证据应该是将其奸夫抓获，而现在焦氏对自己的告诉，依凭的只有两首诗作，未免有捕风捉影的嫌疑。

其二，焦氏的告诉另有原因。李玉英在申冤书中列举以下事实：一、父亲李雄与焦氏育有一子李亚奴，李雄战死时，亚奴才及周岁；二、李雄战死，不见尸骨，奉焦氏之命，年仅十岁的李承祖，即李玉英幼弟，前往千里之外的西北战场找寻遗骨，千辛万苦找回遗骨之后，李承祖竟然被焦氏"毒药鸩死，肢解埋弃"；三、李玉英的长姐李桂英被焦氏卖于权豪之家为婢；四、李玉英的小妹李桃英被焦氏逼着沿街乞讨。从这样的事实看来，首先，焦氏对待李雄前妻所生子女一贯凶残一目了然，焦氏要治李玉英死罪，与她以上的行径是一致的。其二，焦氏如此对待李雄前妻子女，主要目的在于让自己亲生的儿子李亚奴长成之后，

① ［美］Waltner, "Writing Her Way Out of Trouble: Li Yuying in History and Fiction", pp. 234—235.

顺利继袭李雄的军职。换言之，从李玉英的描述来看，即使李玉英她什么都没做，焦氏的诬陷也会出现。她的两首诗作，只是一个借口而已。通过对焦氏在李家行为的描述和控诉，李玉英不仅说明焦氏对自己的诬陷意在彻底了结李雄前妻子女，显示焦氏之阴狠毒辣，从而也从某种程度上，为自己在诗作中的表达，"感诸身心、形诸笔札，盖有大不得已而为言者矣"的原因进行了注解。

李玉英的申冤书充分利用了司法官员对于继母与告"不孝"的习惯性思路，为自己伸冤赢得机会。子女不孝，属于十恶重罪，[①]如果告实，不孝子女将受重刑，比如李玉英被定"剐罪"。子女不孝父母，自然罪大，但是父母因此将子女告至官府，将子女置于重刑，于人情而言，亦属于极端。在明代司法官员看来，亲生父母对子女或不至于此。因此，在司法实践中，对于继父继母等告子女不孝的，就会心存猜疑。正是基于这样的猜疑，弘治十三年(1500 年)颁布的《问刑条例》一条规定："继母告子不孝……俱行拘四邻亲族人等，审勘是实，依律问断。若有诬枉，即与辩理。果有显迹伤痕，输情服罪者，不必行勘。"[②]其中隐含的司法理念为，继母等告子女不孝的，可能存在诬枉。崇祯年间，徽州府歙县方阿卜讼继子方七老不孝，知县傅岩审理之后发现，方七老已经"克尽子道"。为此，官府责备方阿卜不该妄告不孝，感叹，"女流妄谓不孝二字，可以恃而无恐"。[③] 表达的就是这样的理念。李玉英已经在申冤书中说明自己的诗作并不能证明自己有奸淫之情，继而，她又详细描述了焦氏在李家的所作所为，并点明了焦氏如此行为的原因。最后，李玉英在申冤书中提出让法司"将臣之诗句委勘，有无淫奸等情，推详臣母之心，尽在不言之表"，这样的总结以事实为基础，切中法司对继母告子女不孝这样案件的习惯性思路，说明焦氏对自己奸淫和不孝的指责纯属诬陷。热审的结果，不仅李玉英被诬陷的罪名得到开脱，李玉英继母焦氏因为诬告，因为谋杀李承祖，被依律处斩。

李玉英一案为观察明代热审提供了途径。三法司对此案热审的具体情况，虽没有详细的记录，但从李玉英的申冤书等材料中可以看到，作为恤审，皇帝在热审中起到重要的程序性的作用：皇帝下令进行热审，最后也是皇帝下令，以"可矜"开脱李玉英，均符合明代热审的基本规制。

---

① ［明］高举：《大明律集解附例》卷一，第 179 页。

② ［明］白昂等编：《问刑条例》，《皇明制书》卷一三，第 375 页。

③ ［明］傅岩：《歙纪》卷九《纪谳语》，第 131 页。

二、卢柟案

卢柟，北直隶大名府浚县人。根据《明史》的记载，[①]卢柟文采精妙，下笔千言，立等可待，是位才子，但是，在追求功名的过程中，卢柟并不顺利，科举考试几次落第。好在卢柟家境富裕，在功名无望之后，捐资成为国子监监生，曾经去过北京，与当时的权贵才俊等有所交往，但主要居住乡里。李洵先生认为，卢柟家境虽富，但并非豪富；虽有资产，但无政治权势，属于当地一名“中上等乡绅”。[②]

嘉靖十九年(1540 年)，卢柟案发生，产生较大的社会影响。一方面这一案件拖延时间长达十几年；另一方面，卢柟虽然本身只是个监生，但是性格狂傲，交友广泛，在士人中具有一定的影响力，在他为自己伸冤辩解的十几年中，文人士夫对其命运也多有关注、描述和讨论。明末冯梦龙更将此案件加工成小说《卢太学诗酒傲王侯》。

卢柟案的案情并不复杂：嘉靖十九年初，卢柟家的雇工人王隆因为手上生疮，不能劳作，遂要求退雇，同时，为了不耽误卢家的春耕，推荐了身强力壮的张杲代替自己。卢柟同意。这样，张杲就成了卢柟家新的雇工人。这年的六月，卢柟发现张杲有偷盗行为，要去告官，张杲听说之后连夜逃走。第二天，卢柟去县上告诉，但是逃走的张杲却在前一晚被倒塌的房屋压死。张杲的母亲魏氏于是也以一纸状词告至县衙，控告卢柟将张杲殴打致死。浚县蒋知县依照魏氏一面之词，将卢柟严刑逼供，按照《大明律》“斗殴及故杀人”条规定，“凡斗殴杀人者，不问手足、他物、金刃，并绞；故杀者，斩”，[③]将卢柟定为死罪。

卢柟案是死罪案件，按照明代的详谳制度，县衙审断其案情，确定其罪名和相应的惩治之后，要上报大名府，大名府审核之后，要申详北直隶巡按御史，巡按御史要上报刑部和大理寺。此外，作为重大案件，卢柟案还要接受巡按御史以及刑部和大理寺官员定期到地方的审录。另一方面，明代的司法制度也明确规定，在初审结案之后，以及在任何一个复核审录的阶段，包括在刑部和大理寺

① ［清］张廷玉：《明史》卷二八七《卢柟传》，第 7376 页。
② 李洵：《说“卢柟之狱”》，李洵《下学集》，中国社会科学出版社 1995 年版，第 311 页。
③ ［明］高举：《大明律集解附例》卷一九，第 1498 页。

复核期间，囚犯本人或其家属均可以伸冤，如果冤枉之事重大，家属可以击登闻鼓，直接向中央和皇帝伸冤。

卢柟案初审之后，详谳的过程随之展开。与此同时，卢家，包括卢柟本人从一开始就积极于伸冤之事。就在蒋知县将卢柟定为死罪之后，卢柟的父亲就将状词递交到了巡按监察御史樊公处，樊御史将状词下批，要求大名府进行复审。但是没有等到大名府复审，樊御史就受命会审卢柟案。这次会审以樊御史为主持，参加会审的官员除了原审蒋知县之外，还有按察司官员、大名府的推官和同知，以及真定府的推官。因为会审官员对案件的处断不能取得一致的意见，于是将案件发大名府滑县刘知县进行覆勘。刘知县审理之后，将审理结果申详巡按御史。嘉靖二十年(1541年)正月，樊御史对案件进行复核，基本同意刘知县所断：卢柟按以家长殴雇工人致死律断，定徒罪；但是对于刘知县提出的罚谷千石，樊御史认为惩治过重而改为四十五石。卢柟案至此成为徒罪案件，并经巡按御史详允之后得到发落。卢柟纳资赎罪之后宁家。

樊御史去任，殷御史代替。蒋知县重提卢柟案，不仅在殷御史处重申自己最初的审断意见，同时诬陷樊御史断案不明。殷御史听从蒋知县的意见，在没有新的证人证据，也无人重新告诉的情况下，重新启动卢柟案件，将案件发往大名府张知府处重审。卢柟认为张知府并无杀他之心，但是因为“察院之成命”，所以将自己再次断问死罪。① 卢柟上奏辩冤。朝廷再行大名府张知府审理，这回张知府又定卢柟以家长殴雇工人致死应徒，但御史复核不准，维持原定死罪。卢柟再行奏辩，朝廷下令，由当时巡行此地的胡御史为主持，由大名府张知府等官员参加，再次对卢柟案进行会审。众官员均认为卢柟罪不该死，胡御史最后的审理结论是，“此卒不可杀，终当与某囚同例减死尔。姑待仍拟”。② 即胡御史虽认为卢柟应该减死处理，但他并没有因此而改动卢柟死罪的定罪。卢柟的死刑案件呈送刑部，刑部也认为审理存在问题，曾经出具审理意见，并将案件下发大名府和浚县要求再次审理。但是几次再审均未能脱卢柟于牢狱，而当初胡御史提到的恤刑减死，似乎也没有得到落实。

卢柟案初审之后的十几年间，案件一直处于复审、复核的过程之中。在

---

① ［明］卢柟：《辩冤书》，黄宗羲《明文海》卷二〇四，上海古籍出版社1994年版，第241页。
② 同上。

漫长的案件复核和伸冤的过程中，卢柟被解押至各处接受审讯，解押路程几十里、几百里不等；曾被下至浚县、大名府等各个监狱；为打点官府、赎罪等花费无数。但即便如此，卢柟还是不断地为自己伸冤，不仅通过正式的渠道，比如他在辩冤书中提到的“奏辩”，同时，也利用私人的关系，给包括京城的吏部官员、翰林官员等，以及地方的大名府推官、新任浚县知县等写信，说明情况，希求帮助。

在卢柟案复核的过程中，最关键的是两个问题。其一，张杲是被打致死还是被房屋倒塌压死？卢柟的说法，张杲是被倒塌的房屋压死，而且压死张杲的房屋还不是卢家的。张杲母亲的告词，以及蒋知县的初审，则认为张杲是被卢家殴打致死。张杲最初被发现有偷麦的举动，可能确实被卢家殴打。浚县最初上报张杲尸检的结果是上齿缺六颗，左腿腿骨骨裂。卢柟在其《辩冤书》中提到，张杲前一日从卢家逃走至孙洁的麦场，据说当时还吃了为孙洁守麦场的李现的一碗汤面。卢柟提到，如果他果真将张杲的牙齿打落、腿骨打伤，张杲又怎么能拖着伤腿逃至一里多外的孙洁麦场，如何还能有这样的胃口。但是卢柟案中张杲遍体伤痕这样的尸检结果终难解释。一些再审和复核该案件的司法官员因此认同张杲并不是被倒塌的房屋压死，而是被卢家打死的判断。后来刑部官员在复核此案的过程中，也要求地方再审，对张杲遍体伤痕的事实提供更明确的解释。其二，如何认定张杲与卢柟的关系。卢柟声称张杲是他的雇工人。但是张杲的母亲在告诉中提出，张杲是卢柟原来的雇工人王隆的雇工人，因此和卢柟没有家长和雇工人的关系。卢柟和张杲母亲的观点得到不同司法官员的认同。卢柟在《辩冤书》中提到：“夫张杲一人也，在前卷为王隆雇工，樊公为卢柟雇工，殷公复作王隆雇工。及柟奏辩，张公询得其情，仍作卢柟雇工，而翁公复改作王隆雇工。”[①]可见在这一问题上，不同司法官员有不同的认识。以上两个问题成为卢柟案各级详谳的关键问题，并且从根本上影响案件的结局。如果张杲不是卢柟的雇工人，而且张杲是被卢家打死，那么卢柟就该得死罪，这是蒋知县最初的审断意见；如果张杲和卢柟构成雇工人和家长的关系，即使张杲是被卢家殴打致死，卢柟所得之罪也就是徒罪，这是樊御史详允的判决；如果张杲和卢柟有雇工人和家长的关系，而且张杲是被房屋压死，那么卢柟就该无罪

---

① ［明］卢柟：《辩冤书》，第 242 页。

释放。但是案件拖得时间越长，相关的证据缺失得更为严重，要在这两个问题上获得确定的答案就更加不易。

除了证据的原因，其他因素显然也影响了案件的进程。在李洵先生等学者看来，卢柟这一士子，没有功名，亦即没有政治权势的保护，他的财产正好成为其招灾惹祸的根源；另一方面，卢柟有文才，但是在追求功名的过程中却不得意，这孕育出他性格中的狂狷之气。卢柟之所以会遭遇卢柟之狱，正是卢柟的社会地位及其狂狷的性格使然。① 这种狂狷之气首先得罪了蒋知县。据说蒋知县曾经拜会卢柟迟到，受到卢柟的无礼对待，蒋知县因此怀恨在心，不仅要置卢柟于死地，而且要破其家。② 蒋知县，名蒋宗鲁，嘉靖十八年(1539 年)至嘉靖二十二年(1543 年)为浚县知县。因为在任政绩突出，被行取至京成为科道官。据说蒋知县升职之后，卢柟伸冤就更为困难。③ 而卢家的财产也显然成为卢柟伸冤的不利因素。包括蒋知县在内的官员，在书写司法报告的时候，均加入了"鲸鲵凶噬之恶"这样的词句来描述卢柟的犯罪，将此案件放入豪绅欺负弱小良民这样的犯罪类别，增加详谳官员对卢柟的负面印象。卢柟在伸冤书中，极力刷新自己的形象，一方面说明自己不是"恃豪放、恣险恶、凭陵暴横于一时"之人，同时，他也强调自己只有"中民之产"，而且，因为"积狱数年，悉贸费无余"。④

在十几年的伸冤过程中，对卢柟同情的人多，但是肯担当责任，为卢柟开脱的人少。卢柟感叹，"卢氏在浚世世业农，无公卿朝士大夫显贵。故仆得罪后，无一人肯援手者"。⑤ 最后，作为明代诗坛著名的后七子之一的谢榛看到卢柟的《放招赋》，不仅从中读出卢柟之冤，而且"匹马走京阿，絮泣诸贵人前"，要求权贵们出手对卢柟案件插手相救。⑥ 谢榛，一介布衣，没有功名。之所以能在京师与官员结交，与权贵往来，得到藩王的礼遇，主要是因为其文才。而谢榛对卢柟的出手相救，显然也与谢榛对卢柟文才的欣赏有密切的关系。嘉靖二十六年

① 李洵：《说"卢柟之狱"》，第 272—273 页。

② ［清］张廷玉：《明史》卷二八七《卢柟传》，第 7376 页。

③ ［美］L. Carrington Goodrich and Chaoying Fang, eds. *Dictionary of Ming Biography 1368—1644*. New York: Columbia University Press. pp. 995—997.

④ ［明］卢柟：《辩冤书》，第 240—241、243 页。

⑤ ［明］卢柟：《与孟龙川书》，黄宗羲《明文海》卷二〇四，第 257 页。

⑥ ［明］张季彦：《谢山人诗序》，《谢榛全集》，齐鲁书社 2000 年版，第 15 页。

(1547年),浙江平湖人陆光祖进士及第,之后选任大名府浚县知县。谢榛向陆光祖提到卢柟案,指出卢柟之冤。陆光祖最终"因榛言平反其(卢柟)狱"。[①] 所以后人认为是谢榛出卢柟于囹圄,"起白骨而加之肉"。[②] 陆光祖作为浚县知县,重新审理卢柟之狱,并坚持自己的审理意见,出卢柟于狱,在证据很难落实,审理意见很难统一的情况下,平反拖延时间长达十几年的案件,不仅需要有足够的魄力,而且需要足够的刑名能力。明人记载,陆光祖平反卢柟案,有同仁责问陆光祖是否知道卢柟是个富豪。陆光祖回答,他只知道卢柟是否有罪,而不知道他是否贫富。同仁语塞。卢柟之狱得到平反后,陆光祖之"平反之声闻于远迩,凡四郡有疑狱,上官必以属公。无不得其平者"。[③] 陆光祖的气魄和刑名能力由此可见。

第三节　明代司法档案和判牍中所见案例

明代的司法档案比如《四川地方司法档案》以及判牍集如《云间谳略》《盟水斋存牍》等均记录了当时发生和审判的案例。这些相对普通的案件,构成明代司法审判的主要内容。

一、人命冯汝时案

明末,社会动荡,广东潮州地区山海盗贼发生频繁。为维持地方治安,各地纷纷兴办乡兵团练。比如潮州地区名士吴六奇与其弟侄、乡人组织团练,保卫乡里。先后铲除钟凌秀、叶亚婆、彭士炳、刘良机等地方作乱分子。[④] 崇祯初年,

① [清]张廷玉:《明史》卷二八七《卢柟传》,第7377页。
② [明]张季彦:《谢山人诗序》,《谢榛全集》,第15页。
③ [明]曾同亨:《陆庄简公光祖传》,焦竑《国朝献征录》卷二五,第1067页。
④ 邓玉柱:《明末清初吴六奇贡献潮州地方社会事迹述略》,《韩山师范学院学报》2013年第34卷第5期,第36、38页。

广东地方官明令设置练总、练长等，团练乡兵，以集结地方资源，协助官府维持地方治安。但是，乡兵团练显然也是一把双刃剑，一方面，如吴六奇组织的这样的团练，可以有效维护地方秩序，为朝廷带来利益；另一方面，如果团练组织非人，兵事事大，也可能给地方带来危害。时人指出，要对团练乡兵善于利用和驾驭，否则，则有可能将兵权授予无赖，导致其纵横乡里，草菅人命。① 崇祯初年由广州府理刑厅颜俊彦推官主持审理的冯汝时案，就是这样一个因乡兵团练起祸的案例。②

按规定，乡兵团练，应该在地方乡绅父老的主持下进行，朝廷要求推举年长有德公平之人成为乡兵之练总。但是，冯汝时案中的冯汝时，既非年长，也非有德，却成为当地乡兵练总。事发之后，官府审理此案，认为冯汝时是一个“亡赖恶少”，孔武有力，平时即横行乡里。冯家家境富裕，所以冯汝时“倚富争雄”，得以借朝廷下令组织地方进行团练乡兵之机，充当了练长。冯汝时借助公私财力，私造八橹快船两艘，多置器械，并违反朝廷由各“乡绅酌量各出壮勇家仆若干人”组成乡兵基本人员的规定，而“私蓄伙党四十余人”，即将自己的爪牙编入乡兵队伍。借团练之名，弄兵一方，暴横乡里。

但冯汝时案的核心并不在于团练本身，而在于涉及人命。这年的五月，冯汝时率领其乡兵，将何秀联等三家抄家，并将梁仲爱、张良两人擒拿打死，沉尸于海。尸出浮水，何秀联以及梁仲爱、张良家人将冯汝时等告官。冯汝时案案发。官府提解冯汝时审问，冯汝时辩解自己只是履行了团练练总的职责。他为自己辩护的两个理由是：一、梁仲爱即梁彦伦，而张良应该是张效良，两人俱为案贼。二、当地有一名为冯业霁的人被以上两名贼徒掳走，冯汝时率乡兵追还，贼徒被杀落水。在司法官员看来，这两条理由均经不起推敲。首先，梁彦伦、张效良确实是有名在案，是官府需要缉拿的贼徒，但是梁仲爱是否就是梁彦伦，张良是否就是张效良，无人证明，此其一；其二，即使梁仲爱就是梁彦伦，张良就是张效良，冯汝时抓获这样的贼徒之后，也应该送官，通过朝廷既定司法程序进行审理，按照律法进行惩治，冯汝时不得擅杀。而冯业霁的口供则使冯汝时的说法更为可疑。冯业霁承认自己曾被贼人所掳，但同时指出被掳之事并非发生在

---

① ［明］颜俊彦：《盟水斋存牍》，第 49 页。
② 同上，第 49—51 页。

本地，而且被掳之后，并没有发生所谓的追捕阵杀之事。此外，冯汝时被捕之初，冯业霁并没有主动到官为其作证，为其说明，也可见冯汝时所说不确。

冯汝时案发生之后，当地里排冯敬坚等众口齐称，冯汝时之所以杀梁仲爱和张良，实在是因为五月龙舟竞渡争忿，冯汝时为泄私仇，将其杀死。而与此同时，有一百余人，也以里排之名，在冯汝时赴审之时，为其保结，声称其无罪。主审官员广州府理刑厅推官颜俊彦按照名册，对堂上这一百余位保结之人一一对号，则发现这些人所用均非本名，因此认定是冯汝时的党类冒充。

冯汝时杀人，自然只是主使。奉令行凶的为其党羽。这些党羽中，经张良之子张亚惠认定的有黎亚祚、黎朝德、易志朋和梁士敬；经梁仲爱妻子认定的有黎亚祚、黄章实、罗尔华；何秀联也指认了黎亚祚。

基于以上事实，广州府理刑厅引《大明律》"威力制缚人"一条对冯汝时及其党徒定罪。该律文规定："若以威力制缚人及于私家拷打监禁者，并杖八十……因而致死者，绞。若以威力主使人殴打而致死伤者，并以主使之人为首，下手之人为从论，减一等。"[①]审判如下：冯汝时以威力主使为首，定绞罪；黎亚祚、黎朝德、易志朋、梁士敬、黄章实、罗尔华为从，各杖徒配。其余附和之人，不予深究。

理刑厅将审理结果上报兵巡道，兵巡道对案件性质事实的认定并无异议，对冯汝时定绞罪也予以赞同，但是认为从犯一概定拟徒罪，认为有过轻的嫌疑，为此将案件又驳回重审。颜俊彦坚持自己的审理意见。这一审理意见经过兵巡道上报至两广总督、兼任广东巡抚王尊德处。[②] 王尊德在批复中对从犯的处理并无意见，而对冯汝时适用的律文则提出不同的看法。他认为"威力制缚人"一条中，威力主使人殴打致人死，并无意于杀人；而冯汝时，志在报复，率党徒持械入室，擒拿梁仲爱二人打死丢尸，同谋故杀，与"威力制缚人"中的主使之人不同，因此提出，仅以绞罪惩治冯汝时，似不足以为梁仲爱和张良两人伸冤。为此，王尊德要求地方重新定罪申报。

有明一代，人命盗贼案件是重案，不仅初审谨慎，申详复核的过程也很复杂。虽然冯汝时案的罪情和所犯罪行基本得到兵巡道和两广总督的认同，冯汝时及其党羽最后的惩治其实仍不确定。地方将案件要上报中央，经过刑部和大

① [明]高举：《大明律集解附例》卷二十，第1582—1583页。

② 吴廷燮：《明督抚年表》，中华书局1982年版，第669页。王尊德，崇祯元年(1628年)至三年(1630年)任两广总督。

理寺的复核。同时，巡按御史、刑部官员和大理寺官员定期也会来到地方，对这样的重案进行复审。这样，即使各司法官员均认同颜俊彦初审结果所出具的罪情以及最终的惩治意见，对冯汝时及其党羽惩治的落实也需要较长时间的等待；如果司法官员中对案件有不同意见的，则冯汝时及其党羽在监狱等待的时间会更长。明代相当一部分盗贼和人命犯，常常不及正法就瘐死狱中。

冯汝时案还具有这一类案件两个方面的重要特征。其一，指认盗贼。盗贼案件是大案要案，而明末的广东地区，盗贼又比较猖獗。上述广州府推官颜俊彦提到，“粤介裔夷之交，狂寇陆梁，依山阻海，往往窃发”。① 因此，盗贼得到官府格外的关注，成为司法的重点之一。这样，指认和被指认为盗贼的后果就相当严重。告状将案件定性为盗贼，足以引起官府的重视；盗贼归案时，往往借指认同伙而泄私愤。冯汝时将梁仲爱和张良指认为在官府有案底而未归案的盗贼，是比较典型的为自己开脱的举动。

其二，与上述指认盗贼相对应的，则是在这一类的案件中，地方里老乡绅等的保结，或者又称为保良，即地方上有影响力的人们向官府出具文书，证明被指认的盗贼为诬陷或者证明已经被官府关押的嫌疑犯被冤枉，有反映民意的特征。官府在司法审理中，可能对这样的民意也比较重视，所以明末广东地方的盗贼常常以“有人保结为护身符”。② 冯汝时案中，地方里排出面证明冯汝时杀人是为龙舟竞渡；而冯汝时指使党羽到官保结，都与地方在司法中的此种参与方式有关。当然，从上述冯汝时案件中可以看到，官府也有自己的方式来辨别保结的真假，一些地方官还有“保从贿捏，岂足凭据”这样的说法。③ 即便如此，地方保结、保良、结良等做法对官府的司法，尤其是盗贼人命案件的司法审理，仍有影响。

二、四川夔州府新宁县福受里杨应贤案

嘉靖二十九年(1550 年)十一月初二日，夔州府新宁县福受里民杨应惠将本家杨应贤告至四川布政使司。状词以杨应贤为主要告诉对象，同时还将黄瑛、

---

① ［明］颜俊彦：《盟水斋存牍》，第 36 页。

② 同上，第 28 页。

③ 同上。

杨忠古等证人、扶同作案之人共计七人列举状内。原告状词如下：①

告状人杨应惠，年五十岁，係夔州府新宁县福受里民。状告：为一虎三彪越田割谷凶打堕胎人命事。正德年间，有惠故父玖股出钱应办绝分田甲首，照钱扇拨田地，管业伍拾余年无乱，新今不欺。杨应贤父子富买小甲，在县多年，惯熟钻衙，干接新官，一路情面买嘱，乘机趁时告变远年田土。对证只听强口，如同父子，不等惠开口，挟棍挨扦拶指搥五百有余，屈罚银伍两伍钱，锁追借上还成拾贰两，变产倾家。至捌月拾贰，又被杨应贤虎狼多人，强割惠栽田谷。见惠只身，乱打混死。有妻胡氏救护，就强将妻拖过水田叁坵，踢死小儿在身，当投黄瑛、杨中古相视，当日落下，止有脑，未生毛。告蒙本县学官署印，又被富托打点含糊，尸骸暴漏不得安埋。伏望准告亲提，察断若是，仰县点火入水。若是不准，壹命投河，陷尽家口蚁命不得安生。啣冤上告。

计开：

杨应贤係带领多人	黄　瑛	杨忠古係相视人	杨应忠係户首
杨正珠係棍徒	王定知	王茂係光棍	杨应受

天星祖爹　　详状施行

嘉靖贰拾玖年拾壹月初二日　告状人　　杨应惠

杨应惠告状的主要内容有两个方面，其一，杨应贤告变远年田土，官司做了相应的处断，杨应惠不服；其二，杨应贤带人踢伤其妻，致其堕胎。

四川布政司接到杨应惠词状后，将案件下批杨应惠和杨应贤所属新宁县的上级行政机构，即夔州府达州进行审理，并要求达州官员在审理结束之后将审理意见上报。

夔州府达州接到案件之后，立即牌行新宁县，将词状所及一干人等提解到官，对田土事情进行了解；同时，派本州水西里老人袁文乔押带杨应贤等人，当场对堕胎进行勘验。经过了解，达州官员发现，杨应贤踢伤杨应惠妻子，导致堕胎，事实清楚。而杨应惠告词涉及的田土分割之事，虽然纷争由来已久，案情也不复杂：杨应惠与杨应贤本系同族本家，其共同之高祖杨志忠，置有田地壹拾叁

① ［明］佚名辑，吴艳红整理：《四川地方司法档案》，第189—190页。

石贰斗，均作贰股，分给儿子杨敬、杨刚，每人各分陆石陆斗，分别管业纳粮。杨敬生杨永瓒、杨永祯、杨永才叁子，将杨敬名下田地均分管业。杨刚生杨永年壹子，承种杨刚田地陆石陆斗。杨永瓒生杨洪、杨相贰子；杨相生杨应贤；杨永祯生杨鸾、杨凤、杨鹏、杨鹗、杨鸱伍子；杨永才生杨龙壹子。杨鸾生杨应忠、杨应汕、杨应金叁子；杨凤生杨应受、杨应惠、杨应迪、杨应举肆子；杨龙生杨应连壹子。

正德六年（1511 年），杨永年考虑自己年老无子，只有义男杨接继承家产，决定将自己名下的田地陆石陆斗分出叁石，分与堂兄杨永瓒、杨永禛、杨永才均分领种，剩田叁石陆斗拨与义男杨接种办。至嘉靖七年（1528 年），杨接病故，且无后人，留下田地叁石陆斗。这叁石陆斗的田地，成为后来杨应贤和杨应惠互讼的根源。按理，这叁石陆斗也应该与之前的叁石一样，在杨永瓒、杨永禛、杨永才三人及其子孙中均分，但事实上只有杨应贤父亲杨相分得陆斗，杨应连分得陆斗，其余田土一直在杨鸾和杨凤的名下。杨鸾、杨凤陆续病逝，前项田土就一直由杨应惠等占种。换言之，杨应惠多种了杨刚绝田，而杨应贤等少得了自己的一份。

嘉靖十七年（1538 年），杨应贤因为杨应惠多占绝田，曾经到新宁县石知县处告状。石知县曾派老人潘宗临田踏勘，因为当时秧苗在田，难以丈拨，未曾处分。后石知县去任，此事一直耽搁，未曾得到最后的处断。到嘉靖二十八年（1549 年），杨应贤再将此事告诉至新宁县胡知县处。胡知县审断：杨刚绝田一共陆石陆斗，应该杨永瓒、杨永禛、杨永才叁分均分，每分共绝田地贰石贰斗。这样算来，杨应贤尚少陆斗；杨应连亦少田陆斗；杨应惠、杨应忠等多壹石贰斗。为此，断令杨应惠等将多种绝田退拨陆斗给补杨应贤等。杨应惠不服，不肯退拨田地，并告状至夔州府署印刘同知处。刘同知行县提解杨应贤等到府审理，审理结果与之前胡知县所断相同，明令杨应惠将绝嗣田地退拨。在以上两次诉讼中，杨应惠均被问罪，审理结果相同，但是杨应惠仍拒绝退拨田地。杨应贤子杨正珠于是再告本县胡知县，胡知县令老人潘景舟押解一干人等直接到杨应惠、杨应汕等占种的田头，指明将地名石家冲田贰坵等地块拨与杨正珠种办，写立合同拨约，官府验证，给予执照。杨应惠再次被问罪。但杨应惠仍不退田，并于嘉靖二十九年（1550 年）二月，再次告赴夔州府。夔州府唐知府再次审理此案，处断结果相同：杨应惠应该退田。这样，从嘉靖十七年到嘉靖二十九年这十二年间，杨应贤与杨应惠互为原告和被告，多次告官，处断基本相同，即杨应惠应该将多占的绝田退拨给杨应贤等人承种，官府已经在田产证明上完成了退拨，但是杨应惠一直对退拨之事耿耿于怀，并在事实上不予落实。

嘉靖二十九年(1550年)八月，土地冲地内谷子成熟，十二日一早，杨应惠与妻子胡氏悄行至田内割谷。土地冲这一地块前此已经由胡知县断处退补杨应贤，应该由杨应贤收割。杨应贤得知之后，前来阻挡，并因此与杨应惠夫妇发生肢体冲突，导致胡氏倒地伤身，当夜八个月胎儿早产不得存活。有杨忠古等人可以为证。杨应惠为此先告至新宁县，新宁县审理未结，再赴四川布政使司告状。

基于以上事实，达州出具审理意见如下：首先，杨应惠承种杨刚绝田过多，应该按照之前官府屡次处断，将应该退拨的田地按数退拨。以后双方不许再为此事告争。其次，杨应贤在双方的扭打中，伤及胡氏，导致其堕胎，胎儿不存，应该按照《大明律》“堕人胎者”律，杖责八十，徒二年。杨应惠屡次告状，按《大明律》“不应得为而为之事理重者”律，杖八十。其三，杨应惠属于原告，应缴纳告纸银壹钱伍分，杨应贤作为被告，缴纳民纸银壹钱。由新宁县追缴。审理意见由达州府上报四川布政使司。

杨应惠与杨应贤为同族兄弟，因为田产分配不均，十几年间，互讼官府，杨应惠几次被官府问罪，最后妻子受伤，八月胎儿丧命，而杨应贤也为此受到杖八十、徒二年的惩治。这样的情况，在当时可能并不鲜见。祖产分配不均，是族内成员之间起衅兴讼的重要原因。祖产年代久远，更迭繁琐，这样的案件一般很难轻易了断。正如这一杨应惠案所显示的，争产双方互相告诉，而且案件未结，即再次上告；案件已结，不服的一方又再次上诉。

而从杨应惠的案件来看，田产纠纷的长期存在，诉讼的目标已不限于争产。杨应惠之所以十几年间均不愿意退拨田土，并几次三番上告，主要大概有两个原因：第一，杨应惠财力有限，而杨应贤相对比较富裕。达州官员最后判处杨应惠杖八十，杨应惠因为无力赎免，只好以身体承受了八十杖责。而杨应贤因为财力较强，杖八十和徒二年的惩治均以财物赎免。第二，也是更为重要的，杨应惠认为杨应贤父子与官府交接，田产之事，县断不公；其妻胡氏受伤，八月告县，至十一月仍未归结，杨应惠也认为主持县政之官员已经被杨应贤财物打点。这样的认识可能让杨应惠心气难平。尤其是杨应惠在本案中的最后一告，告至四川布政司，则颇有孤注一掷的气势。从夔州府的新宁县到四川布政司所驻地成都府，行程五百多公里，需要几天的行程，告状并不容易；而在向布政司提供的状词中，杨应惠提到如果得不到公道的处置，他将"一命投河"，可能也并不完全是要挟之词。明代的争产案中，尤其在争产双方发生肢体冲突，一方以老弱的长者、妇女、病人在争斗中受伤甚至毙命为理由，为自己争取权益的情况，也很常见。在一般情况下，受害方，不论其在争产中的态势如何，均会得到官府的同情。杨应惠胎儿的丧命虽然与成人的受伤和毙命不同，但是胎儿为男性，生产在即，在杨应惠看来，当然值得同情。杨应惠告状布政司应该也与此有关。

三、松江府青浦县邬魁案

万历后期，松江府青浦县邬魁以"一件陷盗抢妻事"为名告状。[①] 状词递交在苏松常镇兵备道邹大人处。邹将状词下批青浦县所属松江府进行审理。

松江府推官毛一鹭审理此案，审出案情如下：邬魁之父邬贤身隶灶户，早年因为家境贫寒，出身成为本地丁诏的奴仆。丁诏可能没有子嗣，除了收邬贤为奴仆之外，又收张俨为螟蛉义子，改名丁俨。丁俨生子，为丁三辅。邬贤为丁家奴仆一段时间，后来赎身，而且经营家业有方，家境日渐丰裕；而其昔日的主家丁家，日子却渐见窘迫。丁三辅以女许配邬贤子邬魁，显然与两家当时的经济状况有关。丁女与邬魁成婚之初，乡邻并无异议，因此成婚四载，平安而过。但四年之后，丁氏外孙，一个叫张懋充的忽然挑拨离间，最终引发此案。

毛一鹭对张懋充显然没有好感。他认为张懋充是"豪泼无赖"。张之前曾经在学，即为生员。为生员之时，就是"学霸"。后为其他不法事情，被革除生员资格，也可证明其行为素来不端。张懋充与丁三辅设计，先将丁三辅女骗回娘家。之后，以丁三辅女为旧时主家，而邬魁为丁家旧仆，两人不宜婚配为由，直接将丁三辅女改嫁张二。张懋充与丁三辅瓜分了张二的财礼。

案情并不复杂，毛一鹭在大致交代这一案件的来龙去脉之后，出具对这一案件的审理意见：首先，毛一鹭最为痛恨的是张懋充，除了以"豪泼无赖""学霸"

---

① ［明］毛一鹭：《云间谳略》卷四，第 502—503 页。《云间谳略》具体成书年份不详，判牍集中收入的案件均发生在万历三十六年之前。参见《历代判例判牍》第 3 册，"整理说明"，第 6—7 页。

进行指责，他还认为张懋充有意“变乱纲常，鱼肉良善，言之令人腐心切齿”；在官府审理之时，张懋充多方辩白，以掩其不轨，“横而且狡”。毛一鹭认为对张懋充“法当重究”。但是毛一鹭最后对张懋充的处断是以“不应”律断。按《大明律》“不应为”条规定：“凡不应得为而为之者，笞四十；事理重者，杖八十。”①其次，对于张二，毛一鹭明确提到，张二不仅娶有夫之妇有罪，而且丁三辅原姓张，张二与丁三辅女缔结婚姻，就有违反《大明律》“同姓为婚”的嫌疑。《大明律》“同姓为婚”条规定：“凡同姓为婚者，各杖六十，离异。”②但是毛一鹭指出，丁女与张二已经养育孩子，所以，他们之间的婚姻仍应予以维持，不断离异。张二也以“不应”律断。第三，丁三辅出尔反尔，听信张懋充挑拨，将已嫁之女改嫁他人，收取财礼，当然有罪。毛一鹭也以“不应”律处断。第四，最值得注意的是对邬魁的处断。毛一鹭明确指出，邬魁的父亲已经赎身出姓，即已经不算是丁家奴仆。在处断意见中，毛一鹭明确指出邬魁与丁家没有干系，“即丁氏子孙不得为主，况懋充为丁氏外孙乎”？但是，在丁三辅女一女二夫、何去何从的问题上，毛一鹭最终断处丁女与张二的婚姻得到法律保护，而解除丁女与邬魁的婚姻。其中除了丁女与张二已经育有子女这一事实外，毛一鹭也承认“且魁与妇先配亦属良贱”，即邬魁与丁女之前的婚姻违反《大明律》“良贱为婚姻”的规定。《大明律》“良贱为婚姻”条规定：“凡家长与奴娶良人女为妻者，杖八十；女家减一等。不知者不坐。其奴自娶者，罪亦如之。……若妄以奴婢为良人，而与良人为夫妻者，杖九十，各离异改正。”③换言之，毛一鹭虽然确认邬魁与丁家已经没有干系，但是他同时也认定，邬魁确实还有贱民的特征，他与丁女之间仍存在良和贱的差别。毛一鹭断令丁女与邬魁解除婚姻，懋充、三辅、张二共出银八两给邬魁，让其另行娶妻。

毛一鹭在审语中提到“县审”，可见这一案件在由兵备道下批松江府之前，已经告县，经过县的审理，邬魁是因为对县官处断不服，才继续上告的。此外，丁三辅女与邬魁分开而改嫁张二，至毛一鹭审理此案时，丁三辅女与张二已经有了四岁的孩子，可见这一案件拖延已久。毛一鹭将审理意见上报兵备道，兵备道的详批意见为：“张懋充以革退劣生诱夺人妻，狡横可恶，与张三辅俱加责

---

① ［明］高举：《大明律集解附例》卷二六，第1891页。

② ［明］高举：《大明律集解附例》卷六，第669页。

③ 同上，第704—705页。

三十板，姑依拟赎杖发落。张二决发。余如照，实收领状缴。”[①]即加重对张懋充和张三辅，即丁三辅的处罚，但是对于丁三辅女与邬魁以及张二之间的婚姻关系，则维持了毛一鹭的处理意见。

松江府青浦县邬魁这一案件，具有明代，尤其是明代中后期婚姻案件的多个特征。首先，财礼在婚姻的缔结和婚姻纠纷的出现和平息中扮演重要的角色。[②] 邬魁案中，丁三辅之所以最初将女儿许配邬魁，并不是不知道邬魁父亲曾经是丁家的奴仆这一事实。这一婚姻的缔结，与丁家和邬家经济状况分别发生的变化密切相关。丁家家道中落，邬家财礼丰厚，才促成这一婚姻。同样，丁三辅之后听从张懋充的意见，将女儿改嫁张二，除了良贱这一问题，张二的财礼显然也具有吸引力。最后，毛一鹭断银八两给邬魁，一方面算是退回邬魁当初奉送丁家的财礼，另一方面，也算是为邬魁另行娶妻，准备了礼金。毛一鹭大约觉得这样处断，也足以弥补邬魁的损失。换言之，这一案件始终，财礼一直是重要的主题之一。

其次，从明代中后期的婚姻案件来看，特别是在婚姻是否解除的问题上，地方司法官员似有一定的自由处置力。[③] 邬魁案中，丁女与张二同姓为婚，本该离异，但是因为双方养育了子女，所以婚姻得以维持。同一时期，松江府上海县沈显与沈霓争妻起衅告状。沈显与妻子诸氏成婚多年，育有五位子女。沈显好赌，将妻子卖与沈霓为妻。毛一鹭在审理中发现，卖妻之事已经三年，而且诸氏与沈霓也已经育有一女。毛一鹭指出，沈显卖妻，乃亲手书契，而且这是绝卖的文契，再者，诸氏归沈霓有年，因此“宜无复全之理”。[④] 但是，在案件审理过程中，沈显与诸氏的几个子女表达了强烈的感情：抱母哀号，呼天抢地，要求卖身

---

① ［明］毛一鹭：《云间谳略》卷四，第 503 页。

② 任晓兰在其《晚明的悔婚现象及其法律规制》（《妇女研究论丛》2007 年第 6 期，第 49—53 页）一文中，也指出明代中后期财富在婚姻关系中扮演的重要角色，这一时期大量的悔婚现象也与婚姻约定或者缔结双方财富的变化有很大的关系。可参见。

③ 关于地方审判中，尤其是婚姻案件的处理中，司法官员在法律与情感之间的平衡，可参见柏桦、崔永生：《情理法与明代州县司法审判》，《学习与探索》2006 年第 1 期；Jiang Yonglin, Wu Yanhong. 2007. “‘Satisfying Both Sentiment and Law’: Fairness-Centered Judicial Reasoning as Seen in the Casebooks ofthe Ming”, pp. 31—61.；潘宇：《明清州县司法审判中的人情因素——以“一女二嫁”、“典雇妻女”以及“买休卖休”案件为中心》，《法制与社会发展》2011 年第 1 期。

④ 毛一鹭：《云间谳略》卷八，“一件欺奸弟妇事”，第 539 页。

赎母。毛一鹭为之动容，而且为之动情。最后将诸氏断还给了沈显。

但是，这样的宽容显然仍存在限制。这在邬魁案中具代表性的良贱为婚姻这一问题上体现最为明显。从邬魁案中看来，对于良贱之间的婚姻，官府奉行的基本是不告不理的原则。丁女与邬魁成婚有年，并无官府的干涉。但是一旦这良贱婚姻的事实被告至官府，则官府一般均要予以处理。对于良贱之间的婚姻，官府的一般做法是解除婚姻，并要杖责相关人等。明代中后期，奴婢出姓从良较之前期更为频繁，在司法实践中，出姓的奴婢与主家发生冲突，可以以凡人之间的冲突论，而不能再以主仆关系论。这在上一章中已经有过讨论。但是在婚姻这一问题上，似乎不能如此彻底。在邬魁案中，尽管邬魁父亲已经出姓，推官毛一鹭仍认为丁女与邬魁之间存在良贱关系。张懋充、丁三辅等人显然也有这样的认识，否则不会以此兴起事端。但是如何界定“贱”，起码在邬魁这一案件中，仍可能存在异议。首先，不是邬魁本人，而是邬魁的父亲曾经卖身为奴。那么，邬魁的父亲出姓，从法律上成为平民之后，邬魁是否还具有“贱”的特征？其次，丁三辅之父是丁诏的义子，丁三辅之父本姓张，而不姓丁。正因为此，丁女与张二之间才构成同姓婚姻的事实。那么，邬魁与丁女之间是否构成良贱的关系？或许是因为这些异议，邬魁才一告再告，最后将案件告至兵备道的原因。但是松江府推官的处理仍将邬魁定为“贱”，而兵备道在详批中显然也认同这样的处理意见。

小结：明朝案例读后

与清代相比，现存明代的案件审理记录缺乏足够的整体性。除了一些特殊的案例，其中收录原告的状词和案犯的诉状与口供之外，一般只有官府的审理记录，即司法官员对案件的描述、分析和讨论，而看不到告诉双方的陈述和意见。同时，上文提到，明代详谳制度严密，尤其是盗贼、人命等重大案件，需要从地方到中央不同司法部门的审理和复核，就目前所见明代的司法材料而言，也很难见到比较完整的从初审、经过各机构的复审、恤审，最后案件得以最终发落的案例。大部分的明代案例，展示的只是明代司法部分环节的信息。比如本章讨论的杨应惠一案，最后四川布政司是否同意达州的审理意见，杨应惠与杨应贤之间的争告是否因这一最后的告诉和处断而结束，已经不得而知。同样，邬魁案中，最后邬魁是否就此接受张懋充、丁三辅、张二的经济赔偿，另行娶妻了事，还是要继续上告，也缺乏相应的记录。

尽管如此，上述三部分案例，仍能具体展示明代司法实践的一些特征。首先，虽然司法实践中存在不同的影响因素，但是无论是大案要案还是普通司法，法律的规定和法律的基本程序，并没有被完全的摒弃，即使是最受朝政影响的如胡蓝之狱，朱元璋仍要刊刻《逆臣录》等出具案犯口供，证明其谋反叛逆的事实，并根据《大明律》相关条目进行定罪。而在普通的司法案件中，尤其是保存相对完整的司法档案中，依律定罪，按条例进行惩治的落实，按照规范的司法文书格式将有关案件申报上级审批等，均看出遵循司法程序的特征。

其次，在司法官员进行司法推理和量刑处断的过程中，情感因素当然起到作用，但是情感在其间能起到怎样的作用，在多大的程度上起到作用，以及以怎样的方式起作用，均值得仔细考虑。杨应贤案件中，杨应惠痛丧胎儿，值得同情，但是官府在解决双方田产的纠纷中，并没有因此而改变既往的处断意见；邬魁案中，官府对于婚姻的解除与否似乎具有相对自由的裁量权，但是在良贱这一问题上，又似乎存在相对严格的规制。

第三，特别是从普通司法案件来看，明代民众司法参与的程度值得关注。杨应惠一案中，杨应惠与杨应贤几番告诉。每一次告诉，除了杖责和赎罪的银两不算，告状一方一般要缴纳告纸银壹钱五分，被告的一方要缴纳民纸银壹钱。嘉靖中期，四川地方，每一石米，即十斗米的价格大约是五钱五分。[①] 加上旅途的费用，告状期间不事生产的损失，参与司法的成本不可谓不高。杨应贤作为受益一方，屡次告状还可以理解，杨应惠屡告屡败，仍坚持不懈，是说明明代民众对于当时司法制度存在充分的信心，还是说明其对基层司法充满失望，则值得进一步的思考。

① ［明］佚名辑，吴艳红整理：《四川地方司法档案》，第262页。

第八章　明朝的民族法律

明代是一个多民族的王朝。各民族对法律文化的建设和发展都做出了丰富的贡献，共同构织了中华民族法律文化的多彩画卷，为后代统一多民族国家的法律多元创造了历史基础。明朝的民族法律文化，既指中央政府有关民族问题的法律意识和制度，又包括各民族自身创制的法律文化。只有将有明一代汉族的和其他民族的法律统一考察，才能对明朝法律文化有一个更全面的了解。

本章首先考察明代中央王朝的民族法律，之后，以傣族和苗族为例，考察在明朝时期形成的、目前隶属于中华民族大家庭的民族法律文化发展概况。需要指出的是，明朝的民族和现今的民族在名称、内涵和成员构成上有很大区别，而且各民族和明朝中央政权的政治隶属关系也时常变化，本章沿用当前的民族概念和划分方式，同时也考虑了各民族在明朝时期的存在状况。此外，有明时期，出现于史籍的民族称谓多达几十个，因为篇幅的关系，本章只选择傣族和苗族进行介绍。

第一节 明王朝的民族法律

一、明王朝的民族政策和措施

明朝是中国历史上民族关系发展的重要时期。作为以汉族推翻蒙古异族而建立的政权，它在对待非汉民族时，一方面具有强烈的敏感与偏见，同时又积极吸取元朝统治者的经验，着力平定、安抚，甚至教化各族力量，力图营造一个和谐有序的多民族帝国。明朝的民族法律是其处理民族关系的重要手段。

明朝民族政策的基石是"华夷之辨"，即中国历史上具有悠久传统的对华夏/汉族与被诬称为"蛮夷/夷狄"的其他族群的区别。这一区别的主要内涵是中国是世界文明的中心，而周边则是落后、野蛮的"化外之民"。① 尽管历史上中原王朝不乏承认其他民族的政权是平等的政体，甚至为他族所征服，在世界观上他们还是要抱着"中国中心论"，强调汉族的文化优越以及以"德威"征服他族的实力。② 出身华夏/汉族的皇帝是中国的天子，其朝廷为统御天下的天朝。③

明朝开国皇帝朱元璋不仅撰文强调"夷狄禽兽也"，不可与华夏相比，而且将"华夷之辨"作为国策贯彻到具体国事中去。④ 明初，朝臣方孝孺更是系统地阐述了"华夏—夷狄"的本质区别，认为对后者应"以禽兽畜之，不与中国

---

① ［美］John Hay, ed. *Boundaries in China*. London: Reaktion Books, Ltd, 1994, pp. 13—14. 就这一观念的起源，见 Yang Lien-sheng 著"Historical Notes on the Chinese World Order"，载 John K. Fairbank 编 *The Chinese World Order: Traditional China's Foreign Relations* (Cambridge: Harvard University Press, 1968, pp. 20—33)。

② 就帝制中国时期历史叙述中的世界观阐释，见 Edward Wang 著"History, Space, and Ethnicity: The Chinese Worldview"，载 *Journal of World History*（1999 年第 10 卷第 2 期，第 285—305 页）。

③ 张兆裕：《明代的政治思想》，张显清、林金树主编《明代政治史》（下册），广西师范大学出版社 2003 年版，第 1093—1119 页。

④ 《明太祖集》，胡士萼点校本，黄山书社 1991 年版，第 342 页。参见《明太祖实录》卷九一，第 1599—1600 页；卷一九五，第 2936—2937 页；卷一四〇，第 2213 页；卷一八二，第 2747—2748 页。

之人齿”。[1] 虽然天朝也会表示“华夷无间”，“一视同仁”，[2]但华夏和“夷狄”之间的文明—野蛮的等级关系是不能改变的。作为“夷狄”的其他族群对天朝只能是从属和进贡的关系，两者不可混为一谈。[3]

在明朝统治者的眼中，区别华夏与“夷狄”有一系列的标准。[4] 从地域角度讲，明朝遵循的是“内华夏外夷狄”的传统。基于“中国中心论”，开国皇帝朱元璋诏告天下：“自古帝王临御天下，中国居内以制夷狄，夷狄居外以奉中国。未闻以夷狄居中国治天下者也。”[5]诚然，如王庚武所论，这种主张每每与历史事实不符。[6] 但明朝统治者会尽力维系这种“文明—野蛮”的“内外”地域结构，不使混乱。洪武二年（1369 年），为了消弭边乱，中书省向朱元璋奏请将广西柳州的瑶和仡佬人迁往“内地”。朱元璋将其驳回，认为这些“蛮夷”不懂仁义礼仪，不可能效忠朝廷，故而不可内迁。要使他们成为顺民，其要诀在于威之于武力、教之于中国之学。[7] 尽管君臣在如何处理“蛮夷”的措施上有分歧，但他们对内外之别是有共识的。

明朝在区别“华夷”上还有一系列族群性标准，包括语言、体征、生活方式，以及所谓的“人性”。[8] 华人是正直、聪颖、美丽的代表；而“蛮夷”则相反，他们是“罗鬼”，“嗜淫好杀，畔服不常”。[9] 明初，在镇压了由思伦发在云南麓川发动的起义后，朱元璋告诫当地的土司官员：麓川乃至云南并非“中国”所要索取。这不仅仅是因为该地偏处西南一隅，更因为当地居民皆“兽形夷面”，且“俗无伦理”，如果胆敢再做挑衅，天朝的力量定会将反抗势力扫平，使“丑类为空”。[10] 在

---

① ［明］方孝孺撰，徐光大点校：《逊志斋集》，宁波出版社 1996 年版，第 52—60 页。

② 《明太祖实录》卷五三，第 1048 页；卷一三四，第 2125 页。

③ Jiang Yonglin, *The Mandate of Heaven and the Great Ming Code* . p. 103.

④ 《明太祖实录》卷四四，第 853 页；卷一四〇，第 2210 页；卷一九〇，第 2874 页；卷二三九，第 3475—3476 页。《明史》卷三一六，第 8168 页。

⑤ 《明太祖实录》卷二六，第 401 页。

⑥ ［新加坡］Wang Gungwu，“Early Ming Relations with Southeast Asia：A Background Essay”，载 John K. Fairbank 编 *The Chinese World Order*，第 34—62 页。

⑦ 《明太祖实录》卷四四，第 853 页；《明史》卷三一七，第 8204—8205 页。

⑧ 关于中国边疆族群性的演变，参见 Steven Harrell 编 *Cultural Encounters on China's Ethnic Frontiers*（Seattle：University of Washington Press，1995）。

⑨ 《明太祖实录》卷一四〇，第 2210 页；《明太祖实录校勘记》，又作“魁鬼”，第 506 页；《明史》卷三一六，第 8168 页。

⑩ 《明太祖实录》卷一九八，第 2969—2970 页。

生活方式上，蒙古族人以游牧为生，充满“腥膻之风”；[①]西南的非汉族则“仰巢颠崖，俯饮川涧”。[②] 这些都是和汉族的生活方式格格不入的。

当然，在明朝统治者看来，“华夷”之间最重要的区别还在于最根本的价值体系及其具体体现的礼仪典章制度。这其中，是否奉行“三纲五常之道”被订立为“华夏—蛮夷”的试金石。[③] 朱元璋亲自撰文阐释孔子“夷狄纵有君长不如诸夏之亡也”的论断：

> 夷狄，禽兽也。故孔子贱之，以为彼国虽有君长，然不知君臣之礼，上下之分，争斗纷然。中国纵亡君长，必不如此。是其有君，曾不如诸夏之亡也。[④]

明初大儒方孝孺阐述得更加具体：

> 夫所贵乎中国者，以其有人伦也，以其有礼文之美、衣冠之制，可以入先王之道也……彼夷狄者侄母烝杂，父子相攘，无人伦上下之等也，无衣冠礼文之美也。故先王以禽兽畜之，不与中国之人齿。苟举而加诸中国之民之上，是率天下为禽兽也。[⑤]

明武宗时期的御史虞守随也声称：

> 盖中国之所以为中国者，以有礼仪之风衣冠文物之美也。[⑥]

总而言之，明朝统治者反复利用各种话语来强化他们的“华夷之辨”论。其结论就是“华夷”不是同一种类，而且“非我族类，其心必异”。[⑦] 所以当明朝廷设

---

① 《明太祖实录》卷一九〇，第 2874 页。

② 《明太祖实录》卷一九八，第 2969 页。

③ 《明太祖实录》卷二三九，第 3475 —3476 页。

④ ［明］朱元璋：《解夷狄有君章说》，张德信、毛佩奇主编《洪武御制全书》，黄山书社 1995 年版，第 310 页。就此观点，可参见 Yang Lien-sheng 著“Historical Notes on the Chinese World Order”，以及 Frank Dikötter 著 *The Discourse of Race in Modern China*（Stanford, CA.：Stanford University Press，1992）。

⑤ ［明］方孝孺：《逊志斋集》卷二，第 58—59 页。

⑥ 《明武宗实录》卷一七〇，第 3285 页。

⑦ 《明太祖实录》卷一〇九，第 1816 页；卷一二四，第 1991 页。

计朝贡制度时，他们甚至把其帝国境内的非汉族和外国“夷狄”划归一类，按照明廷的安排进行朝贡。① 中外“夷狄”要共同遵守“番国朝贡仪”，在朝贡时，像外国人一样，明朝境内的非汉族首领被要求穿上自己的民族服装，按照规定的时间、路线、人数，带着规定的物品前来朝拜大明天子。这些朝贡礼仪规定一方面区别了明朝汉族和非汉族以及外国人，同时又将双方联结在明朝廷主导的等级秩序中。

明朝境内的非汉族人群大都分布在北方和西、南部边疆地区。在北方主要是蒙古族、女真族以及包含多种民族（包括回族和维吾尔族）的“色目人”。在洪武朝，当中书省奏请将地处西北的归降的蒙古等非汉族人群迁往内地，朱元璋予以驳回，认为北方更适合那些人的“天性”。② 现代学者 Henry Serruys 认为，明朝蒙古人遍布境内，但他们的群体较小，且过于分散，尚不足以自立生计，未能形成具有规模的社区。③ 但这些非汉族人群在明朝还是具有一定的影响力。虽然明王朝时常标榜“华夷无间”，“一视同仁”，④他们对非汉族还是作了多种区别对待。除了在政治、经济、军事上推行“德威并施”政策，采取建立卫所（包括以非汉族为首领的羁縻卫所）、设立屯田等措施以外，⑤就如下文要进行讨论的，他们在立法活动中还有特别的考虑。

在南方和西南方的边疆地区（特别是四川、湖广、贵州、云南、广西诸省）居住着众多的非汉族族群，包括羌、藏、苗、罗罗（彝）、百夷（傣）、瑶、僮（壮）等等。在这里，明王朝除了建立卫所、设立屯田外，主要的管理机制是体现“以夷制夷”和“因俗而治”原则的“土司制度”。⑥ 该制度继承并发展了元朝的“土官”体系，设立了宣慰使司、宣抚司、安抚司、诏讨司、长官司、蛮夷长官司、军民府、土州、土县等一整套土官机构，由中央颁发诰敕、符印以为凭信，并建立相应的考察赏罚机制。这种以授予非汉族首领“土官”的方式，实行间接统治，不仅从政治上

---

① 例如，截至 1394 年，明朝与十七个国家、九个西域地区，以及分布在四川、广西、云南、湖广的宣慰司等土司机构建立了朝贡关系。见《明太祖实录》卷二三二，第 3394—3395 页。

② 《明太祖实录》卷五九，第 1147 页；卷二三三，第 3412 页。

③ ［美］ Henry Serruys, *The Mongols in China during the Hung-wu Period* (*1368—1398*). Bruxelles: l'Institutbelge des Hautes Études Chinoises, 1959, pp. 176—213。

④ 陈梧桐：《论明王朝的民族观与民族政策》，《明史研究》第四辑，黄山书社 1994 年版，第 104—111 页。

⑤ 奇文瑛：《明代的民族政策》，张显清、林金树主编《明代政治史》（下册），广西师范大学出版社 2003 年版，第 857—870 页.

⑥ ［清］张廷玉：《明史》卷三一〇，第 7981—8277 页。

将边疆地区维系在明朝帝国之内，而且从法律上也促进了多元的发展。①

除了军事弹压和政治管理外，明王朝还积极对非汉族地区推行“教化”措施，即所谓的“以夏变夷”。明朝廷积极鼓动土官子弟到“中国”(内地)学习。如洪武五年(1382年)，时处四川的普定土官者额来京朝拜。朱元璋告诫他：

> 王者以天下为家。圣教所暨无间远迩，况普定诸郡密迩中国，慕义来朝深可嘉也。今尔既还，当谕诸酋长，凡有子弟，皆令入国学受业，使知君臣父子之道，礼乐教化之事。他日学成而归，可以变其土俗，同于中国。岂不美哉！②

者额以及后来一些土官果真将他们的孩子送到南京来学习。③ 朱元璋的意思，尽管这些非汉人群已经成为明王朝的臣民，但他们尚未改造成为真正意义上的“中国人”(即汉人)，他们的属地尚未成为真正的“中国”(内地)的一部分。汉文化礼仪的教育因此显得尤其重要且迫切。

为了在非汉族地区推行“教化”，明王朝还在土司管辖下设立学校，并要求这些学校输送非汉族学生到京师的国子监。如洪武二十八年(1395年)，当得知云南、四川等处罗罗(彝)族土官尚不知“三纲五常”之理，朱元璋便令礼部在当地建儒学，招收土官子弟入学。他希望此举不仅能绥靖边疆，还可以使当地非汉族人群“使之知君臣父子之义而无悖礼争斗之事”。④ 据《明史》记载，到十五世纪中叶，儒学已经遍布西南地区的土司境内。⑤ 现代学者李龙华也认为，明王朝对非汉族的“教化”政策是卓有成效的。⑥ 但事实上，明朝政权对非汉族地区“教化”措施的效果也是有限的。明初洪武朝，广西忻成县的儒学教谕上报朝廷，说当地瑶族学生学习汉文化刚刚起步，无法通过报送到国子监的考试。朱

---

① 就明代土司制度，参见John Herman著*Amid the Clouds and Mist: China's Colonization of Guizhou, 1200—1700* (Cambridge: Harvard University Asia Center, 2007)；龚荫《中国土司制度史》第七章《明王朝对边疆民族的治理》(四川人民出版社2012年版)；李龙华《明代土司政策析论》(台湾《大陆杂志》86.1,1993,第1—12页)；Herold Wiens著*Han Chinese Expansion in South China* (The Shoe String Press, Inc., 1967, pp. 214—216)。

② 《明太祖实录》卷一五〇，第2366页。

③ 《明太祖实录》卷一六二，第2517页；卷二〇一，第3018页；卷二〇二，第3025页。

④ 《明太祖实录》卷二三九，第3475—3476页.

⑤ [清]张廷玉：《明史》卷七五，第1852页。

⑥ 李龙华：《明代土司政策析论》，第9页。

元璋只得降低标准,免去了该校输送“贡生”的任务。[①] 在洪武二十六年(1393年),朱元璋又关闭了广西荔波县的儒学,因当地苗、瑶等族的“蛮语”极其难懂,师生无法交流。[②] 一直到明朝末年,西南地区广大的非汉族地区依然很少接触汉族文化。仅以贵州为例:万历年间的王士性观察到,该省的大部分地区还是被“苗蛮”占据着,汉族的力量只控制着连接内地和云南的狭窄的通道。这里的汉人由军队的卫所管理和保护。[③] 郭子章也有同样的说法,并认为在“苗蛮”中普及汉文化极其困难,主张“以中国之治待四夷”不可急于求成。[④] 可见,明朝建立二百多年后,特别是在边疆省份,非汉族的文化仍具有重要的影响。

明朝的民族法律建构与其基本民族政策和措施息息相关。基于“以夏变夷”和“华夏有别”的理念,在法律政策上,明朝对非汉族有两个方面的举措:其一,配合“教化”,积极推行“汉法”。无论是吸收非汉族子弟到京读书还是在边疆地区设立儒学,法律观念和制度是其中不可或缺的学习科目。久而久之,汉族法律当会被部分非汉族人群所熟悉和接纳。例如,明朝统治者习惯将非汉族区分为“生”“熟”两类。前者系尚未汉化的群体,后者则是较多吸收汉文化(包括法律文化)的人们。[⑤] 在万历后期,湖广辰州府知府瞿汝稽(1548—1610年)就发现,在一些所谓的“熟苗”地区,“汉法”正在被采用。[⑥] 其二,在另外一些地区,特别是在所谓的“生”非汉族地区,当朝廷无能为力,或被政权利益驱使时,他们对当地法律事务采取放手政策,听任非汉族自行处理。明朝廷对待贵州的彝族阿哲部落的态度就非常典型。[⑦] 在十六世纪七十年代,第十四代宣慰使安国亨与族人发生仇杀,被同族人以“反叛”罪告到朝廷。朝廷意欲派兵弹压。大学士高拱(1512—1578年)则认为,安国亨与族人相互残杀是他们族群的家事,而非真正的叛乱,因而与明朝无关;高拱认为“蛮夷”“非我族类”,即使安国亨真的犯了罪,派兵讨伐也无益于给“中国”带来平安,所以他极力反对消耗“中国”

---

① 《明太祖实录》卷一九八,第2963页。

② 《明太祖实录》卷二二四,第3277页。

③ [明]王士性:《广志绎》,中华书局1981年版,第133页。

④ [明]郭子章:《黔记》,《中国地方志集成:贵州府县志辑》,巴蜀书社2006年版,第二册,第304、312、510页;第三册,第404、412页。

⑤ [瑞典]Magnus Fiskesjo,“On the ‘Raw’ and the ‘Cooked’ Barbarians of Imperial China”,载*Inner Asia*第1期(1999),第139—168页。

⑥ [清]严如熤:《苗防备览》,台湾华文书局1969年版,第701页。

⑦ 美国学者John Herman的*Amid the Clouds and Mist*一书中有详细叙述。

的人力、物力去对付那些自相残杀的“蛮夷”。结果，明朝廷宽恕了安国亨。[①] 后来，1600 年前后，安国亨之子安疆臣袭职后，再次被控告谋杀族人。贵州巡按御史宋兴祖也认为疆臣所为乃“蛮夷”之间相互杀戮，与“中国”无关，因而不可对之适用“汉法”，以免激怒当地居民。[②]

对此，贵州巡抚郭子章（1543—1618 年）说得非常明确：

> “夫土司仇杀，自其常态；夷狄相攻，中国之利。若蜀夷而仇黔，黔为黔夷而仇蜀，是为夷狄而罷中国也。”[③]

他认为“蛮夷”遍布的贵州与“内地”是如此不同，以至于两者是不可能适用同样的法律的，“若欲尽绳以汉法，未有不骇而乱者”。[④] 显然，明朝重臣郭子章采取的是实用主义的态度。一方面他利用“蛮夷”的互斗来获取明朝廷利益的最大化，同时又不得不承认明朝廷无力干预非汉族法律事务的现实。这很能代表明朝廷对非汉族的法律政策。

二、《大明律》中的民族法律规定

针对非汉族，明朝政权在一些重大法律事务上设置了全国性的一般规定。这在基本法律《大明律》和《问刑条例》中都有体现。

作为有明一代的基本法典，尽管《大明律》的主要适用对象是汉族，它也对涉及非汉族几个根本问题作了具体的规定。

1.“化外人有犯”

首先是非汉族人群的法律适用问题，即非汉族人群犯罪是否需要按照《大明律》处置。对此，《大明律》第 36 条规定：“凡化外人有犯罪者，并依《律》拟断。”该条法律的关键是“化外人”的含义，即究竟谁是“化外人”？在中国法律史

---

① ［清］张廷玉：《明史》卷三一六，第 8171 页；［明］高拱：《靖夷纪事》，明代沈节甫编《纪录汇编》，第 525—530 页。

② 《明神宗实录》卷三三三，第 6164—6165 页。

③ 《明神宗实录》卷四二六，第 8039 页。

④ ［明］郭子章：《黔记》，《中国地方志集成：贵州府县志辑》，第 404 页。

上,《唐律》首先对“化外人相犯”作了规定:“诸化外人,同类自相犯者,各依本俗法;异类相犯者,以法律论。”《唐律疏议》的解释是,“‘化外人’,谓蕃夷之国,别立君长者,各有风俗,制法不同。其有同类自相犯者,须问本国之制,依其俗法断之。若高丽之与百济相犯之类,皆以国家法律论其刑名”。[①]《唐律》所说的“化外人”,实际上是指本身归属于另一个主权国家的外国人,这个主权国家拥有君长和法律,与唐朝拥有相对平等的地位,如高丽、百济之类。唐朝政权对他们的法律处置,便不具有“民族法律”的意义。

明朝虽然没有对“化外人”提供一个官方的解释,但是明代律家对这一法律词汇的解释相对仍比较确定。明前期律家张楷在其《律条疏议》一书中将“化外人”解释为“谓外夷来降之人及收捕夷寇散处天下者”。此说多为后代律家继承。如正德年间胡琼解释“化外人”为“凡土官、土吏、化外夷人”。万历年间高举则解释“化外人”如下:“外夷来降之人及收捕夷寇散处各地方者,皆是。言此等人,原非我族类,归附即是王民。”同时期的律家姚思仁则在律文“化外”下,注“来降”二字。[②] 归纳起来,《大明律》的“化外人”大致是指以下两种人:其一,治内的少数民族,即“土官、土吏”;其二,归附来降之人,即“外夷来降之人”。可见,明代的“化外人”或本是治内之民,或已归附本朝,他们均是明朝的子民。这与唐朝的“化外人”为外国人的特征形成鲜明的对比。虽是明朝的子民,“化外人”又在中华文化的浸润之外。换言之,《大明律》中的“化外人”是指处于中华文化(或者

① [唐]长孙无忌等撰,刘俊文点校:《唐律疏议》,中华书局1983年版,第133页。

② 见明代张楷《律条疏议》、胡琼《大明律集解》、高举《大明律集解附例》、姚思仁《大明律附例注解》《名例律》“化外人有犯”条下注。关于更多的一些注释,也可参见巨焕武《明代律例关于化外人的犯罪规定》(台湾《思与言》,第14卷第2期)一文后所附材料。嘉靖年间,未注明作者的律注《大明律疏附例》注释化外人为“如蒙古人、色目人及土夷散处中国者;若四方来庭远人、犯边藩寇皆是”。中国台湾学者巨焕武据此而认为明朝的“化外人”还包括外族使臣,以及外族入侵者。实际上《大明律疏附例》的注解存在很大的问题。“犯边藩寇”若是被俘归降,自然属于“化外人”,如果仅仅是入侵,并没有被俘,《大明律》如何能把他们制裁在内呢?至于“来庭远人”若真是巨焕武所说的“外族使臣”,与明代律家如高举、王肯堂等提到的化外人属“归附”之民实在也相去甚远。最为有力的证据是,巨焕武在他的《明代律例关于化外人的犯罪规定》一文中还论述了明朝对于朝贡的外族使臣的犯罪处置,他所罗列的律例以及相关的大臣的上书中都未曾提到“化外人”以及《大明律》关于“化外人”的规定,末了,他也承认:“总之,在明代,凡涉及外族使臣的犯罪案件,外族使臣得为原告,却不为被告,明律化外人有犯条所谓‘并依律拟断’的规定,因而有了例外。”值得指出的还有,在我们所见以及巨焕武先生所收集的明代律家关于“化外人”的众多解释中,类似《大明律疏附例》的解释,也就是说把含义不明的“四方来庭远人”和“犯边藩寇”等包括在内,还仅此一家。

说是华夏文化浸润)以外的人,即明朝境内的非汉族人群。①。

明代律家指出,《大明律》将汉族和非汉族人群一体科断,主要目的有两个。第一个是象征意义上的:即“蛮夷”们臣服于明王朝的统治之下,不管他们是来自境外还是居于境内,他们都成了明王朝的子民。明朝天子对他们适用帝国的法律彰显的是“王者无外”的精神。目的之二则是政治上的:对“蛮夷之人”,用法太宽则不足以征服其心,用法过严又无助于他们感怀皇恩浩荡。② 适用本朝基本法《大明律》将会是治理这些“政治皈依者”最有效的法律措施。

《大明律》界定“化外人”时,“地域”观念还有一定的作用,但是,与《唐律》中的化外人概念对比,该法律概念的最主要因素已经变成了文化和族群性:这些人居住在什么地方已经不再重要,只要他们是非汉族人又坚持非汉族观念和风俗习惯,他们就是“化外人”。也就是说,“化外人”的界限已不再和疆域画等号,他们可以存在于明帝国的任何一个地方。对“化外人”适用《大明律》展现了明朝统治者扩张汉族文化、改造非汉族人群的愿望。从本质上说,《大明律》中的“化外人”剔除了“外国人”的因素,它把《唐律》中“化外人”作为一个以“地域—政治”为主的概念改变成一个以“文化”为核心的概念。

但是,《大明律》“化外人有犯”的规定实际存在一个最基本的问题:“化外人”什么样的“犯罪”要由明朝官司处置?对此,官方并没有具体的说明,而明代中后期的律家则认为“所有的犯罪”都要服从官府的管辖。③ 但是,明初律学家何广却有不同的解释:“若东夷西戎之人,两相犯罪,两种之人,习俗既异,夷狄之法,复有不等,不可以其胡种之法断罪,还以中华之政决之。”④也就是说,《大明律》“化外人有犯”一条主要调整的是不同族群间的纠纷,对于各族群内部的

---

① 对明朝“化外人”的法律处置,另可参见杨雪峰《明代化外人犯罪时适用之法律》(台湾《大陆杂志史学丛书》第4辑,第5卷,大陆杂志社1975年版);苏钦《唐明律“化外人”条辨析——兼论中国古代各民族法律文化的冲突和融合》(《法学研究》1996年第5期)等论著。

② [明]王肯堂:《王肯堂笺释》,《四库未收书辑刊》第一辑,第25册,北京出版社2000年版,第322页。

③ [明]高举:《大明律集解附例》,第347页;[明]董裕:《大明律例注释祥刑冰鉴》,明刻本,卷一,第48页上;[明]王藻:《大明律例附解》,明刻本,卷一,第95页下;[明]贡举:《大明龙头便读旁训律法全书》,明刻本,卷一,第50页上;[明]彭应弼:《刑书据会》,明刻本,卷一,第68页上。

④ [明]何广撰,杨一凡、吴艳红点校:《律解辩疑》,杨一凡、田涛主编《中国珍稀法律典籍续编》,第4册,黑龙江人民出版社2002年版,第56页。

纷争则不予干涉。

何广的诠释可能更切乎实际。其一，明初已制定了区别对待土官的法律。洪武十七年(1384年)底，云南布政使司的官员们奏言："所属大小土官，有世袭者，有选用者。……世袭者世居本土，素有备储，不资俸禄养廉可也。选用者多用流寓本土为众所服，故一时用之，非给俸禄无以养廉。况《律》官吏受财有禄无禄分为二等。今土官犯罪，《律》条无所据依，乞加定议。"请求制定一项"土官"犯罪的条例。朱元璋下令六部会议此事。六部官员奏请："凡土官选用者有犯，依流官律定罪。世袭者所司不许擅问。先以干证之人推得其实，定议奏闻。杖以下则记录在职，徒流则徙之北平。①"这条法律最终以皇帝"令"的形式颁布。这一单行法令的颁行很可能是因为《大明律》"化外人有犯"尚不足以构成惩治"土官"犯罪的法律依据。② 换言之，和何广的解释相一致，《大明律》"化外人有犯"一条并不针对所有犯罪的土官。

其次，前面提到，尽管明朝统治者鼓励和促进非汉族"蛮夷"的"向化"，但朝廷对于汉族与非汉族的交融其实保持谨慎的态度。③ 非汉族群体常被视作威胁。只要这些人政治上驯服，他们便可以享有很大程度上的法律自主权。从这个意义上说，何广的诠释与朝廷对非汉地区的基本政策也是比较一致的。

第三，朝廷对非汉族的法律不干涉原则在明朝法律实践上也时常得到体现。洪武二十五年(1392年)，思明土知府黄广平因思明知州门三贵图谋刺杀他，遂把门三贵杀害。但是黄广平上奏朝廷，谎称门三贵病死。后来，黄广平被传到首都南京受审。朱元璋的决定是："蛮寇相杀，性习固然，独广平不以实言，故绳以法。今姑宥之，使其改过。"④也就是说，朱元璋仅仅处理了该案中有关中央—地方关系的问题，却将更严重的问题(发生在非汉族内部的杀人)置之不理。而且，基于政治上的考虑，他对黄广平"不忠"的言行也免除了处罚。同样，洪武二十八年(1395年)，广西的思恩土知州壮族人岑永昌被控告逃税和使用前

---

① 《明太祖实录》卷一六七，第2560页。

② 该条法令颁布于1384年，而何广的《律解辩疑》于1385年完成。我们推测，明律中的"化外人有犯"条业已制定。

③ 《明太祖实录》卷二三三，第3412页。

④ [清]张廷玉：《明史》卷三一八，第8234页。黄氏被现代人视为壮族人士。参见龚荫《中国土司制度》，云南民族出版社1992年版，第1123—1126页。

元印信，朱元璋因其地“荒远”，也放弃了对“违背朝令”的岑永昌的征讨。①

总之，起码在《大明律》“化外人有犯”修订之初，明朝廷虽然有将非汉族纳入国家法律体系的宏愿，但是在法律具体的设置和操作中，对于非汉族内部的法律事务实际上采取的是放任的态度。

2.“蒙古、色目人婚姻”

《大明律》460 条法律条目调整的基本对象是汉族人，明确涉及其他民族问题的条文不多。《大明律》仅在第 122 条提到了一小部分非汉族的人群，即“蒙古、色目人”，回族人等。该条规定：

> 凡蒙古、色目人，听与中国人为婚姻。(务要两相情愿)不许本类自相嫁娶。违者，杖八十。男女入官为奴。其中国人不愿与回回、钦察为婚姻者，听从本类自相嫁娶，不在禁限。

朱元璋曾指出：“蒙古、色目虽非华夏族类，然同生天地之间，有能知礼义、愿为臣民者，与中夏之人抚养无异。”②如此，朝廷对各族群本应一视同仁，但《大明律》规定其不许本类自相嫁娶，虽然律文小注说明蒙古、色目人与中国人，即汉人，通婚时要两相情愿，却仍有明确的强迫蒙古、色目人等与汉人结婚的事实。对于这样的规定，明朝各种律注提供了几方面的原因。首先是明王朝的安全。比如，万历时期高举在其《大明律集解附例》中注解如下：

> 胡元入中国，其种类散处天下者难以遽绝，故凡蒙古及色目人听与中国之人相嫁娶为婚姻。……然回回、钦察在色目人中为最丑陋。中国人有不愿与之为婚姻者，听其本类自相嫁娶。又不在不许自相嫁娶之禁限。夫本类嫁娶有禁者，恐其种类日滋也。听其本类为婚者，又悯其种类成色也。立法严而用心恕，所以羁縻异类者至矣。③

也就是说，明朝立法者试图在政治上寻找一种平衡，既防止蒙古、色目人等

---

① ［清］张廷玉：《明史》卷三一八，第 8239 页。
② 《明太祖实录》卷二六，第 404 页。
③ ［明］高举：《大明律集解附例》，第 710—711 页。

“种类日滋”，威胁朝廷及社会的安全，又允许色目人的一部分“自相嫁娶”，不至于因种族和家族濒临灭绝的危险而反抗政权。这被认为是“羁縻异类”的上佳法则。

种族混婚的另一个考量则是汉文化价值观的传播。明初律学家何广在《律解辩疑》中说道，本律条的文化意义是双重的。一是以“华风”改造“蛮夷”。他希望这种婚姻的结果是单向性的，即通过让“蛮夷”穿汉人的服装、行孝悌之道、践行仁义道德等，将汉人的习俗和观念普及到“蛮夷”中去，使他们尊奉“王道”。二是防止“蛮夷”污染汉人习俗。何广担心，如果让这些“蛮夷”自相嫁娶，中国就有可能效仿他们的习俗，从而有被污染之虞。① 当然，这种愿望的前提是“异族婚姻”结果是基于汉族价值观、习俗和礼仪的同化。融合在汉民族的汪洋大海里，蒙古、色目人等便会潜移默化地被他们所耳濡目染的“更高文明”所征服，他们的“非心”也会被改变。② 明后期的一个“判语”还从历史上找根据，说在古代，秦国和吴国都属“蛮夷”，正是在和华夏族通婚后他们逐步变成了华夏的一员。虽说“华夷”属于不同“种类”，但婚姻制度可使他们在文化上趋于“大同”。③

当然，本条目对强迫蒙古、色目人等与汉人为婚也是有限度的。首先，它规定了一项但书：“务要两相情愿”。照此推理，如果蒙古人和汉人只要有一方不情愿，则婚姻就不应该发生。余员的《招判正宗》提供了一个假设案件：一个汉人在将女儿许配给了一个蒙古人后悔婚，应该按《大明律》中的“蒙古、色目人婚姻”条处罚。④ 该案例显示了社会上族群间的紧张关系：尽管法律有规定，人们对与不同族群人员的婚姻关系还是会感到不适。虽然法律可以惩罚解除婚约或终止婚姻，它却不能惩罚“不情愿”订立婚约。这样，《大明律》本身制造了一个困境：如果蒙古、色目人或汉人不情愿，《律》就允许他们不相为婚姻；同时，《律》又禁止蒙古、色目人自相婚姻。这样的法律该怎样实施呢？很显然，如果这条法律果真实施，那它就可能导致两种后果：或者一些当事人是不情愿的，或者一些蒙古、色目人无法建立婚姻关系。明人未对这样的法律后果有所解释。

---

① ［明］何广：《律解辩疑》，第 105 页。

② ［明］彭应弼：《刑书据会》，明万历本，卷三，第 38 页上；［明］余员：《三台明律招判正宗》，明刻本，卷三，第 54 页下。

③ ［明］苏茂相：《大明律例临民宝镜》，明刻本，卷二，第 65 页上。

④ 《三台明律招判正宗》，卷三，第 52 页下—54 页下。

推测来看，这种具有内在矛盾的法律无法彻底实施，明代蒙古、色目人自行处理他们的婚姻的可能性更大。

此外，《大明律》也没有规定明帝国内除蒙古、色目人以外的大量非汉族人群的婚姻问题。也就是说，《大明律》内没有任何条款迫使他们和汉人结婚。这一法律空白同样将婚姻的处理权留在了非汉族人群手中。《大明律》为什么将蒙古、色目人和其他非汉族人群区别对待？究其原因，或许是因为前者具有较大的危险性，急需从族群性上将他们消除；又或许是因为后者在文化上距“中华文明”更为遥远，不适合婚姻；再或许是地理位置的不便使得婚姻很不现实。无论什么原因，《大明律》在这方面的空白体现了朝廷对非汉族人群事务的不干涉立场。

3．亲属婚姻

亲属为婚，也被明朝统治者认为是具有民族意义的违法行为。在推翻元朝统治、建立大明政权的过程中，明朝统治者无数次谴责蒙古政权败坏中国礼俗、“污染”华夏文明，“废坏纲常”，使“中土久污膻腥”。① 而其中一个重要的罪状就是亲属为婚：“同姓、两姨姑舅为婚，弟收兄妻，子承父妾，此前元之胡俗。……兄收弟妇，弟收兄妻，子承父妾，有一妇事于父生子一，父亡之后，其妾事于正妻之子，亦生子一，所以夫妇无别，纲常大坏，与我中国圣人之教何如哉！”②这里，明朝统治者谴责了蒙古影响汉人的三个婚姻习俗：同姓为婚、两姨姑舅为婚和收继婚。他们希望通过法律措施来矫正这些制度，并以此作为拯救中华文明的重要手段。

其实，在提到的这三种习俗中，前两种长期存在于华夏（汉人）社会中。③ 但是，明朝统治者把这些他们无法认同的制度统统归罪于蒙古人。④ 收继婚，即女性在丈夫死后嫁给亡夫家其他男性成员的习俗，包括改嫁给亡夫的叔、伯、儿子（女方的亲生子除外）、侄等，⑤在草原游牧民族中非常流行，意在表明“妇女的身

---

① 《明太祖实录》卷二六，第 401—404 页；卷七三，第 1351—1354 页。

② ［明］朱元璋：《御制大诰》，杨一凡《明大诰研究》“附录”，第 214—215 页。

③ 陈鹏：《中国婚姻史稿》，中华书局 1990 年版，第 129—143、398—402、406—410 页。

④ 《明太祖实录》，第 1353、2575—2576、2624 页。

⑤ ［澳大利亚］Jennifer Holmgren, “Observations on Marriage and Inheritance Practices in Early Mongol and Yuan Society, with Particular Reference to the Levirate”，载 *Journal of Asian History*（第 20 卷第 2 期，1986，第 127—192 页）。

体和劳动力的权利永久地属于她的夫家”。① 汉族主流文化对收继婚深恶痛绝，指斥为“乱伦”，但是在蒙古人治下，汉族人中行此婚俗的也大有人在。明初朱元璋就承认，在元朝，按照“胡俗”成亲者“儿女已成行列”；收继婚也很流行。由于人数众多，“设理旧事，难为者多矣，所以元氏之事不理”。他只能采取“不咎既往”的做法。但表示“今后若有犯先王之教，罪不容诛”。②

《大明律》的确是以死刑惩罚收继婚的，“若收父祖妾及伯叔母者，各斩。若兄亡收嫂、弟亡收弟妇者，各绞”。③ 其他“娶亲属妻妾”只用徒杖刑，而收继婚却是死罪，要承受斩、绞刑，可见朝廷对收继婚处罚之严厉。而且，朝廷对收继婚是如此地不认同，竟在法典中拒绝使用“娶”字，而是称之为“收”，“以其乱伦之甚，不敢显言嫁娶”。严刑与“正名”所表达的意义是政府为了“端风化”，绝不能容忍这种“野蛮”行为。④

但是，近一个世纪积累的习俗很难在短期内被清除。在明初洪武朝的末期，朱元璋告诫礼部官员：

> 先王之治天下，彝伦为本。至于胡元，昧于教化。九十三年之间，彝伦不叙，至有子纳父妾而弟妻兄妻、兄据弟妇者。此古今大变，中国之不幸也。朕膺天命，君主华夷，复先王之教以叙彝伦，务使各得其序。既定于《律》，又著之《大诰》，以明示天下。比闻民间尚有顽不率教者，仍蹈袭胡俗，甚乖治体。宜申禁之。违者，论如《律》。⑤

《大明律》是有明一代的基本法典；《大诰》是明初最严酷的法律。两者合并行用，仍阻止不住民众实践收继婚，可见以法律改变社会风俗之艰难。

三、《问刑条例》中的民族法规

前已有述，朱元璋在洪武朝将《大明律》定为一代“祖制”，明令后代不得更

---

① ［美］BettineBirge，“Levirate Marriage and the Revival of Widow Chastity in Yuan China”，载*Asia Major*（第8卷第2期，1995，第107—146页）。
② ［明］朱元璋：《御制大诰》，杨一凡《明大诰研究》“附录”，第215页。
③ ［明］姚思仁：《大明律附例注解》卷六，第364页。
④ ［明］高举：《大明律集解附例》，第679、683页。
⑤ 《明太祖实录》卷二三二，第3391—3392页。

改一字。条例在法律事务中的作用因此日渐重要。随着新条例的不断增加，弘治年间首次编订《问刑条例》，并在嘉靖和万历年间重修，对《大明律》的内容进行补充和调整。

虽然像《大明律》一样，《问刑条例》也以汉族人群为主要规范对象，但比较而言，《问刑条例》比《大明律》更明确地处理汉与非汉民族的关系：第一，它明确地使用了“汉人”的概念，将他们和其他族群区别开来对待。在万历十三年(1585 年)颁布的万历《问刑条例》的 382 条例文中，有四条明确规定了罪犯的族群识别——“汉人”。这些条目禁止“汉人出家习学番教”(第 127 条)，“沿边沿海地方军民人等躲避差役、逃入土夷峒寨海岛潜住”(第 131 条)，“汉人交结夷人”(第 227 条)，以及“汉人投入土夷地方，顶冒夷人亲属头目名色，代为奏告报仇、占骗财产”(第 306 条)等。①

禁止“汉人出家习学番教”是置放在“私创庵院及私度僧道”律条下的条例：“凡汉人出家习学番教，不拘军民、曾否关给度牒，俱问发原籍各该军卫有司当差。若汉人冒诈番人者，发边卫充军。”此条有两层意思：一是汉人以本族身份名称出家习学“番教”；二是汉人冒称番人出家习学。两者均被禁止，而鉴于后者的诈冒行为及潜在的危险，受到的处罚明显加重。该条例在弘治条例中已经确认，后来的嘉靖和万历条例只是将其中的“冒作”改为“冒诈”，强调了其“欺诈”行为的性质。② 何为“番教”？《问刑条例》没有界定。“番”字的意义比较广，既可泛指明朝以外的国家或部族，也可指称明朝境内的非汉族，又可以限定为明朝西部境内外的“西番”诸部族，特别是藏族。随之而来的问题则是，此条的“番教”是泛指包括基督教、伊斯兰教以及各非汉民族(如傣族、彝族、苗族等)宗教在内的非汉宗教信仰和礼仪，还是特指“西番”宗教，特别是现代人所说的“藏传佛教”？从条文中的“出家”字眼看，佛教的意味较浓。如果联系到明朝对藏传佛教的政策和举措，则其专指“藏传佛教”的可能性极大。赵轶峰认为自明初至十五世纪中叶，藏传佛教为朝廷所接受，大量喇嘛获得礼遇，从而“激化了其与汉族士大夫的矛盾和后者关于国家基本文化精神的忧虑”。③ 宪宗成化年间

① 有关万历《问刑条例》的 382 条内容及其编号，见[日] 狄生徂徕：《明律国字解》，东京创文社 1966 年版，第 555—859 页。

② 黄彰健：《明代律例汇编》，第 459 页。

③ 赵轶峰：《明朝宗教政策合论》，《古代文明》2007 年第 2 期，第 68—85 页，引文见第 76 页。

(1465—1487 年),便有不少朝臣批评西藏神职人员在朝廷影响的增强。如成化四年(1468 年)九月,六科给事中魏元率诸给事上疏,极言习练番教之害。同年十月,礼部官员也坚持要"清理番教及中国冒充者"。虽然宪宗皇帝既没有清理"番僧",又没有追回汉人修习"番经"已经获得的度牒,但却下令不准汉人修习藏传佛教,并重申"今后中国人不许习番教,非僧官食米者皆住支"。① 弘治朝(1488—1505 年)修订《问刑条例》时禁止"汉人出家习学番教",大概是基于这样的历史背景。明朝禁止习练番教,有价值观冲突的因素,但值得注意的是,该条例置放在户律而不是礼律部分,则其中社会经济方面的考虑也是不容忽视的。上引魏元的奏疏中,已经提到番教对明朝社会等级秩序的冲击和经济财富的掠夺。魏元同时还指出:"朝廷于僧徒过于信持,每遇生愍之辰,輙费无限之资财,建无益之斋醮。而西番札实巴等又加以法王名号,赏赉隆厚,出乘梭轿导用金仗,其所奉养过于亲王。乞革去法王等号,发回本国,追回赏赐,以赈饥民。仍敕寺观不得请建醮修斋。"②可见番教对当朝社会经济的颠覆性影响。不管原因究竟为何,这条法律清楚地表明,朝廷从法律上对"汉人"和"番人"进行了区分。其禁令也是只对汉人而言;对番人习行番教,朝廷是不加干涉的。这也是明王朝边疆与民族政策的反映。③

禁止"沿边沿海地方军民人等躲避差役、逃入土夷峒寨海岛潜住"是附在"逃避差役"条下的条例:"沿边沿海地方军民人等躲避差役、逃入土夷洞寨海岛潜住,究问情实,俱发边远卫分永远充军。本管里长、总小旗及两邻知而不首者,各治罪。有能擒拿送官者,不问汉、土、军、民,量加给赏。"本条例在嘉靖朝初定,当时惩罚的是"沿边"人等逃入土夷"洞寨"。万历年间修订时,增加了"沿海"和"海岛"的海洋因素。④ 本条犯罪主体(沿边沿海地方军民人等)虽没出现"汉人"字眼,但根据其上下文,特别是其行赏条件,即"不问汉、土、军、民"来看,罪犯应指"汉人"而言,与"土夷峒寨海岛"相对。该条例虽列在"逃避差役"律条下,并明文禁止"躲避差役",但其核心所在,当是惧怕汉人进入非汉区"潜住",意在防止他们彼此交往,特别是"勾结"在一起危害朝廷秩序。所以,同是"逃

---

① 赵轶峰:《明朝宗教政策合论》,第 78 页。
② 《明宪宗实录》卷五八,第 1178 页。
③ 赵轶峰:《明朝宗教政策合论》,第 76 页。
④ 黄彰健:《明代律例汇编》,第 473—474 页。

(躲)避差役”，在汉人区发生，律只“杖一百”；但要涉及非汉人，条例以“发边远卫分永远充军”进行惩治，量刑差别悬殊，可见民族性对法律的影响。

禁止“汉人交结夷人”是“盘诘奸细”条下的条例：“川广云贵陕西等处，但有汉人交结夷人、互相买卖借贷、诓骗财物、引惹边衅，及潜住苗寨、教诱为乱、贻害地方者，除真犯死罪外，俱问发边卫，永远充军。”该条汉人的主要罪责是“引惹边衅”和“教诱为乱”，即威胁到边疆的安定。为此，法律禁止他们与其他民族(包括外国人)进行交往。此条需要注意的是，除了规定一般的“汉—夷”之别外，它还特地指出了“汉—苗”的关系，使明朝的法律增加了明确的不同族群间关系的调整。

禁止“汉人投入土夷地方”是“越诉”条下的条例：“若汉人投入土夷地方冒顶夷人亲属头目名色，代为奏告报仇，占骗财产者，问发边卫充军。”该条是规定“土官衙门”奏告程序的一部分。这是从司法程序的角度，禁止汉人在边疆非汉族地方惹是生非，危及边防安全。此条有两点值得注意：一是土夷与汉人刑罚的区别。前者可按“土俗事例”处置，而后者则是“充军”重刑。这说明汉人的行为被视为危害性更大。另一方面，该条在弘治条例中是编排在《大明律》的“化外人有犯”条下；嘉靖和万历条例中移至“越诉”条下。这种变动的目的或许出于立法技术上的考量，将诉讼问题整合在一起，但从中也可以看出明朝立法者将“土夷”与“化外人”同一规范，并与“汉人”相对而论的理念。

可见，与《大明律》相比，《问刑条例》明确指出了“汉人”与非汉的“土、夷”特别是“苗”族的区别，为王朝法律注入了新的民族性因素。上面四则条例均是以“汉人”为犯罪主体，禁止他们扰乱王朝秩序，而且处罚也格外严重。当然，“汉人”的法律身份究竟如何确定，《问刑条例》还是没有作出明确界定。的确，朱元璋开国伊始，便声称要“复我汉人故国”，①但他也没说明究竟谁是汉人。这个法律身份的确定只能靠上述的一些文化、区域因素加以比较模糊的考虑。但有一点很清楚，即条例中“汉人”行为的规定都是与非汉人(即所谓的“土、夷”)的交往有关的。也就是说，《问刑条例》依然是以“汉人”作为当然的受众。如果是不出现“汉”或“土、夷”字眼的一般规定，其针对的就应该是“汉人”；只有在与非汉人发生接触时，“汉人”的主体身份才会在条例中出现。由此可见“土、夷”在“汉

① 《明太祖实录》卷九二，第1614页。

人”族群性建构中的重要作用。

《问刑条例》规范民族问题的另一种方式是明确指出了“土”“番”“夷”等身份，以区别于汉人。在万历《问刑条例》中，有 24 条例文规范调整了“土官民”、“夷人”和“番人”的事务。这些条例并非都是专门针对明朝境内的非汉族群体，而是包括外国的人群。如《大明律》中的“私出外境及违禁下海”条，是针对明朝人将境内重要物资供给外国，以及走泄中国事情于外夷，即奸细而言。① 故其所附条例“凡夷人贡船到岸，未曾报官盘验，先行接买番货，及为夷人收买违禁货物者，俱发边卫充军”中的“夷人”“番货”就不涉及明朝法律的民族性问题。② 另外一些条例中的“夷、番”则兼有外国人和明朝非汉族群的性质。如“漏泄军情大事”律文下附有条例：“在京、在外军民人等，与朝贡夷人私通往来，投托管顾，拨置害人，因而透漏事情者，俱问发边卫充军。”③其中的“朝贡夷人”，既可是外国人，又可包括明朝境内的非汉族群体。对他们的不同要求和处分，便是立法者对民族区别的法律意识的表达。

《问刑条例》中对“土”官民的规定具体体现了明朝对境内有关非汉民族的法律问题的处理方式。④ 这些条例或以“土官”为受害者，如“官员袭荫”律条下的一则条例规定：“各处土官袭替，其通事人等及各处逃流军囚客人，拨置土官亲族不该承袭之人，争袭劫夺雠杀者，俱问发极边烟瘴地面充军。”⑤本条的“通事”或许有汉与非汉的可能，但“逃流军囚客人”当为汉人。或有的条例以土官为犯罪主体，如“纵军掳掠”律条下的一则条例规定：“土官土舍纵容本管夷民头目为盗，聚至百人，杀掳男妇二十名口以上者，问罪降一级。加前数一倍者，奏请革职。另推土夷信服亲枝土舍袭替。若未动官军，随即擒获解官者，准免本罪。”⑥本条的“土官土舍”及“夷民”都是非汉族的。部分条例具体说明非汉族的族群。除了上述“盘诘奸细”律条下的条例规定“汉—苗”关系外，“在官求索借

① ［明］姚思仁：《大明律附例注解》卷一五，第 578—579 页。
② 黄彰健：《明代律例汇编》，第 695 页。
③ 同上，第 449 页。
④ 明朝“土官”系非汉族地区土司里的官员，其法律地位会在下节依据《大明会典》详细论述。这里仅据《问刑条例》中的一些规定，简略讨论他们与汉人的区别，以说明《问刑条例》自《大明律》后的变化。
⑤ 黄彰健：《明代律例汇编》，第 400、406 页。
⑥ 同上，第 649 页。

贷人财物”律条下的一则条例点明了“猺獞”族群:“文武职官索取土官夷人猺獞财物,犯该徒三年以上者,俱发边卫充军。”[①]“猺獞”分别是对现代的瑶族和壮族的诬蔑性称谓。[②] 明朝立法者试图将汉族和其他族群的法律地位区分开来的努力,从这些条例中是看得比较清楚的。

值得注意的是,《大明律》“越诉”条下所附一条条例规定:“凡土官衙门人等,除叛逆机密,并地方重事,许差本等头目赴京奏告外,其余户婚田土等项,俱先申合干上司,听与分理。若不与分理,及阿徇不公,方许差人奏告,给引照回该管上司,从公问断。若有蓦越奏告,及已奏告,文书到后三月,不出官听理,与已问理,不待归结,复行奏告者,原词俱立案不行。其妄捏叛逆重情,全诬十人以上,并教唆受雇,替人妄告,与盗空纸用印奏诉者,递发该管衙门,照依土俗事例发落。若汉人投入土夷地方,冒顶夷人亲属头目名色,代为奏告报仇,占骗财产者,问发边卫充军。”[③]该条中的“土俗事例”不应该指称某一特定法律,而大约是泛指各地非汉族族群的法律规范。《问刑条例》指出了适用于土官犯罪的准据法——“土俗事例”,以“准据法”的形式,认可了非汉族法律规范的效力,是明朝民族法律建设的一项重要成果。

总之,与《大明律》相比,明朝中、后期的《问刑条例》更显著地标明了“汉人”与“土、番、夷人”的区别,规定了两者不同的法律权利和义务,在建设民族法制方面做出了进一步的努力。

四、明朝对“土官”的行政管理

明王朝民族立法的一个重要方面是对非汉族的“土官”的特殊处理。土官是明朝在土司制度下的官员。明朝继承并发展了元朝的土司制度,主要在南方

① 黄彰健:《明代律例汇编》,第900、903页。

② 当然,明朝的“苗”“瑶”“僮(壮)”并不能和现代的这些族群画等号。对于明代的“猺”及其后来的演变,见唐晓涛《试论“猺”、民、汉的演变——地方和家族历史中的族群标签》(《民族研究》2010年第2期,第57—67页)。关于明代的“壮族”,见塚田诚之和覃义生《明代壮族的迁徙与生态》(《广西民族研究》1987年第1期,第68—81页)。K. Palmer Kaup认为,壮族是20世纪50年代才创造出来的,可参见*Creating the Zhuang: Ethnic Politics in China*(Boulder, Colo. : Lynne Rienner Publishers, 2000)。

③ 黄彰健:《明代律例汇编》,第864页。

的湖广、广西、四川、云南和贵州的一些或大部地区建立了土司制度，由非汉族的各地居民管辖当地事务。土官分为文官与武官两种。文土官系土府、土州和土县的官员，包括土知府、土知州、土知县及其下属们。武土官则包括宣慰使司、宣抚司、安抚司、招讨司、长官司和蛮夷长官司的官员，如宣抚使、安抚使、招讨使和长官等。① 因为朝廷对非汉族地区的管理和控制主要是通过规范这些土官的，故而在土官的承袭、任命、义务、奖惩和监督等方面都有相应的法律规定。②

就明朝土官的产生而言，有的是沿袭元朝的建制，有的是在新王朝增设的。无论以何种方式产生，朝廷都要求他们获得中央政权的批准，并依法获得诰敕："土官承袭，务要验封司委官体勘，别无争袭之人，明白取具宗支图本，并官吏人等结状，呈部具奏，照例承袭。……见到者，关给札付，颁给诰敕。"③在明初，土司的土官要袭替受职，需要赴京城接受任命。十五世纪中叶以后，他们获准在自己的领地承袭，但需履行一系列手续，由主管官司逐级上报并备案："凡土司告袭，所司作速勘明，具呈抚按覆实批允。布政司即为代奏。该部题选，填凭转给，就彼冠带袭职。有愿赴京亲袭者，听。"④也就是说，在明帝国的疆域内，中央政府制定了并行于汉族地区的非汉族管理体系。

关于土司的承袭事务，开国伊始，朝廷由吏部验封司统辖。洪武末年起规定，"守土"之官如土知府、土知州、土知县等仍继续由验封司主管，而宣慰、宣

---

① ［明］李东阳、申时行等：《大明会典》卷一一八，第 1706 页。

② 这些规定除了在《问刑条例》有所涉及外，主要比较集中地记载于《大明会典》中。前已有述，《大明会典》（简称《明会典》）是记述明代典章制度的重要史书。它始纂于弘治十年（1497 年）三月，于正德六年（1511 年）由大学士李东阳领衔刊行，计 180 卷。后又经嘉靖、万历朝数次增补、修订，撰成重修本 228 卷，由大学士申时行等于万历十五年（1587 年）刊行，计 228 卷。从严格意义上讲，《大明会典》不应算作一部法典，但它的编纂依据了有明一代许多重要法典文献，包括《诸司职掌》《皇明祖训》《大诰》《大明令》《大明集礼》《洪武礼制》《礼仪定式》《稽古定制》《孝慈录》《教民榜文》《大明律》《军法定律》《宪纲》以及百官有司之法律籍册和历年相关事例，比较完备地记载了明朝的法律制度及其变化，因而是我们理解明朝法律的重要依据。对《大明会典》的研究，参见［美］戴乐（Romeyn Taylor）：《〈大明会典〉编纂中的宇宙观与历史观》（姜永琳译），载《第二届明清史国际学术讨论会论文集》（天津人民出版社 1993 年版，第 45—54 页）；原瑞琴：《〈大明会典〉研究》（中国社会科学出版社 2009 年版）。

③ ［明］李东阳、申时行等：《大明会典》卷六，第 123 页。

④ ［明］李东阳、申时行等：《大明会典》卷一二一，第 1744 页。

抚、安抚、长官等“领土兵”之官则改由兵部掌管。[1] 土官的继承不必遵循拥立男性嫡长的汉族原则，而多采用非汉族的多元法则。明朝初期朱元璋即下令：“土官无子，许弟袭”；“土官无子弟，而其妻或埥（婿）为夷民信服者，许令一人袭”。[2] 明后期朝廷强调：“凡土官犯恶逆被戮，嘉靖十年题准，即推伦序相应、素为夷众所服者，授以原职，管束夷民。”[3]这些规定虽然是以朝廷的法律下达，却是对非汉族地区政治势力和文化影响的调适和让步。比如，洪武五年（1372 年）朱元璋任命原元朝普定路女总管适尔为普定府土知府。[4] 洪武十四年（1381 年），在贵州宣慰使霭翠去世后，他的遗孀奢香因袭宣慰使职。[5] 在明朝晚期，士大夫沈德符（1578—1642 年）注意到，一名叫赵天锡的汉族女性到广西成了思城土知府的妾。她将土知府和他的妻子双双毒死，并依据“夷法”获得了土知府的职位。即使是这样靠凶杀夺取的土官，沈德符也并未质疑或谴责其正当性，而仅仅是感叹赵天锡由“中国（汉）人”转变成“夷人”的不幸。[6] 朝廷允许和承认非汉族女性担任土官，实际上是将非汉族地区的社会现实加以法律化而已。

为了保证土官有效地管理土司领地，明王朝规定了汉人和土官的行政和社会界限。首先，非土司人员不得侵扰土司事务。“土官袭替，其通事、把事人等，及各处逃流军囚客人、拨置不该承袭之人、争夺仇杀者，俱问发极边烟瘴地面充军”；“各边军职及勘事人员索取土夷财物、致生他变者，依‘激变良民’律例”。其次，各地土官不得越界滋事。“云南、四川两省土官，各照旧分管地方。如有不遵断案、互相仇杀，及借兵助恶、残害军民，并经断未久，辄复奏扰变乱者，土官子弟不许承袭。所争村寨，平毁入官。仍追究主使、抗帮、教唆、积年、通把、人役，问以重罪”。第三，在民族和地理上，限制土官等的婚姻范围。“土官、土舍嫁娶，止许本境本类。不许越省，并与外夷交结往来，遗害地方。每季兵备道取具重甘结状。如再故违，听抚按官从实具奏。兵部查究，量情轻重，或削夺官阶，或革职闲住。子孙永不许承袭”。[7] 这些规定对汉人和土官双方的处罚都是

---

① ［明］李东阳、申时行等：《大明会典》卷六，第 123 页。

② ［明］李东阳、申时行等：《大明会典》卷一一二，第 1743 页。

③ ［明］李东阳、申时行等：《大明会典》卷六，第 124 页。

④ 《明太祖实录》卷七一，第 1319 页。

⑤ ［清］张廷玉：《明史》卷三一六，第 8168 页。

⑥ ［明］沈德符：《万历野获编》，中华书局 1959 年版，第 763 页。

⑦ ［明］李东阳、申时行等：《大明会典》卷一二一，第 1744—1745 页。

很严厉的，对汉人涉及了死刑和充军这样的重刑，对土官则运用了剥夺土司继承权这样的惩治手段。特别是将土官的婚姻限制在“本境本类”，这在法律上冻结了土官跨地区和跨民族的婚姻关系，维持了汉与非汉的民族界限。

土官和汉人的一个重要区别在于前者对朝廷的朝贡义务。前文提到，明朝境内的非汉族群体要像外国“夷人”一样，在特定的时间以特定的人数对中央朝贡“方物”。具体在法律层面上，朝廷要求：“湖广、广西、四川、云南、贵州腹里土官，遇三年朝觐，差人进贡一次。俱本布政司给文起送。限本年十二月终到京，庆贺限圣节以前。谢恩无常。”其贡物包括马、象、降香、黄蜡、茶叶、玉石等等，必须按时献上，违例者要受到“减半给赏”或“不赏”等处罚。就人数而言，如嘉靖七年（1528 年）规定：“湖广土官袭授宣慰、宣抚、安抚职事者，差人庆贺，每司不许过三人。其三年朝觐，每司止许二人。大约各司共不过百人。起送到京者，不过二十人。余俱存留本布政司听赏。”[①]这些法律规定所造就的秩序，就是区分明朝境内的汉族和非汉族的身份认同，从制度和意识形态上强化明朝境内的非汉族族群和境外的“外夷”群体的一体性，尽管两者有“腹里”和“外国”的区别，但是在“野蛮”的体征、居住环境、社会制度、文化价值等诸方面却是相似的。

在“非我族类，其心必异”思想的指导下，代表汉族文化价值观的明王朝很注重对土官的改造、监管和惩罚。首先，朝廷会尽力推行对土司地区的“教化”。现代学者李鸣总结了明朝对土司教化的五条措施：优待土司子弟入学国子监；在土司地区设立儒学；强制土司应袭子弟入学；奖励土人子弟入学；在土司地区开科举取士。[②] 除此之外，还对土官本身有特殊要求。如弘治五年（1492 年）令：“土官袭职后，习礼三月，回任管事。”[③]当然，这些教化措施的效果可能有限，各民族对自身的文化仍有强烈的认同。因此，终明一代，明王朝从行政和军事两个系统对土司体制下的土官进行了严格的监督和防范，并利用种种时机“改土归流”。[④]

明王朝在司法中对土官、土民采取特殊的程序。就“提问”而言，土官与明

① ［明］李东阳、申时行等：《大明会典》卷一〇八，第 1615、1618 页。
② 李鸣：《中国民族法制史论》，中央民族大学出版社 2008 年版，第 322—323 页。
③ ［明］李东阳、申时行等：《大明会典》卷一二一，第 1743 页。
④ 有关明王朝对土司地区的监督和改土归流措施，参见徐晓光《中国少数民族法制史》，贵州民族出版社 2002 年版，第 224—228 页。

代职官的待遇接近。弘治《问刑条例》规定:“各处大小土官,犯该笞、杖罪名,不必奏提……其徒、流以上情重者,仍旧奏提。”①又有一条规定:“土官有犯强盗、人命等项真犯死罪者,先行该管衙门拘系,备由奏提。”②而对于一般的土民,似乎在上告和越级诉讼方面具有更多的宽容。成化年间巡按湖广都察院右佥都御史吴某就曾提到,与土民杂处的刁滑汉人鼓诱土民,捏词虚告,搅扰官府,欺诈土民,为害匪浅。其能得逞的原因就在于“恃以土人,谅不发追”。为了肃清奸弊,吴都御史提出“不必怜其土人”,与普通百姓一样,越诉或捏告不实,即予以充军之罪。而刑部尚书会同都察院官覆议此奏疏时却指出,如果按照吴都御史的提议,会“致使情不上通,有失抚夷之道”,提议对这部分犯罪人就所告事情的性质、其身份果真是化外人否等予以区别惩治。③ 弘治十三年(1500 年)修订《问刑条例》,在以上题定事例的基础上,形成规定:“若土官及土人、夷人蓦越赴京奏诉,系土官所辖者,免问;系军卫、有司所辖者,问罪。俱给引照回听理。所奏事情除叛逆机密并地方重事外,其余户婚、田土等项,俱行巡抚、巡按等官或都、布、按三司审系干己事情,查提问断,仍将越诉罪名并问。其妄捏叛逆重情,全诬十人以上并教唆受雇替人妄告与盗空纸用印奏诉者,俱照依土俗事例发落。”④汉与非汉的区别还是很明显的。

依照《问刑条例》的规定,上述“妄捏叛逆重情”等罪,罪在充军,而土民人等则“依土俗事例发落”,其中除了安抚的目的外,也有对化外人刑罚的执行问题。关于土官,弘治《问刑条例》规定,笞、杖罪名,“有俸者,照罪罚俸;无俸者,罚米”。徒流以上罪名的处罚则未有明确的规定,大致因为徒流以上罪,都要请旨提问,具体的发落也应当以圣意处断。至于土民夷人,各代各地区形成的事例较多,如宣德元年(1506 年)五月,定贵州土人断罪例:杂犯死罪,就彼役作终身;徒流迁徙者,依年限役之;应笞者,役五月;应杖者,役十月,毕日释放。景泰五年(1454 年)三月,巡按陕西监察御史奏准,各布政司有蛮夷去处,遇蛮夷人有犯,若系真犯死罪,依律处决;笞杖罪,的决,发还本部族;徒流并杂犯死罪,各决

① [明]白昂等编:弘治《问刑条例》,《皇明制书》卷一三,第 345 页。
② 同上。
③ 转引自巨焕武《明代律例关于化外人的犯罪规定》,台湾《思与言》1987 年第 14 卷第 2 期。
④ [明]白昂等编:弘治《问刑条例》,《皇明制书》卷一三,第 373 页。

杖一百，余罪收赎，亦发还本部族收管。① 总体看来，真犯死罪处决，笞杖罪或的决或赎免，与化内百姓相去不远，唯徒流罪及杂犯死罪，或赎或在当地服役。就徒而言，很少实发各盐场、铁厂煎盐、炒铁；就流而言，明代用以代替传统流刑的充军以及口外为民也较少行用。即使有行用，也有特殊的规定。弘治年间，基于实用的目的，一段时间内，编发充军囚徒不分南北，多发西北边卫充军。刑部尚书何乔新即指出，“中间又有原系苗蛮种类，谙知边情，惯习夷语，恐其乘隙逃出边外，为之谋主启衅扰边，不可不防”。为此，各部大臣会议，其余人等发配充军地理照旧照近编发，若是北人，则发两广云贵充军。② 关于非汉人在“提问”与“发落”中的特殊性与“依律拟断”的普遍性，学者予以很高的评价，认为这不仅是律和例的结合，也是司法属地主义和属人主义的结合，此种折中司法，适应非汉族群的特殊身份和国家的司法利益，具有特殊的意义和价值。③

综上所述，基于民族偏见和帝国治安的考虑，作为汉人政权的明王朝对非汉民族赋予了特殊的法律待遇。尽管法律规定了“依律拟断”的原则，汉与非汉的法律权利义务还是不同。朝廷一方面对于非汉人怀戒备之心，另一方面还要给予一定的优待，以示安抚，同时还要照顾非汉民族的风俗习惯和社会力量。其结果，“依律拟断”和“因俗而治”成为明王朝对非汉地区人民的双重法律准则。

第二节　明朝时期非汉族群体的法律举例

一、傣族的法律文化

现代的傣族在明朝时期有“傣勐”（汉译为“歹摩”）等自称，但在汉文中被称为“百夷”“白夷”“僰夷”“白衣”“摆夷”等歧视性名称。这里且称之为“傣族”。

---

① 分别参见《明宣宗实录》卷一七，第 468 页；《明英宗实录》卷二三九，第 5223 页。

② ［明］何乔新：《椒邱文集》卷三三，第 521 页。

③ 巨焕武：《明代律例关于化外人的犯罪规定》，第 341 页。

明代的傣族主要分布在云南西部（今德宏傣族景颇族自治州）和南部（今西双版纳傣族自治州），历史地形成为滇西与滇南两大支系。① 在这两大区域，明王朝建立、认可了傣族的土司政权：在滇南，自洪武、永乐起即设置了十余处土司；在滇西，则是在经过了逾半个世纪的与思氏麓川土司的战争后，终于在十五世纪中叶建立了相对稳定的十几处土司。② 傣族法律就是在这些土司的权威下建立实施的。③

自明朝建立起，中央政权对傣族地区的政治法律制度一般不予干涉。如洪武年间在初定麓川地区后，“上（朱元璋）以远人不加约束，故官称制度，皆从其俗”。④ 即遵从当地的法律传统。麓川西部和南部的傣族群体具有不同的法律传统。在西部麓川地区，尚没有发现成文法规的制定。明朝初期，麓川地区法律建设大致有以下七个特点：第一，君王（称为“昭”）的权力较前增加。其部属“皆听其使令，食其所赋，取之无制，用之无节”。这说明该地区的头领已经聚集了相当规模的经济资源作为政治权力的支柱。第二，官员体制初具形态。“昭”下有官员数级，分领军民事务，表明行政能力的增强。第三，与官员等级相关联，社会等级制度及其礼仪规则得到发展。第四，贸易中使用金、银、铜等商品等价物。第五，政权机构赋税出现，并以金银为征收物。第六，贵族与富人中盛行一夫多妻，改变着自由婚姻的古俗。第七，“罪刑体系”已经确立。⑤

值得关注的是其“罪刑”制度。据《百夷传》记载：傣族“刑名无律，不知鞭挞，轻罪则罚，重罪则死（或杀，或用人扱杀，或用象打，或投入水，或用绳帛缢）。男妇不敢为奸盗，犯则杀之”；“其首皆髡，胫皆黥。不髡者，杀之；不黥者，众叱笑，比之妇人”。⑥

从这段简短的记载可以看出，麓川地区傣族有关“罪刑”的法律其实简单，

---

① 杨绍猷、莫俊卿：《明代民族史》，四川人民出版社 1996 年版，第 443—444 页；江应梁：《傣族史》，四川人民出版社 1983 年版，第 128—135 页。

② 杨绍猷、莫俊卿：《明代民族史》，第 443—454 页；江应梁：《傣族史》，第 269—288 页。

③ 就云南两大傣族聚居区里土司的政治制度、社会结构及其法律规范，参见江应梁《傣族史》，第 429—457 页；吴云《元明清时期的傣族法律制度及其机制研究》，人民出版社 2010 年版，第 53—73、90—102 页。

④ 江应梁：《百夷传校注》，云南人民出版社 1980 年版，第 63 页。

⑤ 张晓辉：《傣族早期法律初探》，《思想战线》1992 年第 5 期，第 63—69 页。张晓辉的总结主要根据包括明初钱古训、李思聪《百夷传》在内的记载。

⑥ 江应梁：《百夷传校注》，第 81、90 页。

若说“罪刑体系已经确立”尚有夸大之嫌。这一记载刻画了明朝初年傣族的一些法律因素。首先,傣族没有像汉区施行的“律典”,法律很有可能尚未成文,而是口耳相传。其罪名有奸、盗、不髡、不黥等。其刑罚种类也十分简单,不施鞭笞,仅有罚赎和死刑。死刑的方法有一般杀死、举高摔死、用象打死、投水淹死和绞缢致死。这些列举的方法不一定是制度上的规定,多半是因地制宜的举措。其中“象打”则很具有地方色彩,因为到十四世纪中叶,由于汉区的广泛开发,大象已很难见到,只在中国西南部才能应用到社会生活中,包括军事和法律行动。[①] 上文提到的“众叱笑,比之妇人”也许在当时被认为是相当有威慑力的制裁措施。因为按照当时傣族的风俗,妇女的地位非常低下,即所谓“男贵女贱,虽小民视其妻如奴仆,耕织贸易差徭之类皆系之”。[②] 将男子耻笑为妇人,很可能会使罪犯在自己的社区蒙受极大的羞辱和痛苦。

在汉人文献中,傣族的这种简约的法律状况终明之世没有太大的变化:[③] 比如朱孟震(1530—1593年)在其《西南夷风土记》提到:“其法惟杀戮与罚赎二条,事情罪重者杀之,余则量所犯之大小,为罚之轻重也。”同样,来自云南大理的白族士大夫李元阳(1497—1580年)在其主修的《万历通志》中也指出:“其刑法三条:杀人者死,犯奸者死,偷盗者全家处死,为贼者一村皆死。”刘文征的《(天启)滇志》也有同样的记载:“其法:杀人与奸者皆死,窃盗一家皆死,为寇盗一村皆死。”谢肇淛(1567—1624年)在其《滇略》中也有如下的描述:“其刑法:杀人者死,奸者死,窃者全家处死,劫者一村皆死。故无奸盗,道不拾遗。”

以上这些主要出自晚明的资料,简短地重复了傣族法律中杀人、犯奸、窃盗和劫盗等罪名,以及死刑与罚赎的惩处措施。除了更多地强调了重罪的连坐处置,包括全家和全村,与明初的记录没有根本的变化。当然,晚明时期的这些记载有很大雷同,有相互抄袭之嫌,很难准确全面地反映傣族的法律文化面貌。

---

① [澳大利亚] Mark Elvin, *The Retreat of the Elephants: An Environmental History of China*. New Haven: Yale University Press, 2006.

② [明] 严从简:《殊域周咨录》,中华书局1993年版,第353页;吴云:《元明清时期的傣族法律制度及其机制研究》,人民出版社2010年版,第115—117页。

③ 下述资料转引自吴云《元明清时期的傣族法律制度及其机制研究》,第146—147页。

南部车里宣慰使司和孟连长官司地区的傣族法律有其自身特点，主要表现在成文法规记载的发现。现代的傣族文字在滇西的称“傣那文”，由缅文演变而来；在滇南的叫作“傣泐文”，源于泰国北部的兰那国(Lan Na，1292—1558年)。两者虽有区别，但究其根源，皆由梵文字母演化而来，其声韵母的数量和拼写法基本相同，被认为是同一种文字的不同字体。在中国历史上，傣族文字的形成相对较晚。傣族在元朝还基本是“记识无文字，刻木为约”。[①] 明初钱古训、李思聪所撰写的《百夷传》则记载：“百夷，无中国文字。小事刻竹木，大事作缅书，皆旁行为记。”[②]据现代学者江应梁论证，这里所说的“缅书”并非缅甸的文字，而是傣文之误。[③] 也就是说，至少在明朝，部分傣族地区已经使用本民族文字，从而具备了制定成文法的前提。

有关滇南适用的傣族法规，在中国和泰国都有发现。在中国已经发现和整理的主要有以下几种：(1)《芒莱干塔莱法典》，(2)《坦麻善阿瓦汉绍哈》，亦称《二十五种难案裁系(决)法》，由占达伴亚康郎桑扁于1921年重抄；(3)《孟连宣抚司法规》，其中收录《芒莱法典》《干塔莱法典》《坦麻善阿瓦汉绍哈》三部规则，原作者为孟连宣抚司官员帕亚龙干塔腊，由刀永明、刀建民翻译，经刀永明、薛贤等整理而成；(4) 由刀光强、高立士翻译出版的《西双版纳傣族封建法规》；(5) 由刀国栋、刀治明等人翻译，刀国栋、张亚庆、徐加仁等人整理的《西双版纳傣族封建法规和礼仪规程》；(6)《勐海傣族寨规与勐礼》；(7)《西双版纳傣族法规》；(8)《西双版纳傣族社会民刑法规》；(9) 由刀永明、刀述仁翻译整理的《西双版纳傣族家族纠纷裁决法》；(10) 由叭竜敢塔腊1921年书写，波月坦翻译，徐永安整理的《孟连傣族封建习惯法》。[④]

上述文献所载内容非常丰富，包括法规、案例、训诫、礼仪规范、宗教法则、为人处事信条等等。同时，又有内容相互重复、编排体例不甚系统的特点。而

---

① [元] 李京：《云南志略辑校》，王淑武校注，云南民族出版社1986年版。

② 江应梁：《百夷传校注》，云南人民出版社1980年版，第148页。

③ 江应梁：《傣族史》，第349页。

④ 这些文献收集在杨一凡、田涛主编《中国珍稀法律典籍续编》(黑龙江人民出版社2002年版，第九册，第229—629页)。有关这些“法规”的介绍，还可参见张晓辉、徐中起、张锡盛《云南西部傣族法规初探》(《中外法学》1991年第1期)；方慧、田瑞华《略论元明清时期的傣族法律》(《云南社会科学》1996年第6期)；吴云《元明清时期的傣族法律制度及其机制研究》(人民出版社2010年版，第275—277页)等论著。

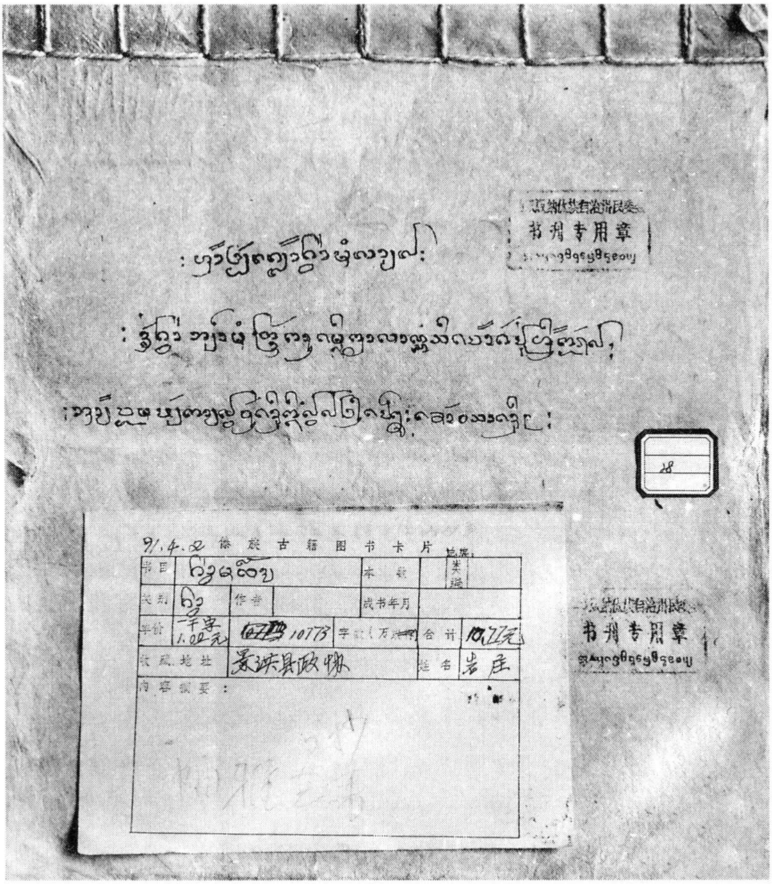

《芒莱法典》

出处：《中华再造善本》，国家图书馆出版社，2014 年。

且，它们行用的时间不明，标题也可能是后人所加。甚至它们是否是傣族地区成文法，学界也尚有不同的看法。比如方慧等人认为，上述主要文献（尤其是《芒莱法典》）就是在明朝建立以后由当地政权颁布的成文法。① 而张晓辉等人则认为，上述主要法规仅仅是傣族习惯法的文字记载，而不能称为成文法，因为它们均为土司及其头领私人所藏，而非颁布于众；内容杂乱无章，没有严密的结构和体系；没有名称；而且类似文献在滇西德宏地区并未发现，也就是说，尚未

① 方慧、田瑞华：《略论元明清时期的傣族法律》，《云南社会科学》1996 年第 6 期，第 81—87 页；吴云、方慧：《元明清时期傣族成文法的形成与变迁》，《思想战线》2006 年第 5 期，第 135—140 页。

出现统一的傣族成文法典。①

总体来看，将上述文献视为傣族成文法典的证据尚属不足。它们更可能是个人对傣族地区行用的一些法律和案件甚至是理想准则的记录。由于其中内容多凭个人记忆而来，不仅错漏难免，也存在个人臆想的成分。就时间而言，绝大部分的内容"均属于近现代傣族封建社会通行的法规"②，因而也很难将它们作为明代傣族法律的文献来看待。

但《芒莱法典》可能是其中的一个例外。《芒莱法典》是傣族史上最重要的法律文献之一。学者们基本上认为它汇集了十三世纪以后傣族社会的法律规范，并在明朝行用。该法典据称是兰那国开国君王芒莱（1239—1311年）③制定颁布的法律。兰那国是十三至十六世纪（1296—1558年）独立存在于中华帝国和暹罗④之间的王国，其政治中心先后位于现在泰国北部城市清盛（Chiang Saen）、清莱（Chiang Rai）和清迈（Chiang Mai），在元、明史书中被称为"八百媳妇国"⑤或"八百大甸"。⑥ 芒莱出生于毗邻云南的恩央城⑦，其家族世代担任当地政权的首领。母亲帖帕罕凯⑧是勐泐国第四任国王道龙健仔的公主⑨。在

---

① 张晓辉、徐中起、张锡盛：《云南西部傣族法规初探》，第27页。但张晓辉又说，《芒莱法典》系兰那国王芒莱于在位期间"颁布"的法典。参见张晓辉《傣族早期法律初探》，第68页。

② 张晓辉、徐中起、张锡盛：《云南西部傣族法规初探》，第26页。

③ Mangrai，Mengrai，或 Mangray；1296—1311年在位；又译作"茫莱"或"孟莱"。

④ Siam，包括先后存在的素可泰王朝（Sukhothai，1238—1420年）和大成王朝（或译阿瑜陀耶，Ayutthaya，1350—1767年）。

⑤ 因"世传部长有妻八百，各领一寨"而得名。《明史》卷三一五，第8160页。

⑥ 有关兰那国在中国史籍中的记载，见 Foon Ming Liew-Herres 等学者合著的 *Lan Na in Chinese Historiography: Sino-Tai relations as reflected in the Yuan and Ming sources (13th to 17th centuries)*. Bangkok: Institute of Asian Studies, Chulalongkorn University. 2008.

⑦ Ngoen Yang，又译"银扬"，今清盛。

⑧ Theppha Kham Khrai，亦称"额明冲勐"，*Ua Ming Chommueang*。

⑨ 勐泐国（MoengLue，1180—1949，亦称"景陇金殿国"），位于现今西双版纳景洪（Chiang Hung，Jinghong）地区。道龙健仔，Thao Rung Kaen Chai，1245—1268年在位。有关兰那国简史，见 Hans Penth 著 *A Brief History of Lan Na: Civilization of North Thailand* (Chiang Mai: Silkworm Books, 1994)；David Wyatt 著 *Thailand: A Short History* (New Haven: Yale University Press, 2003)；Garry Harbottle-Johnson 著 Lan Na in the Shadow of the Mongols: *The early history of Lanna*, http://www.chiangmainews.com/indepth/details.php?id=373；何平著《"八百媳妇"——"兰那王国"及其主体民族的政治、社会与文化》（《思想战线》，2013年第1期）。

元、明时期，道氏统治的勐泐和芒莱管辖的兰那分属不同的政权范围：勐泐分别成为元朝彻里路军民总管府（属云南行中书省）和明朝的车里军民宣慰使司（属云南布政使司）；兰那国虽然时常要对元、明朝廷进行朝贡，却是独立的王国。但是勐泐、兰那同属傣族，具有相同的语言（傣语中的兰那方言）、文字（傣文中的兰那体）及血缘关系，[①]政治体系也很接近，"所以，从广义上讲，整个萨尔温江（Salween River）东部地区，甚至包括西双版纳，都可被视为'大兰那'的一部分"。[②] 法律上，兰那王芒莱制定的法律在明朝境内滇南傣族地区也是行用的，故而也可以被视为是该民族地区法律文化的一个组成部分。

考察《芒莱法典》最棘手的问题是这一法典究竟形成于何时，可否被认为是明朝时期傣族法律文化的成果。的确，在中国的西双版纳和孟连以及泰国北部保存多个《芒莱法典》的抄本，但它们基本上是近现代人士的抄录。[③] 其绝大部分内容无法和后期的法律区别开来，因而很难一概将其作为有明时期傣族法律的确切记录。例如，现代学者 A. B. Griswold 和 Prasert na Nagara 研究了 1953 年发现于泰国北标府（Saraburi）少海县（Sau Hai）少海寺（Wat Sau Hai）的一个《芒莱法典》抄本。该文献作成于 1800 年，包含了 200 多条法律条文。这些律文不可能全是芒莱颁布，而是在不同时期累积起来的。Griswold 和 Prasert 认为，其中第 22 条以前的内容，自成体系，明显早于第 23 条以后的内容，极有可能是兰那国期间（最晚为十七世纪初）颁行的法律。因此，Griswold

---

① ［美］Charles Patterson Giersch, *Asian Borderlands: The Transformation of Qing China's Yunnan Frontier*. Cambridge: Harvard University Press, 2006, pp. 32—33.

② Volker Grabowsky, "Population and State in Lan Na prior to the Mid-Sixteenth Century", 载 *Journal of the Siam Society*, 2005 年第 93 卷。有关对兰那和西双版纳地区相似的政治结构（特别是"十首"制〈nai sip, 或"master/head of ten"〉和"区"制〈banna 版纳〉，以及社会、语言和族群的研究，见上文以及同作者的"The Northern Tai Polity of Lan Na (Babai-Dadian) Between the Late 13th toMid-16th Centuries: Internal Dynamics and Relations with Her Neighbours"（载 *Asia Research Institute Working Paper Series*, 2004 年）。

③ 相关《芒莱法典》抄本的简介，见泰国 AroonrutWichienkeeo 和澳大利亚 GehanWijeyewardene 编译的 *The Laws of King Manrai* (*Mangrayathammasart*)（Canberra: Department of Anthropology, Research School of Pacific Studies, The Australian National University, 1986），第 13—16 页；陈子丹和王旭东《略论傣族封建法规档案的产生及特点》，《档案学通讯》，2010 年第 3 期，第 40—43 页；龙宇《泰国〈芒莱法典〉内容初探》，《时代教育》，2014 年 8 月号，第 38 页。有关英文的一个译本，见上引 Wichienkeeo 和 Wijeyewardene 的译作。

和Prasert将该文献的前言和前22条译成了英文。[①]

Griswold和Prasert的见解比较可信，其所译条文应该可以被视为与明朝相应时期形成于兰那国并在明朝滇南应用的《芒莱法典》的内容。[②]

《芒莱法典》中的22个条文大致可分为以下十一个方面的内容。[③]

（一）法典的合法性及颁布法典的目的。这是法典的序言部分，它指出法典的内容包括古代先王和芒莱国王制定的法律，颁布法典的目的在于让人们明白行为的准则。

（二）十进制的社会组织（第1条）。每十个人为一个社会组织单位，递相增加，形成掌管50人、100人、1000人、10000人的各级组织机构。

（三）战争法（第2—7条）。包括对战时遗弃行为的处罚，对战死者减免债务的规定，对作战英勇者的奖励。

（四）继承权（第8条）。规定遗嘱继承优先原则；如无遗嘱，国王将取得死者的一半财产。

（五）强制性劳役（第9条）。自由民应当将一半的时间用来为国王服务。

（六）借贷（第10—11条）。用于生产[应该是“投资”，investment——引者]的借贷三年不计利息，开垦的荒地三年不交赋税。

（七）奴隶制度（第12—14条）。禁止接纳债务人、诉讼当事人、小偷、逃亡者做奴隶；破产者可沦为奴隶；国王的奴隶与自由民所生的孩子为自由民。

（八）选拔官吏（第15条）。国王不得任命像魔鬼一般的贵族掌握权力。[该条是对两种贵族的规范，即“佛法的主”（Dharma lords）和“邪恶的主”（evil lords）——引者。]

（九）刑法（第16—18条）。包括正当杀人的条件；12种应当执行刑罚[死

---

① [美]A. B. Griswold和[泰国]Prasert na Nagara，“The Judgments of King Man Ray”，载*Journal of the Siam Society*，Vol. 65(1977)，Part I，第137—160页。

② 这些条文不一定是当时颁布的原文，也可能是后人记录了当时行用的法律规范。David Wyatt对这些律文作了英文简介。见David K. Wyatt著“Laws and Social Order in Early Thailand: An Introduction to the Mangraisat”（载*Journal of Southeast Asian Studies*，第15卷，第2期，1984年9月，第245—252页）。Wyatt同时指出，由Sommai Premchit以现代泰文转译的清迈市曼恩空寺（Wat Muen Ngoen Kong）保存的《芒莱法典》内容更“简单”，故而很可能成文更早一些（见第250页）。张晓辉又将英文内容作了大致的摘译。

③ 以下内容介绍引自张晓辉《傣族早期法律初探》，第68—69页。对有所修正和补充者，用“[ ]”标出。

刑——引者]的犯罪;肉刑、罚为奴隶、放逐[应为“三种惩罚重罪的刑罚:处死、肉刑和奴役或流刑”——引者]。

(十)司法行政(第19—22条)。包括法官定罪的依据;上诉理由须详述判决的错误;诉讼时效为20年;可以起诉的16种情况。

(十一)结束语。强调各个村寨的民众均要守法,重申上述法律来自古代先王。

可见,明朝时期基于兰那国法律的傣族法已经相当丰富。即使仅仅依据这二十多条律文,已经可以发现一系列重要的法律文化因素。它强调了法典合法性的来源,规定了社会等级制度,规范了继承和借贷行为,界定了一些重要的罪行以及相应的刑罚,并指明了适用法律的诉讼程序。这些要比汉人文献记载的滇西的傣族法详尽和规范得多。这也说明明朝境外法律文化对其统辖地区的深远影响。

二、苗族的法律文化

在漫长的中国历史上,“苗族”基本上是作为一个他称被记录着。① 尽管有人将苗族的始祖追溯至以神话人物蚩尤为首的九黎部落及其后代三苗②或髦人③,但“苗”作为一些特定人群的名称,可能是到十世纪以后才出现的。④ 到明

---

① 在不同地区,苗族有“仡熊”(“果雄”)、“模”、“蒙”、“毛”等不同的自称。见伍新福、龙伯亚《苗族史》(四川民族出版社1992年版)。就“苗”的意义,可参见日本鸟居龙藏《苗族调查报告》(国立编译馆1936年版);杨庭硕《人群代码的历时过程——以苗族族名为例》(贵州人民出版社1998年版);以及Norma Diamond著“Defining the Miao: Ming, Qing, and Contemporary Views”,载Stevan Harrell编*Cultural Encounters on China's Ethnic Frontiers*(Seattle: University of Washington Press, 1995);Louisa Schein著*Minority Rules: The Miao and the Feminine in China's Cultural Politics*(Durham, NC: Duke University Press, 2000);Laura Hostetler著*Qing Colonial Enterprise: Ethnography and Cartography in Early Modern China*(Chicago: The University of Chicago Press, 2001)。

② 石启贵:《湘西苗族实地调查报告》,湖南人民出版社2008年版,第32—37页;伍新福、龙伯亚:《苗族史》,第1—14页;铃木正崇、金丸良子:《西南中国の少数民族:贵州省苗族民俗誌》,日本古今书院1985年版,第13—15页;吴荣臻、吴曙光主编《苗族通史》,民族出版社2007年版,第1册,第15—36、182—246页。

③ 凌纯声、芮逸夫:《湘西苗族调查报告》,商务印书馆1947年版,第8—10页。

④ 有关苗族的起源,参见Louisa Schein著*Minority Rules*,第36—54页;Christian Culas和Jean Michaud著“A Contribution to the Study of Hmong (Miao) Migrations and History”,载Jean Michaud, Christian Culas, Nicholas Tapp, and Gar Yia Lee合编的*Hmong/Miao in Asia*(泰国清迈:Silkworm Books,2004,第61—96页)。

中叶，几经战争和迁徙，绝大多数被称为“苗”的人群居住在明帝国的西南部，特别是湖广西部、四川南部、贵州及云南。[①] 作为一个“历史”人群，“苗”很难说有一个单一的族群认同。[②] 在明朝，“苗”也被用来指称其他一些群体，如罗罗和仡佬等。[③] 同时，依据其地域、语言、起源、生活方式等不同特点，他们又会被划分为不同的种类。例如，根据着装风格，外界将楚—黔—川边界上的称作“红苗”，黔东南的叫“黑苗”，黔中的叫“白苗”。[④] 但是，不管被称为“苗”的人群，其文化多么多元复杂，在明朝统治者眼中，他们都是中华文明之外的“他者”；其法律文化当然也与中华法律（即“汉法”）格格不入。长期与苗族等非汉族人群打交道的明朝地方大员郭子章就说，“诸苗夷有囤峒而无城郭，有头目而无君长。专事斗杀，何知仁义？！语言不通，风俗各别。惟羁縻之使不为乱而已。……若欲尽绳以汉法，未有不骇而乱者。犬之吠，羊之触，其责岂尽在犬羊哉！”[⑤]在郭看来，苗族人多居住在遥远的“荒服”，很难以“中国之治”对待他们。[⑥] 因此，除了严重的反抗官府秩序的行为外，[⑦]明朝廷基本上是听任苗族人行使本民族法。

明代苗族民族法的一个基本特点是它的口述性。明代苗族没有文字，他们的礼仪制度都是口述传承的。[⑧] 在苗族社会，虽然组织结构不像汉地那样复杂

① 伍新福、龙伯亚：《苗族史》，第 171—90 页；凌纯声、芮逸夫：《湘西苗族调查报告》，第 15—25 页。就苗族在中国的分布图，见 Louisa Schein 著 *Minority Rules*；就苗族在中国西南部的分布图，见 Norma Diamond 著“Defining the Miao”。

② [美] Norma Diamond, “Defining the Miao”, pp. 92—99；[美] Mary Rack, *Ethnic Distinctions, Local Meanings: Negotiating Cultural Identities in China* (Ann Arbor, MI: Pluto Press, 2005).

③ [明] 王士性：《广志绎》，第 133 页。

④ 尽管这些名称源自服饰特征，但它们含有更广泛的文化意义，包括语言与风俗。参见伍新福、龙伯亚《苗族史》，第 179—90 页；孙秋云《核心与边缘：18 世纪汉苗文明的传播与碰撞》（人民出版社 2007 年版），第 51—60 页；以及鸟居龙藏《苗族调查报告》，第 16—47 页。

⑤ [明] 郭子章：《黔记》，第三册，第 404 页。

⑥ 同上，第二册，第 351、357、362、510 页。

⑦ 例如，弘治、正德年间，湖广镇溪苗民龙麻阳和贵州铜仁苗头龙童保等联合“攻剽杀戮人畜及焚荡官民庐舍”。后龙童保被诛，“其家口及幼弱皆论如叛法”。参见明代徐日久《五边典则》卷二一，《中国少数民族古籍集成（汉文版）》第四册，四川民族出版社 2007 年版，第 132—133 页。

⑧ 没有苗族自己的记载，获取明代苗族法的主要途径一是当代汉人文献以及后来清朝的记录，二是现代苗族人的记忆。很显然，这两种资源都会产生一些偏差，我们只能尽力据理判断，还原历史面貌。

严密，即所谓“有部落无酋长”，[1]但他们依然发展了行之有效的法律运行机制。苗族的基本社会单位是基于血缘关系的“鼓社”（或称“鼓屋”）。它可以构成一个村寨，也可以是众多寨子的联盟。[2] 鼓社的成员会集中起来讨论制定社区规则，就是所谓的“议榔”或“合款”活动。其领袖人物包括榔头或款主、寨主、祭司、理老等。他们或者通过选举产生，或者自然涌现，依靠的是他们的经济资源、社会关系、道德品质、个人魅力、处事能力以及对苗族历史文化习俗的熟悉理解程度。[3] 议榔或合款制定的规则会禁止凶杀、伤害、盗窃、强奸、通奸、乱伐树木、污染河流、虐待父母、妨碍生产、投敌等行为，保护社会成员的生命、健康、财产、婚姻、继承等权利。对违法的制裁措施则包括警告、强制道歉、罚款、抽打、放逐、剥夺生命等。一项重要的法律渊源称为“理词”，即具有法律效力的案件的调解词或辩论词。[4] 虽然苗族法律是不成文的，但是它们对社区成员具有强大的法律效力。

在解决纠纷的过程中，苗族人的方法与汉地的规则有很大的不同。一方面，苗族人常常依靠自己处理纠纷，而不事事诉诸体制化的权威（如寨主或理老），哪怕是为较小的纠纷，苗族人也会“打冤家”，即设伏绑架对手。这在汉人法律里属于那种被长期禁止的“复仇”。这种个人报复常常会导致家族甚至村寨间长期的大规模械斗，即所谓“苗家仇九世休”。[5]

但另一方面，在苗族社会，基本上任何有威望的人物都可以帮助解决纠纷。

---

① ［清］严如熤：《苗防备览》，台湾华文书局1969年版，第一册，第354页；罗康隆、张振兴：《〈苗防备览〉〈风俗考〉研究》，贵州人民出版社2011年版，第33—37页。

② 石朝江：《苗族传统社会组织及功能》，《中南民族学院学报》1993年第3期，第23—27页。

③ 《凤凰县志》，湖南人民出版社1988年版，第335—336页；孙秋云：《核心与边缘：18世纪汉苗文明的传播与碰撞》，第77—87页；廷贵、酒素：《略论苗族古代社会结构的“三根支柱”——鼓社、议榔、理老》，《贵州民族研究》，1981年第4期，第42—47页；徐晓光：《苗族法制史》，远方出版社2009年版，第56—60页。

④ 孙秋云：《核心与边缘》，第84—87页；徐晓光：《苗族法制史》，第137—208页。石如金编：《湘西苗族理词》，民族出版社2010年版。

⑤ ［明］田汝成：《炎徼纪闻》，明代沈节甫编《纪录汇编》，中华全国图书馆文献缩微复制中心1994印行，第547页。另见清代《红苗风土志》，载王玮编《乾州厅志（乾隆）》，收入《湖南地方志少数民族史料（上）》，岳麓书社1991年版，第391—392页；阿琳《红苗归流图》，载段汝霖、谢华《楚南苗志、湘西土司辑略》，岳麓书社2008年版，第248—253页；严如熤《苗防备览》，第371—372页。以及罗康隆、张振兴《〈苗防备览〉〈风俗考〉研究》，第117—126页；吴荣臻、吴曙光主编《苗族通史》第2册，第356—372页。

最有影响的仲裁者被称为“行人”、“行头”、“牙郎”或“理老”等。在这方面，明清的士大夫多有相对详细的叙述。例如，曾任贵州按察司佥事，按察思南、石阡等府的田汝成(1500—1563? 年)观察到：

> 凡几要约，无文书，刊寸木判以为信，争讼不入官府，即入亦不得以律例科之。推其属之公正善言语者，号曰行头，以讲曲直，行头以一事为一筹，多至百筹者。每举一筹数之曰：“某事云云，汝负于某。”其人服则收之。又举一筹数之曰：“某事云云，汝凌于某。”其人不服则置之。计所置多寡以报所为讲者曰：“某事某事其人不服。”所为讲者曰然则已；不然，则又往讲如前，必两人咸服乃决。若所收筹多，而度其人不能偿者，则劝所为讲者掷一筹与天，一与地，一与和事之老，然后约其余者，责负者偿之，以牛马为算。凡杀人，而报杀过当者算亦如之。①

在这里，司法不是按照明王朝的帝国法律程序进行，而是依据苗族人自己的原则和做法，案件各方当事人的意见都得到了充分的考量。至于刑罚处置，即使案件涉及人命，常见的依然是以财产补偿为内容的“倒骨价”，而不是肉刑或死刑。该制度强调了似乎不是谁是赢家谁是输家，而是协调诉讼各方的利益和社区的和谐。

此外，在苗族的司法中，神判使用频繁。苗族人崇敬并畏惧神灵，在解决纠纷时，特别是在案件事实不是很清楚而社区调处又不具有效力时，他们常常会诉诸鬼神的帮助。求助于神判大都会选择比较神圣的场所，包括大家公认的“土地堂”和“吃血点”。案件当事人会喝血酒，发毒誓：“汝若冤我，我大发大旺；我若冤汝，我九死九绝。”②为了表明诚心以感动神灵，苗族人会采取一系列比较神奇的做法，例如从滚烫的油锅里捞斧，踩踏烧得发红的铧犁，以及赤脚攀登锋利的刀梯等。他们相信，神灵会辨别是非，扬善惩恶。③

---

① ［明］田汝成：《炎徼纪闻》，第 589—590 页。［清］《红苗风土志》，第 392 页；［清］严如煜：《苗防备览》，第 372 页。

② ［清］严如煜：《苗防备览》，第 379 页。

③ 有关清朝统治前的苗族法研究，见 Donald Sutton 著“Violence and Ethnicity on a Qing Colonial Frontier: Customary and Statutory Law in the Eighteenth-Century Miao Pale”(载 *Modern Asian Studies*，第 37 卷第 1 期，2003，第 41—80 页)。徐晓光的《苗族法制史》描述了“传统”(清朝建立前)的苗族社会法律制度(第 56—76、211—229 页)。

总之，明代的傣族法和苗族法展现了当时民族法的两个类型。一个是比较复杂的成文制定法，另一个是相对松散却灵活的不成文的口传法。虽然它们与明朝中央和地方政府制定的法律大不相同，它们对当地社会都产生着有效的维护秩序的重要作用。这些民族法的行用对象是以本民族（社区）成员为基础的，超越了明帝国的行政区划。如自称“果雄”等称呼的苗族的法律适用区域主要是湖广、贵州、四川交界的武陵山地区，而滇南傣族法律适用区更是超越了明朝管辖范围，接受的是兰那国的法律，从而具有了国际性质。

小结：明朝的民族法律

民族法是明王朝法律文化的重要组成部分。它可划分为王朝法和本族法两个主要方面。王朝民族法指的是朱家王朝的中央和地方政府制定实施的有关民族问题的法律，而本族民族法则是指各个非汉族群体自己设立适用的规范。明代前期，以《大明律》为代表，王朝的法律基本上对民族问题保持沉默。除了个别条文之外，它默认其整体调整的对象就是汉族人群。《问刑条例》的问世，改变了这一状态。它明确指出了“汉人”与“土人”“夷人”等人群的区别，在法律文化中注入了民族意识。王朝法中对非汉族的歧视是根深蒂固的，也可以说，某种程度和意义上的“大汉族主义”是王朝民族法的思想基础，由王朝制定的土司制度下的土官法律也是这一思想的反映。非汉民族的本族法与王朝法在内容和形式上都有很大不同，本章所举的两个例子就分别体现出这样的特征。本族法解决的是本民族内部的纠纷，它们规范的行为事关本民族生计，其独特的调整方式为本民族成员所接受。本族法具有极强的凝聚本民族精神的力量，相当一部分法律条文是在与外敌（特别是明王朝的弹压势力）的抗争中制定的。王朝法和本族法多有互动：前者往往处于攻势，即随着政治势力的扩张意图扩大其管辖范围；后者每每采取守势，努力抵抗王朝政权的干预，捍卫自己的领地。但有明一朝，本族法始终发挥着强大的作用。明王朝当然意识到各民族本族法的存在及其特殊效能。当它感受到来自非汉族的严重威胁时，会运用王朝法进行压制。但从根本上讲，它无力将各民族的本族法抹除掉。所以，在法律文化形态上，像元代和清代一样，明代也是一个法律多元时代。

参考文献

一、古 籍

(唐)长孙无忌等撰;刘俊文点校:《唐律疏议》,中华书局 1983 年版
(元)李京;王淑武校注:《云南志略辑校》,云南民族出版社 1986 年版
(明)祁彪佳撰:《按吴亲审檄稿》,《历代判例判牍》第四册,中国社会科学出版社 2005 年版
(明)李东阳、申时行等撰:《大明会典》,江苏广陵古籍刻印社 1989 年版
(明)贡举撰:《大明龙头便读旁训律法全书》,明刻本
(明)姚思仁撰:《大明律附例注解》,北京大学出版社 1993 年影印本
(明)高举等撰:《大明律集解附例》,台湾学生书局 1970 年版
(明)衷贞吉等撰:《大明律集解附例》,万历二十四年校刊本
(明)冯孜撰:《大明律集说》,明刻本
(明)汪宗元撰:《大明律例》,明刻本
(明)陈省撰:《大明律例附解》,隆庆刻本
(明)王藻撰:《大明律例附解》,明刻本
(明)苏茂相撰:《大明律例临民宝镜》,明刻本
(明)董裕序刊本:《大明律例注释祥刑冰鉴》,明刻本
(明)应槚撰:《大明律释义》,续修四库全书本
(明)不著撰人:《大明律疏附例所载续例附考及新例》,《中国珍稀法律典籍集成》乙编第二册,科学出版社 1994 年版
(明)丘濬撰;林冠群、周济夫校点本:《大学衍义补》,京华出版社 1999 年版
(明)杨士奇撰:《东里别集》,文渊阁四库全书本
(明)雷梦麟撰:《读律琐言》,法律出版社 2000 年版
(明)王樵撰:《方麓集》,文渊阁四库全书本
(明)张问达撰:《抚楚疏稿》,万历刊本
(明)汪天赐撰:《官箴集要》,《官箴书集成》,黄山书社 1997 版
(明)王士性撰:《广志绎》,中华书局 1981 年版

(明)《郭青螺六省听讼录新民公案》：上海古籍出版社 1991 年版
(明)邓士龙辑；许大龄、王天有点校：《国朝典故》，北京大学出版社 1993 年版
(明)焦竑撰：《国朝献征录》，台湾明文书局 1991 年版
(明)谈迁撰：《国榷》，中华书局 1958 年版
(明)海瑞撰：《海瑞集》，中华书局 1962 年版
(明)郭正域撰：《合并黄离草》，四库禁毁书丛刊本
(明)弘治《问刑条例》，《皇明制书》卷十三，北京图书馆古籍珍本丛刊第 46 册，书目文献出版社 1998 年版
(明)《红苗风土志》，载王玮编《(乾隆)乾州厅志》，《湖南地方志少数民族史料》(上)，岳麓书社 1991 年版
(明)余继登撰：《皇明典故纪闻》，续修四库全书本
(明)《皇明弘治六年条例》，《中国珍稀法律典籍集成》乙编第二册，科学出版社 1994 年版
(明)戴金编：《皇明条法事类纂》，《中国珍稀法律典籍集成》乙编，科学出版社 1994 年版
(明)《皇明制书》，北京图书馆古籍珍本丛刊第 46 册，书目文献出版社 1998 年版
(明)《皇明祖训》，《皇明制书》，日本古典研究会 1966 年版
(明)《皇明祖训》，《明朝开国文献》第三册，台湾学生书局 1966 年版
(明)张卤辑：《嘉隆新例》，《中国珍稀法律典籍集成》乙编第二册，科学出版社 1994 年版
(明)何乔新撰：《椒邱文集》，文渊阁四库全书本
(明)李诩撰：《戒庵老人漫笔》，中华书局 1982 年版
(明)郑晓撰：《今言》，中华书局 1984 年版
(明)王世贞、沈节甫辑：《锦衣志》，《纪录汇编》卷 195，中国文献珍本丛书，中华全国图书馆缩微复制中心 1994 年版
(明)姜埰撰：《敬亭集》，四库全书存目丛书本

(明)不著撰人:《居官必要为政便览》,《官箴书集成》,黄山书社 1997 年版
(明)《军政条例》,《皇明制书》卷十二,北京图书馆古籍珍本丛刊第 46 册,书目文献出版社 1998 年版
(明)霍冀辑:《军政条例类考》,续修四库全书本
(明)何出光、陈登云等撰,喻思恂续:《兰台法鉴录》:北京图书馆古籍珍本丛刊第 16 册,书目文献出版社 1998 年版
(明)李攀龙撰:《李攀龙集》,齐鲁书社 1993 年版
(明)李默、黄养蒙撰:《吏部职掌》,明万历刻本
(明)林琼撰:《林郎中疏略》,收入应槚等《审录疏略》,明钞本
(明)不著撰人:《鲁府招》,明钞本
(明)陆深撰:《陆文裕公行远集》,四库全书存目丛书本
(明)何广撰:《律解辩疑》,明刻本
(明)何广撰:《律解辩疑》,《中国珍稀法律典籍续编》,黑龙江人民出版社 2002 年版
(明)张楷撰:《律条疏议》,明刻本
(明)马文升撰:《马端肃奏议》,文渊阁四库全书本
(明)颜俊彦撰:《盟水斋存牍》,中国政法大学出版社 2002 年版
(明)吴廷燮撰:《明督抚年表》,中华书局 1982 年版
(明)陈子龙等编:《明经世文编》,中华书局 1962 年版
(明)《明实录》,台湾"中央研究院"历史语言研究所 1962 年校勘本
(明)《明太祖宝训》,台湾"中央研究院"历史语言研究所 1967 年版
(明)唐枢撰:《木钟台集》,《中国律学文献》第一辑,黑龙江人民出版社 2004 年版
(明)施沛撰:《南京都察院志》,四库全书存目丛书补编本。
(明)范景文撰:《南枢志》,崇祯序刊本。
(明)欧大任撰:《欧虞部集》,北京图书馆古籍珍本丛刊第 81 册,书目文献出版社 1988 年版

(明)祁彪佳撰:《莆阳谳牍》,《历代判例判牍》第5册,中国社会科学出版社2005年版
(明)郭子章撰:《黔记》,《中国地方志集成:贵州府县志辑》第二册、第三册,巴蜀书社2006年版
(明)不著辑者:《钦明大狱录》,四库未收书辑刊本
(明)蔡献臣撰:《清白堂稿》,四库未收书辑刊本
(明)余员撰:《三台明律招判正宗》,明刻本
(明)李清撰:《三垣笔记》,中华书局1982年版
(明)傅岩撰:《歙纪》,黄山书社2007年版
(明)吕坤撰:《实政录》,续修四库全书本
(明)程春宇撰;杨正泰整理:《士商类要》,《明代驿站考》附录三,上海古籍出版社2006年版
(明)严从简撰:《殊域周咨录》,中华书局1993年版
(明)佚名辑;吴艳红整理:《四川地方司法档案》,《历代判例判牍》第三册,中国社会科学出版社2005年版
(明)张翰撰:《松窗梦语》,中华书局1985年版
(明)殷聘尹撰:《外冈志》,《上海史料丛编》本,上海市文物保管委员会1961年
(明)沈德符撰:《万历野获编》,中华书局1989年版
(明)王恕撰:《王端毅奏议》,文渊阁四库全书本
(明)王概撰:《王恭毅公驳稿》,陈宇赫《明代大理寺研究》附录一,中华书局2013年版
(明)王樵、王肯堂撰,(清)顾鼎重编:《王仪部先生笺释》,《中国律学文献》第二辑,黑龙江人民出版社2005年版
(明)顾应祥等编:嘉靖重修《问刑条例》,《中国珍稀法律典籍集成》乙编二册,科学出版社1994年版
(明)徐日久撰:《五边典则》,《中国少数民族古籍集成》,四川民族出版社2007年版

(明)张萱辑:《西园闻见录》,杭州古旧书店1983年版
(明)谢榛撰:《谢榛全集》,齐鲁书社2000年版
(明)彭应弼撰:《刑书据会》,万历刻本
(明)冯梦龙编;顾学颉校注:《醒世恒言》,人民文学出版社1956年版
(明)张肯堂撰:《𥄂辞》,《历代判例判牍》第四册,中国社会科学出版社2005年版
(明)方孝孺撰:《逊志斋集》,宁波出版社1996年版
(明)田汝成撰:《炎徼纪闻》,(明)沈节甫编《纪录汇编》,中华全国图书馆文献缩微复制中心1994年版
(明)王世贞撰:《弇山堂别集》,中华书局1985版
(明)应槚撰:《谳狱稿》,天津古籍书店1981年版
(明)杨涟撰:《杨忠烈公文集》,续修四库全书本
(明)朱国祯撰:《涌幢小品》,文化艺术出版社1998年版
(明)宋濂等撰:《元史》,中华书局1976年版
(明)袁宏道撰;钱伯城笺校:《袁宏道集笺校》,上海古籍出版社1981年版
(明)毛一鹭撰:《云间谳略》,《历代判例判牍》第三册,中国社会科学出版社,2005年。
(明)何三畏撰:《云间志略》,《明代传记丛刊》第145册,台湾明文书局1991年版
(明)高拱撰:《掌铨题稿》,清刊本
(明)无名氏撰:《诏狱惨言》,周光培编:《明代笔记小说》,河北教育出版社1995年版
(明)李清撰:《折狱新语》,《历代判例判牍》第四册,中国社会科学出版社2005年版
(明)佘自强撰:《治谱》,续修四库全书版
(明)刘若愚撰:《酌中志》,北京古籍出版社1994年版
(明)《宗藩条例》,《中国珍稀法律典籍集成》乙编二册,科学出版社1994年版

(明)《祖训录》,《明朝开国文献》第 3 册,中国史学丛书,台湾学生书局 1966 年版
(清)黄宗羲编:《明文海》,上海古籍出版社 1994 年版
(清)孙承泽撰:《春明梦余录》,北京古籍出版社 1992 年版
(清)薛允升撰:《读例存疑》,中国公安大学出版社点注本 1994 年版
(清)严如熤撰:《苗防备览》,台湾华文书局 1969 版
(清)龙文彬撰:《明会要》,中华书局 1956 年版
(清)张廷玉等撰:《明史》,中华书局 1974 年版
(清)谷应泰撰:《明史纪事本末》,中华书局 1977 年版
(清)夏燮撰:《明通鉴》,中华书局 1980 年版
(清)薛允升撰:《唐明律合编》,中国书店 2010 年版
(清)查继佐撰:《罪惟录》,浙江古籍出版社 1985 年版
(民国)赵诒琛等辑:《丙子丛编》,1936 年铅印本
中国社会科学院历史研究所编:《徽州千年契约文书·宋元明编》,中国社会科学院历史研究所编,花山文艺出版社 1991 年版

二、专　著

《第二届明清史国际学术讨论会论文集》,天津人民出版社 1993 年版
《凤凰县志》编写组编:《凤凰县志》,湖南人民出版社 1988 年版
阿风:《明清时代妇女的地位与权利——以明清契约文书、诉讼档案为中心》,社会科学文献出版社 2009 年版
柏桦:《明代州县政治体制研究》,中国社会科学出版社 2003 年版
柏桦:《明清州县官群体》,天津人民出版社 2003 年版
陈宝良:《明代儒学生员与地方社会》,中国社会科学出版社 2005 年版
陈宝良:《明代社会转型与文化变迁》,重庆大学出版社 2014 年版
陈高华:《陈高华文集》,上海辞书出版社 2005 年版
陈国平:《明代行政法研究》,法律出版社 1998 年版

陈鹏:《中国婚姻史稿》,中华书局1990年版
陈瑛珣:《明清契约文书中的妇女社会经济活动》,台湾台明文化事业有限公司2001年版
陈宇赫:《明代大理寺研究》,中华书局2013年版
陈支平、万明主编:《明朝在中国史上的地位》,天津古籍出版社2011年版
丁易:《明代特务政治》,群众出版社,2008年版
丁玉翠:《明代监察官职务犯罪研究》,中国法制出版社,2007年
段汝霖、谢华:《楚南苗志、湘西土司辑略》,岳麓书社2008年版
范金民:《明清商事纠纷与商业诉讼》,南京大学出版社2007年版
方志远:《明代国家权力机构及运行机制》,科学出版社2008年版
龚汝富:《明清讼学研究》,商务印书馆2009年版
龚荫:《中国土司制度》,云南民族出版社1992年版
龚荫:《中国土司制度史》,四川人民出版社2012年版
韩秀桃:《明清徽州的民间纠纷及其解决》,安徽大学出版社2004年版
何朝晖:《明代县政研究》,北京大学出版社2006年版
何勤华编:《律学考》,商务印书馆2004年版
何勤华:《中国法学史》,法律出版社2000年版
怀效峰:《明清法制初探》,法律出版社1998年版
黄彰健:《明清史研究丛稿》,台湾商务印书馆1977年版
黄彰健编:《明代律例汇编》,台湾"中央研究院"历史语言研究所,1979年
黄宗智:《民事审判与民间调解:清代的表达与实践》,中国社会科学出版社1998年版
江应樑:《傣族史》,四川人民出版社1983年版
江应樑校注:《百夷传校注》,云南人民出版社1980年版
李鸣:《中国民族法制史论》,中央民族大学出版社2008年版
李洵:《下学集》,中国社会科学出版社1995年版
连启元:《明代的狱政管理》,《明史研究丛刊》之二,明史研究小组,2001年。

林端：《韦伯论中国传统法律：韦伯比较社会学的批评》，台湾三民书局 2003 年版
凌纯声、芮逸夫：《湘西苗族调查报告》，商务印书馆 1947 年版
鈴木正崇、金丸良子：《西南中国の少数民族：貴州省苗族民俗誌》，东京：古今书院，1985 年。
刘俊文笺解：《唐律疏议笺解》，中华书局 1996 年版
刘俊文主编：《日本学者研究中国史论著选译》第 8 卷，中华书局 1992 年版
刘双舟：《明代监察法制研究》，中国检察出版社 2004 年版
柳立言主编：《性别、宗教、种族、阶级与中国传统司法》，台湾“中央研究院”历史语言研究所，2013 年
栾成显：《明代黄册研究》，中国社会科学出版社 1998 年年版
罗康隆、张振兴：《〈苗防备览〉〈风俗考〉研究》，贵州人民出版社 2011 年版
苗棣：《魏忠贤专权研究》，中国社会科学出版社 1994 年版
那思陆：《明代中央司法审判制度》，北京大学出版社 2004 年版
南炳文：《辉煌、曲折与启示：20 世纪中国明史研究回顾》，天津人民出版社 2001 年版
倪正茂主编：《批判与重建——中国法律史研究反拨》，法律出版社 2002 年版
鸟居龙藏：《苗族调查报告》，国立编译馆 1936 年版
潘星辉：《明代文官铨选制度研究》，北京大学出版社 2005 年版
邱澎生：《当法律遇上经济：明清中国的商业法律》，台湾五南图书出版公司 2008 年版
瞿同祖：《中国法律与中国社会》，中华书局 1981 年版
石启贵：《湘西苗族实地调查报告》，湖南人民出版社 2008 年版
苏亦工：《明清律典与条例》，中国政法大学出版社 2000 年版
孙秋云：《核心与边缘：18 世纪汉苗文明的传播与碰撞》，人民出版社 2007 年版
谭天星：《明代内阁政治》，中国社会科学出版社 1996 年版
童光政：《明代民事判牍研究》，广西师范大学出版社 1999 年版

万明主编：《晚明社会变迁：问题与研究》，商务印书馆 2005 年版
王天有：《明代国家机构研究》，北京大学出版社 1992 年版
王天有：《晚明东林党议》，上海古籍出版社 1991 年版
吴晗：《灯下集》，三联书店 1961 年版
吴荣臻、吴曙光主编：《苗族通史》，民族出版社 2007 年版
吴艳红：《明代充军研究》，社会科学文献出版社 2003 年版
吴艳红主编：《明代制度研究》，浙江大学出版社 2014 年版
吴云：《元明清时期的傣族法律制度及其机制研究》，人民出版社 2010 年版
伍新福、龙伯亚：《苗族史》，四川民族出版社 1992 年版
小野和子著；李庆、张荣湄译：《明季党社考》，上海古籍出版社 2006 年版
谢国桢：《明清之际党社运动考》，中华书局 1982 年版
谢忠志：《明代兵备道制度：以文驭武的国策与文人知兵的实练》，台湾明史研究小组印行，2002 年
徐式圭：《中国大赦考》，商务印书馆 1934 年版
徐晓光：《苗族法制史》，远方出版社 2009 年版
徐晓光：《中国少数民族法制史》，贵州民族出版社 2002 年版
徐忠明：《包公故事：一个考察中国法律文化的视角》，中国政法大学出版社 2002 年版
徐忠明：《众声喧哗：明清法律文化的复调叙事》，清华大学出版社 2007 年版
杨绍猷、莫俊卿：《明代民族史》，四川人民出版社 1996 年版
杨庭硕：《人群代码的历时过程——以苗族族名为例》，贵州人民出版社 1998 年版
杨雪峰：《明代的审判制度》，台湾黎明文化事业公司 1978 年版
杨一凡：《洪武法律典籍考证》，法律出版社 1992 年版。
杨一凡：《明初重典考》，湖南人民出版社 1984 年版
杨一凡：《明大诰研究》，江苏人民出版社 1988 年版
尤韶华：《明代司法初考》，厦门大学出版社 1998 年版

原瑞琴：《〈大明会典〉研究》，中国社会科学出版社 2009 年版
张传玺主编：《中国历代契约粹编》，北京大学出版社 2014 年版
张德信、毛佩奇主编：《洪武御制全书》，黄山书社 1995 年版
张金奎：《明代卫所军户研究》，线装书局 2007 年版
张钧：《明清晋商与传统法律文化》，法律出版社 2006 年版
张显清、林金树主编：《明代政治史》，广西师范大学出版社 2003 年版
张显清主编：《明代后期社会转型研究》，中国社会科学出版社 2008 年版
张哲朗：《明代巡抚研究》，台湾文史哲出版社 1995 年版
张治安：《明代监察制度研究》，台湾五南图书出版有限公司 2000 年版
郑秦：《清代司法审判制度研究》，湖南教育出版 1988 年版
郑振满：《明清福建家族组织与社会变迁》，湖南教育出版社 1992 年版
中岛乐章：《明代乡村纠纷与秩序》，江苏人民出版社 2010 年版
中国社会科学院历史研究所明史研究室编：《百年明史论著目录》，安徽教育出版社 2012 年版
滋贺秀三等：《明清时期的民事审判与民间契约》，法律出版 1998 年版

Brook, Timothy, Jérôme Bourgon and Gregory Blue. 2008. *Death by a Thousand Cuts*. Cambridge: Harvard University Press.

Buxbaum, David and Frederick Mote eds. 1972. *Transition and Permanence: Chinese History and Culture*. Hongkong: Cathay Press Ltd..

Dikötter, Frank. 1992. *The Discourse of Race in Modern China*. Stanford, CA.: Stanford University Press.

Elvin, Mark. 2006. *The Retreat of the Elephants: An Environmental History of China*. New Haven: Yale University Press.

Fairbank, John K. ed. 1968. *The Chinese World Order: Traditional China's Foreign Relations*. Cambridge: Harvard University Press.

Farmer, Edward. 1995. *Zhu Yuanzhang and Early Ming Legislation*. New York: E.J. Brill.

Giersch, Charles Patterso. 2006. *Asian Borderlands: The Transformation of Qing China's Yunnan Frontier*. Cambridge: Harvard University Press.

Goodrich, L. Carrington and Chaoying Fang eds. 1976. *Dictionary of Ming Biography 1368—1644*. New York: Columbia University Press.

Harrell, Steven. 1995. *Cultural Encounters on China's Ethnic Frontier*. Seattle: University of Washington Press.

Hegal, Robert, Katherine Carlitz eds. 2007. *Writing and Law in Late Imperial China: Crime, Conflict, and Judgment*. Seattle: University of Washington Press.

Herman, John. 2007. *Amid the Clouds and Mist: China's Colonization of Guizhou, 1200—1700*. Cambridge: Harvard University Asia Center.

Hostetler, Laura. 2001. *Qing Colonial Enterprise: Ethnography and Cartography in Early Modern China*. Chicago: The University of Chicago Press.

Jiang, Yonglin. 2005. *The Great Ming Code*. Seattle: Universtiy of Washington Press.

Jiang, Yonglin. 2011. *The Mandate of Heaven and The Great Ming Code*. Seattle: University of Washington Press.

Kaup, K. Palmer. 2000. *Creating the Zhuang: Ethnic Politics in China*. Boulder, Colo. : Lynne Rienner Publishers.

Liew-Herres, Foo Ming and Volker Grabowsky. 2008. *Lan Na in Chinese Historiography: Sino-Tai relations as reflected in the Yuan and Ming sources (13th to 17th centuries)*. Bangkok: Institute of Asian Studies, Chulalongkorn University.

Macauley, Melissa Ann. 1998. *Social Power and Legal Culture: Litigation Masters in Late Imperial China*. Stanford: Stanford University Press.

Penth, Hans, 1994. *A Brief History of Lan Na: Civilization of North*

Thailand. Chiang Mai: Silkworm Books.

Rack, Mary. 2005. *Ethnic Distinctions, Local Meanings: Negotiating Cultural Identities in China*. Ann Arbor, MI: Pluto Press.

Schein, Louisa. 2000. *Minority Rules: The Miao and the Feminine in China's Cultural Politics*. Durham, NC: Duke University Press.

Tapp, Nicholas, Jean Michaud, Christian Culas, and Gar Yia Lee, eds. 2004. *Hmong/Miao in Asia*. Silkworm Books.

Wichienkeeo, Aroonrut and GehanWijeyewardene. 1986. *The Laws of King Manrai (Mangrayathammasart)*. Canberra: Department of Anthropology, Research School of Pacific Studies, The Australian National University.

Widmer, Ellen and Kang-i Sun Chang eds. *Writing Women in Late Imperial China*. Stanford: Stanford University Press.

Wiens, Herold. 1967. *Han Chinese Expansion in South China*. The Shoe String Press, Inc. , 1967.

Wyatt, David. 2003. *Thailand: A Short History*. New Haven: Yale University Press.

论 文

阿风:《明清时期徽州妇女在土地买卖中的权利与地位》,《历史研究》,2000 年第 1 期

柏桦、崔永生:《情理法与明代州县司法审判》,《学习与探索》,2006 年第 1 期

柏桦、卢红妍:《洪武年间〈大明律〉编纂与适用》,《现代法学》,2012 年第 34 卷第 2 期

柏桦:《明代的律例与收继婚风俗》,《南开大学法政学院学术论丛》(2001),天津人民出版社 2001 年版

柏桦:《明代州县官吏惩处规制刍议》,《明史研究》,1994 年第四辑

柏桦:《明清收养孤老律例与社会稳定》,《西南大学学报》,2008 年第 6 期

柏桦:《明清州县的监狱》,《中国史研究》,2002 年第 4 期
柏桦:《明清州县的狱具与凌虐罪囚》,《北方法学》,2010 年第 4 期
柏桦:《明清州县的狱囚衣粮》,《贵州社会科学》,2011 年第 8 期
柏桦:《明清州县监狱的督查制度》,《政法论坛》,2010 年第 3 期
柏桦:《明清州县监狱的牢头》,《古代文明》,2010 年第 2 期
柏桦:《明清州县狱囚的脱逃与处置》,《西南大学学报》,2010 年第 3 期
柏桦:《明清州县狱囚反狱与劫狱》,《社会科学辑刊》,2010 年第 3 期
卞利:《明代户籍法的调整与农村社会的稳定》,《江海学刊》,2003 年第 5 期
卞利:《明代徽州的民事纠纷与民事诉讼》,《历史研究》,2000 年第 1 期
卞利:《明清徽州村规民约和国家法之间的冲突与整合》,《华中师范大学学报》,2006 年第 1 期
卞利:《明清徽州乡(村)规民约论纲》,《中国农史》,2004 年第 4 期
卞利:《明清时期婚姻立法的调整与基层社会的稳定》,《安徽大学学报》,2005 年第 6 期
卞利:《明中叶以后徽州争讼和民俗健讼问题探讨》,《明史研究》,1993 年第三辑
卜永坚:《明朝十六世纪两淮盐政的制度创新》,《明代研究》,2009 年第 13 期
常建华:《明清山西碑刻里的乡约》,《中国史研究》,2010 年第 3 期
常建华:《乡约的推行与明朝对基层社会的治理》,《明清论丛》,2003 年第四辑
陈宝良:《从财产权看明代妇女之法律及社会地位》,《明史研究》,2010 年第十一辑
陈宝良:《从文学发现历史——明清文学中之诉讼社会》,《明清论丛》,2010 年第十辑
陈宝良:《明代幕宾制度初探》,《中国史研究》,2001 年第 2 期
陈鸿钧:《两方明代广东布政司理问所碑记考》,《岭南文史》,2009 年第 3 期
陈洁:《明代天津巡抚设置初探》,《黑龙江史志》,2009 年第 18 期
陈柯云:《略论明清徽州的乡约》,《中国史研究》,1990 年第 4 期

陈时龙：《明代诏令的类型及举例》，《明史研究论丛》，2010 年第八辑
陈淑丽、吕丽：《明代官吏职务犯罪问题研究》，《当代法学》，2006 年第 1 期
陈梧桐：《胡惟庸党案的真与假》，《文史知识》，2008 年第 2 期
陈梧桐：《胡惟庸党案再考》，《明清论丛》，2010 年第十辑
陈梧桐：《论明王朝的民族观与民族政策》，《明史研究》，1994 年第四辑
陈梧桐：《明初空印案发生年代考》，《历史研究》，1982 年第 3 期
陈学霖：《朱元璋惩贪"剥皮实草"酷刑重研》，《明史论丛》，2003 年第二辑
陈勇：《明代兖州鲁王和王府》，《中州今古》，2003 年第 1 期
陈子丹、王旭东：《略论傣族封建法规档案的产生及特点》，《档案学通讯》，2010 年第 3 期
程彩萍：《明代五城兵马司治安与司法职能之演变》，《学术评论》，2012 年第 2 期
邓玉柱：《明末清初吴六奇贡献潮州地方社会事迹述略》，《韩山师范学院学报》，2013 年第 34 卷第 5 期
杜婉言：《明代诉讼制度》，《中国史研究》，1996 年第 2 期
范德：《〈大明令〉——明初社会立法的工具》，《明史研究论丛》，2010 年第八辑
方慧、田瑞华：《略论元明清时期的傣族法律》，《云南社会科学》，1996 年第 6 期
高春平：《论明代的提刑按察使司》，《晋阳学刊》，1992 年第 3 期
高寿仙：《冤案背后：嘉靖年间北京一桩杀母案的审理》，《故宫博物院院刊》，2012 年第 1 期
高艳林：《〈大明律〉对朝鲜王朝法律制度的影响》，《求是学刊》，2009 年 36 卷 4 期
龚汝富：《明清时期司法官吏的法律教育》，《江西财经大学学报》，2007 年第 5 期
关汉华：《清代监察官员考选制度述论》，《广东社会科学》，2002 年第 6 期
韩秀桃：《〈教民榜文〉所见明初基层里老人理讼制度》，《法学研究》，2000 年第 3 期

何朝晖:《明代道制考论》,《燕京学报》,1995 年第 6 期
何朝晖:《明代知县幕友小考》,《故宫博物院院刊》,2006 年第 5 期
何平:《“八百媳妇”——“兰那王国”及其主体民族的政治、社会与文化》,《思想战线》,2013 年第 1 期
胡吉勋:《明嘉靖李福达狱及相关历史评价考论》,《明史研究论丛》,2007 年第七辑
胡建中、江宪:《明代赎刑制度初探》,《学术月刊》,1982 年第 7 期
江继海:《明代官吏职务犯罪研究》,东北师范大学博士学位论文,2005 年
姜永琳:《从明代法律文化看中华帝国法律文化的刑事性》,《明清论丛》,2005 年第六辑
姜永琳:《论中华帝国法律的宗教特征》,《明清论丛》,2002 年第三辑
蒋兆成:《明代宗藩制度述评》,《中国社会经济史研究》1988 年第 3 期
经君健:《关于明清法典中雇工人律例的一些问题——答罗仑先生等》(上、下),《中国经济史研究》2007 年第 4 期、2008 年第 1 期
巨焕武:《“真犯死罪”与“杂犯死罪”——明代律例中的死罪》,台湾《政大法学评论》,1993 年第 49 期、1994 年第 51 期
巨焕武:《明代律例有关官吏出入人罪的规定》,台湾《政大法学评论》,1981 年第 23 期
巨焕武:《明代律例有关化外人的犯罪规定》,台湾《思与言》,1987 年 14 卷 2 期
巨焕武:《明代判决书的格式及其记载方法》,台湾《大陆杂志》,1984 第 3 期
巨焕武:《明律上的费用受寄财罪》,台湾《大陆杂志》,1984 年第 69 卷 3 期
巨焕武:《明律中的嘱托公事罪》,台湾《大陆杂志》,1986 年第 72 卷第 5 期
雷炳炎:《关于明代中期宗室犯罪问题的思考》,《求索》,2004 年第 10 期
雷炳炎:《明代贬废罪宗及其家眷的给养问题》,《云南社会科学》,2010 年第 4 期
雷炳炎:《明代中期罪宗庶人管理问题初探》,《船山学刊》,2003 年第 1 期
雷炳炎:《明代宗禄问题与宗室犯罪》,《云南社会科学》,2009 年第 3 期

雷炳炎:《明代罪宗的请复及其子女的袭封爵问题》,《西南大学学报》,2010 年第 36 卷第 5 期
雷炳炎:《试论明代官吏对宗室犯罪的影响》,《南华大学学报》,2010 年第 11 卷第 3 期
雷炳炎:《试论明代中后期亲郡王对中下层宗室犯罪的影响》,《云梦学刊》,2010 年第 31 卷第 6 期
雷炳炎:《王府官与明代宗室犯罪关系探论》,《 湘潭大学学报》,2010 年第 34 卷第 5 期
李保贵:《明代热审制度研究》,中央民族大学硕士论文,2010 年
李国华:《明代的宗藩》,《江西师范大学学报》,1985 年第 1 期
李军:《明代断事司考述》,《故宫学刊》,2011 年
李龙华:《明代土司政策析论》,台湾《大陆杂志》,1993 年 86 卷第 1 期。
李小庆:《五城兵马司与明代京师治安管理》,东北师范大学硕士学位论文,2012 年
李雪梅:《明清碑刻中的"乡约"》,《法律史论集》,2004 年第 5 卷
李洵:《论明代的吏》,《明史研究》,1994 年第四辑
林端:《中国传统法律文化:"卡迪审判"或"第三领域"——韦伯与黄宗智的比较》,载《中西法律传统》第六卷,北京大学出版社 2008 年版
林金树:《明太祖的法制思想:"止循〈律〉与〈大诰〉"》,《明史研究论丛》,2004 年第六辑
刘海年、马小红:《五十年来的中国法制史研究》,《法律史论集》,2001 年第 3 卷
刘孔伏:《明初空印案初探》,《贵州文史论丛》,1991 年第 2 期
刘长江:《从朱元璋建储看蓝玉党案》,《辽宁师范大学学报》,2001 年第 6 期。
刘长江:《蓝玉党案成因新析》,《西南师范大学学报》,1995 年第 3 期
龙宇:《泰国〈芒莱法典〉内容初探》,《时代教育》,2014 年 8 月号
路志远:《明代监察制度特点的历史思考》,《河北大学学报》,2006 年第 1 期。
吕景琳:《蓝玉党案考》,《东岳论丛》,1994 年第 5 期

吕丽、游津波：《礼仪犯罪初探——以明律为中心的研究》，《法制与社会发展》，2008年3期

内藤乾吉：《〈大明令〉解说》，刘俊文主编《日本学者研究中国史论著选译》第8卷，中华书局1992年版

潘宇：《明清州县司法审判中的人情因素——以"一女二嫁"、"典雇妻女"以及"买休卖休"案件为中心》，《法制与社会发展》，2011年第1期

强鹏程：《明〈宪纲〉初探》，华东政法大学硕士论文，2010年

邱澎生：《以法为名：讼师与幕友对明清法律秩序的冲击》，载《中西法律传统》第六卷，北京大学出版社2008年版

任晓兰：《晚明的悔婚现象及其法律规制》，《妇女研究论丛》，2007年第6期

石朝江：《苗族传统社会组织及功能》，《中南民族学院学报》，1993年第3期

宋黎黎：《论"常赦所不原"——兼谈中国古代赦免制度的功能》，中国政法大学硕士论文，2006年

谭家齐：《从〈太祖皇帝钦录〉看明太祖修订〈祖训录〉原因》，《中国文化研究所学报》，2004年第44期

谭家齐：《待罪广李——颜俊彦生平及〈盟水斋存牍〉成书纠谬与新证》，《汉学研究》，第29卷第4期

陶安あんど：《中国刑罚史における明代赎法——唐代的"赎刑"概念との比较》，《东洋史研究》，1999年第57卷第4期

陶安著；李力译：《律与例之间：通过明代赎法看中国古代法之一斑》(上、下)，分见《法律史论集》2002年第4卷、《法律史论集》2004年第5卷

廷贵、酒素：《略论苗族古代社会结构的"三根支柱"——鼓社、议榔、理老》，《贵州民族研究》，1981年第4期

童光政：《明律"私充牙行埠头"条的创立及其适用》，《法学研究》，2004年第2期

万明：《明代诏令文书研究——以洪武朝为中心的初步考察》，《明史研究论丛》，2010年第八辑

王世华：《朱元璋惩贪“剥皮实草”质疑》，《历史研究》，1997年第2期
王伟凯：《明万历〈问刑条例〉修订考辨》，《历史教学》，2006年第6期
王伟凯：《试论明代的巡检司》，《史学月刊》，2006年第3期。
文亨镇：《〈大明律〉传入朝鲜考》，《中央民族大学学报》，2000年第5期。
吴晗：《胡惟庸党案考》，《燕京学报》，1934年第15期。
吴艳红：《国家政策与明代的律注实践》，《史学月刊》，2013年第1期。
吴艳红：《近三十年来明代法制史研究述评》，中国史学会编《中国史学》，2012年第22卷
吴艳红：《明代〈军政条例〉初论》，《明清论丛》，2002年第三辑。
吴艳红：《明代流刑考》，《历史研究》，2000年第6期
吴艳红：《明代武职立功考论——兼论赎例在明代武职中的行用》，《史学辑刊》，2002年第4期
吴艳红：《明代宗藩司法管理中的分别议处——从〈鲁府招〉说起》，《中国史研究》，2014年第2期
吴艳红：《制度与明代推官的法律知识》，《浙江大学学报》，2015年第1期
吴云、方慧：《元明清时期傣族成文法的形成与变迁》，《思想战线》，2006年第5期
徐连达：《明代锦衣卫权势的演变及其特点》，《复旦学报》，1992年6期
徐忠明：《明清国家的法律宣传：路径与意图》，《法制与社会发展》，2010年第1期
杨文军：《明朝中后期贵州侗族基层自治组织执行习惯法的功能刍议——兼论该地区普遍存在的“乡公”制度》，《西北民族大学学报》，2009年第1期
杨雪峰：《明律对蒙古色目人婚姻上的限制》，台湾《大陆杂志》，1981年第4卷3期
杨雪峰：《明代化外人犯罪时适用的法律》，台湾《大陆杂志》，1984年第45卷第4期
杨一凡、曲英杰：《明代〈问刑条例〉的修订》，《中外法学》，1990年第4期

杨一凡、曲英杰:《〈问刑条例〉与明代中后期统治集团的立法思想》,《学习与探索》,1991年第5期
杨一凡:《洪武三十年〈大明律〉考》,《中国社会科学院研究生院学报》,1981年第5期
姚旸:《明代赎刑考略——兼论赎刑的纳钞纳米之制》,《明史研究》,2003年第八辑
尤陈俊:《明清日用类书中的律学知识及其变迁》,《法律文化研究》第三辑,中国人民大学出版社2007年版
尤陈俊:《厌讼幻象之下的"健讼"实相?——重思明清中国的诉讼与社会》,《中外法学》,2012年第24卷第4期
苑桂玲:《明代县级佐贰官及首领官研究——以山东各县为例》,山东曲阜师范大学硕士学位论文,2007年
张德建:《明代嘉靖间刑部的文学活动》,《中国文化研究》,2011年冬之卷
张德信:《〈祖训录〉与〈皇明祖训〉的比较研究》,《文史》,1998年第45辑。
张凡:《〈大明令〉与明代律令体系——明代"令"的作用与法律效力》,《殷都学刊》2009年第3期
张凡:《略论明代法律形式的变革——以〈大明令〉为中心》,《宁夏社会科学》2009年第5期
张光辉:《明代赎刑的运作》,《四川大学学报》,2005年第3期
张金奎:《锦衣卫职能略论》,《明史研究论丛》,2010年第八辑
张显清:《〈大明律〉的形成及其反映的时代特点》,《中国史研究》,1989年第4期
张宪博:《从明〈大诰〉看朱元璋对人身依附关系的强化》,《明史研究》,1995年第五辑
张晓辉、徐中起、张锡盛:《云南西部傣族法规初探》,《中外法学》,1991年第1期
张晓辉:《傣族早期法律初探》,《思想战线》,1992年第5期

赵晓耕:《胡惟庸谋反案》,《法律与生活》,2006 年第 24 期
赵轶峰:《明朝宗教政策合论》,《古代文明》,2007 年第 2 期
赵毅:《明代宗室政策初探》,《东北师大学报》,1988 年第 1 期
塚田诚之、覃义生:《明代壮族的迁徙与生态》,《广西民族研究》,1987 年第 1 期
周良霄:《明律“雇工人”研究》,《文史》第 15 辑,中华书局 1982 年版
周绍泉:《退契与元明的乡村裁判》,《中国史研究》,2002 年第 2 期
周勇进:《明末兵备道职掌述论——以明末兵部请敕行稿为基本史料的考察》,《历史教学》,2009 年第 4 期
周致元:《初探“高墙”》,《故宫博物院院刊》,1997 年第 2 期
周致元:《明代的宗室犯罪》,《安徽大学学报》,1997 年第 5 期
朱志培:《明代刑部大理寺职能嬗变考》,华东政法大学硕士学位论文,2011 年

A. B. Griswold, Prasertna Nagara. 1977. “The Judgments of King Man Ray.” *Journal of the Siam Society* ,Vol. 65: 137—60.

Birge, Bettine. 1995. “Levirate Marriage and the Revival of Widow Chastity in Yüan China”. *Asia Major* 8(2): 107—146.

Chen, Li. 2012. “Legal Specialists and Judicial Administration in Late Imperial China, 1651—1911”, *Late Imperial China* 33(1): 1—54.

Farmer, Edward. 1993. “The Great Ming Commandment: An Inquiry into Early-Ming Social Legislation”, *Asia Major* 6(1): 181—199.

Grabowsky, Volker. 2004. “The Northern Tai Polity of Lan Na (Babai-Dadian) Between the Late 13th to Mid-16th Centuries: Internal Dynamics and Relations with Her Neighbours”, Asia Research Institute Working Paper Series, NO. 17: 40—51.

Grabowsky, Volker. 2005. “Population and State in Lan Na prior to the Mid-Sixteenth Century”, *Journal of the Siam Society*, Vol. 93: 1—68.

Holmgren, Jennifer. 1986. “Observations on Marriage and Inheritance Practices in Early Mongol and Yuan Society, with Particular Reference to the Levirate". *Journal of Asian History*. Vol. 20(2): 127—192.

Jiang, Yonglin. 2000. "Defending the Dynastic Order in a Local Society: Central-Local Relations as Seen in a Late-Ming Magistrate's Enforcement of Law," *MING STUDIES* 43: 16—39.

Jiang, Yonglin, Wu Yanhong. 2007. "'Satisfying Both Sentiment and Law': Fairness-Centered Judicial Reasoning as Seen in the Casebooks of the Ming". In Charlotte Furth, et al. (eds.), *Thinking with Cases*. Honolulu: University of Hawaii Press. Pp. 31—61.

Jiang, Yonglin. 2009. "Haggling over Property: Land Sales Law Suits during Late Ming China. "éSTUDES CHINOISES 28: 21—50.

Jiang, Yonglin. 2010. "In the Name of "Taizu": The Construction of Zhu Yuanzhang's Legal Philosophy and the Chinese Cultural Identity in the Veritable Records of Taizu." *T'oung-pao* 96: 408—470.

Langlois, John, 1998, "Ming Law", in Denis Twitchett and Frederick W. Mote, eds., *The Cambridge History of China*, Vol. 8, Cambridge University Press. Pp. 172—213.

Langlois, John, 1993. "The Code and ad hoc Legislation in Ming Law," *Asia Major* 6(2): 85—112.

Sutton, Donald, 2003. "Violence and Ethnicity on a Qing Colonial Frontier: Customary and Statutory Law in the Eighteenth-Century Miao Pale." *Modern Asian Studies*, 37(1): 41—80.

Tam, Ka-chai, 2009. "Favourable Institutional Circumstances for the Publication of Judicial Works in Late Ming China." *ETUDES CHINOISES*, vol. XXVIII: 51—71.

Wang, Edward. 1999. "History, Space, and Ethnicity: The Chinese Worldview." *Journal of World History*. Vol. 10(2): 285—305。

Wu, Yanhong; Jiang Yonglin. 2006. "Reputation Construction: Judge Guo in

Early 17th Century China. "*American Review of China Studies* 7. 2：21—35.

Wyatt，David K. 1984. "Laws and Social Order in Early Thailand：An Introduction to the *Mangraisat*", *Journal of Southeast Asian Studies*, 15(2)：245—252.

后　记

我们一直有合作完成一部明代法制史的愿望，既是对自己在这一领域内已有的研究做一个阶段性的总结，也为方便我们教授《中国法制史》等课程所用。但是因为各种原因，这一计划一直搁置。蒙南京出版社《明朝文化研究丛书》编辑委员会厚爱，将《明代法律》纳入该丛书的出版计划，该书的写作才终于排上了日程。

感谢南开大学何孝荣先生的推荐，让我们成为《明朝文化研究丛书》的作者。感谢《明朝文化研究丛书》的编辑王雪岩女士给予的理解和支持，耐心地等待我们书稿的完成。感谢本书的责任编辑鲍咏梅女士认真细致的工作。感谢台湾中研院近代史所巫仁恕先生，吉首大学谭永华先生，北京大学李新峰先生，浙江工商大学周鸿承先生和我的学生奚丽芳、谢楚君、沈蕾在本书稿资料的查找方面给予的帮助。感谢老师王天有先生，亦师亦友的蓝德彰先生（John Langlois），他们给予的指导、支持和帮助，我们一直感念在心。感谢美国明尼苏达大学的范德（Edward Farmer），Ann Waltner，以及 Romeyn Taylor 三位教授多年来的指导、关怀和支持。感谢弟弟姜永玮和弟妹刘世果对父母的照顾。感谢这些年来所有帮助过我们的家人、亲戚、同仁和朋友；感谢浙江大学和美国博懋大学（Bryn Mawr College）的领导和同事，有了他们的关心、爱护和支持，我们不仅走过了困难的日子，还使书稿的完成成为可能。

从 2011 年秋签订合同开始进行准备，直到 2015 年 6 月底完成初稿，这本书见证了这将近四年的时间里，我们生命中发生的最重要的变化。

2014 年 1 月，我们 95 岁高龄的外公仙逝。外公一直和我们一起生活。他身体健康，生活态度积极、独立。但是在他生命最后的几年里，他开始需要更多的关注。他喜欢团聚，最喜欢我们承欢膝下，陪他家常。尽管我们努力，但还是不能让老人完全满意。我们在家里，外公不免唠叨、抱怨。我们出门，外公会不断地打电话。2014 年年初，外公病重，一如他担心的，我们又远在万里之外，等我日夜兼程赶到杭州，他已经和我们阴阳两隔。我知道外公已经离开，屋里是这样安静，但是却好像处处看到他的身影，每每听到他的声音。

2014 年 12 月，我们亲爱的女儿来到世上。虽然我们一直准备、期盼她的到来，但是听到生命孕育的消息，我们仍体验到巨大的惊喜。冬天，她带着嘹亮的哭声，手舞足蹈地进入了我们的生活。为人父母的幸福与辛苦，变得更为具体，而能够参与她生命的成长，则让我们倍感珍惜。文字和照片其实并不足以记录那些时刻，那些过程。她的依偎带来的温暖，她的笑脸带来的甜蜜，她的哭闹带来的焦躁，都在身体和心灵里。

谨将书稿献给我们的外公，愿他在天国安心开心。也把书稿献给我们的女儿，祝福她健康快乐，茁壮成长。

作　者

2015 年 12 月　杭州